Helena Antipoff

Textos escolhidos

Coleção Clássicos da Psicologia Brasileira

Conselho Federal de Psicologia

Regina Helena de Freitas Campos
(Organizadora)

HELENA ANTIPOFF

TEXTOS ESCOLHIDOS

Conselho Federal de Psicologia

Casa do Psicólogo®

PSICOLOGIA Ciência e Profissão

1ª edição
2002

Produção gráfica & Capa
Renata Vieira Nunes

Reproduções fotográficas
Beatriz Dantas

Editoração eletrônica
Angélica Gomes Borba

Revisão
Silvia Fernanda Bovino

Dados Internacionais de Catalogação na Publicação (CIP)
(Câmara Brasileira do Livro, SP, Brasil)

Helena Antipoff: textos escolhidos / Regina Helena de Freitas Campos (Organizadora) . — São Paulo: Casa do Psicólogo; Brasília: Conselho Federal de Psicologia, 2002. — (Coleção clássicos da psicologia brasileira).

Bibliografia.
ISBN 85-7396-194-5

1. Antipoff, Helena, 1892-1974 2. Psicologia – Brasil 3. Psicólogas – Brasil I. Campos, Regina Helena de Freitas. II. Série.

01-2422 CDD-150.92

Índice para catálogo sistemático:
1. Psicólogas: Biografia e obra 150.92

Impresso no Brasil
Printed in Brazil

Casa do Psicólogo® Livraria e Editora Ltda.
Rua Mourato Coelho, 1.059 – Vila Madalena – 05417-011 – São Paulo/SP – Brasil
Tel.: (11) 3034.3600 – E-mail: casadopsicologo@casadopsicologo.com.br – http://www.casadopsicologo.com.br

A casa de Helena

Carlos Drummond de Andrade (1947)
Boletim da Sociedade Pestalozzi
do Brasil nº42, Dez., pág.6.

Russa translúcida de sorriso tímido
(assim a contemplo na retrovisão da lembrança).
Helena 1929 enfrenta os poderes burocráticos.
Suavemente,
instaura em Minas o seu sonho-reflexão.

Traz um sinal novo para gente nova.
Ensina
a ver diferente a criança,
a descobrir na criança
uma luz recoberta por cinzas e costumes,
e nas mais carentes e solitárias revela
o princípio da vida, ansioso por sol.

Helena é talvez uma fada eslava
que estudou psicologia
para não fazer encantamentos; só para viajar
o território da infância e ir mapeando
suas ilhas, cavernas, florestas labirínticas,
de onde, na escuridão, desfere o pássaro
– surpresa –
melodia jamais ouvida antes.
Helena reúne
os que não se conformam com a vida estagnada
e com os mandamentos da educação de mármore.
Leva com eles para o campo
uma idéia-sentimento
que faz liga com as árvores
as águas
os ventos
os animais
o espaço ilimitado da esperança.
Fazenda do Rosário: a fazendeira
alma de Minas se renova
em graça e amor, sem juros,
amor ciente de seus fins,
de liberdade e criação.
E essa pastora magra, quase um sopro,
Uma folha talvez (ou uma centelha
que não se apaga nunca?) vai pensando
outras formas de abrir, no chão pedrento,
o caminho de paz para o futuro.

Helena sonha o mundo de amanhã,
mundo recuado sempre, mas factível
e em mínimas sementes concentrado:
estes garotos pensativos,
esse outro ali, inquieto, a modelar
engenharias espaciais com mão canhota,
aquele mais além que se revolta
procurando a si mesmo, e não se encontra
no quadro bitolado dos contentes.
Viajante sem pouso
no albergue corriqueiro,
Helena os chama e diz: Vou ajudá-los.

Não presidente, não ministro,
aos 80 anos dirige um mundo-em-ser,
a casa de Helena é a casa de daqui a 20 anos,
de daqui a 50, ao incontável.
É uma casa pousada em nós, em nosso sangue.
Podemos torná-la real: o risco de Helena
Fica estampado na consciência.
E quando Helena 1974 se cala
na aparência mortal,
seu riso viçoso e alegre e delicado perdura,
lição de Helena Antipoff mineira universal.

Sumário

Parte 4 – Psicologia do Excepcional e Educação Especial

Parte 5 – Psicologia e Comunidade

Parte 6 – Métodos de Pesquisa e de Exame Psicológico

Anexos

Prefácio

Em 25 de março de 1992, comemorou-se o centenário de nascimento da psicóloga e educadora Helena Antipoff, falecida em 1974, à idade de 82 anos. Na ocasião, os promotores dessa comemoração pensaram que seria recomendável já deixarem transcritos condignamente artigos, pesquisas, brochuras e conteúdos de conferências, pronunciadas por ela de tal forma que, no futuro, houvesse meios de conhecer na íntegra as concepções da mestra.

Com efeito, a sua contribuição na área educacional foi muito valiosa, em inovações e lançamentos por ela preconizados e realizados e que, por enquanto, perduram por meio de instituições criadas por ela em vários Estados brasileiros. Contudo, as próprias instituições, com o tempo, podem acabar, evoluir, ou serem até modificadas em certos pontos essenciais de pensamento e filosofia.

Assim, graças ao esforço do Centro de Documentação e Pesquisa Helena Antipoff (CDPHA), criado por ex-alunos e amigos da educadora, conseguiu-se em 1992 o apoio da Fundação de Amparo à Pesquisa do Estado de Minas Gerais (Fapameg) para uma primeira reedição das obras da mestra. Precisamente na abertura do I Congresso Brasileiro sobre a Experiência Antipoffiana em Educação, foram apresentados ao público os cinco volumes, centenas de páginas, relatando o pensamento de Helena Antipoff. Ao conjunto desses cinco volumes deu-se o nome de *Coletânea das Obras Escritas de Helena Antipoff.*

Parece que a publicação de toda aquela literatura foi recebida com júbilo por estudantes, que desejavam conhecer melhor a obra da fundadora do Complexo Educacional da Fazenda do Rosário. Daquele material, publicado pela Imprensa Oficial de Minas Gerais, foram doadas amostras a mais de 50 faculdades e universidades do País. O volume "Fundamentos da Educação" foi o mais requisitado, ao lado dos outros, intitulados "Educação do Bem-Dotado", "Educação Rural", "Educação do Excepcional" e "Psicologia Experimental". Foi a época em que houve pedidos de estágios por parte de universitários que queriam conhecer o mecanismo dos encontros de bem-dotados, na chamada "obra caçula" de Helena Antipoff – a Associação Milton Campos para o Desenvolvimento e Assistência às Vocações (ADAV). Assim, rapidamente se esgotou essa primeira reedição dos trabalhos da educadora.

Foi então que a Professora Regina Helena de Freitas Campos, tendo assumido a presidência do CDPHA em 2000, obteve o apoio do Conselho Federal de Psicologia para a apresentação de uma nova coletânea de trabalhos da mestra, escolhidos entre aqueles mais relacionados a problemas da atualidade. Ali ficariam em destaque as idéias de Helena Antipoff ligadas à psicologia e à educação, ao ruralismo, no âmbito das populações suburbanas, na vida demasiadamente ociosa dos deficientes, ou no drama e revolta dos talentosos nas favelas, ainda indecisos e sujeitos à perda do seu talento para o mal, do qual a sociedade talvez um dia venha a tomar consciência.

É esta literatura que hoje estamos apresentando, editada sob os auspícios do Conselho Federal de Psicologia, reunida sob a forma de manual, já organizado e, assim, mais didático, facilitando a pesquisa do estudante, sem desrespeitar os princípios da autora.

Belo Horizonte, agosto de 2001

Daniel Antipoff
Presidente de Honra
Centro de Documentação e Pesquisa Helena Antipoff

Helena Antipoff (1892-1974)

Regina Helena de Freitas Campos
Érika Lourenço
Isabel Gontijo Antonini

Introdução

Helena Antipoff e a Psicologia no Brasil

Belo Horizonte/MG
2002

Os cientistas são os viajantes do século XX. Suas carreiras incluem, freqüentemente, a visita a centros de pesquisa em países distantes, o estudo em universidades diferentes daquela em que se graduaram, algumas vezes o exílio por motivos políticos, o trabalho em instituições transnacionais. Como seus companheiros de outrora – viajantes que saíam em busca de novos mundos, seja por motivos comerciais, seja movidos pela simples curiosidade de conhecer –, os nossos cientistas-viajantes também se deparam com costumes diferentes, culturas diversas, outras linguagens. O viajar tornou-se tão central à experiência do cientista que programas de intercâmbio acadêmico fazem parte das políticas de desenvolvimento da ciência promovidos pelos Estados modernos.

Essa ênfase na experiência de descentramento, na oportunidade de observar objetos de estudo a partir de pontos de vista diversificados e às vezes contraditórios decorre da percepção de que a atividade científica chega mesmo a exigir essa mudança de perspectiva. É como se a própria dinâmica do conhecimento, o processo da descoberta científica, dependesse, de alguma maneira, dessa capacidade de reorganização cognitiva propiciada pela mudança de local, pela viagem, pelo conhecimento de outros povos. A capacidade de olhar para um mesmo objeto de estudo a partir de pontos de vista diversos, inclusive espacialmente diversos, parece poder ser ampliada a partir do deslocamento proporcionado pelas viagens.

Os relatos da vivência de estrangeiros em terras distantes ajudam-nos a compreender a vivência subjetiva em momentos de migração. Na dinâmica entre a dimensão universal da experiência humana e a dimensão particular da maneira como ela se expressa em diferentes comunidades e culturas, o ser humano constrói-se e reconstrói-se enquanto igual e diferente, estranho e familiar, provinciano e estrangeiro. Massimi *et al.* (1997) abordam essa experiência a partir da idéia de que o estrangeiro, ao experimentar a vivência de uma cultura diversa da sua, passa por um processo de assimilação da diversidade a esquemas prévios de interpretação da realidade, ao mesmo tempo que esses esquemas passam eles mesmos por transformações decorrentes da assimilação de formas novas de interpretação então observadas. A partir da universalidade da condição humana, vivenciada em modalidades particulares moduladas pelas diferenças culturais, é que parece construir-se o olhar do cientista observador, capaz de superar as limitações do aqui e agora, do dado imediato, preparando-o para elaborar a interpretação do real em níveis mais amplos.

É interessante procurar compreender como se constrói essa visão ampliada, que permite o livre trânsito entre o universal e o particular, e a superação de preconceitos e estereótipos estreitos. Pode-se comparar a experiência do cientista que apura o seu olhar por meio de culturas diversas à do etnógrafo, que, visando compreender uma cultura estranha, pela observação e análise de grupos humanos considerados em sua particularidade, procura participar como sujeito dessa cultura diferente e, a partir daí, fazendo parte dela, distanciar-se de si mesmo para vê-la melhor. Sobre isso, assim se expressa o antropólogo Lévi-Strauss:

> "tudo o que o historiador e o etnógrafo conseguem fazer, e tudo o que se pode lhes pedir para fazer, é ampliar uma experiência particular às dimensões de uma experiência geral, que torna-se assim, por isso mesmo, acessível *como experiência* a pessoas de um outro país e de um outro tempo" (Lévi-Strauss, 1958:23).

Neste trabalho, vamos acompanhar uma experiência particular de viajante – a experiência de Helena Antipoff, psicóloga e educadora de origem russa, radicada no Brasil a partir de 1929 –, buscando compreender como, em sua condição de viajante, em um itinerário que inclui a passagem por diversos países e instituições, chegou a desenvolver uma visão própria e original da sociedade brasileira, marcada por essa trajetória de mudanças de línguas, de culturas e de perspectivas. Ao mesmo tempo, convidamos o leitor a buscar compreender o pensamento de Antipoff, exemplificado na seleção de textos originais agora reeditados, a partir da perspectiva da própria autora, elaborada ao longo dessa trajetória de deslocamentos e experiências com comunidades científicas e culturais diversas, que aqui procuramos documentar.

A vivência do estrangeiro

Para Massimi *et al.* (1997), a vivência do estrangeiro em processo de adaptação à cultura estranha passa por etapas. Em um primeiro momento, são os modelos da cultura de origem que fornecem os quadros de interpretação no novo hábitat. Em seguida, e por se tornar progressivamente mais um participante que um observador da nova realidade, o estrangeiro percebe a inadequação do modelo interpretativo anterior ao universo de significados que se propõe a desvendar e dominar, visando tornar-se capaz de interagir com o grupo do qual passa a fazer parte. Seria esse o momento da "crise", em que os modelos anteriores, agora insuficientes, passam a ser questionados, problematizados. A nova cultura vai sendo progressivamente assimilada, em um processo que implica, é claro, não apenas a internalização operativa dos significados que vão sendo incorporados, mas também "uma modificação profunda de si mesmo" (Massimi *et al.*, 1997:15). Ao recriar os significados que busca compreender e transmitir ao novo grupo, o estrangeiro recria-se e transforma-se. O resultado do processo pode variar entre uma inserção genuína ou, no limite, o abandono da nova situação e o retorno à comunidade de origem.

No caso de Helena Antipoff, a adaptação parece ter sido bem-sucedida. Tendo vivido anteriormente em São Petersburgo, Paris, Berlim e Genebra, ela veio para o Brasil em 1929 e aqui permaneceu até o fim da vida, em 1974. Tornou-se cidadã brasileira em 1951, atuou como profissional e como pesquisadora, contribuiu decisivamente para a implantação de diversas instituições voltadas para a educação de crianças excepcionais, carentes ou abandonadas e para a formação de educadores no meio rural. Destacou-se por uma abordagem bem informada e original às questões da exclusão cultural e da difusão de uma atitude científica nos meios educacionais, em uma sociedade na qual a incorporação da ciência psicológica era vista muito mais como a adaptação de modelos importados que a adoção de uma visão interpretativa própria (Campos, 1989, 1992, 1995, 2001).

A questão que nos ocupa é, pois: como se desenvolveu, em Antipoff, essa sensibilidade à problemática da exclusão social, que lhe permitiu atuar de maneira tão enfática na defesa da contribuição da psicologia à democratização da sociedade brasileira? Em que medida sua experiência de viajante em culturas diversas e sua formação acadêmica efetuada nas duras condições da Europa marcada pela guerra e pelas convulsões sociais teriam forjado, ao mesmo tempo, a visão positiva e humanista de uma ciência engajada na defesa do sujeito ante as determinações de uma sociedade seletiva e excludente e a percepção de formas efetivas de atuar?

Relendo seus escritos, buscamos localizar, na sua fala, o testemunho da experiência de vida e da formação especializada que teriam, enfim, moldado a obra pioneira a qual ainda hoje nos encanta por sua sofisticação intelectual, adequação às condições locais e criatividade. Procuraremos demonstrar que a visão peculiar de Helena Antipoff sobre as possibilidades e necessidades do trabalho em psicologia no Brasil está ligada a uma grande curiosidade e respeito pela cultura popular, desenvolvida ainda na infância, na Rússia; a uma opção determinada por soluções democráticas para conflitos sociais; e também a uma grande confiança na ciência como meio de resolver os problemas colocados pela moderna sociedade urbano-industrial.

Para evidenciar as ligações entre a formação anterior na Europa e a postura assumida no Brasil, vamos percorrer a trajetória da autora nas diversas fases da vida: dos anos de formação na Rússia, na França e na Suíça à progressiva definição profissional no Brasil, como psicóloga e educadora nas esferas pública e privada. Vamos observar como se processou, em nossa autora, a dinâmica da adaptação à diversidade cultural, em busca da síntese pessoal.

Os anos de formação na Europa

Nascida em Grodno, na Rússia, Helena Antipoff (1892-1974) viveu até 1908 em São Petersburgo, na época importante centro político e cultural do império czarista. De família aristocrática, pelo lado materno, era filha de um oficial do exército, tendo sido educada em um ambiente internacionalizado. Presenciou, na infância, tanto a valorização crescente da atividade cientifica na sociedade russa – intensificada quando Pavlov recebeu o Prêmio Nobel de Fisiologia em 1904, e com a fundação do Instituto de Psiconeurologia de São Petersburgo, em 1907 (Kozulin, 1984) – quanto a inquietação social que precedeu a Revolução Comunista de 1917 (Antipoff, D., 1975).

Há poucas referências, nos escritos de Helena Antipoff, sobre esse primeiro período na Rússia. Contudo, em um manuscrito posterior (Antipoff, H., [s.d.]), de caráter autobiográfico, a autora rememora cenas da infância associadas à música, para ela "a arte por excelência", aquela que "tira a raiz de seu vocábulo do nome das musas". Ao longo do texto, lembra cenas em que a música a teria impressionado – desde o piano tocado pela mãe, as arengas de vendedores ambulantes em Riga (onde morava sua avó) e São Petersburgo, as canções populares cantadas pelas governantas francesas ou suíças. Sobretudo, lembra-se da curiosidade com que escutava, com a irmã, as histórias contadas pelos empregados da casa – "coisas diferentes de nossa vida, de nossos costumes, de nossas palavras ou combinações de palavras, em uma linguagem simplificada ou, ao contrário, muito complicada e toda florida". Nesse ambiente, era ainda a música popular que a impressionava, escutada em segredo, já que os pais lhes proibiam "muito categoricamente o contato com os 'inferiores'". A curiosidade pelo folclore russo tampouco era satisfeita pela mãe, avessa a histórias, que considerava prejudiciais à saúde moral das crianças. Nesse período, portanto, o relato sugere a formação de uma atitude de curiosidade em relação a algo proibido (a cultura popular russa), em um ambiente onde prevalecia um certo formalismo. Podemos imaginar o encantamento que provocavam na jovem Antipoff as manifestações populares ruidosas, por oposição ao comedimento e ascetismo enfatizados pela educação aristocrática.

Em 1908, a vida da família Antipoff passa por transformações radicais. A mãe, insatisfeita com as condições de vida na Rússia, decide mudar-se com as filhas para Paris, buscando, ao mesmo tempo, distanciar-se de uma atmosfera limitada, sujeita a transtornos pessoais e sociais, e aproximar-se de um ambiente cultural mais ameno, embora também estimulante (Antipoff, D., 1975). O resultado desse movimento, para Helena Antipoff, não poderia ter sido mais promissor: rapidamente ela se envolveu no clima de debate intelectual da cidade, freqüentando seminários na Sorbonne e procurando inteirar-se das novidades na área científica. Segundo seu filho, Daniel, foi assistindo às aulas de Pierre Janet e Henri Bergson no Collège de France que ela veio a se interessar pela psicologia:

> "Ainda uma ciência nova, a psicologia a empolga pela maneira como é discutida por aqueles mestres, ali, diante de uma multidão de estudantes e curiosos vindos de todas as partes do mundo. A psicologia lhe parece emocionante e o que lhe agrada sobretudo é nela enxergar uma capacidade de resolver teoricamente uma série de situações" (Antipoff, D., 1975:38).

A partir desse interesse, Helena Antipoff estagiou no Laboratório de Psicologia da Universidade de Paris, entre 1909 e 1912. Ali, iniciou sua formação científica, tendo participado dos ensaios de padronização dos testes de nível mental de crianças então elaborados por Alfred Binet e Théodule Simon. Entre 1912 e 1916, cursou o *Institut des Sciences de l'Education* da Universidade de Genebra, onde obteve o diploma de psicóloga, com especialização em Psicologia da Educação. Sob a orientação de Edouard Claparède e após seguir um seminário sobre o método educativo adotado por Montessori na *Casa dei Bambini*, na Itália, Helena Antipoff fez parte do primeiro grupo de professoras da *Maison des Petits*, escola experimental anexa ao *Institut Rousseau* (denominada por Claparède "Centro de Educação Funcional") (Hameline, 1996). Participou, ao mesmo tempo, dos estudos sobre os processos educativos que viriam a resultar, no início dos anos vintes, na proposta conhecida como Escola Ativa. A primeira orientação pedagógica adotada na Maison era baseada nas idéias de Maria Montessori, mas, subseqüentemente, a orientação montessoriana foi criticada pelo pessoal do Instituto, por ser excessivamente diretiva. A proposta da Escola Ativa pretendia centrar-se mais na iniciativa espontânea da criança (Hameline, 1996).

Assim, parece que as tensões geradas por essas primeiras viagens e mudanças de vida foram resolvidas por meio do desenvolvimento de um interesse fecundo pela atividade científica, vista ao mesmo tempo como satisfação intelectual, teórica, e como meio de contribuir para a solução de problemas práticos. Tanto o Laboratório Binet-Simon quanto o Instituto Jean-Jacques Rousseau, em Genebra, eram instituições, na época, profundamente envolvidas no movimento de renovação educacional que atravessava a Europa. A ampliação do acesso à educação, a universalização dos sistemas de ensino engendradas pelas mudanças políticas iniciadas no século XVIII, com a Revolução Francesa, colocavam novas questões para os educadores: como educar todas as crianças em conjunto? Como realizar os ideais expressos na legislação, que afirmava o direito de todos à educação, trabalhar com as diferenças individuais nos ritmos de aprendizado, e ainda contribuir para a reprodução da divisão social do trabalho, garantindo a formação diversificada e hierarquizada para as diversas funções sociais? Essas tensões estavam presentes e se intensificavam nos sistemas de ensino de massa, construídos, na verdade, sob a pressão de demandas contraditórias: a pressão das populações trabalhadoras e das camadas médias pela ampliação do acesso às oportunidades educacionais, e a pressão das elites dirigentes pela formação para o trabalho nas modernas sociedades industriais. Os grandes sistemas escolares vinham produzindo evidências recorrentes das diferenças nos padrões de desempenho dos estudantes, o que tornava pouco eficiente o ensino de massa. Foi exatamente essa demanda – como diagnosticar e trabalhar com as diferenças individuais na escola – que se colocou para os estudiosos da psicologia da inteligência na época. Alfred Binet, especialista no estudo da inteligência e dos processos cognitivos, respondeu à demanda colocada pelo Ministério da Educação francês com a construção da escala métrica da inteligência, visando exatamente contribuir para avaliar as capacidades cognitivas das crianças e planejar programas de educação adequados aos diversos níveis (Binet, 1920). Claparède desenvolveu a proposta da "escola sob medida", destinada a proporcionar um ensino atento às diferenças individuais (Claparède, 1920). Esse contexto de trabalho científico associado à resolução de problemas sociais, em uma atmosfera de grande confiança na contribuição da ciência, comum na Europa do início do século, é que marca a experiência de Helena Antipoff em Paris e Genebra. A maneira peculiar com que ela lida com a mudança de ambiente – da Rússia czarista, turbulenta e contraditória à expansão da experiência democrática na Europa Ocidental – assinala precisamente a opção pelo engajamento no trabalho científico associado à preocupação social.

A VOLTA À RÚSSIA: O ESPÍRITO CIENTÍFICO DIANTE DA CRISE SOCIAL

Em 1916, Helena Antipoff voltou à Rússia, então ocupada pelo exército alemão, em busca do pai, oficial czarista que havia sido ferido na I Grande Guerra. Em sua terra natal, assistiu à eclosão da Revolução de Outubro de 1917, tendo trabalhado em estações médico-pedagógicas em Viatka e em São Petersburgo, entre 1919 e 1924, como psicóloga-observadora. Em relato publicado na Rússia, comentou sobre essa "época extraordinária da guerra, da revolução, da fome e do terror" (Antipoff, H., 1992a:9). Foi nessa ocasião que a atitude científica, aliada ao espírito humanista, já experimentados em Paris e especialmente em Genebra, viria a ser posta à prova pela primeira vez, na situação de intensa necessidade então vivida. Segundo seu relato:

> "eu tinha sido convidada com outros pedagogos, psicólogos e médicos para estudar centenas de crianças, abandonadas nos centros médico-pedagógicos de Petersburgo, durante os anos da grande fome (1921-1923), enfrentando uma tarefa das mais difíceis. Era também a época das grandes epidemias de diversas espécies, e as crianças observavam regime médico muito severo. Internadas em uma espécie de hospital, pobre e mal mobiliado, com poucos livros, escasso material de jogos e trabalho manual, fomos obrigados a observá-las nessas condições desfavoráveis, para decidir seu destino, segundo o caráter de cada uma, e encaminhá-las para as 150 instituições pedagógicas, médicas e jurídicas que possuíamos" (Antipoff, H., 1992b:38).

Sobre as crianças observadas, eis suas observações:

> "provinham de origens e meios variados, de mentalidade e moralidade as mais opostas. Ao lado das crianças provenientes de um meio burguês, jogadas na rua por azares da sorte, encontravam-se os meninos de rua que conheciam apenas as asperezas da vida, caídos em vícios os mais ignóbeis; casos de perversidade moral ao lado de crianças intactas em sua confiança a mais cândida" (Antipoff, H., 1992b:39).

A tarefa, na sua opinião, requeria a abordagem genuinamente científica, como um experimento em um laboratório social constituído espontaneamente:

> "A dificuldade do diagnóstico consistia no fato de que, entre os casos mais difíceis, estavam aquelas crianças que nos eram enviadas sem quaisquer documentos. Estas crianças nada diziam de seu passado, ou inventavam-no de todos os modos para embaraçar-nos. Havia entre eles muitos 'habitués' das casas de correção ou mesmo clientes que se encontravam foragidos. Astutos, esses elementos adivinhavam logo que nós os observávamos e que de sua conduta dependia sua sorte. O que não faziam para dissimular seus verdadeiros hábitos e defeitos... Este grupo heterogêneo de crianças em trajes uniformes, regime de repouso, o espírito lasso, infelizes porque estes 30-40 dias lhes pareciam de verdadeira prisão, deveriam ser classificados sob nossa responsabilidade pessoal" (Antipoff, H., 1992b:39).

O espírito inquisitivo então predominou, tendo em vista a tarefa considerada necessária:

> "Esforçamo-nos na procura de testes que pudessem despistar os mais perigosos; mas estas experiências não nos valeram muito. Um dia, o calcanhar de Aquiles foi descoberto: nós os havíamos observado durante o almoço. Todos, esfomeados, se comportavam durante a refeição, segundo seu próprio caráter. O instinto, mais forte do que eles, revelava toda conduta moral e social que nos interessava em 1° plano. Pusemo-nos então a observar, atendendo ao espírito da observação natural, as manifestações das crianças durante as refeições. Introduzimos nesta observação elementos de experimentação, variando muitas vezes as normas das refeições, repartindo-os de uma maneira ou de outra, confiando a missão de chefes do 'buffet' a uns e outros, separando-os em grupos de fortes e fracos, isolando durante a refeição um ou dois elementos que aterrorizavam os companheiros, submetendo-os a guardar-lhes seus pedaços de pão, às escondidas da vigilância dos chefes do refeitório. Sem tais refeições, jamais poderíamos aprender tanto sobre o caráter dessas crianças (Antipoff, H., 1992b:39).

Foi assim que Antipoff elegeu o método da "experimentação natural", desenvolvido por Lazursky em Moscou, como o mais apropriado em psicologia, por combinar a observação no ambiente natural, por períodos prolongados, e o rigor da experimentação, aprendida nos laboratórios (Antipoff, H., 1992b).

As dificuldades vividas não a impediram, porém, de continuar a buscar o desenvolvimento acadêmico. Ainda em 1921 atuou como colaboradora científica no Laboratório de Psicologia Experimental de Petersburgo, fundado por Netschaieff. Os relatos sobre os estudos realizados nesse período foram publicados em 1924, na Rússia (Murchison, 1929; Antipoff, H., 1924, 1992a). Assim, parece que, também no período difícil da revolução russa, foi mais uma vez o espírito científico que valeu a Antipoff a possibilidade de atravessar as turbulências com objetividade, proporcionando-lhe um poderoso instrumental de adaptação à complexidade da situação. É possível que, somando-se a sua formação anterior, a própria confiança depositada na ciência pelos líderes revolucionários (como Lenin, por exemplo, ele mesmo um cientista preocupado em aplicar seu conhecimento na reorganização social do país), associada à grande valorização da atividade científica no período pós-revolucionário (afinal, a revolução russa havia sido feita em nome da ciência da história) tenham contribuído para tornar mais sólida a atitude científica em Helena Antipoff.

Em que pesem essa atitude científica e a vontade de colaborar na reorganização social da Rússia, Antipoff – assim como vários outros cientistas na época – enfrentou problemas com as autoridades soviéticas em função dos resultados dos estudos que empreendeu. A pesquisa sobre "O nível mental das crianças russas nas escolas infantis" (Antipoff, H., 1992a), especialmente, parece ter levantado suspeitas. O estudo teve por objetivo verificar em que medida as experiências da guerra e da revolução teriam influído no desenvolvimento mental das crianças locais, em comparação com as de outros países. Partindo dessa perspectiva nitidamente sociocultural, a autora observou que, embora as crianças russas tivessem apresentado resultados equivalentes ou até um pouco superiores aos das crianças francesas, em termos intelectuais, os resultados dos filhos de operários eram inferiores aos de filhos de famílias mais abastadas na própria Rússia. Esta observação levou a autora a indagar se não haveria fatores hereditários em ação, já que o ensino parecia ser o mesmo para todas essas crianças. Estas observações parecem ter inquietado as autoridades revolucionárias, que a teriam acusado de pretender demonstrar a superioridade intelectual da classe dirigente sobre a classe operária. Acusações semelhantes, relativas à "confiabilidade ideológica" de determinadas abordagens científicas, seria levantada contra os teóricos da escola sócio-histórica russa, no início dos anos trintas, fazendo com que a difusão dessa perspectiva teórica fosse praticamente proibida nas universidades soviéticas por décadas (Kozulin, 1984; Van Der Veer e Valsiner, 1996:415). Na mesma época, Viktor Iretsky, jornalista e escritor russo, com o qual Helena Antipoff se havia casado, foi perseguido e encarcerado por suas idéias divulgadas em obras literárias, também consideradas ideologicamente nocivas à revolução. Esses problemas levaram o casal a se exilar em Berlim, em 1924, perdendo, assim, sua condição de cidadãos russos.

A experiência do exílio

A experiência em Berlim não foi satisfatória para Helena Antipoff, em termos profissionais. Assim, a partir de 1926 ela voltou a fixar residência em Genebra, trabalhando já como assistente de Édouard Claparède no Laboratório de Psicologia da Universidade de Genebra e como professora de Psicologia da Criança na Escola de Ciências da Educação (Instituto Jean-Jacques Rousseau). A escolha de Genebra como destino provavelmente resultou da possibilidade de trabalho em um país neutro, que acolhia sem censura refugiados e exilados políticos. É assim que Daniel Antipoff relata sua chegada com a mãe à Suíça em 1926: "estão num país neutro por excelência, longe dos conflitos e das discórdias humanas" (Antipoff, D., 1975:89).

Em Genebra, é novamente a atividade científica que facilita a adaptação de Antipoff. Agora, ela acrescenta à formação anterior a experiência peculiar com os novos rumos da psicologia soviética. Trata-se sem dúvida de uma perspectiva diferenciada, e o aprendizado na Rússia parece ter influenciado o trabalho desenvolvido nessa época, de grande produtividade. Diversos trabalhos publicados em Genebra, entre 1926 e 1929, testemunham essa fusão entre a influência funcionalista de Claparède e a psicologia cultural experimentada na Rússia (Antipoff, H., 1926, 1927a, 1927b, 1927c, 1927d, 1928a, 1928b, 1928c). Sobre o trabalho no Instituto e outra vez na Maison des Petits, Antipoff comenta:

> "Atualmente estudamos na 'Maison des Petits' do Instituto J. J. Rousseau o caráter das crianças, observando-as em sua conduta para com o trabalho manual. Dezoito crianças de 7-8 anos foram metodicamente observadas durante muitos meses. Pudemos recolher um grande número de reações características, graças a algumas ocupações. Cuidamos de graduá-las em cinco graus – muito forte, forte, médio, fraco, muito fraco. Essas reações, analisadas do ponto de vista caracterológico e graduadas, permitem-nos representar o caráter de nossas crianças, por meio de perfis, de acordo com o exemplo de Lazursky, mas aperfeiçoando-o" (Antipoff, H., 1992b:40).

A escolha do método proposto por Lazursky decorria da percepção das limitações dos métodos clássicos da psicologia científica: a observação e a experimentação. A observação colocava dificuldades ao pesquisador por sua falta de precisão, tendo em vista a grande complexidade das situações a serem investigadas, o tempo de trabalho extenso que demandava, ou mesmo a situação de passividade em que ficava o pesquisador. Já a experimentação oferecia a possibilidade de maior rigor, mas pecava pela artificialidade, por criar situações falsas que não reproduziriam adequadamente a complexidade real das interações humanas. O método da experimentação natural parecia superar essas limitações por introduzir uma maior precisão nas observações, forçando o observador a *anotações contínuas*. Além disso, partia do pressuposto de que a observação do sujeito em atividade, escolhendo ativamente modos de ação, tornaria mais visíveis as suas inclinações psicológicas – a manifestação de traços psíquicos e caracterológicos. Tratava-se, além disso, de um método que poderia ser utilizado pelos próprios educadores, visando o desenvolvimento de uma verdadeira "pedagogia experimental", projeto longamente acalentado por Claparède e também por Antipoff.

Os trabalhos publicados por Helena Antipoff no período 1926-1929 revelam, na autora, além das preocupações relacionadas à confiabilidade das observações realizadas através de instrumentos psicológicos, também as contribuições no desenvolvimento da perspectiva interacionista característica do grupo de Genebra. Desde 1919, quando convidado por Claparède a integrar a equipe do Instituto Rousseau, Piaget vinha divulgando os resultados da pesquisa sobre a gênese das estruturas psicológicas a partir da observação do desenvolvimento de seus próprios filhos, especialmente sobre a gênese da linguagem e do pensamento, do raciocínio e da representação do mundo (Gruber & Vonèche, 1995). A contribuição de Antipoff à perspectiva genética se dá com a publicação de trabalhos em que discute especialmente o desenvolvimento do sentimento de justiça na criança, a constância nos resultados das observações psicológicas, e o desenvolvimento da psicomotricidade (Antipoff, H., 1927b, 1928a, 1928c).

O estudo intitulado "Observações sobre a compaixão e o sentimento de justiça na criança" (Antipoff, H., 1928c) relata observações feitas com seu filho, Daniel, entre os 3 e os 9 anos de idade. As observações focalizam as reações da criança a histórias populares russas e suíças nas quais alguma injustiça tivesse sido cometida contra o personagem principal, à primeira visão do Cristo crucificado ou à morte do avô. A análise das reações do filho coloca em evidência a presença de uma dinâmica psicológica em que os sentimentos de compaixão pela vítima se transformam em ódio contra o culpado, pedindo vingança. Os sentimentos de compaixão teriam raízes bem arcaicas na criança, antes mesmo que as relações de causa e efeito pudessem ser claramente estabelecidas do ponto de vista lógico. Esta observação sugere à autora que um certo "sentimento moral" poderia ser considerado inato, independente dos efeitos da socialização. Também no caso da dinâmica compaixão–ódio–vingança ela crê tratar-se de uma reação moral, relacionada à primitiva "Lei de Talião". Fiel a seu espírito pragmático, a autora conclui pela necessidade de um estudo mais aprofundado dessa "reação vindicativa" nas crianças pequenas, visando sua utilização na educação do caráter moral.

O interesse no desenvolvimento da psicomotricidade, evidenciado nos estudos sobre a constância nos testes e sobre a evolução e variabilidade das funções motoras (Antipoff, H., 1927b, 1928a), decorre tanto da necessidade de atender a finalidades práticas (medida das aptidões para fins de orientação escolar ou profissional) quanto teóricas – verificar as relações entre o desenvolvimento das habilidades mentais e manuais. Este último objetivo decorre tanto da influência da Claparède quanto da psicologia soviética, na qual a busca de fundamentos para uma psicologia materialista naturalmente levava à observação das manifestações motoras das capacidades intelectuais. Em seu estudo, Helena Antipoff baseou-se em estudos anteriores de Léon Walther, russo branco[1] também trabalhando em Genebra, na época. Ao longo do trabalho, observa-se novamente a grande preocupação com as diferenças de habilidades verificadas em sujeitos de diferentes meios sociais, já exposta nos trabalhos anteriores feitos na Rússia. Para ela, "a diferenciação social é certamente o ponto mais delicado, o mais vulnerável do método psicoestatístico" (Antipoff, H., 1928a:15). O mais

[1] A expressão "russo branco" refere-se aos cidadãos nascidos na Rússia Ocidental.

interessante em seu ponto de vista é que, em lugar de atribuir as diferenças entre os sujeitos simplesmente a variações nas próprias habilidades medidas, a autora lembra que, para os sujeitos acostumados à educação formal, a própria situação de teste é mais familiar, o que poderia engendrar as diferenças observadas. Discute ainda as diferentes dimensões que são reunidas genericamente nas chamadas diferenças sociais: o critério econômico, etnográfico, sexual, pedagógico, profissional ou caracterológico, e sugere a exploração sistemática de cada um desses critérios de discriminação dos sujeitos. Essa providência, na sua opinião, traria à luz resultados de grande interesse, pois "constituirão a base da Psicologia social experimental, e criarão índices sociais precisos para a interpretação dos casos individuais"(Antipoff, H., 1928a:15).

Durante o período em Genebra, Helena Antipoff colaborou ainda com Claparède na pesquisa sobre os processos de pensamento inteligente, cujos resultados foram publicados em 1933 com o título "La Genèse de l'Hypothèse" (Claparède, 1933). No texto, Claparède apresenta um penetrante estudo dos processos de pensamento que levam à solução de problemas, ou seja, os próprios processos que, na sua visão, caracterizam o ato da inteligência. Essa faculdade é definida por Claparède, seguindo Binet, como a capacidade de resolver, pelo pensamento, problemas novos. No texto, o autor dialoga com os críticos do associacionismo (Bergson, principalmente) e com os proponentes da teoria da Gestalt – Köhler e Koffka. Seu objetivo é verificar como ocorre o "insight", ou seja, a súbita mudança na organização perceptual e cognitiva que leva a uma solução criativa, imprevista, para um problema enfrentado pelo sujeito. Utilizando o método da "reflexão falada" (*réflexion parlée*), Claparède busca as regularidades que caracterizam as idas e vindas (os ziguezagues, como ele diz) do pensamento até a solução do problema. Conforme seu depoimento, "o pensamento, no seu percurso, não segue uma linha direta e contínua; ele salta, depois volta para trás, controla a hipótese entrevista, a rejeita, retorna à observação para encontrar outra pista, e assim para a frente... salvo no caso em que, ao contrário, ele encontra bruscamente a solução procurada" (Claparède, 1933:141). Observando que o processo pode ser descrito como uma sucessão de ensaios (*tâtonnements*), o autor chama a atenção para a importância da existência de uma necessidade, um interesse em resolver o problema (*besoin*), que desencadeia todo o processo de busca orientada pelo pensamento. Ou seja, trata-se de uma busca ativa, dinâmica, em que intervêm tanto as observações do sujeito quando a imaginação criadora, e não de uma simples associação mecânica entre estímulos. Opondo-se tanto à explicação associacionista quanto à hipótese da Gestalt instantânea, Claparède enuncia com precisão, na obra, a hipótese interacionista, cuja grande fecundidade será posteriormente demonstrada por Piaget (Piaget, 1975, Gruber & Vonèche, 1995). De acordo com o relato do próprio Claparède, as experiências que originaram a obra começaram em 1916-17, com a colaboração de um assistente, Yves Le Lay, que deixou Genebra com o fim da Primeira Guerra. Claparède, então, decidiu retomar sozinho a interpretação dos dados e redação do relatório das pesquisas em 1927, com a ajuda de outra assistente, Helena Antipoff, recém-chegada da Rússia (1916-1924) e de Berlim (1924-1926). Crítico ainda em relação aos resultados obtidos, Claparède mais uma vez adiou a publicação, e sua assistente deixou Genebra para atender a convite para lecionar psicologia no Brasil, na Escola de Aperfeiçoamento de Professores de Minas Gerais, a partir de 1929. Finalmente, em 1933, Helena Antipoff, mesmo estando no Brasil, insiste que Claparède publique os resultados, a seu ver originais e merecedores de crédito científico. Assim é que, na edição dos *Archives de Psychologie* de junho/setembro de 1933, finalmente o trabalho é publicado e dedicado a ela (Claparède, 1933).

Foi ainda na condição de assistente de Claparède em Genebra que Helena Antipoff recebeu o convite para lecionar na Escola de Aperfeiçoamento de Professores de Minas Gerais, em 1928. Inicialmente hesitou em aceitá-lo. Estava satisfeita com o trabalho em Genebra, e não pensava em se ausentar de lá. Após discutir o assunto com o mestre Claparède, sugeriu aos representantes do governo mineiro o nome de seu colega Léon Walther, que decide aceitar o convite e partir para o Brasil logo em seguida. No ano seguinte, com a perspectiva da volta de Walther à Suíça e a reiteração do convite por parte do governo mineiro, Helena Antipoff finalmente decide assinar o contrato por dois anos como professora de psicologia na Escola de Aperfeiçoamento de Professores de Minas Gerais. Parte para o Brasil em julho de 1929, deixando o filho de

10 anos aos cuidados da Profª Marguerite Soubeyran, aluna do Instituto Rousseau interessada em abrir uma escola-modelo no sul da França. Com a ajuda de Antipoff, Mlle. Soubeyran inicia a escola em Dieulefit, na Provence, tendo como primeiro aluno Daniel Antipoff (Antipoff, D., 1975).

A VINDA PARA O BRASIL

Ao chegar ao Brasil, em 6 de agosto de 1929, Helena Antipoff é recebida, ao desembarcar do transatlântico "Júlio César", no porto de Santos, por seu colega Léon Walther, que, dentro de alguns dias, retornaria à Europa. Junto com Walther encontram-se também os psicólogos Lourenço Filho e Noemy Silveira, vindos de São Paulo especialmente para recebê-la. O grupo segue logo para São Paulo, e sua agenda inclui visitas à Escola Normal Modelo, onde Lourenço Filho era responsável pela cadeira de Psicologia Educacional, e outras escolas e institutos, onde os novos conhecimentos da psicologia despertavam grande interesse. Lourenço Filho, expressando-se em francês, encarrega-se de colocar a visitante a par das reformas educativas que então se implantavam no Brasil. Helena Antipoff visita também Roberto Mange, que pretendia aperfeiçoar o ensino industrial no Estado, e introduzir métodos psicotécnicos para a seleção e treinamento de operários e funcionários da Estrada de Ferro Sorocabana (Antipoff, D., 1975).

De São Paulo, Helena Antipoff segue para Belo Horizonte, para assumir suas novas funções como professora na recém-criada Escola de Aperfeiçoamento. A criação da Escola, cujo objetivo era contribuir para a implantação da Reforma de Ensino iniciada por Francisco Campos em 1927, visava a formação de educadores comprometidos com os novos métodos educativos fortemente inspirados na Psicologia. As alunas da Escola eram normalistas já trabalhando no sistema de ensino público do Estado, selecionadas por mérito. A Escola de Aperfeiçoamento foi, provavelmente, a primeira experiência, feita no Brasil, de implantação de instituição de ensino superior na área da Educação. A Escola funcionou por duas décadas, tendo-se tornado instituição-modelo na formação de educadores no País. Foi ali que o trabalho de Helena Antipoff como pesquisadora encontrou ambiente adequado para florescer.

O contrato inicial, por dois anos, previa que a professora deveria assumir a cadeira de Psicologia, a coordenação do Laboratório de Psicologia e a assessoria ao sistema de ensino na aplicação de testes de inteligência. A implantação das medidas da inteligência visava subsidiar a organização das chamadas "classes homogêneas" por nível intelectual, e também das classes especiais, previstas na legislação da reforma de ensino.

A educadora e psicóloga russa busca então recriar, na Escola de Aperfeiçoamento, o ambiente de integração entre teoria e prática experimentado na Suíça, no Laboratório de Psicologia da Universidade de Genebra. Assim, o ensino teórico em Psicologia era acompanhado de demonstrações concretas no Laboratório, equipado com aparelhos clássicos da psicologia experimental. No primeiro ano do curso, focalizavam-se noções gerais dos métodos psicológicos, da psicologia experimental e da psicologia da criança. No segundo ano predominavam as pesquisas, privilegiando-se a utilização do papel auto-educativo da psicologia experimental, na medida em que as alunas, através da prática, faziam o estudo da psicologia geral através da auto-observação. Durante o último semestre do curso, as alunas realizavam trabalhos práticos nos grupos escolares e nas escolas normais da cidade, onde era feita uma análise psicológica dos estudantes, acompanhada de análise psicossocial das escolas. Após o estudo nas escolas, relatórios eram elaborados contendo informações sobre aspectos da personalidade, do desenvolvimento físico e social de cada aluno, além de um levantamento do rendimento escolar e seus fatores determinantes. A fim de registrar tais experiências, foi criado um acervo de documentação na Escola de Aperfeiçoamento, nomeado "Museu da Criança".

Os estudos práticos do Laboratório deram origem a extenso programa de pesquisa sobre o desenvolvimento mental, ideais e interesses das crianças mineiras. As pesquisas sobre o desenvolvimento mental tinham por objetivo subsidiar a introdução dos testes de inteligência nas escolas primárias, fornecendo os padrões aos quais seriam comparados os resultados obtidos anualmente pelos alunos. A partir dos resultados, seriam organizadas as chamadas classes homogêneas, isto é, selecionadas por nível de inteligência. Várias publicações resultaram desse trabalho, uma das iniciativas pioneiras no Brasil na aplicação da psicologia à educação.

Em um dos artigos que relata resultados de pesquisa sobre o desenvolvimento mental das crianças de Belo Horizonte, Antipoff lembra a experiência com crianças abandonadas na Rússia ao propor o conceito de "inteligência civilizada" para descrever "a natureza mental do indivíduo polida pela ação da sociedade em que vive e desenvolvendo-se em função da experiência que adquire com o tempo" (Antipoff, H., 1931: 131-132). A partir dessa definição, que evidencia o amadurecimento da perspectiva sociointeracionista na autora, ela estabelece uma série de correlações entre o meio socioeconômico e o desenvolvimento mental, e sugere às escolas a adoção de programas de "ortopedia mental" visando equalizar as oportunidades para as crianças de baixa renda que não obtinham resultados satisfatórios nos testes. Introduz, nessa época, o termo **excepcional** (em vez de retardado) para se referir às crianças cujos resultados nos testes afastavam-se da zona de normalidade, o que se justificava, a seu ver, por evitar a estigmatização, e também por possibilitar a reversão do distúrbio através de medidas psicopedagógicas adequadas. Na sua opinião:

> "o nível baixo nos testes de inteligência para muitas crianças de meio social inferior e crescidas fora da escola não prognostica absolutamente o futuro atraso nos estudos, pois nesta idade o organismo ainda está bem plástico e o cérebro capaz de assimilar com grande rapidez e eficiência os produtos da cultura intelectual"(Antipoff, H., e Cunha, 1932:16-17).

Essa posição a levava a acreditar no sucesso de programas de educação compensatória, e a procurar estimular as elites locais a promover programas de reeducação para crianças excepcionais, entre os quais podiam se distinguir os excepcionais "orgânicos", portadores de distúrbios de origem hereditária, e os excepcionais "sociais", isto é, aqueles cujas condições de vida familiar ou social impediam uma adequada estimulação.

Nessas iniciativas mais uma vez a confiança na ciência se manifesta, conforme podemos observar em conferência pronunciada na Escola de Aperfeiçoamento, em 1930, em que procura justificar, para um público relativamente leigo em matéria de formação científica, os exercícios de observação minuciosa que suas alunas tinham de fazer nas salas de aula dos grupos escolares locais:

> "nossas observações são semelhantes àquelas dos naturalistas que, desejosos de conhecer a vida de uma planta ou de um animal, são obrigados a anotar todas as condições e todos os estímulos do meio ambiente, para poder julgar em conseqüência e colocar em relação de causa e efeito. Observando como psicólogos, nossos alunos não têm a preocupação em criticar a (...) aula. Em ciência, aliás, não é permitido emitir juízos de valor, isto quer dizer que a ciência nunca tem em sua linguagem palavras de elogio ou de depreciação. A única apreciação que ela pode estabelecer é se as observações são suficientemente ricas, completas" (Antipoff, H., 1992c:60).

Essas observações visavam tanto o conhecimento da criança, matéria-prima do trabalho educativo, quanto o exercício do espírito científico:

> "Para que vão servir essas observações? A conhecer as crianças, em primeiro lugar, e antes mesmo disso, esse treinamento vai nos ensinar a observar. A observação é o método mais fértil em psicologia. Que conseguiríamos saber, se nos limitássemos somente às experiências, somente ao teste? Nada" (Antipoff, H., 1992c:61).

O texto acima evidencia que, na situação de estrangeira, em um país estranho e distante, é o discurso da ciência que é utilizado pela conferencista, que, neste caso, busca convencer a audiência do valor da atividade que fora chamada a desenvolver em seu novo posto de trabalho. A fala denota portanto a busca de uma interpretação da realidade local a partir das categorias já conhecidas em outros lugares. A universalidade da linguagem da ciência contribui para tornar familiar o estranho, assimilando-o ao já conhecido, facilitando assim a transposição de significados de uma cultura para a outra. Além disso, é a própria orientação de pesquisa adotada que vai facilitar, para Antipoff, a assimilação da realidade local: se o mestre Claparède insistia que era preciso conhecer a criança para melhor educá-la (Claparède, 1940), a própria teoria indicava o caminho: conhecer a criança local, em suas características psicossociais. Nesse processo, Antipoff se localizava, mapeava o novo hábitat cultural. Assim, uma das primeiras providências à frente do Laboratório de Psicologia da Escola de Aperfeiçoamento foi a criação de um Museu da Criança, que incluía em seu programa "o estudo minucioso e aprofundado da criança brasileira" (Antipoff, H., 1992c:61).

A primeira publicação do Museu foi o relato da pesquisa sobre os ideais e interesses da criança mineira. O estudo empírico da motivação infantil se justificava, segundo a autora, como meio de orientar sua educação:

> "Conhecemos o valor que a moderna psicologia atribui ao interesse e às aspirações espontâneas da criança: muitas vezes descobre nelas os sintomas das necessidades físicas e espirituais, funcionalmente ligadas ao crescimento do indivíduo e à formação de sua personalidade. Seguir a natureza, dela tirar as regras de conduta para educá-la de acordo com o ideal pedagógico – tal seria o método da escola ativa e da educação funcional" (Antipoff, H., 1930:5).

Mas, além dos motivos científicos, havia também motivos pessoais impulsionando a pesquisadora:

> "Convidada pelo Governo de Minas Gerais para organizar um laboratório de psicologia pedagógica na Escola de Aperfeiçoamento, para as professoras do Estado, e de promover investigações entre os alunos, a fim de estabelecer as normas de desenvolvimento psíquico e mental, procurei, logo depois da chegada a um país totalmente desconhecido para mim, orientar-me, o mais depressa possível, quanto à psicologia dos pequenos brasileiros, e apanhar a sua fisionomia psíquica geral" (Antipoff, H., 1930:5).

A pesquisa foi realizada com sucesso, e os resultados minuciosamente analisados. No entanto, as descobertas da educadora sobre os interesses das crianças na escola revelaram um interesse reduzido pelo ensino religioso. Instalou-se, assim, um princípio de crise nas relações do Museu da Criança com a Igreja Católica. Antipoff foi acusada, nos jornais da Capital, de estar buscando eliminar o ensino da religião nas escolas locais. Em uma comunidade fortemente vinculada ao catolicismo – e em meio à polêmica entre católicos e educadores leigos acerca da liberdade educacional, e do dilema sobre se o Estado deveria apoiar o ensino público ou o ensino confessional (Cury, 1978) – a sugestão de que as crianças não se sentiam atraídas pelo ensino religioso provocou a reação de autoridades eclesiásticas. Mas ainda nesse episódio, a teoria veio em socorro de Antipoff: nossa autora respondeu à critica sugerindo que se fizesse o ensino da religião mais interessante para as crianças, nele introduzindo os famosos métodos ativos (Antipoff, D., 1975).

E possível que a polêmica tenha se espalhado entre as próprias alunas da Escola de Aperfeiçoamento, que provocaram, ainda em 1930, queixas da professora de psicologia por trabalharem pouco nas pesquisas do Laboratório. Em conferência pronunciada na Escola, a pesquisadora relata:

> "No ano passado, durante a primeira sessão do Museu, 76 membros entre as alunas da Escola de Aperfeiçoamento se inscreveram, prometendo a sua colaboração. Desses 76 membros, 59 continuam na Escola, (mas) somente algumas mantiveram-se fiéis aos compromissos assumidos. Por quê?" (Antipoff, H., 1992d:15).

Valendo-se de sua autoridade, contudo, convoca novamente as alunas ao trabalho. Indica que a secretária leria o nome de todas as alunas que se haviam inscrito espontaneamente, e exorta:

> "Se por acaso, pessoas aqui presentes tenham mudado de opinião desde o ano passado, ou se não têm a intenção de participar nos trabalhos que elas mesmas escolheram, ou se preferem mudar o objeto de sua pesquisa, que o façam agora mesmo, riscando o seu nome da lista, ou então assinando novamente o seu compromisso, na inscrição de novas listas" (Antipoff, H., 1992d:18).

Assim Helena Antipoff buscava comprometer suas alunas na construção da pedagogia científica, visando prepará-las para conhecer as crianças através das novas teorias e métodos desenvolvidos pela psicologia.

Em breve, porém, sua preocupação com as condições que o ensino público brasileiro estava realmente oferecendo tendo em vista a democratização e a garantia do acesso de todas as crianças aos benefícios da educação iria se manifestar com maior clareza. Ao longo da década de 1930, com o declínio dos investimentos no ensino fundamental e a progressiva burocratização do sistema educacional público, os procedimentos que havia sugerido para a organização das classes homogêneas e o tratamento das crianças com dificuldades de aprendizagem estavam se voltando contra as próprias crianças que se pretendia ajudar. As classificações por nível intelectual, realizadas no início do ano escolar, transformavam-se, nas mãos da tecnocracia educacional, em verdadeiras "profecias auto-cumpridas", selando o destino de muitas crianças com base em prognósticos baseados em resultados de testes de QI. Para um grande número de crianças, o fracasso nos primeiros anos de escolaridade tornou-se a experiência mais freqüente. As chamadas "classes especiais", para as quais Antipoff havia sugerido os programas de ortopedia mental visando melhorar o desempenho das crianças que apresentavam dificuldades em acompanhar o programa de estudos regular, recebiam um número excessivo de alunos, e as professoras delas encarregadas tinham pouco prestígio no sistema. As escolas públicas, em sua ação concreta, não acompanhavam o Laboratório de Psicologia na confiança nas possibilidades das crianças, mesmo aquelas consideradas mais lentas, ou na defesa da realização plena dos ideais do direito à educação. Tendo em vista essa opção cada vez mais claramente seletiva do sistema público de ensino, Antipoff passou a dedicar-se a promover a expansão de outras alternativas para as crianças recusadas pelo sistema, as chamadas "crianças excepcionais". É desse ponto de vista que podemos compreender sua dedicação cada vez maior às instituições criadas para o amparo a essas crianças, a partir das iniciativas da Sociedade Pestalozzi de Minas Gerais (Campos, 1989).

A Sociedade Pestalozzi: a busca de soluções para o problema da exclusão no ensino regular

A Sociedade Pestalozzi de Belo Horizonte foi instituída em 1932, a partir da reunião de um grupo de médicos, educadores e religiosos, sob a presidência de Helena Antipoff, com o objetivo de promover o cuidado das crianças excepcionais e assessorar as professoras de classes especiais dos grupos escolares (Antipoff, H., 1937).

Em 26 de novembro de 1934, em palestra proferida para membros da Sociedade, a presidente relatou aos presentes o conteúdo da "Declaração de Genebra", proposta pela União Internacional de Socorro às Crianças (Bureau International de Sécours aux Enfants) e adotada pela Liga das Nações. O conteúdo da Declaração é o seguinte:

> "Pela presente declaração de Direitos da Criança, os homens e as mulheres de todas as nações, reconhecendo que a humanidade deve dar à criança o que ela tem de melhor, afirmam os seus deveres fora de toda a consideração de raça, de nacionalidade de crença.
>
> I – A criança deve ser tratada de maneira a poder desenvolver-se normalmente, tanto material quanto espiritualmente.

> II – A criança que tem fome deve ser alimentada; a criança doente deve ser tratada; a criança atrasada deve ser animada; a criança desmoralizada deve ser trazida de novo ao bom caminho; a órfã e a abandonada devem ser recolhidas e socorridas.
> III – A criança deve ser a primeira a receber socorro em tempo de miséria.
> IV – A criança deve ser educada de maneira a poder ganhar a sua vida e ser protegida contra toda a exploração.
> V – A criança deve ser educada na idéia de que as suas melhores qualidades devem ser postas ao dispor de seus irmãos" (Société des Nations, 1924, citada por Antipoff, H., 1992e:119-120).

A referência à Declaração foi feita no contexto de um esforço da Sociedade Pestalozzi no sentido de despertar na audiência a preocupação com os pequenos vendedores de jornais que viviam nas ruas de Belo Horizonte. Para a conferencista, o espetáculo dessas crianças vivendo em condições precárias, dormindo nas ruas:

> "no chão ou em catres bastante imundos, sem cobertores, sem colchas, sem nunca tirar a roupa, quer ela esteja seca ou ensopada de chuva, protegidas do frio por papéis – estas crianças fazem lembrar fatos da miséria por que passam os países em tempo de calamidades, estremecimentos da natureza ou agitações" (Antipoff, H., 1992e:120).

Lembravam, por certo, cenas por ela observadas na Europa, durante a Primeira Grande Guerra, ou na Rússia, no período conturbado tanto pelos efeitos da guerra quanto da Revolução de Outubro de 1917, já relatadas nos textos publicados na Rússia:

> "a grande guerra, as epidemias, a fome de 1921, a revolução devastaram uma infinidade de lares russos, matando os chefes de família, deportando-os, expulsando as famílias de seus lares, dispersando seus membros para todas as direções do imenso território russo. Foi assim que se formou um grupo considerável de indivíduos, menores, sem família, sem domicílio, sem ocupação, vivendo ao léu, de esmola ou de rapina, passando a noite ao abrigo de uma casa em ruínas, de uma ponte, de um esconderijo qualquer... A proporção dessas crianças abandonadas foi tal que o governo russo teve que organizar postos para albergar esses bandos de nômades. Foi em dois desses postos, ou estações médico-pedagógicas, que tivemos ensejo de conhecê-las" (Antipoff, H., 1931:133-134).

Ao comentar a situação das crianças de rua em Belo Horizonte, no início dos anos trintas, Antipoff observou, contudo, que, no caso, não havia a situação de convulsão social que ocorrera na Europa:

> "Como admitir este espetáculo aqui, em Belo Horizonte, em noites de plena calma, sem terremotos ou revoluções? Por que será que este punhado de menores têm de passar tamanhos aperto e degradações?" (Antipoff, H., 1992e:120).

Mais à frente, na mesma fala, e para justificar a apresentação de um programa de assistência aos pequenos jornaleiros, obedecendo assim aos princípios da Declaração de Genebra no que refere ao amparo de crianças abandonadas, e ao próprio Código de Menores brasileiro, editado em 1927, Antipoff comenta a contradição entre a miséria e falta de higiene em que viviam aquelas crianças, que lhe pareciam "mais imundos ainda em contraste com tanto luxo, de um lado, e de outro tanta beleza natural que Belo Horizonte apresenta", para em seguida afirmar que:

> "pequenos vendedores de jornais da capital mineira são uma chaga aberta e purulenta, (...) estado de coisas que fere tanto os preceitos da higiene e da moral como os da estética".

Em seguida, faz um apelo à população de Belo Horizonte:

> "movido pelo simples sentimento de compaixão, como pela convicção mais radical, o povo de Belo Horizonte tem de se decidir a melhorar a sorte desta infância, hoje apenas miserável, amanhã, talvez, miserável, revoltada e perigosa" (Antipoff, H., 1992e:122).

A Sociedade Pestalozzi, portanto, visava atuar sobre diversos focos de exclusão social, provocados seja por problemas de miséria e abandono, seja por questões de deficiência mental no sentido estrito. Em todos os casos, tratava-se de procurar resguardar os direitos das crianças em situação de risco social. O consultório médico-pedagógico para crianças deficientes ou problemáticas instalado pela Sociedade em 1934 passou a atender regularmente essas "crianças-problema", e tornou-se o embrião do futuro Instituto Pestalozzi de Minas Gerais, posteriormente transformado em instituição pública, financiada pelo governo do Estado de Minas Gerais.

A partir de 1940, a Sociedade Pestalozzi, ainda sob a liderança de Helena Antipoff, instalou a Escola da Fazenda do Rosário, em propriedade rural localizada no município de Ibirité, Minas Gerais, com a finalidade de educar e reeducar crianças excepcionais ou abandonadas utilizando os métodos da Escola Ativa, centrados na atividade espontânea da criança. A partir da Fazenda do Rosário, nos anos subseqüentes, a psicóloga liderou então extensa obra educativa, nas áreas de educação especial, educação rural, criatividade e superdotação, tendo participado ativamente na formação de várias gerações de psicólogos e educadores.

Também nessa época Helena Antipoff tornou-se professora fundadora da Cadeira de Psicologia Educacional na Universidade Minas Gerais, lecionando na Faculdade de Filosofia, Ciências e Letras, nos cursos de Didática (Licenciatura) e Pedagogia. De acordo com depoimento da aluna Maria Auxiliadora de Souza Brasil (Brasil, 1982), como professora na Universidade Antipoff era uma pessoa portadora de universalidade de espírito; preocupada com a institucionalização de meios para garantir a meta da educação como meio de desenvolvimento social; lutando pela criação de um Instituto ou de uma Faculdade de Psicologia na UMG, entidade autônoma na qual deveria se dar a formação do psicólogo; crente no fato de que cabe ao psicólogo fornecer os meios para a evolução dos indivíduos no sentido de uma maior consciência da própria racionalidade; portadora de uma posição científica eclética, acreditando que diferentes caminhos serviam para o conhecimento dos fenômenos em sua totalidade e ensinando de Pavlov a André Rey, Piaget e Pierre Janet; tendo uma metodologia marcada por Claparède e Dewey; alguém que acreditava que "a palavra convence, mas o exemplo arrasta" (Brasil, 1982:28). Agnelo Corrêa Viana, também seu aluno na Faculdade de Filosofia da UFMG, em 1958, relata que Antipoff buscava, desde os primeiros dias de aula, que os alunos refletissem sobre seus próprios sentimentos e impressões; iniciava os diferentes assuntos tratados sempre com a apresentação de exemplos práticos, tirados, em sua maioria, das experiências cotidianas dos próprios alunos; insistia no Método da Experimentação Natural de Lazursky como meio para se chegar ao conhecimento das características do ser humano; no lugar de enfatizar a memorização, dava especial atenção às pesquisas e observações objetivas e ao levantamento de hipóteses de ordem psico-sociológica sobretudo com relação aos hábitos da população de Belo Horizonte; defendia a liberdade de criação por meio da intuição artística, mais que o uso da tecnologia (Vianna, 1988). Em 1992, a aluna Maria Luiza de Almeida Cunha Ferreira, no "I Congresso Brasileiro sobre a Experiência Antipoffiana na Educação", refere-se à atuação de Helena Antipoff na Universidade, questionando sobre o porquê da descontinuidade do trabalho, das pesquisas e dos projetos quando esta deixa a Universidade – seria resultado de corporativismo (recusa do que vem de fora) ou de conservadorismo (recusa do que é diferente)? Ferreira relata que, na década de 1940, em pleno período do Estado Novo, de corte autoritário, o governo do Estado de Minas recusou a renovação do contrato de Antipoff, levando-a a buscar outras formas de atuação profissional no Brasil (Ferreira, 1992:34). Foi então que a pesquisadora se transferiu para o Rio de Janeiro, onde trabalhou junto ao Ministério da Saúde na institucionalização do Departamento Nacional da Criança, e na criação da Sociedade Pestalozzi do Brasil.

Engajou-se também na luta pela redemocratização do País, tendo publicado, em 1944, na *Revista Brasileira de Estudos Pedagógicos*, um de seus trabalhos mais interessantes, tanto do ponto de vista pedagógico quanto social: um artigo sobre "Como pode a escola contribuir para a formação de atitudes democráticas" (Antipoff, H., 1944).

Ainda no Rio de Janeiro, iniciou as reflexões sobre o ensino rural que iriam ser aplicadas extensamente na organização da Fazenda do Rosário na década de 1950.

MATURIDADE INTELECTUAL: INTEGRAÇÃO TEORIA E PRÁTICA NA EXPERIÊNCIA DO ROSÁRIO

Em 1951, Helena Antipoff finalmente obteve a cidadania brasileira, completando assim o ciclo de integração a seu novo universo cultural. Reassumiu então suas funções como catedrática de Psicologia Educacional na Faculdade de Filosofia da Universidade Federal de Minas Gerais, continuando a atuar na formação de pessoal qualificado em psicologia. Mas o que realmente a interessava, nessa época, era a possibilidade de colocar em prática suas idéias, através das diversas instituições que foram sendo estabelecidas na Fazenda do Rosário.

Com efeito, a partir da escola para crianças excepcionais, iniciada em 1940, a Fazenda do Rosário foi progressivamente enriquecida com novas iniciativas que visavam a integração da escola à comunidade rural adjacente. A filosofia educativa rosariana enfatizava, por um lado, a necessidade de integração à comunidade das crianças recebidas pela Sociedade Pestalozzi – crianças abandonadas, com sérios problemas de ajustamento. Por outro lado, buscava-se levar à comunidade rural de Ibirité os benefícios civilizatórios da escola. Nesse espírito foram sendo criadas as diversas instituições educativas que vieram a compor o Complexo Educacional do Rosário: Escolas Reunidas Dom Silvério (para o ensino primário); Clube Agrícola João Pinheiro (ensino e experimentação de técnicas agrícolas); Ginásio Normal Oficial Rural Sandoval Azevedo (com internato para moças); Ginásio Normal Oficial Rural Caio Martins (com internato para rapazes); Instituto Superior de Educação Rural (ISER), com cursos de treinamento para professores rurais, incluindo a prática no cultivo de lavouras, hortas, pomares, na criação de animais, e cursos de economia doméstica. Essas obras, iniciadas pela Sociedade Pestalozzi, obtiveram o apoio do governo estadual, especialmente a partir da integração do Rosário à Campanha Nacional de Educação Rural, iniciada pelo governo federal em 1952. Em seu depoimento sobre essa etapa de seu trabalho, Antipoff observa:

> "como uma instituição pedagógica de modestas proporções pode alcançar objetivos de ordem social mais geral, à medida que desenvolve seu trabalho cotidiano" (Antipoff, H., 1992f:113).

A idéia era tornar a Fazenda do Rosário o que Antipoff denominava uma "cidade rural", "em que seus moradores, sem especificação profissional, sectária ou partidária, se transformem em cidadãos de um padrão mais apurado, do ponto de vista cívico, econômico e cultural", cabendo aos educadores o papel social de contribuir para "edificar formas mais produtivas e mais eqüitativas de vida coletiva" (Antipoff, H., 1992f:113).

A realização desse objetivo passava, necessariamente, pelo exercício da democracia na vida cotidiana. Antipoff tratou várias vezes desse tema ao longo de sua obra, inspirando-se nos princípios escolanovistas defendidos por Claparède, em Genebra, no período entre as duas grandes guerras. A questão fundamental, nessa direção, era detectar como deveria ser organizado o ambiente educativo para fazer florescer a democracia, ao mesmo tempo que prevalecia o respeito à liberdade e autonomia de educandos e educadores.

É neste sentido que Antipoff passa a recomendar o uso do método da "experimentação natural" de Lazursky de maneira ampliada: a expressão passa a ser utilizada para denominar a forma de organização das atividades pedagógicas no Rosário, que enfatizava especialmente a liberdade de escolha do educando, a atividade consciente, a sociabilidade e a tomada de decisões em grupo. Em vez de incentivar a competição, como era o caso no sistema escolar regular, a pedagogia rosariana privilegiava a cooperação: o aprendizado deveria se fazer em um ambiente de ajuda mútua e de liberdade para experimentar. Nessa época, a autora abandona a opção por classes seletivas, que havia defendido para as escolas públicas nos anos trintas, e decide incentivar a reunião de crianças de variados níveis intelectuais e tipos de habilidades nas salas de aula do Rosário.

As ações dedicadas à educação rural serão marcadas pela filosofia pedagógica preconizada pela educadora: a ênfase na atividade e autonomia do educando, a atitude democrática, o respeito à diferença, a fé na ciência como instrumento de melhoria da vida. A proposta da "escola ativa" genebrina está presente em todo o trabalho educativo de Antipoff, ao lado da preocupação sociocultural trazida da psicologia soviética:

> "Ainda mais triste que ver meninos sem escolas, é vê-los imóveis em carteiras enfileiradas, em escolas sem ar, perdendo tempo em exercícios estéreis e sem valor para a formação do homem" (Antipoff, H., 1992g:403).

As iniciativas voltadas para a educação rural na Fazenda do Rosário foram sendo implementadas de acordo com planejamento proposto por Antipoff em 1947, quando trabalhou por um curto período na Divisão de Proteção à Infância do Departamento Nacional da Criança, no Rio de Janeiro (Antipoff, H., 1992h): os Institutos de Organização Rural ou Centros de Urbanização dos Meios Rurais. A perspectiva adotada partia da idéia de que, em um país em que a maior parte da população vivia no meio rural, empobrecida e sub-alimentada, e tendendo a migrar para as grandes cidades em busca de condições de vida adequadas, tornava-se necessário o investimento na melhoria do meio rural:

> "de forma a que os campos, por sua vez, se tornem centros de atração, e que o proletariado urbano e os descontentes com as privações e o tumulto das cidades encontrem ali casa, trabalho e meios de educar filhos sadios e felizes" (Antipoff, H., 1992h:10).

Esse investimento deveria ser feito com a ajuda das universidades, que, segundo a autora, seriam:

> "recém-nascidas no Brasil em vários estados, infelizmente no começo impregnadas de rotina acadêmica, amanhã, com o desenvolvimento nelas dos laboratórios e dos institutos de pesquisa científica no campo da Biologia, da Geografia Humana, da Sociologia e Psicologia, despertarão na mocidade a curiosidade intrínseca pelos fenômenos naturais, pela vida do homem, pelas formas de seu comportamento em meios variados, e trarão conhecimentos objetivos, em substituição a uma ciência de palpite que pouco auxílio poderá trazer na reconstrução do país" (Antipoff, H., 1992h:12).

Nessa passagem, evidencia-se tanto a crítica à tradição bacharelesca e verbalista do ensino superior brasileiro, pouco afeito à atitude científica da observação da própria realidade e à experimentação, à história de abandono da população rural brasileira, quanto sua confiança na capacidade da ciência na resolução de problemas práticos. O sofrimento da população estaria retratado na obra de grandes intelectuais e artistas – Josué de Castro, Monteiro Lobato, Jorge Amado, Graciliano Ramos, Portinari. Caberia aos cientistas e educadores contribuir para: "encaminhar a evolução econômica e social do país para progressos seguros" (Antipoff, H., 1992h:13). À escola, especialmente a escola rural, ainda praticamente inexistente no país, caberia a "formação de uma nova mentalidade". A autora critica as escolas normais então existentes – "mais estufas para plantas decorativas que viveiros de madeira sólida", e propõe a criação de uma rede de escolas rurais que, encarregadas de romper com o "curandeirismo pedagógico", viriam "proceder com medidas planejadas e humanitárias à assistência educacional à criança desvalida" e à população rural em geral. Seriam os Institutos de Organização Rural, ou centros de urbanização do meio rural, com funções ao mesmo tempo educativas e de "aldeamento"da população em núcleos geográficos mais densos" (Antipoff, H., 1992h:17). Esses Institutos seriam uma "reunião de instituições", a já citada "cidade rural" proposta na Fazenda do Rosário, reunindo instituições educacionais propriamente ditas e demais iniciativas de assistência ao meio rural. Essa escola, nas palavras de Antipoff, "quanto mais tomar feitio de casa do povo, de centro de comunidade, tanto mais resultados culturais e sociais trará ao país" (Antipoff, H., 1992h:39-40). Os alunos e professores deveriam se envolver em atividades tanto teóricas quanto práticas, em grupos de tarefa.

Entre as atividades práticas, a autora sugere os serviços domésticos, a horta, jardim e pomar, carpintaria, construção, cerâmica, trabalho com máquinas, eletricidade, a costura, o artesanato, além de treinamento relativo ao uso do dinheiro. Para o desenvolvimento dessas atividades, os alunos e professores se organizariam em "clubes", visando "desenvolver o espírito de iniciativa, a cooperação, e o treino das virtudes autenticamente democráticas" (Antipoff, H., 1992i:77).

Essas preocupações com a integração entre teoria e prática denotam uma característica importante no trabalho de Antipoff no Brasil: a visão positiva em relação ao trabalho manual, trazida também como herança da formação na Rússia e na França – sociedades onde a tradição camponesa é mais respeitada e valorizada. Trazem também a marca da herança genebrina: a preocupação com a educação para a cidadania e para a democracia.

O foco na natureza desperta ainda em Helena Antipoff a perspectiva ecológica. Consciente, já na década de 1950, dos problemas decorrentes da exploração descuidada das reservas naturais e do uso predatório do solo, a autora recomendava, como paraninfa da 4ª turma de regentes formadas pelo Curso Normal Regional "Sandoval Soares de Azevedo", na Fazenda do Rosário, em 1958, e citando dados da União Internacional Pró-Proteção da Natureza, "preparar cada um de seus alunos para a alta função de guardião do tesouro terrestre, de zelador do solo", com o auxílio da ciência. Para ela, o cientista romperia com a tradição do ensino verbalista, pois ele "pensa também com as mãos, experimentando, operando..." (Antipoff, H., 1992j:125).

Nos últimos anos de vida, e ainda como decorrência da experiência do Rosário, Antipoff desenvolveu uma preocupação especial para com a descoberta de talentos e a educação dos bem-dotados. Pensava que, em um país como o Brasil, a precariedade das condições de vida da população pobre e a falta de um sistema educacional realmente universal tinham como conseqüência a perda de um grande contingente de indivíduos talentosos, bem-dotados, que poderiam contribuir para a comunidade mas não o faziam por falta de orientação:

> "talento e inteligência não são de geração espontânea, mas precedidos de longo trabalho de gerações: quem será pintor num meio rural, onde a criança nem mesmo tem o direito de usar o lápis de cor?" (Antipoff, H., 1992g:402).

Desse entendimento decorreu a idéia de criar uma instituição dedicada especialmente à descoberta e incentivo ao talento e à criatividade, que veio a se materializar na fundação da Associação Milton Campos para o Desenvolvimento de Vocações (ADAV), em 1972. Os recursos provenientes do prêmio Boilesen, última homenagem recebida por Helena Antipoff pelos serviços prestados à educação no Brasil, em 1974, pouco antes de sua morte, foram aplicados na criação da ADAV, que passou a receber crianças indicadas por escolas públicas da região metropolitana de Belo Horizonte, para, nos fins de semana, em regime de internato ou semi-internato, serem submetidas a um programa intensivo de desenvolvimento da criatividade e do talento.

A CIÊNCIA COMO *LINGUA FRANCA*

A experiência de Antipoff como estrangeira, vivendo e trabalhando em diferentes culturas, evidencia que, em cada situação, a atitude científica representou, para ela, a *lingua franca* de acesso ao novo universo simbólico. Confrontada com a necessidade de adaptação em contextos diversos, sempre a curiosidade científica lhe aparecia como a porta de entrada, a condição de possibilidade de compreender o estranho e de se fazer compreender.

Assim ocorreu em Paris, onde a experiência no Laboratório Binet-Simon parece ter proporcionado os meios de adaptação ao contexto local, de valorização do trabalho intelectual e de incentivo à descoberta científica. Afinal, Paris representava, no início do século XX, um dos centros mundiais de produção e difusão do conhecimento científico, uma caixa de ressonância do espírito iluminista que impulsionou a ciência moderna. Lá, Claude Bernard já vinha, desde meados do século XIX, propondo as bases epistemológicas e heurísticas do método experimental. No âmbito da psicologia, Paris assistiu também, no período em que Antipoff freqüentou a Sorbonne, ao debate sobre a própria possibilidade de existência da psicologia científica, evidenciada seja na obra de Binet, seja na crítica de Bergson a esse projeto. A proposta de Binet de medida da inteligência, por muitos considerada como a demonstração crucial da possibilidade do uso do método científico em psicologia, ocorreu precisamente na França, com seu autor sendo guiado por um certo espírito pragmático, de busca de uma contribuição efetiva da ciência na solução de problemas sociais.

Criada no sofisticado ambiente intelectual de São Petersburgo, foi impossível para Antipoff manter-se alheia a esse movimento. Tendo apreendido rapidamente a mensagem de Binet, ela parece ter desenvolvido uma espécie de esquema de pensamento (no sentido piagetiano), que voltou a aplicar a cada ocasião de mudança de cultura – e foram várias as oportunidades que ela teve de testá-lo: em Genebra, com Claparède, observando o comportamento de crianças na Maison des Petits; em São Petersburgo, trabalhando com as crianças abandonadas nos abrigos estatais; em Genebra, de novo, já como pesquisadora no fim dos anos vintes; e no Brasil, a partir do início da década de 1930, é de novo a atitude científica que torna possível abrir o diálogo com a nova experiência cultural. Diálogo este que, ao que tudo indica, não foi isento de conflitos. Mesmo diante dos conflitos, que poderiam eventualmente inviabilizar a adaptação ao novo contexto, é outra vez o apelo à ciência que proporciona a via de acesso à cultura local: é no Laboratório de Psicologia da Escola de Aperfeiçoamento que a pesquisadora encontra os meios de encontrar sua identidade e de se fazer conhecer aos colegas brasileiros. O domínio da linguagem e da criação científica torna-se, assim, *lingua franca* de adaptação cultural. A experiência de aplicação da ciência será mais tarde reproduzida na Fazenda do Rosário, já como "experimento natural", laboratório vivo de criação de práticas educativas adaptadas às condições locais e de desenvolvimento da sociabilidade, evidenciando o potencial da ciência psicológica na análise e resolução de problemas objetivos.

A análise do processo vivido por Antipoff ajuda a compreender a maneira como a atividade científica tornou-se o passaporte para muitos indivíduos que passaram por experiências de mudança cultural, durante o século XX, especialmente os cientistas que, buscando distanciar-se das intensas crises sociais européias da primeira metade do século, vieram a construir a ciência no Novo Mundo. Em sua trajetória particular – mas ao mesmo tempo com essa dimensão universal, já que se trata de experiência de vida compartilhada por muitos outros intelectuais de seu tempo –, pode-se observar esse duplo movimento que animou a vida desses pioneiros: por um lado, a procura de uma linguagem universal que lhes permitisse a leitura da realidade em diferentes contextos – procura essa, de resto, constitutiva da própria atividade científica –; por outro, a busca de uma identidade que tornasse possível a adaptação ao ambiente estranho. Ambos os movimentos podem ter levado, em casos como o de Antipoff, a sínteses adaptativas bem-sucedidas. Nestas, a busca do conhecimento parece ter levado efetivamente ao engajamento na procura de soluções para problemas sociais e culturais complexos. No limite, esse processo veio a se revelar importante não só para os cientistas estrangeiros que o vivenciaram, mas também para aqueles que vieram a aprender, com eles, a compartilhar o prazer do conhecimento e as tensões trazidas pela aplicação de soluções idealizadas ao real. Nesse sentido, histórias como a de Helena Antipoff ajudam a compreender a história da ciência nas Américas ao longo do século XX.

Lições para o futuro

Na trajetória de Antipoff, observa-se a preocupação científica aliada a um agudo senso prático. A formação realizada no início do século, na Europa, em contato com a miséria humana produzida por guerras e revoluções, parece ter engendrado nela uma sensibilidade especial para com o sofrimento e um genuíno espírito democrático. A passagem pela Suíça proporcionou, além de uma sólida formação científica, a oportunidade de participar, com seu mestre Claparède e com a equipe do Instituto Jean-Jacques Rousseau, das discussões e proposições relativas à defesa das instituições democráticas e dos direitos humanos que iria marcar profundamente a sua trajetória, o seu "ethos". Esse espírito democrático e humanista e a intensa atividade em defesa das crianças brasileiras e das populações carentes, sobretudo no meio rural, se tornaram exemplo de vida e compromisso com a aplicação da ciência na melhoria da condição humana.

O acervo de documentos inéditos que pertenceram a Antipoff, testemunha de seu percurso, encontra-se atualmente sob a guarda do Centro de Documentação e Pesquisa Helena Antipoff. Parte do acervo está sediado na Fundação Helena Antipoff, em Ibirité, Minas Gerais, onde um pequeno museu foi instalado em sua memória. Parte dos manuscritos inéditos encontram-se guardados como coleção especial na Sala Helena Antipoff, na Biblioteca Central da Universidade Federal de Minas Gerais, constituindo o principal fundo dos Arquivos UFMG de História da Psicologia no Brasil.

A obra escrita de Antipoff foi reunida e editada pelo Centro de Documentação e Pesquisa Helena Antipoff, sob a coordenação de seu filho, o psicólogo Daniel Antipoff, em uma coletânea de cinco volumes dedicados aos grandes temas que a ocuparam ao longo de sua extraordinária e produtiva carreira de cientista e educadora: a psicologia experimental, os fundamentos da educação, a educação do excepcional, a educação rural e a educação do bem-dotado.

É oportuna a iniciativa agora empreendida pelo Projeto Memória da Psicologia Brasileira, do Conselho Federal de Psicologia, de reeditar alguns dos textos mais significativos da obra de Helena Antipoff. Compõem essa coletânea trabalhos relacionados à contribuição de Antipoff em diferentes momentos de sua trajetória, expondo sua síntese pessoal em relação às questões mais importantes que foram objeto de sua reflexão: as relações entre cultura e inteligência, o desenvolvimento afetivo e social, psicologia e educação, educação especial, psicologia e comunidade, métodos de pesquisa e de exame psicológico. O critério utilizado para a seleção dos trabalhos aqui reunidos baseou-se na universalidade e atualidade das contribuições que trazem ao debate atual em psicologia e educação, o que os torna, no verdadeiro sentido da palavra, trabalhos "clássicos", que merecem ser lidos.

Referências Bibliográficas

Bibliografia de Helena Antipoff

ANTIPOFF, Helena. Plano e técnica do exame psicológico da criança. *J. Trondovaia Schkola*, 1924. Em russo.

______________. Étude de la personnalité par la méthode Lasursky. *L'Éducateur*, v. 62, p. 285-292, 1926.

______________. Cas d'image éidetique. *Archives de Psychologie*, v. 20, 1927a.

______________. Contribution à l'étude de la constance des sujets. *Archives de Psychologie*, v. 20, p. 177-190, 1927b.

______________. De l'expérimentation naturelle. *Nouvelle Éducation*, p. 87-97, 1927c.

______________. L'étude des aptitudes motrices. *L'Éducateur*, v. 63, p. 309-315, 1927d.

______________. L'évolution et la variabilité des fonctions motrices. *Archives de Psychologie*, v. 21, p.1-54, 1928a.

______________. L'interêt et l'usage des tests scolaires. *L'Éducateur*, v. 64, p. 121-124, 1928b.

______________. Observations sur la compassion et le sentiment de justice chez l'enfant. *Archives de Psychologie*, v. 21, p. 209-215, 1928c.

______________. *Ideaes e interesses das creanças de Bello Horizonte e algumas suggestões pedagógicas*. Belo Horizonte: Secretaria do Interior de Minas Gerais/Inspectoria Geral de Instrucção, 1930. (Boletim 6)

______________. *Desenvolvimento mental das crianças de Belo Horizonte*. Belo Horizonte: Secretaria de Educação e Saúde Pública do Estado de Minas Gerais, 1931. (Boletim 7)

______________. CUNHA, Maria Luiza de Almeida. *Test Prime*. Belo Horizonte: Secretaria de Educação e Saúde Pública, 1932. (Boletim 10)

______________ (org.). *Infância Excepcional*. Belo Horizonte: Secretaria de Educação e Saúde Pública de Minas Gerais, 1937. (Boletim 20)

______________. Como pode a escola contribuir para a formação de atitudes democráticas. *Revista Brasileira de Estudos Pedagógicos*, Rio de Janeiro, v. 1, n. 1, p. 26-45, 1944.

______________. O nível mental das crianças russas nas escolas infantis. In: Centro de Documentação e Pesquisa Helena Antipoff. *Psicologia experimental*. Belo Horizonte: Imprensa Oficial, 1992a. (Coletânea das obras escolhidas de Helena Antipoff, v. 1) p. 9-10. Publicado originalmente em 1924.

ANTIPOFF, Helena. A experimentação natural — método psicológico de A. Lazourski. In: Centro de Documentação e Pesquisa Helena Antipoff. *Psicologia experimental.* Belo Horizonte: Imprensa Oficial, 1992b. (Coletânea das obras escolhidas de Helena Antipoff, v. 1) p. 29-41. Publicado originalmente em 1927.

______________. O trabalho psicológico. In: Centro de Documentação e Pesquisa Helena Antipoff. *Psicologia experimental.* Belo Horizonte: Imprensa Oficial, 1992c. (Coletânea das obras escolhidas de Helena Antipoff, v. 1) p. 59-63. Publicado originalmente em 1930.

______________. O nosso "Museu da Criança". In: Centro de Documentação e Pesquisa Helena Antipoff. *Psicologia experimental.* Belo Horizonte: Imprensa Oficial, 1992d. (Coletânea das obras escolhidas de Helena Antipoff, v. 1) p. 15-18. Publicado originalmente em 1930.

______________. Os direitos da criança. In: Centro de Documentação e Pesquisa Helena Antipoff. *Fundamentos da educação.* Belo Horizonte: Imprensa Oficial, 1992e. (Coletânea das obras escolhidas de Helena Antipoff, v. 2) p. 119-122. Publicado originalmente em 1934.

______________. A Fazenda do Rosário como experiência social e pedagógica no meio rural. In: Centro de Documentação e Pesquisa Helena Antipoff. *Educação rural.* Belo Horizonte: Imprensa Oficial, 1992f. (Coletânea das obras escolhidas de Helena Antipoff, v. 4) p. 113-116. Publicado originalmente em 1953.

______________. Pensamentos de Helena Antipoff. In: Centro de Documentação e Pesquisa Helena Antipoff. *Fundamentos da educação.* Belo Horizonte: Imprensa Oficial, 1992g. (Coletânea das obras escolhidas de Helena Antipoff, v. 2) p. 401-403.

______________. Institutos de Organização Rural ou Centros de Urbanização dos Meios Rurais. In: Centro de Documentação e Pesquisa Helena Antipoff. *Educação rural.* Belo Horizonte: Imprensa Oficial, 1992h. (Coletânea das obras escolhidas de Helena Antipoff, v. 4) p. 9-40. Publicado originalmente em 1947.

______________. Ensino Normal e treinamento de dirigentes de escolas em zonas rurais. In: Centro de Documentação e Pesquisa Helena Antipoff. *Educação rural.* Belo Horizonte: Imprensa Oficial, 1992i. (Coletânea das obras escolhidas de Helena Antipoff, v. 4) p. 71-85.

______________. Palavras da paraninfa da quarta turma de regentes de classes formadas pelo Curso Normal Regional "Sandoval Soares de Azevedo", na Fazenda do Rosário (1958). In: Centro de Documentação e Pesquisa Helena Antipoff. *Educação rural.* Belo Horizonte: Imprensa Oficial, 1992j. (Coletânea das obras escolhidas de Helena Antipoff, v. 4) p. 121-127.

______________. *Manuscrito inédito*, [s.d.]. Arquivos UFMG de História da Psicologia no Brasil/Centro de Documentação e Pesquisa Helena Antipoff. Biblioteca Central – Universidade Federal de Minas Gerais, Belo Horizonte.

Bibliografia citada

ANTIPOFF, Daniel. *Helena Antipoff*: sua vida, sua obra. Rio de Janeiro: José Olympio, 1975.

BINET, Alfred. *Les idées modernes sur les enfants*. Paris: Flammarion, 1920.

BRASIL, Maria Auxiliadora S. O atendimento de Helena Antipoff ao universitário: missão do universitário no país (direitos e obrigações). *Boletim do Centro de Documentação e Pesquisa Helena Antipoff*, Belo Horizonte, n. 2, p. 25-28, 1982.

CAMPOS, Regina H. F. *Conflicting interpretations of intellectual abilities among Brazilian psychologists and their impact on primary schooling*. 1989. Tese (Doutorado) Stanford University, Stanford, Ca.

CAMPOS, Regina H. F. Helena Antipoff: Fazendeira de Crianças. In: Congresso Brasileiro sobre a Experiência Antipoffiana em Educação, 1. *Anais*... Belo Horizonte: Centro de Documentação e Pesquisa Helena Antipoff, 1992. p. 26-32.

CAMPOS, Regina H. F. Os primeiros passos da educação popular — perfil de Helena Antipoff. *Presença Pedagógica*, Belo Horizonte, v. 1, n. 3, p. 56-69, 1995.

CAMPOS, Regina H. F. Helena Antipoff (1892-1974): a synthesis of Swiss and Soviet psychology in the context of Brazilian education. *History of Psychology*, v. 4, n. 2, p. 133-158, 2001.

CLAPARÈDE, Edouard. *L'école sur mésure*. Lausanne: Payot, 1920.

CLAPARÈDE, Édouard. La Genèse de l'Hypothèse – Étude Expérimentale. *Archives de Psychologie*, t. 24, n. 93/4, p. 1-155, 1933.

CLAPARÈDE, Édouard. *A educação funcional*. São Paulo: Companhia Editora Nacional, 1940.

CURY, Carlos R. J. *Ideologia e Educação Brasileira*. São Paulo: Cortez e Moraes, 1978.

FERREIRA, Maria Luiza A. C. A psicóloga Helena Antipoff e a universidade. In: Congresso Brasileiro sobre a Experiência Antipoffiana em Educação, 1. *Anais*... Belo Horizonte: Centro de Documentação e Pesquisa Helena Antipoff, 1992. p. 33-4.

GRUBER, Howard E.; VONÈCHE, J. Jacques (ed.). *The Essential Piaget*. Northvale, NJ, London: Jason Aronson Inc., 1995.

HAMELINE, Daniel. Aux Origines de la Maison des Petits. In: PERREGAUX, C.; RIEBEN, L.; MAGNIN, C. *Une école où les enfants veulent ce qu'ils font – la Maison des Petits hier et aujourd'hui*. Lausanne: Loisirs et Pédagogie, 1996. p. 17-62.

JORAVSKY, David. *Russian Psychology:* A Critical History. Oxford: Basil Blackwell, 1989.

KOZULIN, A. The Concept of Activity in Soviet Psychology: Vygotsky versus his disciples. In: CARPINTERO, H.; PEIRÓ, J. M. (ed.). *La Psicología en Su Contexto Historico / Essays in Honor of Josef Brozek* (Monografias de la Revista de Historia de la Psicología). Valencia: Departamento de Psicología General, Universidad de Valencia, 1984. p. 205-210.

KOZULIN, Alex. *Psychology in Utopia — Towards a social history of soviet psychology*. Cambridge, Mass.: The MIT Press., 1984.

LÉVI-STRAUSS, C. Histoire et ethnologie. In: LÉVI-STRAUSS, C. *Anthropologie Structurale*. Paris: Plon., 1958.

MASSIMI, M. et al. *Navegadores, colonos e missionários na Terra de Santa Cruz:* um estudo psicológico da correspondência epistolar. São Paulo: Loyola, 1997.

MURCHISON, Carl (ed.). *The Psychological Register*. Worcester, Mass.: Clark Univ. Press, 1929.

PIAGET, Jean. *O Nascimento da Inteligência na Criança*. Rio de Janeiro: Zahar Eds., 1975.

SOCIEDADE PESTALOZZI DE BELO HORIZONTE. *Estatutos da Sociedade Pestalozzi*, Belo Horizonte, 1933.

VAN DER DEER, R.; VALSINER, J. *Vygotsky, Uma Síntese*. São Paulo: Unimarco/Loyola., 1996.

VIANNA, Agnelo Correa. A escola ativa introduzida nos cursos universitários. *Boletim do Centro de Documentação e Pesquisa Helena Antipoff*, Belo Horizonte, n. 8, p. 29-31, 1998.

PARTE 1

Cultura e desenvolvimento humano

Nesta parte estão reproduzidos textos de Helena Antipoff que tratam das relações entre o desenvolvimento intelectual ou psicomotor e o meio ambiente, natural e/ou cultural, escritos entre 1924 e 1931. São trabalhos de pesquisa realizados na União Soviética, na Universidade de Genebra, como assistente de Édouard Claparède, e em Belo Horizonte, como dirigente do Laboratório de Psicologia da Escola de Aperfeiçoamento de Professores de Minas Gerais. Nestes trabalhos, evidenciam-se a sólida formação de Antipoff como pesquisadora e a evolução de seu pensamento, incorporando progressivamente a preocupação em interpretar as funções psicológicas no contexto histórico-cultural em que ocorrem.

O nível mental das crianças russas nas escolas infantis[1]

1924

Stern já considerava a existência de um momento ideal para se utilizar da Escala Métrica de Binet-Simon a condição de aplicá-la rigorosamente do ponto de vista técnico, a fim de poder comparar entre si o caráter mental e a evolução do desenvolvimento intelectual das diferentes raças, sociedades, épocas etc.

Foi em 1921 que no Laboratório de Psicologia de Petersburgo, fundado por Nechaev, se empreendeu um exame de nível mental das crianças entre 4 e 9 anos. Queria-se verificar se a época extraordinária da guerra, da revolução, da fome e do terror podia influir substancialmente sobre o desenvolvimento mental.

Em 120 meninos entre os "Kriegskinder" examinados, muito enfraquecidos do ponto de vista do estado e do desenvolvimento físico e nervoso, observou-se que os mesmos apresentaram em geral, sob o aspecto intelectual, um nível normal e até ultrapassando em sua média o desenvolvimento de crianças parisienses (1911) de 0,43 ano.

Em 120 meninos, 2% de crianças retardadas. A criança que obteve o pior resultado apresentou o nível de 2,8 anos.

Aplicando todos os testes em todas as idades, a estatística evidenciou uma progressão regular de uma idade para outra mais adiantada. Esta regularidade interrompeu-se aos 8 anos. As crianças desta idade acertavam menos do que as de 7 anos, a percentagem das respostas acertadas sendo mais baixa que aquela de seus irmãos mais novos nos testes baseados sobretudo em provas de atenção e memória (mão direita, orelha esquerda, três recados, contar de 20 a zero, repetir 5 algarismos etc.). Esta diminuição e queda entre os resultados não se manifestavam nas provas lógicas. Aos 9 anos, a curva eleva-se novamente em toda a linha. O período dos 7 aos 8 anos é um período crítico, fato este já conhecido e verificado em muitas situações. Aqui esta particularidade, mais uma vez, pôde ser observada: as crianças russas enfraquecidas pela Revolução manifestaram este *locus minoris resistenciae*, mesmo tratando-se dos testes Binet-Simon.

Os meninos e as meninas apresentam nessa pesquisa as alternativas já bem conhecidas: aos 6 e aos 7 anos, são as mulheres que vencem os homens e dos 5 aos 8 anos, o nível dos homens é mais elevado.

As meninas acertam melhor nos testes mnemônicos, os meninos são melhores nas provas que exigem aptidões da lógica. Entre os testes que foram considerados mais difíceis para as crianças russas, precisam-se citar os testes de cálculo. De onde viria esta tendência em acertar menos as provas de cálculo? Será isso devido ao fato de não ter havido dinheiro, na época, num país comunista, impedindo assim as crianças em exercitarem as suas faculdades mentais fora da escola? O desenho, a indicação da data, a indicação dos meses, a definição lógica das palavras constituíram-se também provas julgadas mais difíceis. Estariam esses conhecimentos na dependência de um ensino escolar clássico?

Apesar do nível da sociedade russa da época, a classe intelectual se encontrando em condições muitas vezes piores do que a classe operária, as crianças dos intelectuais, apesar da miséria e da falta de tempo para cuidar deles, forneceram um resultado melhor que os filhos de operários.

O ensino, sendo o mesmo para todas essas crianças, será que o fator hereditariedade estaria em jogo?

---

[1] Publicado originalmente em russo, no periódico *Revista Pedológica*, em 1924. Traduzido e reeditado na *Coletânea das obras escritas de Helena Antipoff* (org. pelo Centro de Documentação e Pesquisa Helena Antipoff), vol. 1, Belo Horizonte: Imprensa Oficial, 1992, p. 9-10.

Contribuição ao estudo da constância entre examinandos[1]

1927

As experiências que ora apresentamos dão seqüência às pesquisas já levadas a efeito no Laboratório de Genebra sobre a constância dos examinandos, relativamente a testes de aptidão, quando estes testes são repetidos várias vezes junto ao mesmo indivíduo[2]. Este problema da constância, sendo de grande interesse teórico e prático, empreendemos, a conselho de Claparède, um certo número de experimentos, dando preferência aos processos psíquicos mais simples. Eis a lista dos nossos experimentos:

1. *Tapping* (marcando com lápis o maior número possível de pontos dentro do espaço de tempo de 15 segundos) – 2. Pontilhagem (marcando pontos, um em cada quadrado, numa folha quadriculada, em quadrados de 4 mm, durante 15 segundos) – 3. Rapidez de escrita (Escrever, durante 30 segundos, "a Terra é redonda, a Terra é redonda" etc.) – 4. Marcha (percorrer 20 metros, andando dentro de um corredor) – 5. Força muscular (dinamômetro de Collin) – 6. Discriminação tátil (pelo método das variações irregulares com cartões estesiométricos) – 7. Estimação de uma duração de tempo. O examinando é solicitado a contar até sessenta – 8. Teste da Estátua. O examinando imobiliza o seu corpo, braços estendidos e apontados ao nível dos ombros, segurando em cada mão um peso de 1 kg. Deve conservar esta posição por mais tempo possível. Anota-se o tempo até o momento em que os braços tendem a abaixar-se.

Os experimentos foram feitos em oito indivíduos adultos (dos quais seis do sexo feminino); foram realizadas individualmente. Cada examinando repetiu um mínimo de quatro vezes cada experiência (alguns deles repetiram de 20 até 60 vezes). O intervalo entre uma e outra experiência foi de uma semana. Infelizmente, as aplicações não puderam ser realizadas sempre no mesmo horário do dia. Geralmente ocorreram pela manhã, entre as 9:30 e as 11 horas, e à tarde, entre as 2 e 4 horas, entre fevereiro e julho de 1926.

Os quatro graus de atividade

Nossa atividade exterior pode exercer-se, em relação à velocidade, bem como em relação à energia, em movimentações diversificadas. Pode-se agir mais ou menos rapidamente, pode-se agir com mais ou menos força. É esta movimentação ou marcha que Stern denominava antigamente de "tempo psíquico"[3]. A primeira coisa que nós devíamos nos perguntar era se uma dessas modalidades de atividade seria mais constante do que as outras.

Com Stern, cogitamos inicialmente em distinguir, na marcha, 2 graus: o tempo normal ou habitual e o tempo máximo. Em psicologia, a maior parte dos testes executa-se sob a instrução de agir o mais depressa

[1] Traduzido de Antipoff, H. Contribution à l'étude de la constance des sujets. *Archives de Psychologie*, 20(79), 177-190, Genebra, 1927, reeditado na *Coletânea das Obras Escritas de Helena Antipoff*, vol. 1, Belo Horizonte: Imprensa Oficial, 1992, p. 13-27.

[2] E. CLAPARÈDE. De la constance des sujets à l'égard des tests d'aptitude. *Archives de Psychologie*, v. 27, p. 325, Genebra, 1919; _____. Sur la constance des épreuves dynamométriques (com a Srta. ROUD), *Hygienische und biologische Untersuchungen* (Festschrift H. Griesbach), Giessen, 1925; Léa FEJGIN, Exp. Sur la constance des temps de réaction simple, *Archives de Psychologie*, v. 19, 1925, e B. KRAUS, Réactions simples et discriminations, *ibid.*

[3] W. STERN. *Ueber Psychologie der individuellen Differenzen*, Leipzig, 1900, p. 115.

possível, ou ainda o mais energicamente possível, isto é, pondo em jogo o fator esforço. Nada prova *a priori* que este tempo máximo seja aquele que se manifesta com a maior constância. Lembremos, por exemplo, a definição de esforço dada por Pierre Janet: "No esforço", diz ele, "há alguma coisa acrescida ao exercício habitual da tendência, e conseqüentemente, aparece a novidade, a irregularidade, o imprevisto ao qual se acrescentam freqüentemente perturbações emocionais diversas"[4]. A atividade máxima implicaria então um grande número de elementos variáveis, que se sobrepõem ao estado habitual da atividade. Valia a pena, portanto, verificar empiricamente se o tempo máximo era realmente o mais constante. O estado "habitual" que constitui de certa forma a base à qual se acrescenta o excedente devido ao esforço, não seria ele o mais constante?

Ao tempo habitual e ao tempo máximo, nós ainda acrescentamos duas outras modalidades que nos foram sugeridas pelo Sr. Otto Lipmann, por ocasião de sua passagem por Genebra, no momento em que estávamos começando nossos experimentos: a modalidade "sem esforço" e a modalidade "com esforço contrário" (o mais fraco ou o mais lento possível)[5]. As instruções dadas aos examinados, correspondendo a estas quatro modalidades, eram as seguintes:

1. Grau máximo (*max*): "Escreva (ou ande, etc.) o mais depressa possível"; ou "Aperte o dinamômetro com a maior força possível de que você seja capaz".

2. Grau habitual (*hab.*): Execute o teste "com a marcha (ou a força) habitual. Suponha que você está realizando um teste com cujo resultado você não se importa". A introspecção dos primeiros examinandos nos forneceu uma indicação que nós acrescentamos nas instruções subseqüentes: "Pense que você esteja fazendo um trabalho habitual; execute-o no ritmo com o qual você executa naturalmente esse tipo de trabalho".

3. Grau sem esforço (*se*): "Trabalhe comodamente, sem que isto lhe exija maior dificuldade" ou ainda "Aja maquinalmente; vá indo, como sempre".

4. Grau do esforço contrário (*ec*): "Aja o mais lentamente ou da forma mais fraca possível".

Nós não cogitaremos aqui dessas quatro modalidades senão do ponto de vista de suas relações com a constância, adiando para um estudo ulterior análise mais detalhada desta interessante diferenciação da atividade.

Resultados dos experimentos

O quadro nº 1 mostra que para as 5 provas acima descritas (*tapping*, pontilhagem, escrita, andar e dinamometria) é sempre o grau máximo que provoca a maior constância, isto é, a variabilidade mais fraca (para um mesmo indivíduo). Esta variabilidade, expressa pelo quociente vm/m (variação mediana dividida pela média aritmética) é igual a 5,06% (média para o conjunto dos sujeitos e o conjunto das cinco provas). Se tomarmos este coeficiente como unidade, poderemos dizer que o grau habitual (*hab*) é 2,18 vezes maior do que *max*, que o grau *se* = 3,43 max; que *ec* = 5,94 *max*.

Como se vê no quadro, essas relações mudam de um teste para outro; mas a não ser para os casos de marcha máxima e habitual, é o estado máximo que é o mais constante. Em segundo lugar vem *hab*, depois *ec*.

[4] P. JANET. Les oscillations de l'activité mentale. *Journal de Psychologie*, p. 35, 1920.

[5] Notamos que, ao longo de nossas experiências, podemos ainda distinguir uma quinta modalidade, *optimum*, caracterizada pela associação da maior velocidade e da melhor qualidade. Essa modalidade intervém somente nos testes que implicam uma qualidade, como, por exemplo, a escrita.

Quadro I

Variabilidade dos resultados segundo as quatro modalidades

	max	hab	se	ec
Pontilhagem	6,0	9,5	17,8	22
Tapping	4,9	16,4	22,0	27,3
Marcha	5,7	5,4	10,8	44
Escrita	4,3	3,4	10,1	29,3
Dinamômetro (m. direita)	4,4	18,4	26,2	27,8
Total	25,3	55,2	85,90	150,4
Média	5,06	11,04	17,38	30,08

Procuremos agora interpretar esses resultados. O *"grau máximo"* é um estado bastante nítido. Trata-se de um limite psicofisiológico. É também a fronteira do arbitrário; a vontade, o esforço do sujeito não pode ir além. Pode ser influenciado por fatores diferentes, pois verificamos que ele não é absolutamente constante, que ele varia de 4,3 a 6%, mas estes fatores são objetivos, isto é, eles são independentes da apreciação do examinando.

O *"estado habitual"*, pelo contrário, é mais arbitrário. As imagens mentais, quase inexistentes dentro do *"estado máximo"*, tornam-se, aqui, freqüentes e variadas. Ao apertar o dinamômetro, o examinando pensa, por exemplo, que ele aperta a mão de um amigo que ele já conhece bem, ou ainda que ele apóia a mão na maçaneta de uma porta, ou que ele aperta a torquês, para tirar um prego que oferece muita resistência. Em geral, pensa que se trata de uma ação útil, de um trabalho que não exige demasiada força, mas cuja dosagem depende deste ou daquele julgamento, sendo este estado habitual conseqüentemente mais variável.

O grau *"sem esforço"* é menos arbitrário do que o anterior. A atitude que ele implica ocorre quase imediatamente. Os examinandos facilmente se entregam à tarefa, e encontram, sem necessidade de refletir, este estado semi-automático dos órgãos do movimento. Os braços, as mãos, as pernas, o corpo inteiro têm uma sensação agradável neste jogo leve dos músculos. As imagens mentais são muito raras. A alta variabilidade dessa modalidade (sobretudo para certos examinandos), variabilidade inesperada considerando as condições que acabamos de anotar, mostra que o estado geral do examinando, seu humor particular, que varia entre os examinandos vez por outra sensivelmente, aparece aí mais do que nas modalidades precedentes. Quando o examinando não está animado, seu ritmo é lento, arrastado, a escrita torna-se mais alongada, se inclina mais; pelo contrário, quando o sujeito está de bom humor, o passo dele se precipita, a marcha se torna saltitante, as letras são traçadas mais curtas, mais verticais...

A modalidade *"esforço contrário"* corresponde a uma determinação mais objetiva, porém toda artificial, pois a ela não se está habituado. Os experimentos executados sob essas instruções constituem, para alguns dos nossos examinandos, sobretudo a princípio, um verdadeiro suplício, além de exigir um grande esforço, um esforço contínuo e de obrigação. Mas ao cabo de duas a três sessões, o examinando se acostuma a esse estado artificial e começa a progredir, conforme o que vamos ver mais tarde.

Repetindo várias vezes as mesmas experiências, esbarra-se no fator bem conhecido de variação que é o exercício. Ainda que as sessões sejam bastante curtas (por exemplo, o *tapping* para as quatro modalidades se faz em 1 minuto) e os intervalos longos em média, em uma semana observa-se que nas sessões subseqüentes uma leve melhora se registra. Esse progresso é menos devido a um abrandamento da função, ela mesma, do que a uma adaptação do examinando às condições da experiência (por exemplo, segurar com mais firmeza o lápis, a folha para não escorregar, pegar mais comodamente o dinamômetro, etc.).

Comparemos agora as quatro modalidades, quanto à sua exercibilidade. Para calcular a parte do exercício na variabilidade, tomamos em consideração as quatro primeiras experiências em cada um dos nossos examinandos, e comparamos os resultados das duas primeiras com aqueles das duas últimas. Nós expressamos a exercibilidade pelo quociente da média das duas últimas experiências pela média das duas primeiras (no caso em que o progresso se manifesta por uma diminuição dos resultados numéricos, como, por exemplo, na "*marcha*" *(max)*, onde o resultado é tanto melhor quanto a duração notada se mostra pequena, tomamos a relação inversa).

Quadro II

Relação entre as duas últimas experiências com as duas primeiras

Max	1,01	*Se*	0,96
Hab.	1,04	*Ec*	1,33

Observação: O número 1 significaria nenhum exercício.

Os algarismos do Quadro II mostram que o exercício tem um efeito para todas as modalidades, a não ser para aquela de *se*; que o exercício é quase insignificante para *max* e *hab*, sendo bastante considerável para *ec*. Nesse último caso, não se trata de uma simples adaptação, como para *hab* e *max*, mas sim de um verdadeiro exercício da função. É justamente essa exercibilidade que influi muito fortemente sobre o coeficiente de variabilidade no caso de *ec*. A utilização desses diferentes graus de atividade em nossos experimentos nos sugere a idéia de poder utilizá-los para diferentes fins. A instrução para *"esforço máximo"* convém, em nossa opinião, para os testes nos quais o interesse se relaciona sobretudo à quantidade; o *"grau habitual"* para os testes onde intervém sobretudo a qualidade; o *"esforço contrário"*, para explorar a exercitabilidade (na marcha lenta, por exemplo, o exercício se manifesta nitidamente a partir da segunda sessão) e finalmente o grau *"sem esforço"* pode ser usado para constatar a variabilidade do humor, da disposição geral dos indivíduos. A comparação desses diferentes graus, para um mesmo examinando, pode constituir ainda a medida da vontade e do temperamento, como o propuseram Otto Lipmann e J. E. Downey[6].

Quadro III

Constância nos Testes

TESTES	Intravariação média	Exercício	Intervar. Média	Relação da inter sobre intravariação
1. Escrita	0,3	1,0	16,4	3,81
2. Dinamometria (direita)	4,4	1,07	19,9	3,93
3. *Tapping*	4,9	1,06	12,1	2,46
4. Marcha	5,7	1,02	13,3	3,41
5. Pontilhagem	6,0	4,0	11,6	1,93
6. Dinamometria (esquerda)	6,26	0,95	15,9	2,53
7. «Estátua»	11,1	1,15	38,2	3,44
8. Discriminação tátil	12,9	1,01	8,1	0,62
9. Estimação de 1 min.	14,1	1,36	14,6	1,04
B. Reação auditiva	6,0		9,0	1,50
Reação visual	4,0		9,7	2,42
Memória das 15 palavras	12,3	0,92	9,8	0,80

[6] J.-E. DOWNEY, *Individual Will — Temperament Test*. New York, 1921.

DA CONSTÂNCIA NOS DIVERSOS TESTES

Nas linhas que precedem, mostramos que é o *"grau máximo"* que é o mais constante. É ele que doravante vamos considerar na seqüência deste nosso trabalho. O quadro III evidencia como os oito testes se colocam no que diz respeito à constância. A primeira coluna deste quadro indica que os testes diferem consideravelmente entre eles, quanto à constância dos sujeitos, medida pela intravariação média. Os algarismos indicados nesta coluna representam a média dos coeficientes de intravariação de todos os examinandos. Vemos, com efeito, que os algarismos variam de 4,3% até 14,1%.

Os processos mais elementares, tais como a reação simples, os atos automatizados, tais como a marcha, a escrita, não permanecem nunca absolutamente semelhantes a eles mesmos. Sabemos aliás, que esta é uma lei geral para todos os processos biológicos. Mesmo os fenômenos corporais, quando examinados em diversos momentos, não permanecem exatamente constantes; nós não nos mantemos idênticos a nós mesmos, até do ponto de vista físico. Diversas pesquisas de Binet, Vierordt, Tigerstedt e outros, relativamente à temperatura do corpo, à freqüência da respiração, à quantidade de ácido carbônico expirado, etc., mostram que, nos indivíduos de saúde normal, o corpo muda consideravelmente de acordo com as horas do dia. Nós mesmos, tendo pesquisado a freqüência do pulso em um dos nossos sujeitos, a uma mesma hora (9,30 h da manhã, após 15 minutos de descanso) encontramos em 20 sessões a variação média relativa à média (77 pulsações) de 7,5%! Trata-se de um coeficiente de variabilidade muito elevado, comparado com a média dos nossos coeficientes para os processos psíquicos.

A segunda coluna do quadro apresenta os dados sobre a variabilidade devida ao exercício (relação das médias das duas últimas sessões sobre as duas primeiras das quatro sessões sucessivas). O seu único interesse é o de esclarecer os resultados da primeira coluna, apontando a parte desempenhada pelo exercício na inconstância dos resultados. Assim, a forte variação (14,1) que aparece na estimativa de um minuto, provém em parte da melhoria considerável dos resultados nas últimas sessões (1,36 vezes). Essa melhoria, por sua vez, é devida ao fato de que, admirados pelas estimativas, as mais fantasiosas, anotadas nas primeiras sessões, nós mostrávamos aos nossos examinandos os resultados e lhes pedíamos, logo a seguir, para estimar ainda 30 segundos, contando mentalmente de 1 a 30. Este processo lhes permitiu logo se corrigir (nem todos, na verdade) e de um modo geral as respostas se tornaram muito mais próximas da realidade. O mesmo fator-exercício manifesta-se, porém menos sensivelmente, no teste denominado "Estátua" (1,5). Isto provém do fato de que os examinandos encontraram mais tarde as condições necessárias para melhor resistir à dor: por exemplo, esticando os músculos com mais intensidade, erguendo mais a coluna vertebral, regulando a respiração, etc. Ao contrário, no caso da discriminação tátil, o seu elevado coeficiente de variabilidade não pode ser corrigido pelo fator-exercício, porque ele é insignificante (1,01), nem tampouco o do fator "memória de palavras", pois o exercício aí corresponde a um dado negativo (0,92). A variabilidade, nesses casos, portanto, deve depender de outros fatores. A terceira coluna do Quadro III contém os valores da intervariação média. Enquanto a intravariação expressa a variação do examinando em relação a si mesmo, a intervariação corresponde à variação dos examinandos entre eles. Na quarta coluna, apresentamos as relações entre a intervariação e a intravariação. Essas relações apontam se os examinandos variam entre eles mais ou menos do que os examinandos em relação a si mesmos, e em que medida. Se este quociente é elevado, isto prova que se trata de testes de aptidões, em relação aos quais os homens diferem sensivelmente entre eles, enquanto que a constância destes testes para um mesmo sujeito é relativamente elevada.

Entre os nossos testes, é aquele da "força muscular" (para a mão direita) que constitui a aptidão mais individualizada. Sua intervariação é 4 vezes maior do que sua intravariação. Para a mão esquerda, a diferença é menor (Intervariação = 2,43 Intravariação).

É o teste da "rapidez da escrita" que aparece como uma aptidão bem diferenciada de um indivíduo para o outro. Mas é o teste do "limiar" de Weber que pouco varia de um examinando para o outro (8,1%), enquanto que a variação é sensível de um ensaio para o outro nos mesmos indivíduos (12,9). Este resultado não tem nada de estranho, pois se a discriminação tátil é baseada num fator anatômico, que realmente é o mesmo para todos os indivíduos, sabemos que este fenômeno está na dependência de uma quantidade de outros fatores (atenção, fadiga, julgamentos, etc.) que podem variar de um momento para outro num mesmo indivíduo.

Procuremos interpretar agora os resultados tão decepcionantes quanto à "memória das palavras", que figuram em nosso quadro. (Ainda que estas experiências não façam parte de nossa série de testes, nós aproveitamos os dados das experiências feitas em outros estudos, submetendo-os ao cálculo da inter e intravariação, de sua relação, bem como da influência da exercitação) A memória é, contudo, uma das aptidões mais destacadas e as diferenças individuais, neste particular, conforme todos sabem, são enormes. Por que então esta contradição com os dados dos experimentos? Em nossa opinião, o teste das "15 palavras" não é somente uma prova de memória. Sendo uma prova de fixação rápida, com reprodução imediata, é uma prova em que a atenção desempenha um papel preponderante; além do mais, os resultados dependem muito das palavras, elas mesmas que formam a série. Certas vezes esta série oferece ao indivíduo a possibilidade de os relacionar em conjuntos facilmente memorizáveis, outras vezes a série não apresenta senão uma soma de fragmentos isolados e daí muito mais difíceis de memorizar. A disposição pois, em fixar estas séries depende portanto de circunstâncias momentâneas. Nós achamos que o "teste das 15 palavras" não pode ser considerado como um bom teste de memória, pois, ao invés de diagnosticar tão-somente a aptidão em foco, ele revela sobretudo as influências dos fatores que a modificam.

Voltando à "força muscular". Trata-se de uma aptidão, isto é, para retomar a definição nossa, será ela realmente uma aptidão? Terá ela um caráter individual? E o teste, ele mesmo, por meio do dinamômetro de Collin, preenche ele as condições necessárias de uma experiência científica? Em nosso quadro, comparar a força muscular da mão direita apresenta uma intervariação muito grande (19,0%); ora a intravariação é pequena (4,4%) e a exercitabilidade não é alta (1,07). O quociente da inter e da intravariação é o mais elevado de todo o quadro (3,93). Prosseguimos a pesquisa com o dinamômetro para verificar se realmente a força muscular é uma aptidão suficientemente constante para resistir ao efeito de diferentes fatores. Com seis dos nossos examinandos, não limitamos as experiências àquelas das condições de laboratório, como acontecia para todos os outros testes, mas variamos as condições de uma forma bastante diferente; medimos a força muscular de manhã bem cedo e de noite, após as 9 horas; no campo e nos lugares montanhosos a 2.000 m de altitude, antes e depois das refeições, depois de uma marcha forçada de várias horas ou depois de uma subida rápida e pesada, após quatro horas passadas todos assentados dentro de um ônibus fechado; depois de uma noite sem sono, ao ensejo de uma excursão nas montanhas; e para um de nós, num momento de emoção, ao iniciar uma conferência frente a um auditório exigente; sozinho diante do experimentador, ou diante de numerosos espectadores, curiosos do resultado. Pois bem, apesar de toda a diversidade das condições, as relações permanecem sensivelmente idênticas, o que aliás evidencia o quadro IV.

Verificamos por estes resultados que a força muscular, medida com um dinamômetro, constitui bem uma aptidão, conforme definição apontada acima.

Quadro IV

(A)

Examinandos	Número	MEDIANA	Média	Vm	$\frac{VM}{m}$
Hel	5	29,25	29,25	1,25	4,4%
Ul	7	34,2	33,5	1,3	3,8
Gel	12	35,4	35	1,45	5,1
Ant	43	36,1	36	1,86	5,1
Cl	5	48,7	49	0,6	1,2
Mel	6	50,25	51	3,4	6,8
					4,23

(B)					
Examinandos	Número	MEDIANA	Média	Vm	VM / m
Hel	12	29,4	29	1,5	5,1%
Ul	16	35,4	34,5	2,5	7,2
Gel	15	35,4	35	1,64	4,7
Ant	66	36,8	36	2,1	5,7
Cl	18	49,5	49	1,3	2,6
Mel	20	51,7	52,5	2,1	4,1
					4,9

Obs.: Todos os dados do quadro A referem-se às condições relativamente idênticas do laboratório. Os dados do quadro B referem-se a condições muito variáveis do laboratório assim como das experiências feitas durante as excursões no campo.

O sempre lembrado Lazursky definia a aptidão pela constância de uma reação dada num mesmo indivíduo. Parece-nos necessário acrescentar a este critério, que não faz intervir senão a intravariação, o critério da individualização que entra na definição dada por Édouard Claparède[7] em seu livro "Como diagnosticar as aptidões nos escolares" (Intravariação menor do que Intervariação).

Da constância dos examinandos

Vejamos agora se a constância é realmente uma aptidão, isto é, se ela varia menos num indivíduo do que no grupo. Trata-se pois de determinar a constância da constância, ou melhor, a constância num mesmo indivíduo através de várias provas.

Dispomos, na verdade, de um insuficiente número de casos para poder afirmar qualquer coisa neste particular, mas os resultados nos pareceram tão interessantes, que não pudemos deixar de abordar aqui esta questão.

Os coeficientes de variabilidade do quadro V, que vão de 27,5% a 74,5% nos mostram que a constância é uma característica que oferece uma grande dispersão; parece então plausível que se passe a considerá-la como uma aptidão bastante individualizada.

Mas vejamos o outro critério, aquele da relação da inter e da intravariação e do valor deste quociente. A intravariação mediana para todos os oito examinandos é igual a 47,44%; quanto à intervariação, esta se revelou em apenas 19,9%, e a sua relação (19,9/47,44) é igual a 0,42. Este quociente é o mais fraco de todos aqueles que encontramos nas diversas provas (Ver quadro III). Este algarismo significa portanto que os examinandos variam sobre si mesmos muito mais de um teste para o outro do que possam variar entre si num conjunto de testes.

[7] E. CLAPARÈDE, *Comment diagnostiquer les aptitudes chez les écoliers*. Paris: Flammarion, 1923, p. 31.

Quadro V

Variabilidade (em %) do coeficiente de constância nos diversos tipos de examinandos relativamente aos diversos testes

TESTES	Hel	Gels	Ant	Ul	Mel	Clap	Per	Fr	Intervariação
Tapping	5,0	1,1	4,0	9,6	9,5	1,5	1,3	6,8	
Pontilhagem	7,4	6,7	6,5	6,0	4,0	4,05	5,0	3,0	
Escrita	7,4	2,5	3,0	2,9	2,0	—	5,4	4,5	
Marcha	6,4	4,4	5,7	5,9	17,4	5,8	2,0	7,3	
Dinamômetro direita	4,4	4,1	5,1	3,8	6,8	1,2	2,4	9,0	
Dinamômetro esquerda	4,4	6,7	5,7	9,1	5,35	12,2	5,5	6,2	
Discriminação tátil	8,3	8,8	11,5	15,8	14,7	15,6	15,3	41,5	
«Estátua»	3,9	10,9	11,0	14,8	19,9	8,1	6,9	13,2	
Estim. de 1 min.	7,2	8,3	13,0	13,8	14,5	9,4	14,7	32,0	
INTERVARIAÇÃO									
Média	6,4	6,7	5,7	9,1	9,5	6,9	5,4	9,0	
Mediana	6,0	5,9	7,3	9,1	10,4	7,23	6,5	13,8	7,87
Vm	1,7	2,5	3,0	3,9	5,4	4,1	3,9	10,3	1,57
$\frac{Vm}{m}$	27,5%	41,0%	41,7%	42,3%	52,1%	56,6%	59,3%	74,5%	19,9%
EXERCITABILIDADE	1,0	1,3	0,96	0,98	1,16	0,98	1,14	1,26	

Poder-se-ia concluir que a constância (conforme nossa definição de aptidão) não é uma aptidão individual. Contudo, hesitamos em formular esta conclusão, pois não temos certeza que alguns fatores estranhos à constância subjetiva dos examinandos não tenham aparecido para agravar a inconstância objetiva dos resultados (fatores tais como o exercício, ou variações objetivas na aplicação das provas).

Encontramos esta mesma opinião expressa por M. L. Reymert, em seu trabalho "The personal equation in motor capacities" (*Scand. Scient. Rev.* II p. 177). Tendo examinado 20 sujeitos, relativamente a 11 provas motoras (*Tapping*, reação simples dada pelos dentes, os lábios, o dedo indicador, a cabeça, o cotovelo, o dedo do pé, o pé, reação de escolha, escrita, contagem) e tendo medido a intercorrelação entre as variações medianas, ele chegou à conclusão de que não existe uma equação pessoal nítida, relativamente à constância da aptidão motora em geral.

Influência de diversos fatores

Cabe-nos agora, ainda, comunicar alguns pontos do nosso trabalho quanto à pesquisa dos fatores de variabilidade em relação aos testes repetidos. É inicialmente o fator tempo (hora do dia).

Comparando os resultados de um dos nossos examinandos da manhã (9:30-11 h) com aqueles obtidos à tarde (2:30 a 4:00 h) encontramos que os resultados da tarde são menos bons do que aqueles da manhã (ver Quadro VI). O cálculo para as 8 provas (*Tapping*, pontilhagem, dinamômetro, marcha, escrita, "estátua", estimação do tempo – 1 minuto) mostra que todas as provas (exceção feita da marcha) são superiores quando realizadas pela manhã. Mas aquilo que nos parece mais interessante para o nosso problema da constância é a variabilidade menor nas provas da manhã; os resultados sendo mais regulares, há também uma constância maior. Enquanto a variabilidade para o conjunto do dia é igual a 6,81%, enquanto a variabilidade somente da tarde é 6,38%, aquela da manhã não passa de 5,27%. Estes resultados aliás se confirmam pela observação do examinando que declara trabalhar, em geral, melhor de manhã, e que seu trabalho de manhã é mais regular.

Quadro VI

Comparação dos resultados da manhã com os da tarde

9:30 às 11:00 h				
	Média	Mediana	Vm	Vm/m
Escrita	115	115,7	2,3	1,98
Tapping	115	113,6	3,1	2,72
Pontilhagem	46	46,1	2,3	5,00
Dínamo (dir.)	37	36,1	1,6	4,53
Dínamo (esq.)	28,5	28,3	1,4	4,94
Marcha	8,75	8,7	0,7	8,09
Estátua	116,5	112,2	10,8	8,89
Estimativa (lim.)	64,75	65,3	1,8	2,80
Média				4,94
Mediana				5,27

2:30 – 4:00 h					
	Média	Mediana	Vm	Vm/m	Vm/m
Escrita	112	113,7	3,6	3,2	3%
Tapping	111	112,2	4,6	4,11	4%
Pontilhagem	46	44,4	2,4	5,5	6,5%
Dínamo (dir.)	35	34,7	1,8	5,12	5,7%
Dínamo (esq.)	28	27,9	1,5	5,42	5,7%
Marcha	8,6	8,6	0,5	5,13	5,7%
Estátua	102	105	12,5	11,91	11,0%
Estimativa (lim.).	67,5	70,3	5,3	7,51	13,00%
Média				5,42	5,7
Mediana				6,38	6,8

Quadro VII

DE MANHÃ						
	Tempo bom		Tempo chuvoso			
	Mediana	Vm	Vm	Mediana	Vm/m	Vm/m
Tapping	113	5,1	4,5	114,4	1,47	1,3
Dinamometria	35,8	1,86	5,2	37,6	1,4	3,7

O mesmo examinando forneceu-nos ainda a diferenciação dos resultados quanto ao rendimento do trabalho, de manhã, de tarde, com tempo bom com sol e tempo nublado e chuvoso. Comparamos os dez dados para cada uma das quatro categorias para o *Tapping* e o Dinamômetro (ver Quadro VII). Foi nas manhãs de chuva que o rendimento e a constância se revelaram com melhores resultados. Quando o sol brilha, este indivíduo emotivo gasta provavelmente as suas energias exteriorizando-se numa espécie de alegria de viver; durante os dias de chuva, as suas energias parecem mais concentradas, suas reservas estão intactas e o esforço no trabalho é maior.

Conclusão prática

Os resultados que precedem mostram que seria aconselhável que, todas as vezes que se fala de um teste, tome-se o cuidado de mencionar o seu coeficiente de constância (coeficiente este cujo valor seria preciso, objetivo, tomado à medida que se fizessem novas experiências).

Resta ainda determinar a partir de qual valor de constância um teste poderá ser praticamente utilizável. Pelas nossas observações, parece-nos que um teste de aptidão, para ser bom, não deve ter uma variação média ultrapassando a décima parte da própria média.

A evolução e a variabilidade das funções psicomotoras a partir do estudo estatístico dos resultados de diversos testes de habilidade manual[1]

1928

As questões da pesquisa

Este trabalho, iniciado em setembro de 1926 a partir da proposta de M. Walther, diretor da seção de tecnopsicologia do Instituto J. J. Rousseau, tinha dois objetivos, um prático e outro teórico, respectivamente: 1) estabelecer parâmetros em testes de habilidade manual, tendo em vista as necessidades psicotécnicas na orientação profissional; 2) verificar se a habilidade manual está relacionada à habilidade mental, se a inteligência e as aptidões motoras apresentam uma correlação positiva ou negativa, e se o coeficiente da correlação é elevado ou não.

Durante nossas longas pesquisas, das quais participaram ativamente M. Walther, M. R. Meili, chefe dos trabalhos do Instituto J. J. Rousseau, vários alunos do Laboratório de Psicologia, treinados nas experiências psicológicas, e a autora desse artigo, outros problemas foram se apresentando, que pudemos resolver na medida de nossas forças, alargando consideravelmente os planos de trabalho projetados no início.

Um teste determinado é um teste de desenvolvimento ou um teste de aptidão? Qual a influência do desenvolvimento sobre a variabilidade? As aptidões motoras decorrem de um fator central, ou são independentes entre si? Eis alguns problemas urgentes e fundamentais para a psicologia. Levantados com clareza e precisão peculiares por Ed. Claparède em diversas obras e trabalhos experimentais, alguns deles só puderam ser resolvidos até agora teoricamente, sob forma hipotética. Já que "a experiência é nossa única mestra", tínhamos ainda que submetê-los à prova experimental. Tratamos de verificar essas inúmeras hipóteses precisamente pelos resultados que recolhemos sobre a habilidade manual.Estes problemas determinaram a escolha do método. Qual é o método psicológico que permite estabelecer a evolução psíquica através da infância, revelar o parentesco ou não entre diversas funções mentais e psíquicas? Trata-se do método psicoestatístico, aquele que se baseia no número de indivíduos. Nós o empregamos durante dezoito meses para esta pesquisa, aplicando os testes individualmente a 750 indivíduos.

Dentre os métodos psicológicos, este é sem dúvida o mais árduo, o mais monótono, o mais grosseiro. Manejando-o, acreditamos levantar enormes blocos irregulares, sem saber exatamente onde esses blocos recairão. Uma vez feitas as primeiras experiências e estabelecida a técnica, devemos aplicá-la de forma estritamente rigorosa; se ao longo das pesquisas, tendo aplicado a técnica a 350 indivíduos, descobrirmos que é possível aperfeiçoá-la, somos obrigados a continuar aplicando-a servilmente aos outros 350, a fim de chegar a resultados homogêneos. A relativa simplicidade dos processos psíquicos que configuram nossos testes fornece poucas observações interessantes ao longo das experiências, as reações individuais são relativamente pouco diferenciadas, os dados introspectivos são pobres. Bem diversas são as experiências que exploram os processos superiores, as quais oferecem geralmente ao experimentador uma enormidade de observações interessantes, enriquecendo seus conhecimentos em psicologia e sugerindo novos problemas. Aqui, os novos resultados só aparecem ao fim do trabalho, quando são recolhidas centenas de experiências traduzidas em centenas de gráficos e fórmulas numéricas. Só então começamos a ver com maior clareza e podemos tirar

---

[1] Escrito quando a autora era assistente do Laboratório de Psicologia da Universidade de Genebra. Publicado nos *Archives de Psychologie* 21(81), 1928, p. 1-54. Tradução de Lúcia Pompeu de Freitas Campos.

partido do enorme trabalho mecânico que foi realizado. Mas, se o início é árido e monótono, o fim reserva maior flexibilidade e, ao mesmo tempo, maior segurança na elaboração das conclusões e da síntese. O valor do método psicoestatístico tem a vantagem de permitir a descoberta de verdades objetivas, e o psicólogo, ao terminar seu longo trabalho, pode dizer com uma certa precisão: "É assim que as coisas se passam, e não de outro jeito". A habilidade manual representa uma parte limitada do vasto domínio das funções motoras, e particularmente daquele dos movimentos voluntários. Segundo o esquema do Prof. Gourevitch[2], de Moscou, que utilizou os mais recentes dados anatômicos e psicológicos da ciência moderna, os movimentos voluntários são caracterizados quantitativa e qualitativamente pela concorrência de diferentes funções motoras. Cada uma dessas funções parece ter uma localização nervosa especial. Com relação à quantidade e à qualidade, os movimentos se distinguem por:

1. Abundância ou pobreza na unidade de tempo (função particular dos corpos estriados);
2. Duração e continuidade (função frontal e dos corpos estriados);
3. Execução simultânea de várias séries de movimentos (função psicomotora com a ocorrência de fórmulas automatizadas);
4. Energia e força (localização predominante no córtex motor central);
5. Precisão da direção, da execução no espaço (sinergia do córtex e do cerebelo);
6. Sucessão no tempo, ritmo (localização principal nos corpos estriados). A motricidade depende não apenas do sistema nervoso central e periférico, como também do sistema muscular, dos ossos, das articulações, etc. A habilidade manual que se compõe de todos esses elementos oferece assim, do ponto de vista anatômico e psicológico, uma base complexa e diferenciada.

Experiências. Os testes

Nossas pesquisas foram conduzidas através dos cinco testes agrupados por L. Walther[3]. A esta série, acrescentamos as medidas da força muscular das mãos e o teste da "bordado ao alvo" de E. Claparède. Para as funções psicomotoras, nossos testes fazem referência a todas aquelas indicadas no esquema de Gourevitch, exceto a execução simultânea de várias séries de movimentos e aquela relativa ao ritmo. A aparelhagem de nossos testes é extremamente simples; a adaptação técnica dos sujeitos aos testes é rápida, pois, com exceção do dinamômetro, que representa um instrumento desconhecido para a maior parte dos sujeitos, os instrumentos dos outros testes são ferramentas das mais familiares nos países civilizados: lápis, tesouras, agulha e furador (punção). O material do teste dos "discos" compõe-se de pedaços de madeira em forma de cilindro que encaixamos nas cavidades de uma prancha, o que se assemelha a certas operações cotidianas.

Todos os nossos testes são feitos sob a instrução máxima do comportamento ou da força[4].

Técnica dos testes

1. *Pontilhagem*

Material. 2 folhas de papel de 20 cm de lado; no meio de cada folha está impressa uma rede de 100 quadrados medindo 1 cm² cada. Lápis azul, Faber, de madeira branca, de forma redonda. Cronômetro a 1/5 de segundo.

---

[2] M. O. Gourevitch. *Problèmes des moyens et des buts de l'étude des fonctions motrices.* Coletânea "Voprossiy pedologuii y detskoi nevrologuii", Moscou, 1924, p. 5-38 (em russo).

[3] *Technopsychologie du Travail Industriel,* p. 90.

[4] Ver a propósito nosso artigo "Contribution a l'étude de la constance", *Archives de Psychologie,* XX, p. 177.

Técnica. O sujeito sentado à mesa, colocamos a folha diante dele e lhe damos o lápis que ele deve segurar firme com a mão direita. Dizemos a ele: "Vamos ver a rapidez de seus movimentos. Você vai marcar um ponto em cada quadrado, o mais rápido possível. Você começará por este quadrado (mostramos a ele o da extrema esquerda, no alto), em seguida você passará para aquele que está logo abaixo do primeiro e fará a segunda fileira da direita para a esquerda, depois a terceira fileira da esquerda para a direita e assim em diante, em rede, até o último quadrado. Preste atenção para marcar somente um ponto em cada quadrado e não se esquecer de nenhum; com a mão esquerda segure a folha com firmeza, para que ela não escorregue. Você começa quando eu disser: 'Já'. Entendeu?".

Ligamos o cronômetro na hora da partida e desligamos ao fim da prova. Mesma técnica para a mão esquerda.

2. *Tapping*

Material. Uma folha de papel branco de mais ou menos 20 cm de lado (nós aproveitamos o lado branco das folhas do Pontilhar). O mesmo lápis Faber.

Técnica. "Você vai fazer pontos nesse papel com o lápis o mais rápido possível, sem se preocupar com nenhuma ordem; saiba apenas que eu preciso contá-los em seguida, então procure não marcar uns sobre os outros. Você começa quando eu disser: 'Já!' e pára quando eu disser: 'Pare!'"

Prestar atenção para que o cotovelo do sujeito esteja bem apoiado sobre a mesa, para que o movimento seja executado pelo antebraço e não pelo pulso. A duração da prova é de 6 segundos para a mão direita e 6 segundos para a mão esquerda. É interessante ainda dar uma duração de 15 segundos em seguida a cada mão e comparar o rendimento em relação àquela de 6 segundos.

Contamos o número de pontos.

3. *Agulha, contas e linha*

Material. 30 contas de vidro de uma cor, cilíndricas, formadas de fragmentos de um tubo de vidro de 4 mm de diâmetro interior. Uma linha de algodão de 28 cm de comprimento, em cuja extremidade colocamos uma das contas (a 31ª), na outra ponta enfiamos uma agulha com a ponta não afiada.

Técnica. "Você vai enfiar essas contas o mais rápido possível, segurando a agulha com a mão direita e pegando as contas uma a uma com a mão esquerda. Você enfia quatro contas na agulha, depois as leva até embaixo, então de novo você enfia quatro contas na agulha e assim por diante, até a última, o mais rápido possível." A agulha deve estar a uma altura de 5-10 cm sobre a mesa. O aplicador deve ter algumas contas à mão para substituir caso o sujeito deixe cair alguma no chão. Anotar o tempo.

4. *Recortes*

Material. Uma folha de papel resistente, de 50 cm de com-primento, com três linhas impressas, duas gregas e uma ondulada de 6 mm de largura. Um par de tesouras.

Técnica. "Você cortará essas linhas o mais rápido possível sem sair do preto. Você começará quando eu disser: já! E você pára quando eu disser: pare!" Damos 20 seg. para cada linha, começando pela ondulada.

Contamos o número de fragmentos numerados cortados sobre cada linha e os colocamos juntos. Cada falha (não apenas um simples entalhe no branco, mas um corte no branco proveniente do fato de que o sujeito corta uma parte da curva, diminuindo assim seu trajeto) é subtraída da soma dos fragmentos bem cortados.

5. Discos de Walther

Material. Duas pranchas de 30 cm de lado de *papier mâché* ou de madeira, nas quais estão talhados 41 buracos de 25 mm de diâmetro. A profundidade dos buracos da prancha A é de 2,5 mm e da prancha B é de 5 mm; 41 cilindros de madeira, de 23 mm de diâmetro e 10 mm de altura.

Os discos de cilindro, antes de cada prova, se encontram nos buracos da prancha. A prova consiste em colocar todos os discos que estão na prancha A na prancha B, que se encontra ao lado da primeira, o mais rápido possível. O teste é feito três vezes, uma vez com a mão direita (a prancha A está à esquerda da prancha B), uma vez com a mão esquerda (a prancha a está do lado direito), e uma vez com as duas mãos, cada mão pegando só um disco de cada vez (a prancha A se encontra novamente à esquerda da prancha B).

Anotar o tempo de cada prova.

Nós não nos preocupamos com a ordem em que os sujeitos recolocam os discos, mas é interessante anotar o modo de cada um, pois ele pode revelar diferentes traços de caráter (trabalho sistemático, com ordem, sem ordem).

Ter 2-3 discos disponíveis, para o caso de o sujeito deixar cair algum.

6. Bordado ao alvo (Ed. Claparède)

Colocamos em um quadro uma folha de papel contendo, em um quadrado de 11 cm de lado, 10 pequenos alvos com graduação de 1 mm. Damos ao sujeito uma agulha com cabo, ele deve tentar acertar o centro de cada alvo com a agulha, passando por baixo da folha de papel (como no trabalho de bordar). A operação se realiza ao som de um metrônomo, que conta os segundos. (O sujeito sentado tem a mão com a agulha sobre o joelho; à primeira contagem, ele deve furar o alvo, à segunda sua mão volta ao joelho, e assim para cada um dos dez alvos.) Contamos os desvios de mais ou menos 1 mm e calculamos a média dos desvios dos seis alvos.

7. Dinamômetro

Material. Dinamômetro elíptico de Collin, cujos diâmetros são 5 e 13 cm. As crianças de menos de 10 anos utilizaram um modelo menor.

Técnica. A prova é feita em pé. O sujeito segura da forma mais cômoda possível o dinamômetro entre o polegar e os quatro dedos, estica o braço de lado até a altura dos ombros e, com o dinamômetro em posição vertical, aperta-o com todas as suas forças. No momento da pressão, a mão oposta se encontra sobre a anca do mesmo lado.

Pressionar primeiramente com a mão direita, em seguida com a mão esquerda; depois recomeçar com a mão direita e então a esquerda.

Anotamos a cada vez a posição da agulha, que indica a pressão em Kg. O resultado definitivo das duas medidas de cada mão é fornecido pelo maior número.

Os sujeitos

Nossas experiências foram realizadas com 750 sujeitos de ambos os sexos, com idade de 4 anos até adultos. Os resultados foram computados por sexo e por idade somente a partir de 12 anos para as meninas e de 13 anos para os meninos. Nas idades menores, não pudemos fazê-lo, devido ao número insuficiente de crianças, então agrupamos os resultados dos meninos e das meninas, além de termos agrupado dois anos juntos.

Vale ressaltar que as idades indicadas compreendem o período que vai de seis meses antes da idade completa até seis meses depois. Assim, a indicação de 12 anos compreende as crianças a partir de 11 anos e 7 meses até 12 anos e 6 meses.

Número de crianças de:	4-5-6 anos	50
	7-8	38
	9-10	38

Meninos:			Meninas:		
	11-12 anos	35		12 anos	35
	13	45		13	38
	14	70		14	55
	15	40		15	27
	16	25		16	30
	17	35		17	30

Adultos: Homens 65 Mulheres: 60

Anormais dos dois sexos: 34

As crianças de 4 a 9 anos foram examinadas em escolas infantis, na *Maison des Petits* e nas escolas particulares das senhoritas Champod e Berguer. De 10 a 14 anos, os sujeitos vieram da escola primária; de 15 a 18, sobretudo de Escolas Profissionalizantes, de Artes e Ofícios, e Escolas de Economia Doméstica para as moças. Quanto aos adultos, são provenientes da *École des Arts et Métiers de Genève* (Escola de Artes e Ofícios de Genebra), da *École Normale de Bonneville* (Escola Normal de Bonneville – França, Savóia) e do Laboratório de Psicologia da Universidade de Genebra.

Quanto ao meio social, as crianças de 10 a 17 anos vieram mais ou menos do mesmo meio, da classe da pequena burguesia e dos operários. Os adultos pertenciam sobretudo à burguesia média e intelectual.

Genebra, a mais internacional das cidades, é composta de uma população muito variada quanto à nacionalidade de seus habitantes; ao lado dos suíços românicos que fazem o grosso do contigente, há um grande número de estrangeiros mais ou menos adaptados em Genebra, mas que não são menos estrangeiros do que a população nativa propriamente dita, ou seja, os italianos, os suíços alemães, os franceses. Quanto aos adultos masculinos, a metade deles é constituída por franceses de Bonneville (Alta Savóia). Os sujeitos femininos apresentam entre eles diferentes nacionalidades: suíça, francesa, alemã, eslava, holandesa...

Controle dos testes

Antes de abordar os resultados relativos aos problemas colocados, vejamos se nossos testes são bons, através de dois modos de controle: 1) a constância dos testes, e 2) sua distribuição.

A primeira questão, da constância, foi avaliada pela experimentação repetida sobre os mesmos sujeitos. Dezoito a vinte sujeitos foram submetidos quatro vezes aos mesmos testes com um intervalo de 3 a 6 dias entre cada experiência. As horas do dia foram mantidas, sendo mais ou menos as mesmas para as quatro experiências de cada sujeito. Em seguida, os resultados desses exames foram calculados sob a relação de sua intra e intervariabilidade[5].

A tabela I indica a porcentagem da variabilidade (Vm 100/m) para cada teste e cada mão à parte.

---

[5] Ver a propósito nosso artigo “Contribution à l’étude de la constance des sujets”. *Archives de Psychologie,* XX, p. 177.

TABELA I
Constância dos sujeitos em relação aos testes

	Tapping 6 seg.		*Tapping* 15 seg.		Ponti-lhagem		Discos			Colar de Contas	Recortes	Bordado	Dinamômetro	
	m.d.	m.e.	m.d.	m.e.	m.d.	m.e.	d.	e.	2. m.				d.	e.
Intravariação	5,3	5,8	4,1	3,8	3,7	4,4	5,6	4,5	5,1	5,7	8,9	13,8	3,8	4,6
Intervariação	8,1	9,5	7,6	8,7	14,9	12,2	6,1	8,4	9,2	11,8	15	12,2	21,8	21,6
Intervariação/ Intravariação	1,5	1,7	1,8	2,3	4	2,8	1,1	1,8	1,8	2,1	1,7	0,9	5,8	4,7
Número de sujeitos	**20**	**20**	**20**	**20**	**20**	**20**	**18**	**18**	**18**	**18**	**20**	**18**	**20**	**20**

m.d. = mão direita; m.e. = mão esquerda

De acordo com esta tabela, nossos testes mostram-se constantes, pois sua variabilidade média para os mesmos sujeitos não ultrapassa o 1/10 da média. Apenas o teste "bordado ao alvo", sendo uma exceção à regra (intravariação média de 13,8% e intervariação de 12,17, ou seja, a primeira é maior que a segunda), nos mostra que a técnica deixa grande margem ao acaso. Devido à inconstância desse teste, nós o abandonamos ao longo do trabalho, e só o reutilizaremos se a técnica for aperfeiçoada, pois, por si só, ele parece ser muito interessante.

Em todos os outros testes, a relação entre a inter e a intravariação estando maior que a unidade nos indica que a dispersão é conseqüência das diferenças individuais e não de causas puramente fortuitas; nossos testes são portanto satisfatórios para os objetivos do diagnóstico individual.

Vejamos o segundo modo de controle, o da distribuição. Os resultados dos testes serão mais dignos de confiança na medida em que sua distribuição obedecer à lei das probabilidades e que as curvas de freqüência, obtidas com estes resultados, produzirem curvas em sino. Apesar do número de sujeitos não ser muito grande (em média 40 indivíduos por idade e por sexo), as curvas são bastante regulares. As melhores são aquelas dos testes dos discos e do *tapping*; as curvas com dois cumes ou mais se encontram sobretudo no teste da força muscular e, em algumas idades, no teste das continhas e do recorte. Mas, no total, o número e a escolha dos sujeitos parecem satisfatórios e a multimodalidade pode ser explicada por aptidões individuais marcantes (dinamômetro). Nos testes de recorte e das continhas, ela aponta para uma seleção de dois grupos profissionais diferentes. Essa insuficiência ficará mais evidente ao interpretarmos os resultados.

Influência do meio

Nossa medição é definitiva ou mudanças importantes poderão tomar lugar com o aumento do número de sujeitos examinados? Para responder a essa questão, retomemos a questão *in abstracto*: Qual deve ser o número de observações para que os resultados forneçam regras? "Teoricamente", escreveu Claparède[6], "as tabelas deveriam ser fundamentadas em todos os indivíduos de uma dada população. Na prática, constatamos que uma centena ou mesmo cinqüenta indivíduos são amplamente suficientes para fornecer tabelas válidas". Em seguida, ele acrescenta: "As tabelas baseadas em apenas 30 sujeitos não eram modificadas de modo perceptível por uma pesquisa que duplicasse ou triplicasse o número de sujeitos".

---

[6] *Psychologie de l'Enfant*, 8ª edição, 1920, p. XXXI.

Nossas experiências estão perfeitamente de acordo com essa opinião. De fato, trinta indivíduos são suficientes para construir uma tabela, mas com a condição indispensável de que todos os indivíduos pertençam ao mesmo meio social. Para determinados testes, o meio social representa um papel predominante. Concorrendo no paralelogramo das diferentes forças psíquicas e físicas, no rendimento de uma aptidão, é ele, freqüentemente, com sua influência decisiva, que faz a resultante virar-se claramente para o seu lado, anulando assim os efeitos dos outros fatores. Vejamos, por exemplo, duas tabelas de mulheres adultas, uma formada pelos resultados de 55 operárias de 22 a 32 anos de uma pequena cidade nos arredores de Neuchâtel[7], e outra formada pelos resultados de cinqüenta estudantes da Universidade de Genebra, com a mesma idade.

TABELA II
Tabela comparada dos testes de habilidade manual entre dois grupos sociais (estudantes e operários)

Percent.	*Tapping* 6 seg.		Pontilhagem		Discos		Colar de contas		Recortes	
	Estud.	Oper.	Estud.	Oper.	Estud.	Oper.	Estud.	Oper.	Estud.	Oper.
100	110	87	45	49	95	102	46	44	69	46,5
75	90	72	55	65	114	110	54	49	44	34,5
50	82	64	63	71	118	115	62	54	39	31
25	76	49	70	77	130	120	66	59	34	27
0	56	35	89	100	160	135	117	75	23	18
Número de sujeitos	**72**	**55**	**53**	**55**	**51**	**55**	**55**	**55**	**61**	**55**

Essas tabelas, principalmente para alguns testes (*tapping*, pontilhar, recortes), demonstrando entre si uma diferença tão grande, apontam para um tipo psíquico e social diferentes. Comparar os indivíduos de um grupo com os percentuais de outro ou misturar os indivíduos dos dois grupos para estabelecer apenas um padrão seria, acreditamos, um caminho errado. Vejamos estas diferenças: 82 pontos no *tapping*, com as duas mãos juntas, corresponde à média do grupo dos estudantes, enquanto na tabela dos operários o percentil é 95; e 64 tapas do operário médio não dão mais que o quinto percentil do primeiro grupo. Os 63 segundos que constituem o mediano entre os intelectuais, no teste do pontilhar, correspondem em torno do percentil 80 dos operários; o mediano de 71 segundos para o operário perfaz o percentil 20 da outra tabela. O mesmo acontece com os recortes. Quanto às tabelas do teste das continhas, os operários claramente levam a vantagem, assim como no teste dos discos. Como explicar a diferença tão marcante dessa vantagem dos intelectuais sobre os operários para o *tapping*, o pontilhar e os recortes? Os resultados não deveriam ser o oposto? De fato, havíamos visto no trabalho de Srta. Ehinger que o trabalho manual tinha uma tendência a desenvolver a habilidade manual. Acreditamos ser necessário procurar a explicação do fato observado em nosso trabalho principalmente nos domínios afetivo e volitivo. As instruções dizem que os testes devem ser feitos com grande empenho; para sair-se bem, é preciso de muita boa vontade. Os estudantes certamente levam vantagem sobre os operários porque sentem-se mais à vontade diante de testes desse tipo, de caráter um pouco estranho ou inocente, que podem facilmente inibir os operários habituados a um trabalho puramente utilitário.

Encontramos novamente essa predominância dos trabalhos manuais na comparação de dois grupos de jovens de 17 a 20 anos: um grupo é constituído por 57 alunos da *École Normale de Bonneville* e outro por 48 alunos da *École des Arts et Métiers de Genève*. Tendo misturado os dados dos dois grupos, calculamos em seguida o percentil médio para todos os testes de habilidade manual de cada grupo. Para os alunos de artes e ofícios

[7] Ver artigo de G. Ehnger, *Archives de Psychologie*, v. XX.

o percentil médio é de 57,7 e para os da escola normal não passa de 39,9. É interessante notar que em relação à força muscular, a diferença é muito menor: o percentil médio dos alunos de Artes e Ofícios é de 48,2, e de 49, 2 para os alunos da Escola Normal.

Em relação à força muscular, citemos as experiências de Schuyten, que tendo-a comparado em crianças de classe pobre e alta, estabeleceu que ela seria mais fraca entre os pobres. Esses resultados são contudo contraditórios aos resultados de MacDonald e de Ziegler e Engelsperger, que defenderam que a força nos meios operários é até mesmo maior: levando desvantagem ao fazer trabalho manual, este por sua vez favorece o desenvolvimento da força muscular dos operários.

Todas essas considerações nos convidam a ser muito prudentes na escolha dos sujeitos para estruturação das tabelas. A diferenciação social é certamente o ponto mais delicado e mais vulnerável no método psicoestatístico. Sua influência pode mascarar todas as outras e induzir ao erro quanto ao estabelecimento de regras de idade ou aptidão. Para evitar isso, é preciso escolher entres estas alternativas: ou ter à disposição tabelas padrão, fundamentadas em um grande número de indivíduos (muitas centenas) dentre os quais diferentes meios estejam proporcionalmente representados; ou então construir uma série de tabelas parciais, cada um correspondendo, em média, a trinta indivíduos de proveniência homogênea.

Mas falta ainda saber o critério de diferenciação dos meios; qual critério, econômico, etnográfico, sexual, pedagógico, profissional, caracterológico, terá maior valor discriminatório? Esta resposta com certeza não poderá ser dada *a priori*. É ainda o psicólogo que deve pesquisá-los, experimentando grupos bem determinados. Os resultados terão enorme interesse pois vão constituir a base da Psicologia Social experimental e criarão índices sociais precisos necessários para a interpretação dos resultados individuais. Por enquanto, temos apenas algumas indicações etnográficas (raças brancas e negras na América do Norte) e econômicas. Assim, as numerosas pesquisas de Terman entre crianças da América do Norte com a escala métrica de inteligência permitiram fixar o coeficiente intelectual médio das crianças pobres em 0,93 e das crianças de classe alta em 1,07. Cada vez que avaliamos a inteligência de uma criança pela escala revisada de Stanford, é indicado relacioná-la ao índice econômico do meio ao qual pertence a criança. Alice Descoeudres também tem mil vezes razão ao dar os resultados para os diferentes meios. Ainda falta descobrir o coeficiente social, o que talvez permitiria termos apenas uma tabela.

Vejamos um outro fato. Criticamos a escala métrica de Binet-Simon, reprovando, dentre outros aspectos, sua desigualdade em relação às idades: os testes das idades inferiores seriam muito fáceis e aqueles dos maiores de idade muito difíceis. Mostramos em outro estudo[8] que este fato não parecia indicar um defeito da medição, mas uma particularidade do desenvolvimento das crianças parisienses. De fato, cada raça pode apresentar um desenvolvimento mental próprio, assim como sua inteligência de caráter especial. As raças mais antigas, de velhas civilizações, poderiam justamente ter a característica de desenvolverem-se mais lentamente, mas alcançariam níveis superiores. Os tempos de desenvolvimento, os períodos de calmaria e de maior desenvolvimento podem não coincidir em crianças de raças diferentes. Imaginemos o seguinte caso: temos três crianças, por exemplo um francês, um alemão e um russo que são todos os três da mesma idade e do mesmo sexo, e de meio social análogo; todos os três são igualmente dotados quanto às suas disposições naturais. No entanto, eles podem fornecer resultados muito diferentes nos exames. Essa diferença é precisamente conseqüência dos diferentes períodos a que pertencem as crianças, alguns porque sua raça mais precoce já terá atravessado o período de calmaria e estará em pleno desenvolvimento intelectual, enquanto a outra ainda estará em sua fase de repouso. Acreditamos haver pesquisas muito interessantes a serem feitas, sobretudo atualmente quando as relações pedagógicas internacionais e outras estão em evidência.

Na escolha dos indivíduos para nossas tabelas, guiamo-nos principalmente pela preocupação em manter a homogeneidade. Preferimos a qualidade à quantidade. Em vez de agrupar os resultados dos sujeitos examinados, optamos por construir nossas tabelas sobre um número menor de observações, mas

[8] H. Antipoff. "O nível mental das crianças das escolas infantis". *Revista Pedológica* (em russo), 1924.

que ofereciam maior possibilidade de analogias entre a massa de sujeitos e seus meios. No entanto, no caso de algumas idades, não pudemos evitar a heterogeneidade, o que foi evidenciado durante a interpretação dos resultados.

Essas considerações nos levam a dizer que nossas tabelas não podem ser consideradas definitivas: com certeza algumas mudanças podem aparecer com o aumento e a diferenciação dos sujeitos. Nossas bases não são extensas e variadas o bastante para constituírem tabelas universais, elas não são nem mesmo homogêneas o suficiente para formar uma tabela parcial de um meio estritamente delimitado. No entanto, uma certa regularidade, uma simetria nos resultados de meninas e meninos são índices de controle, o que nos dá o direito de nos servir dos resultados para deles tirar certas conclusões teóricas e práticas.

Testes de aptidão ou testes de desenvolvimento?

Ao lado do fator meio, cuja importância viemos de demonstrar, dois outros fatores fundamentais intervém nos resultados dos testes: o desenvolvimento (idade) e a aptidão.

A partir do exame de inteligência feito com a escala métrica de Binet-Simon, Meumann foi o primeiro a mostrar a necessidade de testar as crianças sob esses dois pontos de vista: do desenvolvimento intelectual (Entwicklung) e da inteligência pura (Begabung)[9]. Apesar de ter tido o mérito de identificar a diferença entre os dois tipos de testes, Meumann foi infeliz ao indicar *a priori* os testes que ele considerava serem de desenvolvimento e aqueles que ele considerava de aptidão. A arbitrariedade dessa classificação foi levantada por Claparède, que, lançando as luzes sobre a distinção teórica entre os testes, mostrou que somente as experiências poderiam esclarecer a questão da distinção e da classificação exata dos testes. Claparède também propôs o critério para os índices discriminativos das duas categorias de testes: a variabilidade dos resultados em indivíduos de mesma idade. "Se essa variação é forte o suficiente para anular as diferenças entre as idades, o teste será um teste de aptidão; se, ao contrário, as diferenças etárias dominam as diferenças individuais, então será um teste de desenvolvimento."[10]

Passemos agora aos nossos testes de habilidade manual e vejamos seus valores discriminativos quanto ao desenvolvimento ou quanto à aptidão.

A tabela IV representa os índices de desenvolvimento calculados com a fórmula de Claparède citada acima, em meninos e meninas separadamente, a partir de 13 anos. Não pudemos calcular os índices das idades inferiores devido à insuficiência do número de crianças. Um estudo mais detalhado sobre as idades inferiores a 13 anos será publicado em breve, com toda a precisão que aqui foi apenas aproximativa.

Comparando os índices dos meninos, observamos que eles são os mais fortes entre 15 e 14 e entre 17 e 16 anos. Já as meninas também entre 15 e 14 e entre 16 e 15. Quanto aos testes, é incontestável que o teste da força muscular entre os meninos é o mais evidente como teste de idade, seguido pelo teste do "colar de contas"; já entre as meninas, as funções que mais se desenvolvem são aquelas exigidas pela pontilhagem, o *tapping* e também as continhas. É interessante observar que a força muscular nas meninas não é uma característica de idade, pois esses índices são os mais baixos de todos.

---

[9] Meumann. *Vorlesungen zur Einführung in die Exp. Pädagogik*, II, p. 287.

[10] Claparède. Tests de développement ou tests d'aptitude. *Archives de Psychologie*, XIV, v. 53, p. 104.

TABELA III

	Índice discriminativo de desenvolvimento		Índice discriminativo de aptidão			
	Méd. 1 – Méd. 2 Desvio padrão do quartil superior 1		Q. sup. – Q. inf. 2 x Méd.		Intervariação da tabela I	Intervariação da tabela I
	Meninos	Meninas	Meninos	Meninas		
Rapidez na escrita[11]	1,29		0,16			
Dinamometria	1,08	0,35	0,12	0,14	21,8	5,76
Recorte	0,46	0,32	0,12	0,12	15	1,68
Pontilhagem	0,41	0,63	0,11	0,10	14,9	4
Colar de contas	0,64	0,56	0,09	0,09	11,8	2,08
Tapping (6 seg.)	0,44	0,60	0,08	0,11	8,1	1,5
Discos	0,29	0,36	0,06	0,07	61	1,07
Média	**0,66**	**0,47**	**0,11**	**0,11**		

A tabela III informa também as médias dos índices de aptidão **para cada teste, para cada sexo, de 13 anos até a idade adulta, calculados pela fórmula:**

$$\frac{\varsigma\ (QuartilSuperior) + \varsigma\ (QuartilInferior)}{2 \text{ x } Mediana} \quad (\varsigma = \text{Desvio Padrão})$$

Ao lado desses índices, repetimos aqueles da intervariabilidade, assim como da relação entre a inter a intravariação. Os testes estão agrupados segundo sua variabilidade. Podemos observar que a escrita, a força muscular e o recorte apresentam maior caracterização individual enquanto o *tapping* e os discos, menor. Os números da terceira coluna seguem exatamente na mesma ordem que aqueles da quinta coluna, cujos índices são calculados sobre as pessoas adultas que foram submetidas ao controle da constância; eles apresentam também a mesma ordem que aqueles da sexta coluna, que representam a relação entre a inter e a intravariação. Esse paralelismo acontece em todos os testes, exceto o do recorte na sexta coluna que, ao invés de ocupar o segundo lugar, ocupa o quarto. Esse fato pode ser explicado pelo alto grau de aprendizagem desse teste, que aumenta consideravelmente sua variabilidade.

Nossos testes, do ponto de vista das características individuais, não apresentam todos o mesmo valor. Em primeiro lugar vem os testes de recorte, de pontilhar e o do colar de contas, que são testes mais complexos do que os do *tapping* e dos discos. Inclusive, Binet mostrou, em sua *Psicologia Individual*, que para diferenciar os indivíduos seria preciso submetê-los aos testes medindo não os processos elementares, mas a atividade superior e complexa. Numericamente, os índices de aptidão em nossos testes motores variam de 0,16 a 0,06.

Evolução da habilidade manual

Além desses índices numéricos de idade e aptidão, outro aspecto do estudo parece suscitar interesse – o dinamismo da habilidade manual em diferentes períodos da infância e da adolescência, a evolução dessas

[11] Segundo resultados publicados por Claparède. *Comment diagnostiquer...*, p. 282.

diversas manifestações. Nós vimos apenas os índices de desenvolvimento variando de uma idade a outra. As pesquisas de Grace Arthur e de Woodrow e os cálculos de Piéron atestam a tendência geral de os índices baixarem com a idade. Mas a diminuição de um ano a outro não é regular, ora há momentos estáticos, ora a queda é mais intensa. Essa irregularidade foi assinalada em numerosos trabalhos anteriores, tratando de medidas corporais e psíquicas. A curva do tamanho das crianças em diferentes idades possibilitou a observância de um ritmo alternativo entre momentos de calmaria e de crescimento intenso mais ou menos marcados em diferentes períodos. Alguns gráficos de evolução da memória, da sugestionabilidade em crianças, assinalam a parada e até mesmo uma leve queda no início da adolescência[12].

Vejamos o que acontece com as funções motoras. Para isso, descrevemos em um mesmo gráfico as ogivas de um mesmo teste tomadas de idade a idade. Numa observação geral sobre as ogivas de nossos testes, apresentadas dessa maneira, podemos distinguir diferentes aspectos característicos: ora as curvas estão escalonadas, ora estão concentradas. Para alguns testes, elas só apresentam uma de suas características, então serão chamadas monotípicas. Ora elas apresentam as duas características, ou seja, escalonadas durante um período e concentradas em outro momento, as chamaremos bitípicas. A partir dessas relações, nossos testes de habilidade motora podem ser agrupados da seguinte maneira:

Monotípicos	1	Escalonados	força muscular
	2	Concentrados	*tapping*
Bitípicos	3	Escalonados e depois concentrados	discos, pontilhar, pedrinhas
	4	Concentrados e depois escalonados	recorte, escrita

Analisemos os dados mais de perto:

1. Ogivas escalonadas

As ogivas dinamométricas dos meninos de uma idade à outra formam algo parecido com as barras de uma escala; esses degraus, um pouco oblíquos, se seguem quase paralelamente delimitando claramente as zonas das idades vizinhas. A ascensão, fraca de 4 a 9 anos, torna-se cada vez mais acelerada, sobretudo entre 12 e 17 anos; de 17 até a "idade adulta" o crescimento continua. O Laboratório de Psicologia de Genebra, até o presente estudo, agrupou, em suas tabelas de percentis, os sujeitos por sexo e por ano até os 17 anos; em seguida todos os sujeitos de 18 anos e sobre eles, o grupo dos adultos. Esse método de trabalho é sem dúvida racional para alguns testes, mas não para outros. Assim, no caso particular da força muscular, esse agrupamento de todos os sujeitos a partir dos 18 anos tem o inconveniente de mascarar o fim da evolução muscular. Talvez diferenciando os sujeitos de 18 anos ou mais em grupos de idades, poderemos constatar ainda um crescimento nessas idades superiores. Para a força muscular, agrupamos nossos jovens de 18 e 19 anos separadamente. Os resultados dos últimos se mostraram mais altos que os dos primeiros (número de sujeitos = 25 por grupo):

	18 anos	**19 anos**
Média	92,7 kg	102,7 kg
Mediana	94 kg	104 kg
Força mínima	76 kg	83 kg
Força máxima	120 kg	131 kg

Como esse crescimento acontece em função da idade, os sujeitos devem ainda ser considerados adolescentes, e não adultos. Trata-se de um problema muito interessante o de estabelecer a idade adulta para

[12] Ver E. CLAPARÈDE. *Psychologie de l'Enfant*, 1910, p. 424-5.

todas as funções psíquicas e físicas como o momento em que essas diferentes funções podem ser consideradas completamente maduras. Para isso, é preciso alcançar seu ponto culminante, que representará, depois de uma curva ascendente, um planalto depois do qual começará provavelmente o processo de regressão[13].

Temos os dados para algumas medidas corporais e para algumas funções psíquicas. A inteligência global, por exemplo, segundo as pesquisas de Binet, de Terman, já está madura em torno dos 13-14 anos; o ganho que ainda podemos constatar depois dessa idade não se deve mais a causas biológicas, ao crescimento mental propriamente dito, mas a uma cultura intelectual especial.

Mesmo que o processo de crescimento ou de aperfeiçoamento persista, é vantajoso ainda diferenciar as idades o máximo possível para especificar a evolução em toda sua integridade.

A força muscular é claramente uma característica de idade. A força média de um adulto é 9 vezes e meia a de uma criança de 4-5 anos. Não há outras medidas corporais cujo ganho seja tão grande como esse. Até mesmo o tamanho, que também apresenta claramente um caráter de idade, é 1,7 vezes maior em adultos do que em crianças de 4 anos. Tamanho médio dos jovens de 18 anos = 174 cm, e das crianças de 4 anos = 102 cm. É a capacidade vital que, sob esse ponto de vista, mais se aproximaria do dinamômetro, pois a capacidade vital aos 18 anos (3685) é igual a 5,2 vezes aquela de 4 anos (700).

Smedley estabeleceu a interdependência entre a força muscular e a idade, calculando a correlação da força da mão direita com a idade real das crianças de 4 a 18 anos; o coeficiente se elevou a + 0,77 (+-0,03)[14].

Mesmo tendo o caráter de idade, a força muscular mostra também o caráter de aptidão. Há no entanto uma particularidade a ser observada: a variabilidade é considerável, sobretudo para os percentis superiores. Em geral, o percentil 75 raramente ultrapassa o mediano da idade acima, enquanto os valores além do percentil 75 elevam-se extremamente, e não importa em que idade: por exemplo, alguns meninos de 11 anos ultrapassam o mediano de 14 anos; alguns meninos de 13 anos ultrapassam o de 17 anos; com 14 anos, alguns ultrapassam o mediano dos adultos. Já que o dinamômetro dispensa tanto a idade será talvez mais simples avaliar os resultados de teste com níveis de idade procurando, por exemplo, qual é a idade correspondente ao 25º percentil do quadro que representa o mesmo valor que o resultado dado pelo sujeito[15]? Sim, poderemos. Mas acreditamos ser preferível guardar a escala dos percentis, aperfeiçoando-a da seguinte maneira: ao percentil relativo ou normal, acrescentaremos o percentil absoluto ou máximo. O primeiro compara o sujeito com as crianças de sua idade, enquanto o segundo o classifica com relação aos resultados da idade adulta. Essa avaliação segundo a ogiva máxima expressará melhor o caráter às vezes prodigioso de uma atitude precoce.

Exemplo de percentagem máxima. Ilustraremos com um exemplo: há dois meninos de 14 anos: um, segundo a força muscular, está no percentil 95 e o outro no 100. Todos os dois são excelentes e, sob o ponto de vista dos percentis, diferem em apenas 5 pontos. Mas sabemos que os pontos vizinhos da ogiva nas extremidades representam valores muito mais diferentes que os pontos vizinhos da parte mediana. Assim, o valor real da força muscular de nossos dois meninos de 14 anos difere muito mais sensivelmente que seus percentis, já que o de percentil 95 corresponde a 35 kg e o outro, do 100, a 55 kg! Essa desigualdade será evidenciada quando ambos serão cotados pela escala dinamométrica máxima: o primeiro estará ainda no percentil 10, enquanto o segundo alcançará o 80.

É vantajoso recorrer à dupla notação para casos acima do percentil 75, e todas as vezes em que uma aptidão tiver a oportunidade de se manifestar de forma extraordinária, encontrando-a seja no domínio da memória, do cálculo, da música, da pintura, etc., em suma, todas as vezes em que um talento precoce deva ser avaliado.

Para classificar uma criança média, basta uma escala composta por uns trinta indivíduos de sua idade e de seu meio. Para classificar uma criança precoce bem-dotada, será preciso, como mostramos, caracterizá-la

---

[13] Ehinger. Age et déclin des aptitudes. *Archives de Psychologie*, XX, p. 318

[14] Smedley. Rept. dept. child-study and pedagogic investigation (1899-1902).

[15] Dizemos 25º pois este corresponde aos 75% adotados por Binet para a determinação dos níveis.

segundo a escala dos adultos. Quanto à avaliação de um ser genial, não será suficiente compará-lo a essa. Ele precisará de uma escala que será baseada não apenas em resultados dos vivos, contemporâneos, mas que compreenda valores que teriam fornecido todos os homens de talento e de gênio já desaparecidos. Por outro lado, para avaliar um idiota, seria preciso uma escala de milhares de indivíduos não selecionados; nesse caso, é praticamente mais cômodo recorrer ao nível de idade.

Procurando as analogias gráficas entre os resultados dinamométricos e outros, encontramos o escalonamento com graus espaçados que vão além dos 17 anos nas ogivas de tamanho, peso e capacidade vital das crianças, segundo as pesquisas de Smedley. Será possível supor que a força muscular é uma função igualmente fisiológica de crescimento e de transformação regular dos tecidos ósseos, musculares e tendões? Smedley interessou-se particularmente por essa questão, calculando a correlação entre a força muscular e o índice do tamanho e do peso. Mas o coeficiente de correlação 0,36 (+0,06) prova que a ligação entre eles não é tão estreita quanto parecia na primeira abordagem.

O lado psíquico e nervoso tem certamente um papel considerável na força muscular. Conhecemos o caso de alguns loucos, por exemplo mulheres, em geral fracas que, em momentos de excitação nervosa, manifestam uma força tal que dificilmente são dominadas por várias enfermeiras.

Engelsperger e Ziegler também mostraram que o fator puramente psíquico – a capacidade de fornecer um esforço momentâneo considerável – tem um papel tão importante quanto o lado psicológico[16].

Encontramos ainda este escalonamento nas ogivas superpostas das idades mentais, fornecidas segundo os exames de inteligência de Binet-Simon (*Stanford Revision*), que traçamos a partir dos resultados de Burt sobre os estudantes de Londres. Infelizmente, as experiências não continuaram para além dos 14 anos. Até essa idade, os degraus são regularmente espaçados.

Smedley também calculou o coeficiente de correlação entre a força muscular e a idade mental. Dessa vez, o coeficiente é mais claro do que entre a força muscular e o índice corporal, pois ele se eleva a +0,71 (±0,03). Por outro lado, as pesquisas de Srta. Carman em 1507 crianças de 10 a 19 anos mostram que a força das crianças inteligentes ultrapassa a dos não inteligentes em média em 3 kg no dinamômetro para a mão direita e 1 kg para a esquerda. A deficiência mental também está de acordo com as observações de Barr. Wallin, tendo feito experiências com crianças epilépticas, descobriu que as crianças mais fortes no dinamômetro se encontravam nos graus superiores de inteligência, e os mais fracos nos graus inferiores (debilidade, imbecilidade, idiotice). Todas essas pesquisas abordaram crianças de diferentes idades. No entanto, MacDonald, que fez as mesmas comparações em crianças normais de mesma idade, verificou que freqüentemente são as crianças pouco inteligentes que se mostram as mais fortes no dinamômetro.

Para concluir, pensamos ser necessário admitir que o valor dinamométrico encontra-se intimamente ligado aos processos de desenvolvimento geral, psíquico e físico, do indivíduo, assim como de seu temperamento e caráter.

2. *Ogivas concentradas*

Passemos agora às ogivas do *tapping*, que, como dissemos, representam outro aspecto típico, o de estar uniformemente concentradas.

No quadro dos índices discriminativos de desenvolvimento e aptidão, o *tapping* não apresenta nada de característico – segundo esses índices, este não será nem um bom teste de idade nem um bom teste diferencial. Os medianos das ogivas superpostas seguem fielmente a ordem dos anos, mas os intervalos são mínimos e o ganho total do adulto comparado à criança de 4-5 anos é apenas 1,6 vezes maior, os medianos dos adultos sendo de 40 toques (em 6 segundos) e os dos menores de 25. As curvas permitem ver uma leve aceleração

[16] ENGELSPERGER e ZIEGLER. Beiträge zur Kenntnis der physisch. u. physisch. Natur des sechsjährigen. *Z. f. exp. Päd.*, I, 1905, p. 173.

entre 8-9 anos e entre 14-15 para os meninos. (Wells experimentando com 30" de *tapping* constata uma parada entre 13-14 anos e 16-17 anos para os meninos e 11-12 e 14-15 para as meninas). O *tapping* depende em certa medida de processos de crescimento.

Quanto à correlação com inteligência global, os trabalhos de Abelson estabeleceram que as crianças de idades diferentes têm um coeficiente positivo que vai de 0,45 a 0,65. Binet e Vaschide descobriram correlações heterogêneas: positiva para as crianças de 12 anos e negativas aos 16-20 anos. Gilbert encontrou-a mais forte em crianças inteligentes, mas o mesmo não se observava para aquelas de 16-17 anos.

O que surpreende quanto ao aspecto gráfico desse teste é o movimento uniforme das ogivas bem próximas entre elas. O gráfico lembra um feixe de fibras contidas em um estojo formado por duas ogivas nas extremidades, a das crianças de 4-5 anos e a dos adultos, que evoluem quase sempre paralelamente; quanto às fibras no interior desse estojo, elas se seguem com pequenos interstícios na parte mediana, enquanto nas extremidades, as fibras se entrelaçam, se emaranham, sem quase seguir hierarquia alguma. Os bons de 8-9 anos ultrapassam aqueles de 10-11, os bons de 14-15 ultrapassam os melhores de 16-17 anos. Não sendo um bom teste de aptidão, o *tapping* mostra, no entanto, a partir dos 10 anos, diferenças individuais mais importantes do que diferenças de idade.

Comparando as ogivas do *tapping* com aquelas do dinamômetro, vemos aparecer uma particularidade que não havíamos notado até aqui. As ogivas dinamométricas quase horizontais inclinam-se cada vez mais e, na idade adulta, a inclinação é de aproximadamente 45°. O movimento progressivo das ogivas para a força muscular vai em duas direções, no alto e à esquerda, ou seja, por um lado ele apresenta uma ascensão perto das idades superiores e uma virada no sentido de diferenciações individuais (o que veremos mais claramente em um dos próximos capítulos). O *tapping* oferece apenas uma dessas características. Uma leve ascensão com a idade, mas sua inclinação permanece praticamente idêntica nos menores e maiores, e não passa dos 10 a 15ª em média.

No fundo, o que representa o *tapping*? Esse teste já tão antigo e familiar ao arsenal psicotécnico até hoje não foi claramente decifrado quanto às suas funções. Ele está entre os mais simples, os mais elementares, no entanto, é bastante complexo. Ele depende sem dúvida de bases anatômicas e fisiológicas pouco diferenciadas em indivíduos diferentes, implica uma base física que corresponde à disposição a fornecer o esforço necessário para tornar o movimento voluntário o mais rápido possível. A técnica é tão simples que o treinamento quase não faz efeito, o que faz com que uma criança pequena possa sair-se muito bem, pois ela tem muitas ocasiões em sua vida em que faz movimentos mais ou menos parecidos, ao agitar argolas ou ao bater com qualquer baqueta ou martelo. Esse aprendizado natural se faz geralmente nos dois primeiros anos, depois disso o exercício não apresenta efeito marcante. Do ponto de vista da fisiologia, a criança recém-nascida e o adulto oferecem no entanto grandes diferenças. Do nascimento à idade adulta, a transformação neuromuscular é grande. As experiências de Soltmann[17] sobre os músculos e nervos motores de cachorros recém-nascidos e adultos estabeleceram diferenças notáveis. Ele descobriu que a reatividade dos músculos à excitação elétrica é mais fraca no cachorro mais novo. Para provocar a reação no cachorro recém-nascido, a corrente elétrica deve ser muito mais forte; a contração é mais lenta, o grau de fadiga é maior, e, enfim, a tetanização dos músculos mais rápida do que no animal adulto. Enquanto o músculo desse último somente se tetaniza a 70-80 toques por segundo, o músculo do recém-nascido já obtém a contração durável a 16-18 toques por segundo. Provavelmente acontece o mesmo com a criança humana. No interessante capítulo sobre os movimentos dos olhos da criança pequena, Koffka interpreta sua incapacidade em seguir com os olhos um objeto em movimento precisamente pelo fato de que os músculos da criança pequena se tetanizam muito rapidamente.

Essas considerações mostram que o sistema neuromuscular sofre transformações consideráveis, mas que sua maturação se dá no primeiro ano e em seguida o processo fica mais lento até os 13-14 anos, quando o sistema neuromuscular passa por nova agitação.

---

[17] SOLTMANN. Uber einige physiol. Eigentümlichkeiten der Musken und nerven Neugeborenen. *Jahrb. F. Kinderheilkunde* 12, 1878.

Registramos aqui o interessante trabalho do Dr. Godin sobre o músculo antes e depois da puberdade[18] em relação à evolução endócrina. O timo seria o orgão de manutenção do músculo infantil. Os hormônios testiculares modificam a constituição da fibra muscular ao multiplicar as fibrilas e reduzir o sarcoplasma, que até então predominava, a papel secundário.

O período da pré-puberdade caracterizaria o crescimento ósseo, enquanto o período da puberdade se caracteriza sobretudo pelo crescimento muscular que se torna cava vez mais considerável no organismo.

As diferenças individuais para casos extremos, principalmente acima do mediano, mais do que abaixo, fazem pensar que se trata novamente de caráter geral mais do que especial, a fornecer um esforço momentâneo considerável, a produzir energia sob comando, a ultrapassar a si mesmo. Quantas vezes não nos surpreendemos ao ver durante nossas experiências pessoas lentas na vida cotidiana, ao andar, ao falar, demonstrarem uma rapidez que outras pessoas, normalmente vivas e rápidas em condições ordinárias, não foram capazes de alcançar.

O desvio padrão provável desse teste, sendo insignificante, há diferenças individuais marcadas na soma somente nas partes extremas das ogivas, para aptidões ou inaptidões excepcionais. Aliás, vemos o mesmo fato ressaltar dos dados de Kitson sobre o diagnóstico profissional dos datilógrafos[19]. Comparando dois grupos de indivíduos, de um lado datilógrafos e pianistas, de outro pessoal não treinado para nenhum exercício manual especial que lembre o *tapping*, Kitson observou que o rendimento no *tapping* era aproximadamente o mesmo para os dois grupos. O teste só funcionava mais claramente para alguns datilógrafos excepcionalmente bons. Para concluir o capítulo do *tapping*, podemos dizer: 1º) que a capacidade de fornecer abundância de movimentos na unidade de tempo desenvolve-se sobretudo nos primeiros anos de vida; 2º) trata-se de uma aptidão inata e não depende de exercício; 3º) a diferenciação entre os indivíduos não é muito grande, exceto alguns casos muito marcantes, independentes da idade.

3. Ogivas bitípicas

Passemos ao terceiro tipo de gráfico, de caráter misto, resultante dentre nossos testes daqueles de enfiar as pedrinhas, de pontilhagem e dos discos. Todos três apresentam um aspecto muito claro: nas idades inferiores a série de ogivas forma uma escada de degraus muito altos, em seguida, subitamente, todas as ogivas estão juntas, concentradas, formando um feixe espesso.

Encontramos exatamente o mesmo movimento das ogivas em um teste manual, descrito por R. Walker e W. Weldon[20], que consiste em reunir fósforos. Trinta fósforos devem ser tirados de uma caixa e em seguida colocados sobre uma prancha, orientando as pontas dos fósforos conforme um plano desenhado sobre a prancha. Esse teste foi aplicado a 1,156 meninas e meninos de Sydney, de 5 a 15 anos.

O que há então em comum entre esses quatro testes para que suas expressões gráficas sejam tão parecidas? Todos têm em comum prescindir da coordenação visual motora. A tarefa consiste em executar o movimento em um espaço determinado e na duração mais curta possível. Por outro lado, três desses testes, o de enfiar as pedrinhas, o dos discos e o dos fósforos, têm em comum a atividade de manusear pequenos objetos.

Os degraus espaçados das idades inferiores atestam incontestavelmente um desenvolvimento e um aperfeiçoamento com a idade. As funções amadurecem, a atividade especial se exercita. Logo esses processos parecem se acalmar e, a partir de um certo nível de idade, a progressão por nível de idade torna-se insignificante

---

[18] Dr. Godin, Le muscle avant et après la puberté. Influence endocrinienne. *Le Médecin français*, jun. 1926, p. 201.

[19] A. Kitson. Determination of vocation, aptitude. Does the Tapping Test Measure aptitude as Typist or Pianist. *The Personnel Journal*, v. VI, nº 3, 1927.

[20] *Australian Journal of Psych. and Philos.*, v. V, nº 2, 1927.

ou nula. Esta parada acontece por volta dos 12 anos. A coordenação visual motora e a operação com pequenos objetos que implicam o funcionamento de músculos finos da mão seguem claramente o crescimento: os saltos consideráveis entre idades vizinhas indicam progressos sensíveis. Essas duas funções amadurecem muito mais lentamente do que a aptidão de produzir um movimento rápido simples com o antebraço. O processo de amadurecimento se completa aproximadamente entre os 10-12 anos.

Examinemos de mais perto o teste dos discos cujas ogivas melhor representam o caráter bitípico. Nas idades inferiores até 12-13 anos, a escala é regular e apresenta degraus espaçados, mas a partir daí essas ogivas de 12-13 anos formam com as das idades superiores um pequeno feixe. Outra particularidade: enquanto as ogivas inferiores apresentam uma inclinação bastante grande, aquelas dos anos superiores tendem a se tornar cada vez mais horizontais (contrárias àquelas do dinamômetro, por exemplo).

O teste dos discos deve ser considerado um teste de idade ou de aptidão? Ele é ambos ou nenhum dos dois dependendo da época da infância. Até os 12-13 anos é um bom teste de desenvolvimento e também de aptidão. Em seguida, ao mesmo tempo que pára de crescer com a idade, ele tende a tornar-se horizontal. Seu índice de aptidão é absolutamente insignificante (0,06). Isso prova que quanto ao parâmetro da coordenação visual-motora grosseira, com o movimento lateral do antebraço, os indivíduos apresentam poucas diferenças. As diferenças extremas do lado dos melhores também não aparecem. No entanto, esse teste manifesta descidas bastante rápidas nos percentis inferiores: os casos de anomalias, de lentidão extraordinária, são claramente percebidos; esse teste poderia servir então para o diagnóstico patológico.

Não queremos abandonar a análise desse teste quanto ao duplo caráter de idade e de aptidão sem tratar de entender mais profundamente sua curiosa manifestação. Observemos o teste do ponto de vista não apenas quantitativo, mas qualitativo, e tentemos aprender algo a partir daí.

A observação atenta da maneira como as crianças muito novas realizam esse teste nos permitiu, ao que parece, descobrir particularidades do mecanismo motor relacionadas às influências puramente psíquicas. Esse teste tão fácil para crianças de idades avançadas, apresenta para as crianças pequenas grandes dificuldades. A coordenação visual-motora e o manuseio de pequenos objetos são ainda muito imperfeitos. Pegar os discos de 23 mm de diâmetro, tirá-los de seus buracos e colocá-los em outros requer de uma criança de 3-4 anos a concentração de toda sua energia. Esse teste, como todos os outros, é feito com instruções de ir o mais rápido possível, com o máximo de empenho. Mas essas instruções não fazem sentido para a criança pequena e nossos estímulos: "Ande rápido, vai, mais rápido" não têm nenhum efeito. Nós, adultos, nos encontramos no mesmo estado ao executar uma tarefa muito difícil, nova, por exemplo, que exige grande precisão, de um cálculo complicado ou qualquer coisa análoga. Nosso esforço já absorvendo todas as nossas forças, todas as nossas reservas disponíveis, qual efeito poderá ter a instrução de agir o mais rápido possível? Nenhum, senão negativo, pois a grande velocidade só irá prejudicar a qualidade. Parece então impossível regular sua atividade, ampliar seu esforço, se a tarefa apresenta um grau de dificuldade muito alto.

A criança de 3-4 anos não responde aos nossos encorajamentos para ir mais rápido. Esse fato nos fez pensar primeiramente que a criança muito pequena não é capaz de esforços em geral – de regularização voluntária da velocidade – que ela tem à disposição um só tempo, o habitual, que é também o seu tempo máximo. Mas o teste do *tapping* nos mostra que não é esse o caso, a recomendação "máximo" produz aqui o efeito normal: a criança se apressa. Ela pode então esforçar-se para uma tarefa fácil e quase familiar. O teste dos discos deve então ser considerado muito difícil para ele, e a recomendação não produz efeito. Esse estado de coisas muda a partir do 5 anos. Observamos que as crianças de 5-6 anos são sensíveis aos encorajamentos, o que se manifesta neles pela aparição de agitação, nervosismo, a respiração fica mais lenta, as mãos enrijecem e começam a tremer, o movimento perde sua regularidade, os discos escapam das mãos, rolam sobre a prancheta, no chão...

É muito interessante observar atentamente o percurso do disco de uma prancheta à outra enquanto a criança está sob esse estado de pressa: constatamos nesse momento um paradoxo geométrico. Para estudá-lo mais de perto, começamos dizendo tranqüilamente à criança para ela colocar os discos de uma prancheta na outra. A trajetória desenhada pela mão transportando os discos é a de um arco levemente curvado. Em seguida, nós a incitamos a ir mais rápido, muito mais rápido, mais ainda! É então que a trajetória, em vez de tornar-se mais curta, ao contrário, se alonga cada vez mais, e de forma primeiramente achatada, torna-se cada vez mais angular. Além disso, o transporte dos discos, ao invés de ser comandado por uma única impulsão que os leva da direita para a esquerda como era o caso enquanto a criança trabalhava tranqüilamente, agora, no estado de pressa, o transporte depende de duas ou mesmo três impulsões; o braço com o disco levanta-se bruscamente no ar bem acima da mesa, ultrapassando às vezes a altura da cabeça, então ele cai energicamente perto da divisória onde deve ir o disco de madeira, mas cai geralmente mais longe ou mais perto e um terceiro movimento leva o disco ao local desejado.

Claparède nos propôs fotografar o movimento para tornar nossa observação mais precisa; seguimos seus conselhos e, com a ajuda de nosso colega Lambercier, registramos esses curiosos movimentos das crianças pequenas. Ao modo de Gilbreth, prendemos sobre o dedo médio das crianças uma pequena lâmpada elétrica que não atrapalha em nada a execução das tarefas e tiramos uma fotografia sobre uma placa fixa, em um quarto com pouca luz. As figuras de números 6 a 9 representam a fotografia dos movimentos de uma criança de 4 anos, de uma criança de 5 anos, de uma criança de 8 anos e de um adulto. Pudemos constatar também um fato interessante: repetindo diversas vezes o teste, o movimento angular desaparecia cada vez mais, a adaptação visual-muscular se aperfeiçoava a cada nova experiência e a duração diminuía. Para saber o que a criança experimentava ao agir dessa maneira, imitamos seu modo de agir, e constatamos que esses gestos exagerados realmente davam uma impressão de grande velocidade. Subjetivamente, parecia que íamos muito mais rapidamente que no procedimento normal. A criança provavelmente foi vítima dessa ilusão cinestésica.

Por volta dos 7-8 anos, esse paradoxo geométrico desaparece; o movimento das crianças mais velhas e dos adultos acontece normalmente, ou seja, ele se aproxima cada vez mais ao arco que descrevia ao executar a ação lentamente. A tarefa sendo menos difícil para os mais velhos, a atividade deles pode ser mais regular e o esforço permite completá-la com mais eficácia.

Acreditamos que esta análise um tanto detalhada do teste nos permitiu constatar que não basta um desenvolvimento regular, em uma só direção, das funções motoras necessárias para sair-se bem em um teste tão simples como o dos discos, mas ainda de diversas transformações qualitativas que acontecem em diferentes idades. Tudo isso nos mostra que trata-se, como em todos os outros casos, de uma evolução bastante complexa.

O teste de enfiar as continhas, pertencente ao mesmo gênero bitípico, apresenta um enorme intervalo entre 6-7 e 8-9 anos. De todos os nossos testes, este é o que exige a cooperação dos músculos mais frágeis da mão, aqueles das primeiras falanges. Sabemos que essa habilidade se desenvolve mais tardiamente que a dos grandes músculos. Mas nesse teste temos ainda alguma coisa a mais, a utilização de um instrumento. Este instrumento é a agulha de aço, que só bastante tarde foi aparecer na civilização humana. A agulha oferece um certo perigo para o pequeno bebê, que pode se espetar, engolir, furar o olho, em suma, a agulha não é um objeto familiar nos berçários e não a vemos entre as mãos de crianças antes dos 6-7 anos. Muito fina, muito lisa, ela causa incômodo ao ser manuseada por alguém que não tem o hábito e requer um exercício especial. Há, portanto, uma grande diferença entre as crianças bem pequenas que se utilizam pela primeira vez na vida de uma agulha, em nossos testes, e os mais velhos, já familiarizados com ela. O teste de enfiar as continhas evidencia um novo fator que é precisamente o do exercício, do treinamento especial. O treinamento é desigual em idades diferentes, ele varia também entre os indivíduos de uma mesma idade, pois a costura agrada a alguns e desagrada a outros. Qual é o respectivo peso da aptidão e do exercício? As grandes diferenças que observamos nos percentis extremos devem-se à predominância de qual dessas duas causas?

O teste de pontilhar também faz parte dessa mesma série de gráficos mistos. Como o teste das continhas, requer a utilização de um instrumento, cujo manuseio se aperfeiçoa com exercícios sistemáticos de desenho e escrita (a utilização do lápis no *tapping* é apenas um incidente; o teste poderia ser feito com um bastão qualquer; a criança pequena freqüentemente o segura não entre os dedos, mas com a mão toda).

Aqui se trata de desenhar um ponto em um espaço determinado. O fato de que quanto mais a criança avança em idade, mais ela tem a oportunidade de manusear um lápis, tem por conseqüência o escalonamento marcado das ogivas de 4-5 anos a 6-7 anos, o que não é o caso para o teste das continhas que vimos anteriormente.

O exame das folhas do pontilhagem de crianças pequenas e das maiores mostra algumas particularidades que fazem pensar em diferenças qualitativas na própria função do movimento preciso. A criança pequena tem grande dificuldade ao desenhar um ponto. Em vez do ponto que pedimos, a criança realiza sobretudo rabiscos sem forma, traços verticais ou horizontais, pequenas bolas. Tratamos de treiná-los guiando sua mão para fazê-lo compreender bem o que queríamos; alguns movimentos que eles faziam após o breve exercício mostravam bem que eles compreendiam, mas em seguida eles retomavam sua própria forma de marcar. Alguns anormais que sabiam escrever e desenhar apresentavam às vezes muita dificuldade para colocar um ponto dentro de cada quadrado da folha de teste; como as crianças pequenas, eles traçavam de preferência linhas, ou ainda, em vez de apoiar o lápis levemente, como mostrávamos, eles o apertavam com força no papel, furando-o algumas vezes. Tínhamos sempre a impressão que a criança ou o anormal procediam assim não porque não compreendiam, mas porque não podiam fazer de outra forma, ou seja, não conseguiam executar um movimento adaptado ao espaço dado e parar imediatamente. Desenhar um ponto parece demandar um determinado grau de desenvolvimento neuro-muscular que provavelmente não está ainda totalmente "no ponto" em crianças pequenas de 5-6 anos e que algumas vezes é defeituoso em uma certa categoria de anormais. Não estamos tratando aqui da lei de Duchenne de Boulogne (1867) sobre a harmonia dos antagonistas? Qual é o mecanismo neuro-muscular do movimento preciso? "A inervação central sob a qual se produz o movimento voluntário", lemos em Gley[21], "parece se distribuir às vezes em músculos opostos, por exemplo, nos músculos extensores e flexores. Em movimentos que exigem uma grande precisão e que ocorrem pela contração simultânea de extensores e flexores, a ação desses últimos será predominante; a ação dos extensores vai controlar a duração, a extensão ou a rapidez do movimento de flexão. O movimento poderá alcançar toda a rapidez e amplitude, mas à custa da precisão já que os extensores se relaxam enquanto os flexores contraem". O desenho do ponto exige precisamente o perfeito acordo entre os dois grupos de músculos, com a predominância dos flexores. Provavelmente esse mecanismo é alcançado mais lentamente que o acordo com a predominância dos extensores que deve se desenvolver mais precocemente, haja vista os resultados tão satisfatórios nessa idade para o teste do *tapping*. Podemos dizer que o desenho do ponto marca um ponto no desenvolvimento psicomotor da criança pequena; nossas observações mostraram que ele domina a habilidade, de maneira clara, por volta dos 6-7 anos.

O teste do recorte resulta em ogivas de caráter bitípico. As ogivas de 4-5-6-7 anos estão entrelaçadas; acontece um grande salto em torno dos 8-9 anos, e ainda outro até a ogiva de 10-11 anos; em seguida, essa última, juntamente com aquelas de 15 anos completos, seguem-se bem de perto, para subir ainda e de forma bastante perceptível até os 16-17 anos. Ao lado dos fatores desenvolvimento e aptidão, vemos aí claramente a parte considerável do exercício. Assim como a agulha, a tesoura – este outro instrumento da civilização – só é vista mais tarde nas mãos de crianças pequenas. Nos Jardins da Infância, *Maisons des Petits* (escolas infantis), as crianças começam a servir-se de tesouras por volta da idade de 5-6 anos. Elas se adaptam durante um ano ou dois; com 7 anos já sabem delas se servir adequadamente. Em seguida, é o desenvolvimento psicomotor que toma a liderança, o que se manifesta pelo espaçamento das ogivas das idades superiores.

O último crescimento, em torno dos 16-17 anos, deve ser novamente interpretado sobretudo pelo exercício. Confessamos no início que não nos foi sempre possível evitar a heterogeneidade dos meios quanto à escolha dos nossos sujeitos. Na idade de 16-17 anos, nossos sujeitos pertencem principalmente às

---

21 GLEY. *Physiologie*, 1910, p. 1143.

classes técnicas de Artes e Ofícios e de Escolas de Economia Doméstica. A ogiva dessas idades no teste do recorte revela uma certa especialização manual devido à utilização de numerosos instrumentos, podendo transferir sua influência ao manuseio das tesouras. Veremos então no salto em torno dos 16-17 anos no teste do recorte, mais o efeito do exercício do que do desenvolvimento. O que é justificado pelo fato de que a ogiva dos adultos, cujos sujeitos estão mais misturados, está até mesmo um pouco abaixo daquela de 16-17 anos.

O gráfico da escrita é muito interessante, é do mesmo tipo do recorte, ou seja, do tipo mixto irregular. As ogivas dos meninos de 7 e 8 anos aparecem juntas, então até os 13 anos vemos uma leve progressão, bastante regular. Aos 14 anos, o progresso fica mais evidente e nas ogivas das idades superiores o espaçamento é maior. No conjunto de todas as ogivas da escrita, percebemos claramente dois grupos: inferior até 13 anos e, superior, de 14 anos até a idade adulta. Este aspecto duplo nos incita novamente a presumir aqui diferenças qualitativas.

As curvas do começo correspondem à escrita da criança na escola, ao seu aprendizado. Aos 14 anos terminam a escola primária; nesse momento acaba a infância propriamente dita. Com a crise psicológica aparece também a crise de caráter. A escrita oficial, controlada, se liberta do caráter imposto e cede lugar à escrita pessoal, que se diferencia cada vez mais, adaptando-se tão intimamente ao caráter individual que se torna, segundo os grafólogos, o espelho fiel da alma de cada um de nós.

A enorme dispersão e o alto índice discriminativo de aptidão, seguidos por um bom coeficiente de constância[22], podem no entanto esconder diferenças advindas de fatores acessórios, como a compreensão diferente das instruções. Dizemos aos sujeitos que eles devem escrever o mais rápido possível, mas de forma legível. Apesar dessa instrução, que chama a atenção tanto para a quantidade quanto para a qualidade, diferentes pessoas dão mais importância a uma ou a outra. "Não posso escrever rápido, pois escreverei de qualquer jeito. Me incomoda não escrever de forma clara", confessou-me uma pessoa que demonstrava pouca rapidez. Cuidadosa com o lado estético e mesmo moral, ela não podia sacrificar a qualidade pela quantidade. Por outro lado, outras pessoas nos forneceram rabiscos pouco legíveis, o aspecto exterior não os incomodava. A dupla instrução, referindo-se simultaneamente à qualidade e à quantidade coloca em evidência dois diferentes tipos de caráter, a aptidão a escrever rápido e a aptidão a escrever de forma legível. Seria vantajoso apreciar esses dois tipos segundo duas tabelas, uma de velocidade e outra de qualidade de escrita, (ao modo das tabelas de Burt e Ballard).

A tabela IV, sinóptica de todos os nossos testes motores, como também das idades mentais, do tamanho, do peso e da capacidade vital, e de outros testes, formados pelas medianas das idades sucessivas, oferece uma vista de conjunto do desenvolvimento psíquico e mental, cuja comparação é muito interessante.

Testes de aptidão ou de desenvolvimento? – nos perguntamos no início de um dos capítulos. A análise minuciosa nos mostrou que a resposta nem sempre poderia ser categórica. Dentre os testes que estudamos, alguns são bons testes de idade, e ao mesmo tempo bons testes de aptidão (dinamômetro). Há outros que são testes de idade ruins como também testes ruins de aptidão (*tapping*). Vimos sobretudo que um teste podia ser um bom teste de idade em determinado momento e um teste de aptidão relativamente adequado a outro (pontilhagem, continhas, discos). Essa diferenciação pôde ser feita graças à construção dos gráficos. A análise de gráficos é um método a mais para a análise de testes e das aptidões às quais eles se referem. Podemos ver que esse método é particularmente sensível para o estudo de mudanças e evolução das diversas aptidões e para perceber as possíveis analogias existentes entre diversas aptidões. Seria necessário estudar, com o mesmo procedimento, a evolução do desenho, da linguagem, da memória, da atenção, etc., para grande proveito da psicologia da criança e da individualidade.

---

[22] Ver o nosso artigo "La constance des sujets", *Archives de Psychologie*, XX, p. 177.

TABELA IV

"Dispersão vertical"

Medianas, por idades, dos resultados dos testes e porcentagens em relação à idade de 18 anos ou mais

Idade	Dinamômetro (Smedley)		Capacidade vital (Smedley)		Peso (Quételet)		Pontilhagem		Recorte		Discos		Colar de contas	
	Kg	%	Gr.	%	Kg.	%	Seg.	%	Seg.	%	Seg.	%	Seg.	%
4	6	**12**	700	**18**	14	**24**	235	**28**	12	**35**	267	**45**	131	**48**
6	10,5	**21**	110	**28**	17	**29**	187	**35**	12	**35**	234	**51**	125	**51**
8	13,5	**28**	0	**32**	21	**36**	139	**47**	17	**50**	204	**58**	86	**74**
10	17	**35**	125	**40**	25	**43**	108	**61**	23	**66**	165	**72**	80	**80**
12	22	**45**	0	**50**	30	**52**	93	**71**	27	**79**	137	**86**	72	**89**
14	28	**57**	155	**63**	39	**67**	78	**85**	30	**88**	133	**87**	65	**97**
16	41	**84**	0	**85**	50	**86**	72	**93**	34	**100**	124	**95**	65	**97**
18	49	**100**	195	**100**	58	**100**	66	**100**	34	**100**	119	**100**	64	**100**
anos			0											
ou			245											
mais			0											
			330											
			0											
			385											
			0											

Idade	Altura (Quételet)		*Tapping*		Tempo de reação (Gilbert)		Memória de 15 palavras (Claparède)		Rapidez na escrita (Claparède)		Nível de inteligência (B-S)	
	cm.	%	pts.	%	T.	%	palavras	%	letras	%	A.M.	%
4	93	**56**	51	**63**							4,5	**31**
6	104	**63**	55	**73**	32	**53**	4	**50**			6,5	**45**
8	116	**69**	64	**79**	29	**59**	5	**63**	75	**40**	8,5	**59**
10	128	**77**	68	**84**	23	**74**	6	**75**	90	**50**	10,4	**73**
12	138	**83**	75	**92**	21	**82**	7	**88**	105	**57**	12,5	**87**
14	149	**89**	75	**92**	29	**89**	8	**100**	120	**65**	14,3	**100**
16	160	**96**	75	**92**	17	**100**	8	**100**	155	**83**		
18 anos ou mais	166	**100**	81	**100**	17	**100**	8	**100**	185	**100**		

Influência dos sexos sobre os testes motores

Meio, desenvolvimento, aptidão, exercício, eis os fatores de variabilidade que estudamos nos capítulos precedentes, acrescentando aqui ainda o sexo. Quais são os testes em que os meninos são mais bem-sucedidos do que as meninas e vice-versa? Existem aptidões manuais masculinas ou femininas?

As curvas comparadas de meninos e meninas para cada teste (fig. 13-19), formadas pelos medianos de cada idade, demonstram sobre este assunto diferenças bem marcadas. O rendimento no *tapping* e no dinamômetro prova claramente a predominância dos meninos; no teste do recorte, as meninas são melhores; quanto aos outros testes, seguindo a idade das crianças, ora os meninos, ora as meninas têm a vantagem.

A diferença entre os sexos é a mais marcante para a força muscular. Ela é tão importante que se agrava cada vez mais com a idade. Praticamente iguais em relação à força aos 12-13 anos, os meninos a partir dessa idade sobem com uma rapidez surpreendente, deixando para trás as meninas que, do ponto de vista da força muscular, fazem progressos insignificantes. A força muscular é o atributo incontestável dos homens, é uma aptidão masculina por excelência. Segundo Whipple[23], a diferença entre as meninas e os meninos sob esse aspecto é mais considerável que entre os valores corporais. Manouvrier descobriu a força dos rins duas vezes maior nos homens do que nas mulheres, 150 kg contra 75, e para a pressão dinamométrica das mãos a relação é de 100 a 75 kg[24]. Joteyko encontrou o índice da força das mãos relativo ao sexo igual a 100/57[25]. Nosso índice para os adultos é de 95/57 (medianos). O que há de tão específico na pressão da mão para provocar uma diferenciação tão surpreendente entre os dois sexos? Féré, observando o modo de pressionar o dinamômetro, verificou que o homem produz seu valor máximo diferentemente da mulher; o homem o alcança rapidamente, e a mulher lentamente. Engelsperger e Ziegler acreditam que a diferença não se deve somente às condições psicológicas diferentes e aos músculos mais fortes dos meninos, que se desenvolvem com o exercício físico e esportivo, mas levantam sobretudo a questão do fator psíquico, o da capacidade ou mesmo inclinação em concentrar toda a força do momento em um só efeito. Encontramos esse mesmo princípio no teste do *tapping*, em que os meninos saem-se melhor do que as meninas. Durante um tempo relativamente curto, de 6", será bem-sucedido principalmente aquele que fornecer instantaneamente o maior esforço.

Esta particularidade foi evidenciada pelos trabalhos de Joteyko e Schouteden[26]. Esses autores fizeram uma confrontação interessante entre os resultados dinamométricos e ergográficos dos dois sexos. Eles verificaram que, enquanto o rendimento do homem é o dobro do rendimento da mulher no dinamômetro, no ergógrafo não passa de um terço em média. A diferença entre a força do homem e da mulher seria mais qualitativa que quantitativa. A graciosidade dos músculos da mulher, impedindo que ela faça um esforço brusco considerável, permite, no entanto, que ela realize um trabalho muscular notável a partir de sua resistência relativamente grande.

Podemos compreender essa distinção se observamos a diferenciação da atividade dos dois sexos ao longo da civilização. A caça e a guerra eram as ocupações do homem, o trabalho na casa e o penoso e longo parto cabem à mulher. Para ter sucesso no corpo a corpo com os animais ou com inimigos, para os estrangular com as mãos, feri-los ou golpeá-los com um tronco, o homem precisava concentrar no momento crítico todas as suas reservas físicas e psíquicas. A mulher, ao contrário, teve que sustentar sobretudo esforços de longa duração, que cultivaram sua resistência, que ainda hoje a caracteriza.

No teste do recorte, as meninas são melhores. No teste das continhas, a partir dos 15 anos elas também se dão melhor do que os meninos. Dois instrumentos – a agulha e as tesouras – são evidentemente

---

[23] Whipple. *Manual of Mental and Physic. Tests*, Part. I, p. 103.

[24] Citado segundo Amar. *Le moteur humain*, p. 169.

[25] Joteyko. La force dynamométrique. *Mémoire de la Société d'Anthropologie de Bruxelles*. XXII, 1903.

[26] Schouteden. L'ergographie de la main droite et de la main gauche. *Société des Sciences médicales et naturelles de Bruxelles*, fev. 1904.

instrumentos mais familiares às mulheres do que aos homens, e a vantagem feminina nesses testes não nos surpreende. A superioridade das meninas aqui se deve unicamente ao exercício, e não a uma maior habilidade natural.

As curvas dos testes das continhas, dos discos, da escrita e do pontilhar são interessantes porque revelam em diferentes idades ora a predominância das meninas, ora dos meninos. A rapidez de escrita é muito maior entre os meninos de 7 a 11 anos, já de 12 a 14 anos são as meninas que tomam a liderança, mas são ultrapassadas de 15 anos até a idade adulta; mas, em geral, as diferenças são tênues e, a partir do 12 anos, as duas curvas se seguem de perto. O pontilhar, os discos e as continhas são claramente superiores entre as meninas de 5 anos. Este momento corresponde à crise fisiológica dos rapazes, durante a qual o desenvolvimento das funções psicomotoras e sobretudo a coordenação parecem progredir menos e às vezes até regredir. Aos 15 anos, a menina é mais hábil que o menino. Na idade adulta, nossos sujeitos femininos apresentam uma vantagem sobre os homens em todos os testes de habilidade manual.

Influência do desenvolvimento sobre a variabilidade

Ainda nos resta verificar se nossos resultados estão de acordo com a conclusão de Schultze[27] de que o desenvolvimento normal dos seres vivos implica em uma diferenciação progressiva, o que quer dizer que a variação individual se acentua na medida do desenvolvimento. Schultze a demonstrou para o desenvolvimento físico, comparando o tamanho das mesmas crianças com 5 anos de intervalo. Claparède acredita que acontece o mesmo em todo o domínio psíquico e que essa lei deve ser verificada não apenas no desenvolvimento dos mesmos indivíduos, mas como um fato geral, sobre diferentes indivíduos em idade inferior ou superior[28].

Examinemos nossos testes sob esse ponto de vista e vejamos se, de fato, a variabilidade aumenta com a idade. Tratemos de responder a essa questão com a ajuda de nossos gráficos. As figuras 20 a 25 são construídas sob o seguinte princípio: a escala vertical corresponde à escala progressiva das idades reais das crianças; as divisões sobre as linhas das idades correspondem aos desvios padrão dos quartis, aos desvios padrão do 10° e do 90° percentis e aos valores medianos. Se ligarmos de novo as divisões de todas idades, as linhas resultantes se abrirão em um leque. Esta forma em leque, mais ou menos característica, pode ser encontrada em quatro de nossos testes manuais. No entanto, a direção do leque mudará dependendo dos diferentes testes. Ora o cabo corresponde às idades inferiores e as linhas divergem em relação à idade (dinamômetro), ora ao contrário, o cabo corresponde às idades superiores, ou seja, as linhas convergem com a idade (pontilhagem, discos, continhas). Em outras palavras, para algumas aptidões, a variabilidade aumenta com a idade, para outras, ela tende, ao contrário, a diminuir. De onde vem essa curiosa diferenciação, é difícil dizer; será que trata-se aqui de uma parte de aptidões inatas e de outra parte de aptidões adquiridas que, segundo Thorndike, se distinguiriam entre elas pelo fato de que as primeiras se diversificam com o exercício (a idade implica este exercício), e que as segundas, ao contrário, tendem a se uniformizar?

Quanto aos dois outros testes, nem o dos recortes, nem o do *tapping* tem a forma de um leque. O aspecto do *tapping* é completamente irregular; quanto ao dos recortes, suas linhas são quase paralelas. Esta forma mostra que a variabilidade de uma idade à outra fica mais ou menos constante. Vale assinalar a esse propósito os resultados de C. Woody[29], que descobriu que, para alguns testes de aritmética, a variabilidade em crianças da 2ª à 8ª série continua a mesma.

---

[27] Schultze. *Aus der Werkstatt der exp. Psych. u. Päd. Leipzig*, 1909, p. 30-35.

[28] Claparède. *Psychologie de l'Enfant.* 8ª edição, p. 346.

[29] C. Woody. Measurem. of some achievements in arithmetic. *Columbia University Contributions to Education*, nº 80, 1916 (citado por S. C. Kohs, Intelligence Measurem., New York, 1923, p. 263).

A habilidade manual é uma aptidão geral?

F. A. C. Perrin[30], ao examinar as diferentes teorias sobre a natureza da habilidade motora, descreve as seguintes: 1) a aptidão motora é um fator geral, uma função; 2) ela é resultante do jogo combinado de um certo número de funções específicas; 3) ela está fundamentada em alguns modos gerais de reação motora; 4) ela é uma função da inteligência; 5) ela é uma resposta determinada por traços gerais de caráter mais do que por hábitos motores; 6) ela é uma reação complexa, não permitindo a análise em termos de funções.

Cinqüenta e um estudantes do Texas foram examinados por Perrin com a ajuda de 17 testes motores, 14 simples e 3 complexos. Eles foram igualmente submetidos aos testes de inteligência geral da escala Alpha; além disso, para cada um dos sujeitos, foram levantadas as notas universitárias e indicações sobre traços de caráter. A distribuição dos resultados mostrou-se boa para todos os testes. Os testes foram submetidos ao cálculo das correlações. Seus coeficientes foram extremamente fracos, tanto no confronto dos 14 testes elementares com cada um dos três testes complexos, como dos três testes complexos entre eles. As correlações dos resultados dos testes motores com aqueles de inteligência, como também com os dados sobre o caráter, se mostraram igualmente fracas ou nulas.

O autor tira dessas experiências a conclusão que o ato mais simples de ajuste motor implica um jogo de fatores múltiplos, no qual intervêm, em diferentes graus e em diferentes indivíduos, numerosos fenômenos: a transferência, a aprendizagem, a inteligência, enfim traços de caráter e processos afetivos. H. Piéron, referindo-se ao trabalho de Perrin, concluiu que esses resultados mostram que as aptidões motoras são bastante independentes e que os resultados de um teste motor não permitem prever os resultados de um outro teste.

Também calculamos com nossos resultados as correlações entre os diferentes testes motores. Seus coeficientes são, em geral, relativamente fracos, mas todos positivos.

TABELA V
Correlações

Tests			E	P
Tapping 6 s.	Pontilhagem	0,33		
Tapping 6 s.	*Tapping* 15 s.			0,75
Tapping 6 s.	Recorte	0,38	0,03	
Tapping 6 s.	Colar contas	0,33	0,02	
Tapping 6 s.	Discos	0,39	0,22	
Tapping 15 sec. m.d.	*Tapping* 15 sec. m.d.			0,75
Tapping 15 sec. m.d.	Escrita 1			0,65
Tapping 15 sec. m.d.	Pontilhagem			0,54
Discos	Pontilhagem	0,37		
Discos	Colar contas	0,56	0,41	
Discos	Recorte	0,64	0,58	
Recorte	Colar contas	0,56	0,31	
Média dos 5 testes manuais	Dinamômetro	- 0,06		

[30] F. A. C. Perrin. Experimental studies of motor ability, *Journal of exp. Psych.*, IV, 1921, p. 24-56 (citado por H. Piéron in: *L'Année psychologique*, 1923, p. 501-502).

A tabela V mostra essas correlações, segundo a fórmula de Pearson, que tomamos sobre 53 sujeitos adultos de 18 a 23 anos, alguns deles alunos da *École Normale de Bonneville* e da *École des Arts et Métiers de Genève*. A coluna dos coeficientes marcada pela letra E evidencia os coeficientes de G. Ehinger obtidos sobre os operários e aprendizes, com os mesmos testes[31], a coluna marcada com a letra P contém as correlações feitas sobre 29 estudantes da Universidade de Genebra pela Srta. Pfister. Estes últimos resultados foram obtidos por uma experiência coletiva, os primeiros pelo método estritamente individual.

Pensamos que havia ainda outro modo, além das correlações clássicas, para ver se as diferentes funções motoras e os diferentes exercícios manuais apresentavam entre eles algum parentesco. Consiste em examinar o rendimento de todos os nossos testes nos mesmos indivíduos e calcular a intravariabilidade individual em relação a todos esses testes. A figura 26-27 representa precisamente a dispersão da habilidade manual, obtida pelo percentil médio de cinco testes (*tapping*, pontilhagem, discos, continhas, recortes), em 59 sujeitos adultos masculinos e 59 sujeitos femininos. Os percentís médios ordenados no sentido do menos hábil ao mais hábil formam uma ogiva de grande dispersão. Cada ponto da curva inferior exprime a variabilidade média dos percentís dos 5 testes de cada indivíduo. Esse gráfico permite se dar conta imediatamente do grau de rendimento de todos os testes motores e de sua variabilidade. O rendimento médio de 5 testes tomados em conjunto é igual ao percentil 49,8 (o mediano cai no 48), e a variabilidade média esta no percentil 14,9, o que representa uma variabilidade média relativa: 14,9/49,8 = 30% para todos os 59 indivíduos, e para as mulheres, no rendimento médio (50,1) corresponde uma variabilidade de 15,1, o que faz exatamente a mesma porcentagem (30%).

O que esse gráfico parece evidenciar é sobretudo a particularidade dos casos extremos em relação aos casos medianos. A confrontação do rendimento e da intravariabilidade por decis nos dois grupos (tabela VI) mostra que os sujeitos piores, aqueles do primeiro decil do ponto de vista do rendimento, tem também a mais fraca variabilidade. Os primeiros são fracos sobre toda a linha, os segundos são igualmente excelentes por todos os lados. No entanto, os médios são irregulares; em alguns testes são bons, em outros não. A maior irregularidade encontra-se entre os indivíduos cujo rendimento está entre o 4º e 5º decil, ou seja, entre os piores mais do que entre os mais hábeis e isto para os dois grupos, masculinos e femininos. Esta maneira de representar os resultados mostra então que as diferentes funções manuais podem, em alguns casos individuais, apresentar uma similaridade bastante clara, um grau de desenvolvimento muito fraco ou um grau de desenvolvimento uniformemente bom.

TABELA VI

Percent.	Percent. média nos 5 testes	Variabilidade entre os 5 testes	Percent. média	Variabilidade
	Homens		Mulheres	
100	86	**7,3**	87	**7**
90	77	**15,3**	76	**13**
80	64	**12,1**	70	**14**
70	57	**17,3**	62	**17**
60	52	**16,3**	54	**17**
50	46	**23,1**	45	**20**
40	41	**20,5**	39	**23**
30	36	**17,2**	31	**18**
20	25	**12,3**	24	**12**
10	14	**7,1**	12	**10**
Média	49,8	**14,9**	50	**15,1**

[31] G. Ehinger. Habilité manuelle. *Archives de Psychologie*, XX.

No entanto, este critério de intravariabilidade individual na escala do rendimento em diferentes testes não resolve a questão nem nos dá ainda a chave dessa similaridade; para isso seria necessário estudar à parte cada um desses indivíduos que caracterizam um pólo ou um outro e ver se eles apresentam particularidades específicas do lado de sua constituição biológica, caráter, inteligência, exercício ou não exercício especial, etc. Limitamo-nos aqui a evidenciar o fato muito marcado, o da existência da aptidão manual geral muito boa ou muito ruim em alguns indivíduos, cujo número sobre nossos 59 sujeitos é de 6 para os piores e de 9 para os melhores, o que perfaz aproximadamente 20% para os fracos e 15% para os melhores. Na curva das mulheres, encontramos 4 muito ruins e 5 muito boas, o que perfaz uma porcentagem um pouco menor. A partir dessas considerações, se elas se verificam sobre outros grupos de indivíduos, temos uma chance de encontrar, entre 100 indivíduos, 10 muito ruins e uma dezena de muito bons.

É interessante apontar aqui que entre a força e a habilidade manual, a correlação é ligeiramente inversa. O coeficiente de correlação calculado sobre 49 sujeitos masculinos adultos pelo método de *rangs* (Spearman) entre os resultados dinamométricos e os percentís médios de nossos cinco testes manuais é = – 0,06.

A HABILIDADE MANUAL E A INTELIGÊNCIA

Qual a correlação entre inteligência e habilidade manual? Para responder a essa questão, examinamos dois grupos de indivíduos, de uma parte 52 adultos masculinos (alunos da *École Normale de Bonneville* e da *École des Arts et Métiers de Genève*) e de outra parte, 44 meninos de 13 anos de Escola primária, submetendo-os aos testes motores e aos testes de inteligência. Os testes motores são nossos cinco testes manuais (*tapping*, pontilhar, discos, recortes, continhas), quanto ao teste de inteligência, adotamos o teste coletivo, dito de Barcelona, que foi proposto por Thurstone, modificado pelo Dr. Mira, de Barcelona, e traduzido em francês por O. Decroly. Esse teste consiste em 70 questões e problemas impressos em folhas individuais, que distribuímos a cada sujeito. A prova dura uma meia hora. Os problemas do teste versam sobre diversas operações lógicas: silogismos, indução matemática, analogias, completar as frases, definição de palavras, informação, etc. Os resultados dos testes são avaliados pelo número de respostas corretas e pelo índice de precisão, ou seja, pela relação, em porcentagem, das respostas corretas sobre a totalidade dos problemas colocados durante o teste.

Para encontrar a correlação entre os testes manuais e intelectuais, confrontamos os percentis das respostas corretas do teste de Barcelona com os percentís médios dos cinco testes manuais para os mesmos sujeitos.

Os coeficientes de correlação, estabelecidos pelo método de *rangs* (Spearman) se mostraram ligeiramente negativos para os dois grupos de sujeitos examinados: - 0,22 para os adultos e - 0,04 para as crianças.

Juntamos a esses números os gráficos das duas correlações (figs. 28 e 29) que permitem ver como se correlacionam nos mesmos indivíduos as duas manifestações: motora e mental. Observamos que a correlação se mostrou inversa sobretudo devido aos casos extremos: os mais fortes em um domínio são os mais fracos em outro e vice-versa. Ao lado desses tipos claramente manuais ou intelectuais, há um bom número em que as duas aptidões, metal e motora, são desenvolvidas no mesmo grau. Esses casos encontram-se sobretudo nas zonas médias.

Nossos dois grupos de testes medem apenas as aptidões puras, as disposições naturais. Uns e outros são sensivelmente influenciáveis pelo exercício, o que resulta da comparação entre os resultados das duas escolas: as *École Normale de Bonneville* por um lado, que prioriza o trabalho intelectual, e a *École des Arts et Métiers de Genève*, exercendo sobretudo o trabalho manual. Enquanto o percentil médio para os cinco testes manuais de 48 alunos da *École des Arts et Métiers de Genève* se elevou a 57, não passa de 39,9 para os 45 normalistas. Quanto ao teste de inteligência, a relação é inversa: enquanto o percentil médio dos normalistas se elevou a 62,1, não passa de 38 para os técnicos.

Para compreender todo o valor de um coeficiente de correlação, uma análise detalhada dos casos individuais é indispensável. Infelizmente não pudemos fazê-la, por falta de documentação suficiente.

A deficiência mental acompanha a deficiência motora em crianças retardadas. Trinta e três crianças de 7 a 14 anos das classes especiais dirigidas por Alice Descoeudres foram examinadas em nossos testes de habilidade manual. O percentil médio para todos os testes e para todas as crianças não passou de 26,6.

As crianças anormais se saem relativamente melhor no teste do *tapping* e pior no teste dos discos.

Conclusões

Nossas pesquisas nos mostraram que:

— o meio tem uma influência considerável sobre o resultado dos testes; que as tabelas padronizadas, para serem válidas, devem ser ou parciais ou universais. O melhor seria pesquisar os coeficientes sociais que permitiriam, servindo-se apenas de uma tabela, corrigir os resultados segundo diferentes meios;

— os índices discriminativos de desenvolvimento, avaliados pela fórmula de Claparède, coincidem com os resultados de outros autores. I.Dc médio de 12 anos na idade adulta é +0,55. O índice de aptidão eleva-se em média a 0,11, ou seja, o desvio padrão do semiquartil é em média a décima parte da mediana para nossos testes manuais;

— o conjunto das ogivas de todas as idades para um mesmo teste superposto em um único gráfico oferece um aspecto particular. Distinguimos os seguintes aspectos: escalonado ou concentrado, monotípico ou bitípico. Essas diferentes características informam sobre a evolução da aptidão com a idade e sobre a dispersão individual;

— certos testes são bons testes de idade em determinado momento e testes de aptidão em outro; alguns testes são simultaneamente bons testes de aptidão e de desenvolvimento, alguns outros não oferecem nada de característico nem como teste de idade nem como teste de aptidão;

— o rendimento de toda aptidão aumenta em certa medida com a idade. Chamamos essa escala de crescimento de dispersão vertical. A idade adulta de uma aptidão é o momento em que pára a dispersão vertical. Para algumas aptidões, a idade adulta se estabelece já entre os 12-14 anos e mesmo antes, enquanto para outras, não acontece antes dos 21-23 anos, como, por exemplo, o crescimento de tamanho e peso;

— ao lado da porcentagem normal, seria eficaz se servir da percentagem máxima (tabela da idade adulta) que permitiria apreciar mais exatamente as aptidões situadas acima do percentil 75. Já para as aptidões individuais abaixo de percentil 25, é mais indicado avaliá-las pelos níveis das idades inferiores;

— a variabilidade de uma aptidão (dispersão vertical) não cresce necessariamente com a idade. A amplitude das diferenças individuais continua mais ou menos constante para certos testes (*tapping*, recorte), ela tende a diminuir para alguns outros (discos, continhas, pontilhar), enfim, para outros (dinamômentro) a dispersão cresce de fato com a idade;

— o desenvolvimento motor não consiste somente no aumento quantitativo (velocidade, força). Os movimentos das crianças pequenas são qualitativamente diferentes, o que observamos, ao registrá-los sob a forma de ciclogramas;

— a diferença entre os sexos é notável principalmente para o dinamômetro e o *tapping*, os quais colocam em jogo o esforço momentâneo, mais desenvolvido no homem. Para os outros testes manuais, constatamos a predominância de acordo com a idade ora dos meninos, ora das meninas. Aos 15 anos, a menina é em geral mais hábil que o menino;

— as correlações entre diversos testes motores sendo fracas, apesar de positivas, mostram que as funções motoras são relativamente independentes. A medida da intravariabilidade para os 5 testes nos mesmos sujeitos apresenta um coeficiente de variabilidade bastante forte de 30%. No entanto, sobre 100 sujeitos, podemos encontrar uma dezena de pessoas muito boas em todos os testes motores e a mesma quantidade de pessoas muito ruins;

— entre a inteligência e a totalidade dos testes manuais, a correlação nos sujeitos normais é em média ligeiramente negativa. Em crianças retardadas, a deficiência mental corresponde à deficiência motora.

Não queremos terminar este trabalho sem agradecer calorosamente a todos aqueles que, de uma forma ou de outra, nos permitiram levá-lo a cabo: Claparède, Walther, Meili e Lambercier; Fourot, diretor da *École Normale de Bonneville*; Pasche, diretor da *École des Arts et Métiers de Genève*; Duaime, diretor dos cursos profissionais; Mingard, diretor de escola em Genebra; Sra. Grange e Sra. Erni, diretoras de escola; e as Sras. Alder, Ascher, Goriachkovsky, Herzog, Hutory, Jasnorzevska, Lissitzian, Lobstein, Matter, Meyer, Pfister, Scott, Siegrist, Soubeyran, Tripp e van der Stadt, e Srs. Bischler, Chavieras, Muller e Dr. Szuman, alunos do Instituto Jean-Jacques Rousseau.

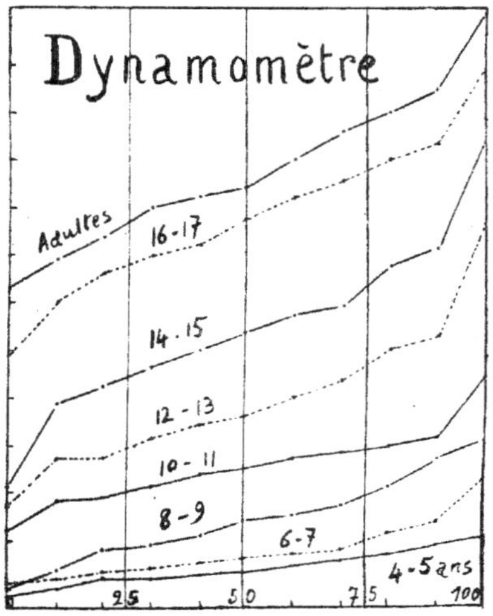

Fig. 1

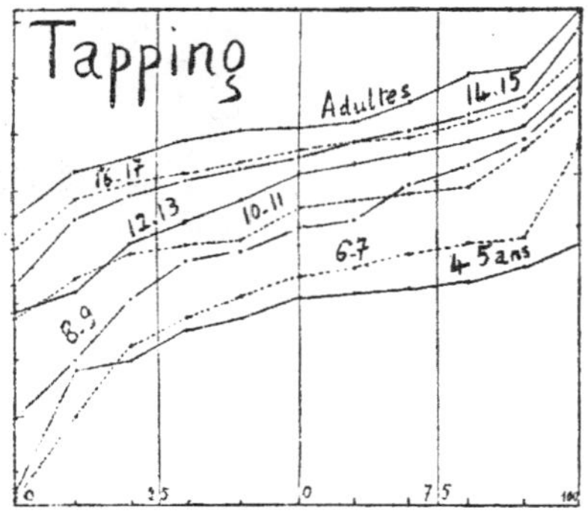

Fig. 2

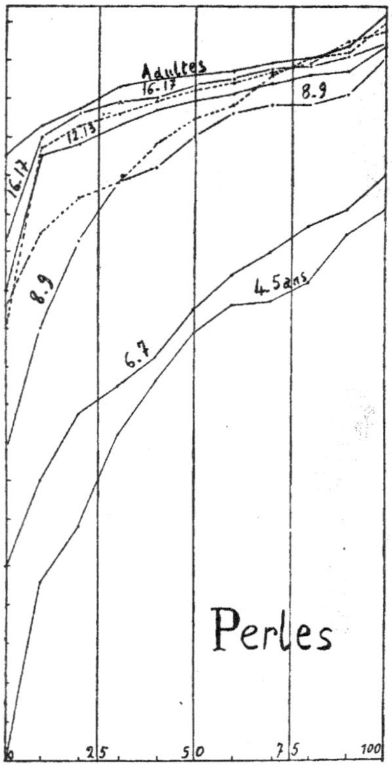

Fig. 3

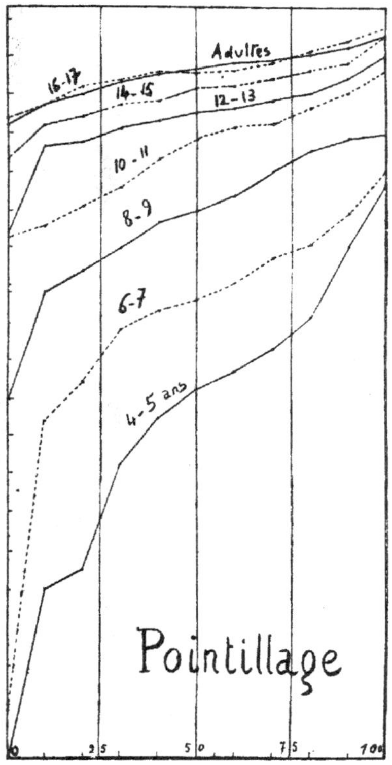

Fig. 4

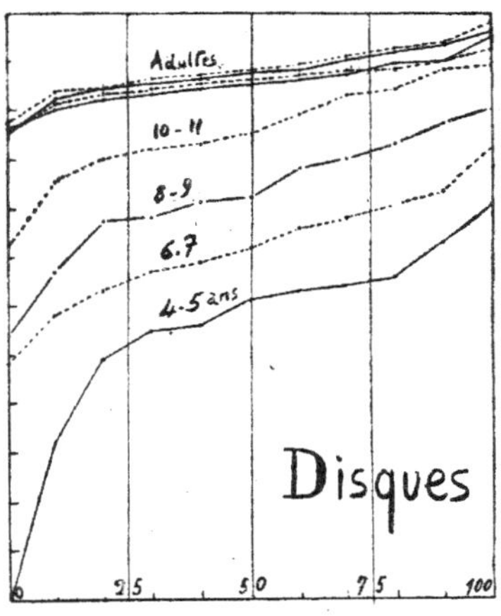

Fig. 5

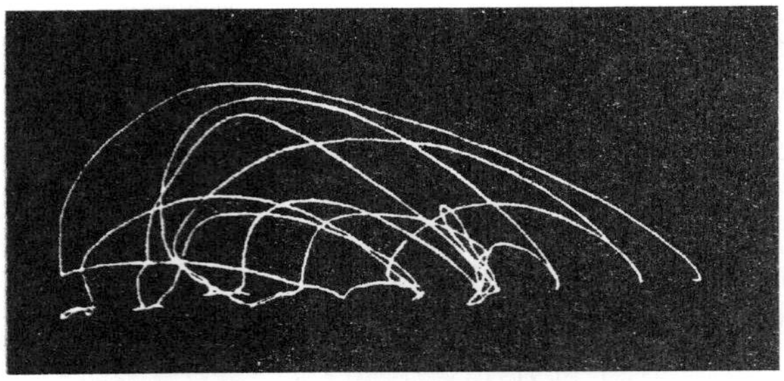

Fig. 6 – Ciclograma de uma criança de 4 anos

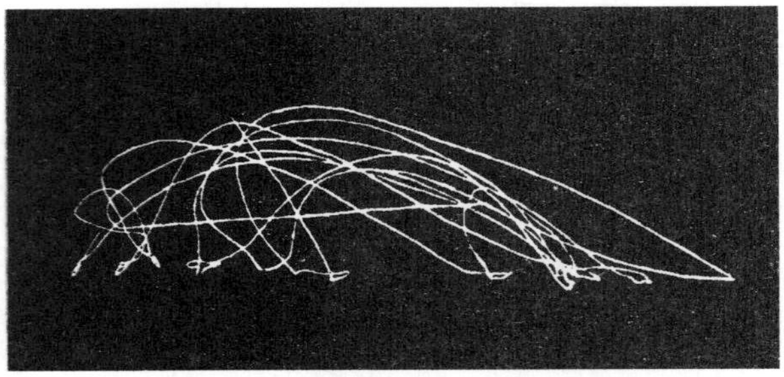

Fig. 7 – Ciclograma de uma criança de 5 anos

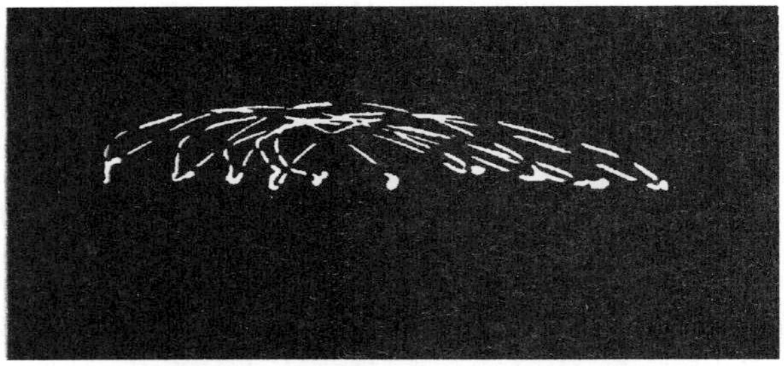

Fig. 8 – Ciclograma* de uma criança de 8 anos

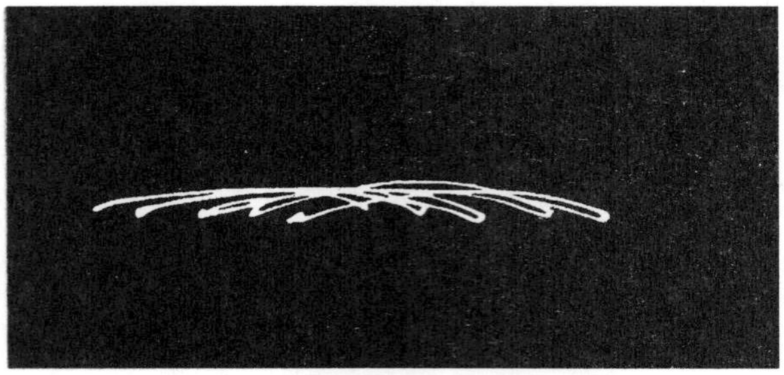

Fig. 9 – Ciclograma de um adulto

* Nesta figura, cada traço representa 1/25ª de segundo.

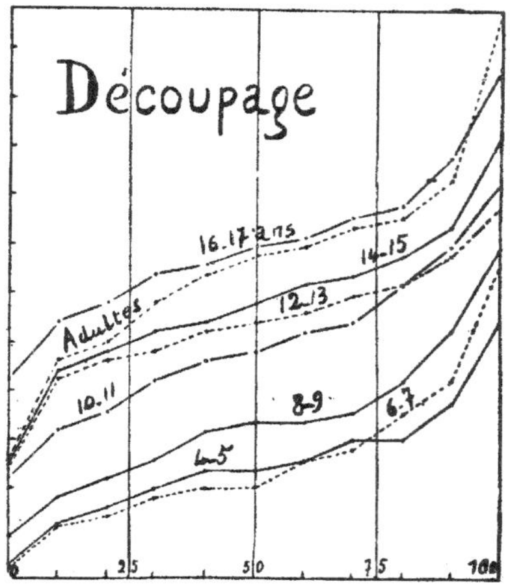

Fig. 10

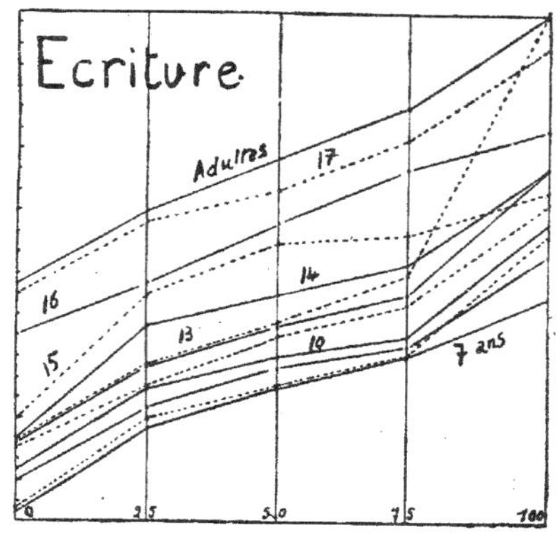

Fig. 11

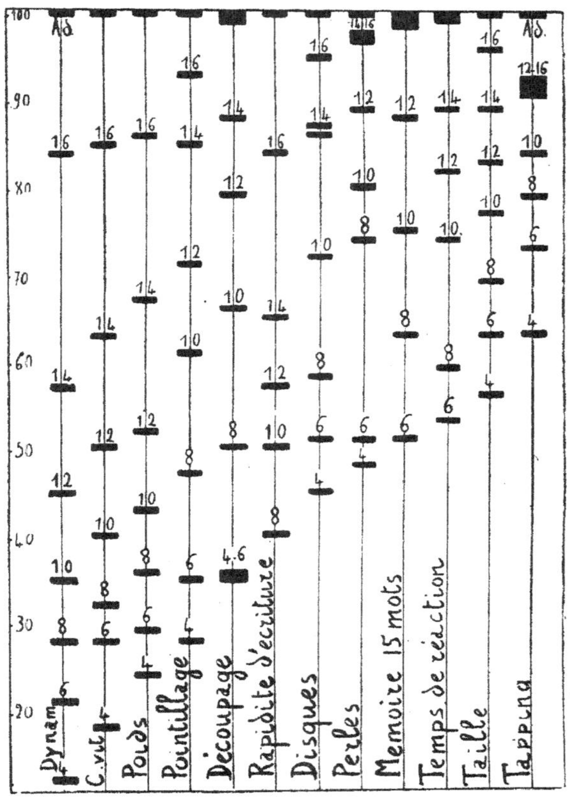

Fig. 12

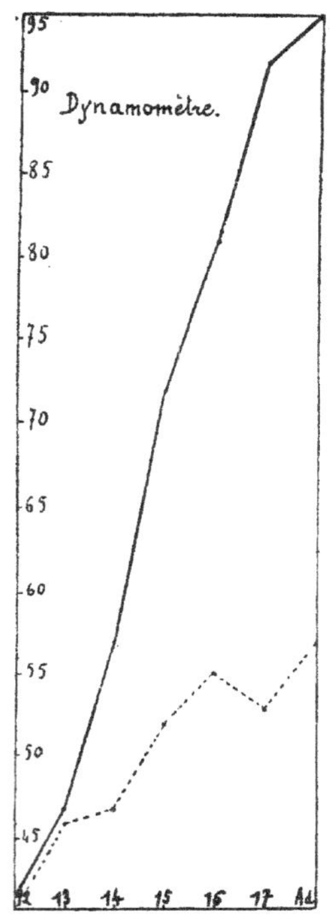

Fig. 13

____ Meninos ..... Meninas

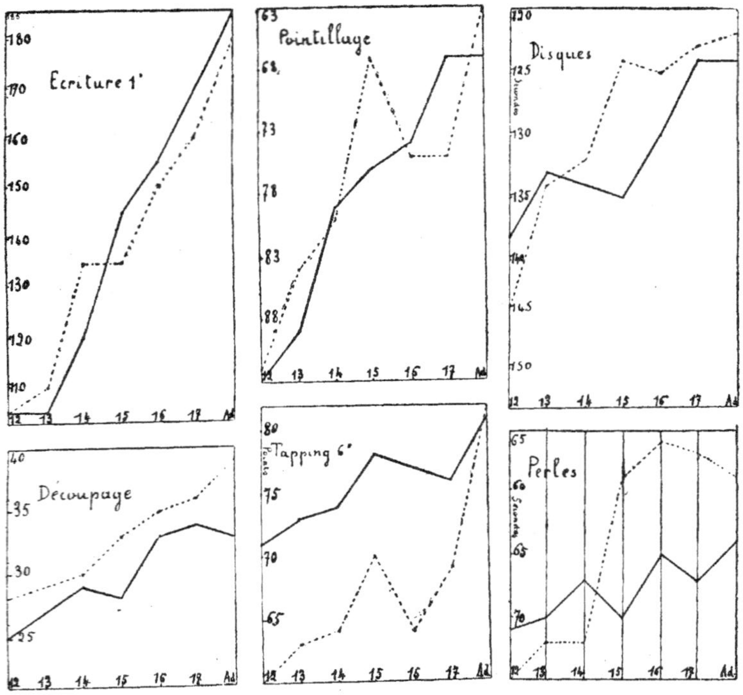

Figs. 14-19

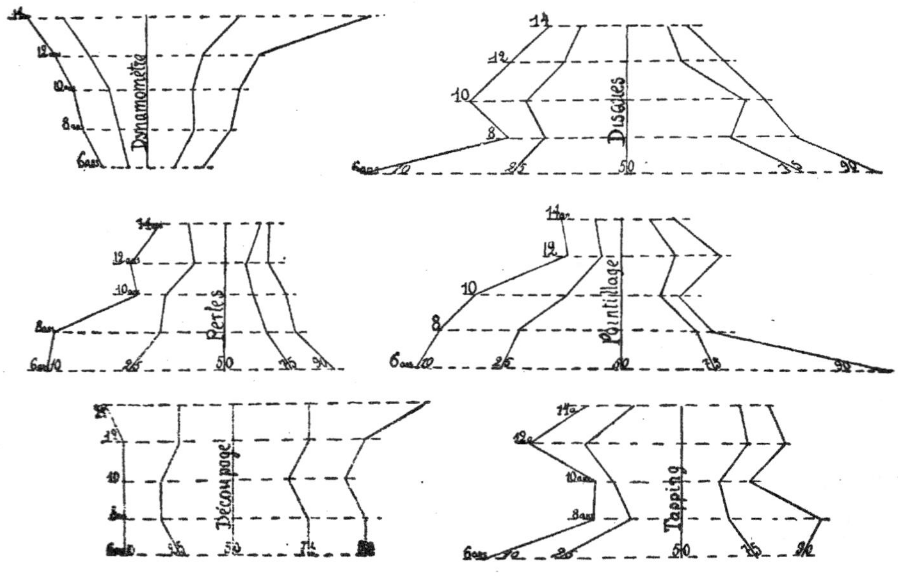

Figs. 20-25

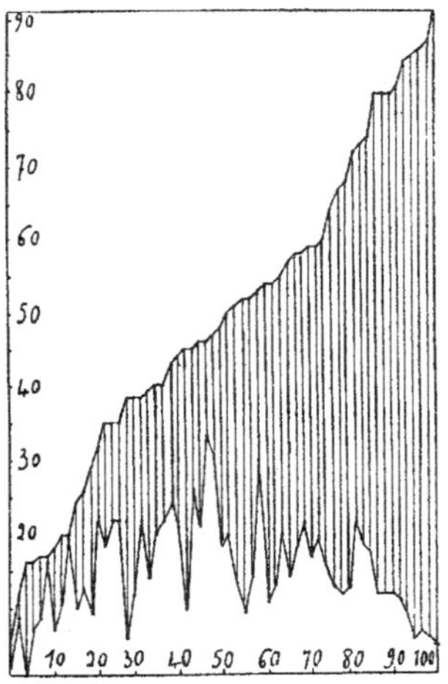

Fig. 26 – Homens

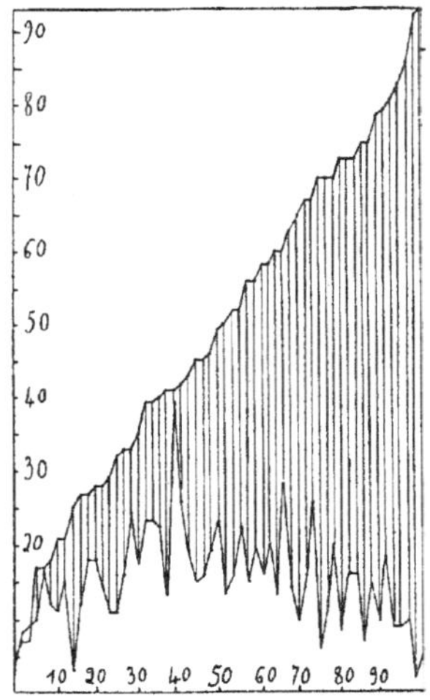

Fig. 27 – Mulheres

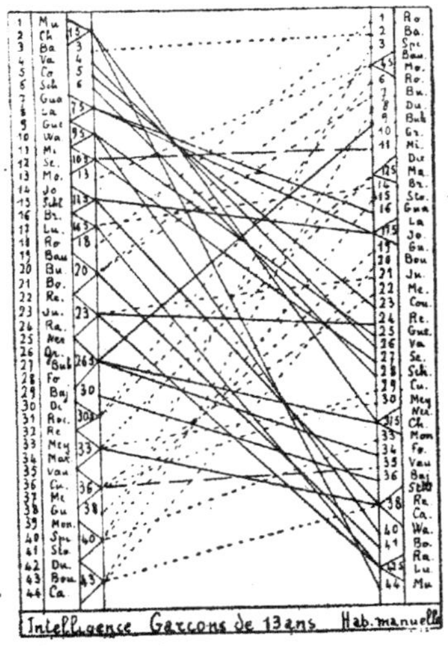

Fig. 28

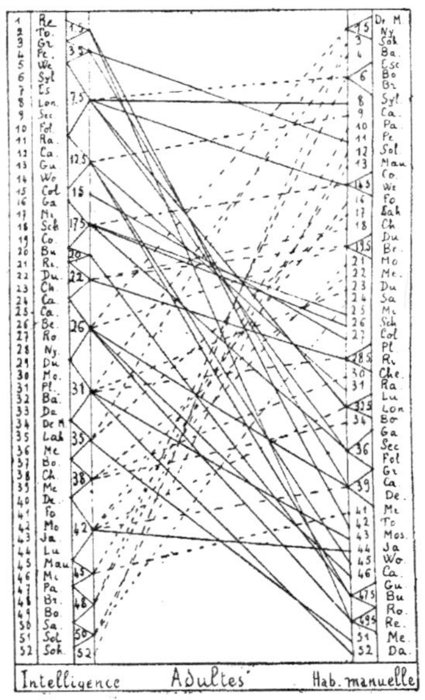

Fig. 29

O desenvolvimento mental das crianças de Belo Horizonte[1]

1931

Critério da medida psicológica

Entre as descobertas do século XX, em que o pensamento criador se distinguiu nos mais vários domínios, a Escala Métrica para a medida do desenvolvimento mental, de Binet-Simon, publicada em 1908, representa, sem dúvida, um golpe de gênio no terreno da psicologia aplicada.

A psicologia, a que os psicólogos recusavam o caráter científico, por isso que os fenômenos psíquicos não podiam, segundo eles, submeter-se a medida, deu, com os trabalhos de Binet e Simon, uma prova mais, além das que Weber e Fechner, antes deles, forneceram, relativamente ao estudo das sensações; Ebbinghaus e Müller, relativamente à memória, e outros, alhures. Esses investigadores provaram que os fenômenos psíquicos podiam ser estudados, pelos métodos da ciência exata: que esses métodos podiam fornecer aqui, como alhures, dados numéricos constantes, que podiam ser obtidos semelhantemente iguais em condições iguais.

Para os filósofos só o espaço é mensurável; para os psicólogos são também mensuráveis os caracteres sem extensão de espaço. Neste último caso, somente, em lugar de serem medidos diretamente, esses fenômenos são medidos indiretamente, mediante certos estratagemas que Claparède classificou, para a psicologia experimental, em 4 grupos: l) grandeza do excitante do mundo externo (métodos psicofísicos); 2) duração dos processos (métodos psicocronométricos); 3) rendimento quantitativo produzido por tal ou qual aptidão (métodos psicodinâmicos); 4) número dos indivíduos que se saem bem em tal ou qual experiência, que alcançam tal ou qual resultado (métodos psicoestatísticos).

Qual é o método e a unidade de medida que Binet e Simon utilizam para a investigação do desenvolvimento mental? Terão esses autores inventado uma unidade psíquica *sui generis*, uma espécie "intel", de "mens", como diz espirituosamente Thorndike? Não há tal; mas inventaram um estratagema não menos original e eficiente, que é o do nível ou da idade mental.

O método da medida do desenvolvimento mental preconizado por Binet e Simon aproveitou-se largamente dos dois dados legados pelo pensamento científico do século passado, o da evolução biológica, de uma parte, e, de outra, o da estatística aplicada às faculdades humanas. O primeiro representa o princípio do método; o segundo caracteriza a técnica de sua elaboração.

Semelhante ao corpo da criança, que cresce quantitativamente e qualitativamente em função de sua idade, seu espírito também se transforma progressivamente e amadurece com os anos. A sagacidade de Binet e de Simon descobriu no procedimento cotidiano das crianças uma quantidade de exercícios cuja execução varia de maneira determinada com o crescimento das mesmas e, com a experiência que elas recebem naturalmente ao contato da vida, da sociedade e da escola.

Um exercício trivial, pode-se dizer, como o da descrição de uma imagem, feito pelas crianças de idade diferentes, revelou a Binet relações típicas muito diferentes: ao passo que as crianças de 3 a 4 anos, observando a imagem, apenas notam os personagens ou alguns objetos nela representados, as mais idosas, de 6 a 7 anos, notam já as ações e as qualidades desses personagens e as relações existentes entre os objetos: esta mesma imagem, apresentada às crianças de 12 a 13 anos, mostra que elas vão ainda mais além e descobrem o sentido

[1] Originalmente publicado no *Boletim* nº 7 da Secretaria da Educação e Saúde Pública de Minas Gerais, em 1931.

geral da imagem, da cena, oculta as menores. Esta transição não é fortuita: encontra-se na evolução de todo o pensamento humano, do pensamento científico também, que, partindo do estágio da coleta dos fatos isolados e do seu registro, passa à descrição das qualidades, à análise das relações para chegar afinal à interpretação dos fenômenos descobertos.

Outro exercício, como o das definições das palavras, mostra igualmente diferenças notáveis entre as crianças das diferentes idades: perguntai a uma criança de 3 anos o que é uma cadeira; a criança vos designará com o dedo, se ela está no aposento, ou vos dirá: "a cadeira é uma cadeira". A mesma pergunta, formulada a uma criança de 6 a 7 anos, dará uma resposta do teor seguinte: "uma cadeira é para a gente se sentar"; ao passo que a criança de 8 a 9 anos procurará alguma coisa e dirá que a cadeira é um móvel. Na definição das palavras, Binet viu igualmente que a criança passa geralmente por estágios determinados: a simples designação do objeto ou a resposta tautológica são substituídas pela indicação do uso que se faz do objeto; depois vem a descrição do objeto e, finalmente, a definição lógica, com a classificação da espécie numa categoria mais geral.

Ao lado desses exercícios cuja transformação, de uma idade para outra, é toda qualitativa, há outros que ganham em quantidade. O espírito da criança se torna mais ágil, mais móvel e poderá executar o mesmo trabalho que a criança menor, mas em prazo mais breve; sua atenção voluntária se torna mais concentrada e o campo de consciência ganha em extensão; num prazo dado, a mais idosa poderá achar mais palavras na experiência da caça aos vocábulos; poderá também repetir uma série mais extensa de algarismos depois de os ter ouvido uma só vez. No domínio da linguagem, principalmente, mas também na experiência sensorial e motriz, na capacidade de retenção, na precisão do pensamento, em tudo a criança revela passos prodigiosos de desenvolvimento mental.

O gênio de Binet e de Simon patenteou-se precisamente nisto: apoiaram esse desenvolvimento mental em uma série de exercícios significativos para diferentes idades. Consoante longas pesquisas e numerosas experiências em examinandos de todas as idades, eles publicaram a escala métrica para medida do desenvolvimento mental, que representa uma série de testes graduados de ano em ano, desde os primeiros meses até a idade adulta.

Essa graduação foi possível graças à aplicação do método estatístico: a determinação da dificuldade e a atribuição da idade mental a cada um dos testes da Escala basearam-se exclusivamente num número de crianças da mesma idade que resolviam bem um ou outro teste. Conforme o critério dotado por esses autores, o lugar do teste na Escala é determinado pelo bom êxito dos três quartos das crianças de uma idade dada. Se tal teste é bem resolvido pela totalidade das crianças de uma idade, isto quer dizer que o teste é fácil; se, pelo contrário, é respondido por menos dos três quartos (a metade apenas, por exemplo), o teste se mostra então difícil para essa idade.

Graças ao método de Binet e Simon, foi possível medir o desenvolvimento mental das crianças. Medir quer dizer comparar uma quantidade com outra tomada como unidade. Medir o desenvolvimento mental de uma criança qualquer quer dizer compará-lo com o estabelecido previamente sobre uma quantidade de crianças e tomado como unidade de medida. A apreciação do desenvolvimento mental das crianças examinadas por esse método se faz pelo número dos testes bem resolvidos: e o resultado final do exame se traduz pelo nível de idade mental atingido pela criança, totalizando a idade mental das provas da Escala, nas quais ela se saiu bem.

Desenvolvimento mental e inteligência

É de propósito que temos falado até aqui da medida do desenvolvimento mental. Ora, esses testes, as mais das vezes, são chamados testes de inteligência. A palavra inteligência é compreendida em sentidos diferentes. A sua definição mais correta é a seguinte: a inteligência é uma capacidade de resolver pelo pensamento problemas novos. No ponto de vista funcional, seu papel é o seguinte: a inteligência intervém quando o indivíduo se acha diante de uma situação que não apela para o seu instinto, nem para os instrumentos de adaptação que entram em jogo quando faltam os outros instrumentos de adaptação, que são o instinto e o hábito (Claparède). Para Binet, a inteligência seria, "antes de tudo, uma faculdade de conhecimento dirigido para o mundo exterior e que se esforça para reconstruí-lo por inteiro, mediante pequenos fragmentos que ele nos fornece".

Essas definições só muito imperfeitamente explicam a escolha dos testes que figuram na Escala Binet-Simon: Há uma porção deles, sobretudo para as idades inferiores, que não apelam para a inteligência no sentido que lhe atribui Binet.

Em grande número dessas provas custa-se a encontrar os elementos da inteligência que Binet relaciona como os quatro fundamentais, a saber: a compreensão, a invenção, a censura, a direção.

Se os testes de Binet-Simon trazem o nome de testes de inteligência, este último termo é encarado não como uma aptidão determinada, mas no sentido de inteligência global, que seria o conjunto do desenvolvimento mental, nível intelectual geral (Claparède). Esse nível nos esclareceria igualmente acerca da capacidade da criança para concentrar a própria atenção voluntária, acerca do poder de observação e de retenção, bem como da compreensão, da retidão de seu raciocínio, da imaginação, da mobilidade geral de seu espírito, etc.

Se empregarmos doravante o termo "inteligência" a propósito dos testes que vamos estudar entre as crianças, será precisamente, repetimos, no sentido de inteligência global, que não é outra coisa mais que o conjunto do desenvolvimento intelectual geral e que se exprime pelos níveis ou pelas idades mentais[2].

Inteligência civilizada

Será natural essa inteligência? Dependerá exclusivamente das disposições ingênitas e da idade da criança? Não o cremos. Ela é um produto mais complexo, que se forma em função dos diversos agentes, entre os quais distinguimos, ao lado das disposições intelectuais inatas e do crescimento biológico, também o conjunto de caráter e o meio social, com suas condições de vida e sua cultura, na qual a criança se desenvolve, e, finalmente, a ação pedagógica, a educação e a instrução, à qual a criança se sujeita tanto em casa como na escola. Melhor diremos que a inteligência revelada por meio desses testes é menos uma inteligência natural, (como o quis Binet) que uma inteligência civilizada, mostrando, assim, que os testes se dirigem à natureza mental do indivíduo, polido pela ação da sociedade em que vive e desenvolvendo-se em função da experiência, que adquire com o tempo.

Este termo "inteligência civilizada" nos foi sugerido pelas observações a respeito da inteligência das crianças abandonadas que tivemos ensejo de estudar entre 1920 e 1924, na Rússia. Ao passo que as crianças russas dos meios familiares e que freqüentam a escola davam, nos testes de Binet-Simon, na mesma época, resultados mais ou menos correspondentes aos das crianças parisienses nas mesmas idades, essas crianças abandonadas davam apenas, em média, uma idade mental de 2 a 3 anos de atraso sobre a sua idade real.

Que apresentam essas crianças?

A grande guerra, as epidemias, a fome de 1921, a revolução devastaram uma infinidade de lares russos, matando os chefes de família, deportando-os, expulsando as famílias de seus lares, dispersando seus membros para todas as direções do imenso território russo. Foi assim que se formou um grupo considerável de indivíduos, menores, sem família, sem domicílio, sem ocupação determinada, vivendo ao léu, de esmola ou de rapina, passando a noite ao abrigo duma casa em ruína, de uma ponte, de um esconderijo qualquer... A proporção dessas crianças abandonadas foi tal que o governo russo teve de organizar postos para albergar esses bandos de nômades. Foi em dois desses postos ou estações médico-pedagógicas, em Petersburgo e em Viatka, que tivemos ensejo de conhecê-las e aplicar-lhes os testes de inteligência Binet-Simon.

À parte o seu nascimento havia de tudo entre elas: crianças da plebe como da aristocracia. Muito mais do que a tendência à vagabundagem foi certamente a sina desgraçada, como mostramos acima, que determinou o estado desses menores. Dentre eles havia certo número de degenerados físicos e psíquicos, mas a grande massa se apresentava fisicamente normal, posto que um tanto enfraquecida, talvez, pela vida de privações e pelas epidemias do tipo que grassavam aquele tempo na Rússia.

---

[2] Claparède, E. *Comment diagnostiquer les aptitudes chez les écoliers*, p. 108.

Essas crianças não causavam a impressão de crianças retardadas; ao contrário, extremamente espertas, revelavam prodígios de engenhosidade para lutar contra as dificuldades que a vida lhes deparava, e para assegurar a própria conservação. Quantas vezes, no próprio estabelecimento de onde as crianças fugiam freqüentemente, preferindo antes de tudo a liberdade e vida de aventuras, a que se afeiçoavam, nos surpreendemos com os planos estratégicos complicadíssimos, inteligentíssimos, diremos nós, cheios de previsão, que só o pensamento sabe ditar, para escaparem à vigilância dos guardas, para distribuírem as funções de um bando inteiro de garotos, no intuito de assaltarem de noite um guarda-roupa, uma adega, para daí pilharem à vontade e fugirem com a presa, descendo do terceiro andar para a cidade.

Pois bem, aquelas crianças não davam, nos nossos testes, senão resultados inferiores, revelando uma mentalidade inteiramente infantil, resolvendo raramente as provas de 10 e 12 anos. O que lhes faltava, sobretudo, era a capacidade de manterem, de uma parte, a atenção voluntária e, de outra parte, chegarem uma certa abstração do pensamento conceptual. Enquanto estavam no domicílio puramente concreto, enquanto eram movidas pelo instinto, pelo interesse e pela atenção espontânea, podiam estar certas de triunfar; mas, daí por diante, notavam-se claramente verdadeiras lacunas. Como o dissemos, esta deficiência se traduzia, em média, por dois a três anos de retardamento em relação às crianças de sua idade que viviam nas condições ordinárias.

À margem da família, da escola e da sociedade com suas leis e suas regras, essas crianças se formavam, em uma palavra, à margem da vida civilizada. Não sendo destituídas de inteligência natural, não possuíam precisamente essa inteligência que se tributa e se disciplina ao contato do exemplo no seio do regime regrado e das exigências impostas pela vida convencional da família ou da escola, essa inteligência civilizada, que perscrutamos por meio dos nossos testes chamados de inteligência geral.

Diagnóstico da inteligência

Os testes pululam hoje em número considerável. Pode-se dizer que a maior parte dessa eflorescência nada mais é que o desenvolvimento da primeira série publicada por Binet-Simon em 1908. Esses testes sofreram muitas revisões quer por parte dos autores, eles próprios, quer por parte dos psicólogos de outros países, que os aplicaram às crianças de suas pátrias respectivas e os retificaram de acordo com as particularidades do meio e o desenvolvimento dessas crianças.

Foi sobretudo nos Estados Unidos que os testes tiveram a maior aplicação. Os americanos contribuíram para a expansão deles, introduzindo-lhes, com o seu espírito prático, uma enorme simplificação de técnica. Na origem, os testes se faziam individualmente, isto é, o experimentador examinava de cada vez um só indivíduo. Com a reputação crescente do método dos testes, sobretudo depois que se previu o seu grande valor prático para triagem das massas de indivíduos, e isto no momento da Grande Guerra, em que os Estados Unidos formavam batalhões para os enviarem à Europa, e em que um método rápido devia ajudar a distinguir os homens capazes para formar os quadros, foi nesse momento que o exame individual cedeu o passo ao exame coletivo, aplicado simultaneamente a um grupo inteiro. Mas o teste individual conserva sempre o seu valor para um exame delicado, para um diagnóstico difícil, para as crianças pequenas ou para indivíduos que não são capazes de se comportar eficazmente sob uma ordem dada a uma coletividade (os anormais, os doentes, etc.).

Tanto nos testes individuais como nos coletivos, a apreciação do desenvolvimento mental se faz, quer em anos de adiantamento ou atraso, como o propuseram Binet-Simon, quer pelos quocientes intelectuais, introduzidos por W. Stern. A correspondência da idade mental e da idade real mostra que o desenvolvimento intelectual do indivíduo caminha paralelamente com o desenvolvimento das crianças de sua idade. Um retardamento ou um avanço de um ano de idade mental sobre a idade real não acusa ainda anomalia alguma. Pode-se temer um ligeiro retardamento mental para a criança que, tendo freqüentado regularmente escola, apresenta um atraso de 2 anos (para as crianças menores de 9 anos) ou de 3 anos (para as crianças mais idosas). Foi este o critério adotado por Binet para classificação das crianças retardadas, nas classes especiais.

Adotando-se a estimação da inteligência em quocientes intelectuais, que resulta da divisão da idade mental pela idade real, o perfeito acordo entre os dois será representado pelo quociente 1,00. Se o quociente (Q.I.) é maior que a unidade, isso quer dizer que a idade mental é superior à idade real; se pelo contrário, o quociente representa uma fração simples, é que a criança não atingiu o desenvolvimento de sua idade.

Os quocientes intelectuais achando-se entre 0,90 e 1,10 caracterizam a inteligência normal; corresponderiam em seus casos extremos a um avanço e a um retardamento de cerca de um ano. A inteligência seria superior com os Q.I., 1,10-1,20, e muito superior, além dessa zona. Em compensação, a inteligência, estimada pelos Q.I. entre 0,90 e 0,80, atestará uma certa lentidão de espírito; de 0,80 a 0,70 – uma insuficiência mental, sem apresentar a anormalidade, todavia; os Q.I. abaixo de 0,70, correspondentes a mais de 3 anos de atraso, caracterizam uma verdadeira debilidade mental (Terman).

Testes de inteligência aplicados às crianças de Belo Horizonte

Considerando os testes de inteligência geral como instrumentos de medida psíquica objetiva, vejamos o que esses testes revelaram para as crianças de Belo Horizonte. Que apresenta o desenvolvimento mental das crianças mineiras em comparação com as crianças de outros países? Qual é a marcha desse desenvolvimento nos alunos de idades diferentes? Como varia o nível mental relativamente ao meio social das crianças? Como se desenvolvem as meninas e os meninos? Eis aí as perguntas que constituem o objeto do presente trabalho, empreendido pelo Museu da Criança da Escola de Aperfeiçoamento de Belo Horizonte, durante o ano de 1930[3].

Testes de Goodenough

Entre estes testes o mais simples e o mais rápido quanto a sua administração é o da Srta. Florence Goodenough, psicóloga norte-americana. Esse teste apresenta a particularidade de consistir em uma única prova (o desenho da figura humana). O experimentador dirige-se às crianças, munidas de uma folha de papel e de um lápis, com as palavras seguintes: "Eu gostaria que vocês desenhassem neste papel um homem. Vocês tratarão de desenhar um homem do melhor modo possível. Não se apressem; empreguem o melhor esforço possível. Eu queria ver se as crianças desta escola são capazes de desenhar tão bem como as crianças da escola de... Experimentem, pois, e verão como hão de sair-se bem". O tempo é ilimitado. Depois que a criança tiver feito o seu primeiro desenho, o experimentador a convida a fazer um segundo, ainda melhor do que o primeiro. Para apreciação do resultado, escolher-se-á o melhor dos dois.

Como pode esse teste servir de medida objetiva do desenvolvimento mental das crianças? Há já muito tempo os pesquisadores das diferentes disciplinas notaram o grande interesse do estudo do desenho infantil para compreensão do espírito humano nos primeiros estágios de seu desenvolvimento, impressionando-se com a semelhança entre os desenhos dos povos primitivos e das crianças. De outra parte, outros psicólogos que estudaram desenho infantil, e entre estes cumpre citar os nomes de Sully, Kerschensteiner, Rouma, Luquet mostraram que o desenho das crianças não é outra coisa que a sua linguagem gráfica, a expressão material das suas representações do mundo exterior.

O desenho espontâneo da criança, por mais extravagante que pareça, está longe de ser simplesmente uma garatuja desajeitada e fortuita. As minuciosas pesquisas feitas em milhares de desenhos de crianças de idades diferentes e pertencentes a diversos países, revelaram, todas, que o desenho infantil se desenvolve de uma certa maneira; que ele passa por estágios determinados e que esses estágios evoluem nitidamente, com a

[3] Sob nossa direção, as professoras-alunas do 2º ano da Escola de Aperfeiçoamento traduziram, adaptaram, aplicaram e catalogaram três testes de inteligência geral: Teste do Desenho de Goodenough, o teste de Dearborn (Games and Picture Puzzles, sua primeira parte) e o Teste das 100 Questões de Ballard (teste chamado econômico). Todos os três testes foram feitos sob a forma coletiva, isto é, foram aplicados simultaneamente a classes inteiras de crianças.

idade das crianças. Examinem-se os desenhos das crianças de um povo ou de outro; acompanhe-se o desenho de ano para ano numa criança ou comparem-se os desenhos de turmas de crianças de uma idade com os de uma outra, fica-se surpreendido de verificar as mesmas formas e idêntica marcha evolutiva.

Verifica-se isso confrontando a figura nº 1 abaixo: a fila superior reproduz desenhos autênticos de uma só criança, recolhidos a cada ano, desde a idade 3 a 13 anos;a fila inferior representa esquemas dos desenhos, tais como foram observados entre os 3/4 das crianças de idades diferentes, de acordo com as coletas feitas pelos diversos psicólogos (Rouma, Léna Partridge, Schuyten).

Fig. 1
Figura humana, tal como 3/4 das crianças de cada idade são capazes de desenhar (segundo pesquisas e desenhos colhidos por Ruma L. Partridge Schuyten).
(Reproduções do quadro do Instituto J. J. Rousseau, de Genebra.)

Os estágios do desenho infantil, notados por todos os pesquisadores, longe de serem fortuitos, revelam, pelo contrário, de uma maneira constante, os estágios por que passa o próprio pensamento da criança: o pensamento da criança menor, sua representação do mundo, é global e sincrética, seus primeiros desenhos o são também de maneira impressionante no seu esquematismo demasiado global. Com a idade, seu pensamento se torna mais objetivo; ela adquire consciência do mundo exterior e descobre a realidade tal como é em seus pormenores e no seu conjunto. Seu desenho esquemático subjetivo e de "realismo intelectual" (Luquet) se transforma, com a idade, em um desenho cada vez mais objetivo, de "realismo visual", de acordo com a observação.

Realizando-se paralelamente com o desenvolvimento intelectual da criança o desenvolvimento do desenho, pode-se inferir o primeiro, servindo-se do último, como de sintoma. Esse desenvolvimento interior, exteriorizado em sinais materiais, tem a vantagem de poder ser estudado e analisado pelos métodos das ciências naturais, que são: observação, comparação, interpretação, e poder ser submetido a uma investigação numérica, estatística.

Foi isso precisamente o que fez Srta. Goodenough, utilizando-se do desenho das crianças como de um meio de medida objetiva da inteligência geral. Baseando-se nos trabalhos anteriores, ela viu que é principalmente o desenho da figura humana que revela melhor os estágios de desenvolvimento mental; é também o assunto mais universal dentre todos, pois que todas as crianças o têm sob os olhos, quer sejam elas da cidade ou do campo, do norte ou do sul. Ela escolheu o desenho do homem (e não da criança ou da mulher) porque o aspecto do homem é mais sujeito a mudanças.

A análise dos desenhos infantis das diferentes idades mostra que os mais avançados se precisam sobretudo nos seguintes aspectos: número de pormenores indicados no desenho, proporções, representação em duas dimensões (antes as crianças não o representam senão por simples linhas); plasticidade do desenho (substituindo a sua rigidez nos primeiros anos) ausência de transparência no desenho (tão característica nos estágios inferiores); aparição do desenho em perfil (ao passo que os primeiros são sempre de frente), enfim, o próprio traçado do desenho, que se torna mais firme, graças ao desenvolvimento da coordenação viso - motriz e à destreza do lápis.

Apurando milhares de desenhos infantis, Goodenough, estudou-os ponto por ponto e acabou por levantar um inventário completo dos elementos de que se compõe o desenho da figura humana, tal como o fazem geralmente as crianças. Abaixo são reproduzidos os 51 elementos encontrados pela autora:

Programa para análise de desenho, segundo o método de Florence Goodenough.

1 – Presença da cabeça.
2 – Pernas.
3 – Braços.
4 – Tronco.
5 – Comprimento do tronco maior que sua largura.
6 – Espáduas.
7 – Braços e pernas ligados ao tronco.
8 – Pernas ligadas ao tronco. Braços ligados ao tronco no lugar exato.
9 – Pescoço.
10 – Contorno do pescoço continuando o da cabeça ou do tronco.
11 – Olhos.
12 – Nariz.
13 – Boca.
14 – Boca e nariz representados em duas dimensões; os dois lábios indicados.
15 – Narinas.
16 – Cabelos.
17 – Cabelos desenhados ultrapassando a circunferência da cabeça; não transparentes; o processo do desenho é superior a uma simples garatuja.
18 – Roupa presente.
19 – Duas peças de roupa não-transparentes.
20 – Desenho completo sem transparências; mangas e as calças indicadas.
21 – Quatro ou mais peças do vestuário definitivamente indicadas.
22 – Terno completo, sem incoerência.
23 – Dedos da mão.
24 – O número de dedos correto.
25 – Dedos, em duas dimensões; comprimento maior que largura; o ângulo entre os dedos não superior a 180A.
26 – Oposição do polegar.
27 – Mão indicada, distinta dos dedos e do braço.
28 – Articulações no braço indicadas: do cotovelo, das espáduas ou de ambos.
29 – Articulações dá perna, do joelho, da coxa ou de ambos.
30 – Cabeça em proporção.
31 – Braços em proporção.
32 – Pernas em proporção.
33 – Pés em proporção.
34 – Braços e pernas desenhados em duas dimensões.
35 – Calcanhares.
36 – Coordenação motriz, primeiro grau.

37 – Coordenação motriz, segundo grau.
38 – Contornos de cabeça.
39 – Contorno de tronco.
40 – Contornos dos braços e das pernas.
41 – Feições.
42 – Orelhas.
43 – Orelhas situadas corretamente e com proporções.
44 – Partes dos olhos: sobrancelhas ou cílios.
45 – Partes dos olhos: pupila
46 – Partes dos olhos: proporção dos olhos.
47 – Partes dos olhos: olhar dirigido para a frente no desenho em perfil.
48 – Queixo e testa indicados.
49 – Projeção do queixo.
50 – Desenho do perfil sem mais de um erro.
51 – Perfil correto.

Tendo estudado os desenhos do homem entre 3.593 crianças do Estado de New Jersey, freqüentando os Jardins de Infância e as Escolas Primárias, a autora estabeleceu uma escala de normas representando a média total de pontos conseguidos pelas crianças na idade de 3 a 13 anos.

Para achar a idade mental da criança, correspondente a qualidade do desenho, contam-se os elementos encontrados no desenho, valendo cada elemento uma unidade da escala. A soma dos elementos vem a ser tantos pontos: trata-se de encontrar a sua equivalência em idade mental no quadro seguinte:

Teste de Goodenough
Tabela de pontos (crianças norte-americanas)

Idade		Pontos	Idade		Pontos
3 anos 6 meses	—	2 elementos			
3 anos 9 meses	—	3	8 anos 9 meses	—	23
4 anos	—	4	9 anos	—	24
4 anos 3 meses	—	5	9 anos 3 meses	—	25
4 anos 6 meses	—	6	9 anos 6 meses	—	26
4 anos 9 meses	—	7	9 anos 9 meses	—	27
5 anos	—	8	10 anos	—	28
5 anos 3 meses	—	9	10 anos 3 meses	—	29
5 anos 6 meses	—	10	10 anos 6 meses	—	30
5 anos 9 meses	—	11	10 anos 9 meses	—	31
6 anos	—	12	11 anos	—	32
6 anos 3 meses	—	13	11 anos 3 meses	—	33
6 anos 6 meses	—	14	11 anos 6 meses	—	34
6 anos 9 meses	—	15	11 anos 9 meses	—	35
7 anos	—	16	12 anos	—	36
7 anos 3 meses	—	17	12 anos 3 meses	—	37
7 anos 6 meses	—	18	12 anos 6 meses	—	38
7 anos 9 meses	—	19	12 anos 9 meses	—	39
8 anos	—	20	13 anos	—	40
8 anos 3 meses	—	21	13 anos 3 meses	—	41
8 anos 6 meses	—	22	13 anos 6 meses	—	42

Damos abaixo, a título de exemplo, os desenhos de três crianças analisados segundo o método Goodenough. Os algarismos indicados correspondem aos NN do inventário Goodenough bem como a apreciação da idade mental e dos Q.I. dessas crianças.

Os resultados mostram que se trata aqui de três crianças normais. Muito elementar no seu esquema intelectual, o primeiro desenho atesta, malgrado toda a sua monstruosidade, a representação habitual das crianças de 4 anos; outro desenho, muito mais conforme a realidade, é o que chegam na idade de 13 anos. Se a criança de 13 anos nos tivesse feito um desenho da espécie do primeiro aqui representado, teríamos base para suspeitar nessa criança um retardamento mental considerável.

Fig. 2
Pontos: 1; 2; 3; 11; 13; 23.
Total: 6 pontos
Idade mental: 4 an. 6 mes.
Idade real: 4 an. 5 mes.
Q.I.: 1,02

Desprezando completamente o lado estético nos desenhos infantis, e só reparando neles a maior ou menor complexidade do desenho e a sua conformidade com o real, Goodenough procurou dar provas de que seu teste dependia menos de uma aptidão especial para o desenho do que precisamente do desenvolvimento mental geral. Ela forneceu duas provas: a primeira consiste numa correlação estreita com o teste de inteligência geral Binet-Simon (Terman). Embora seja este teste, em grande parte, baseado sobre a linguagem, o coeficiente de correlação se eleva para esses dois testes a + 0,76, o que mostra entre os dois um parentesco bastante acentuado.

Fig. 3
Pontos: 1; 2; 3; 4; 4; 7; 11; 12; 13; 18; 23; 24; 31; 32; 34; 36; 45; 48.
Total: 18 pontos
Idade mental: 7 an. 6 mes.
Idade real: 7 an. 4 mes.
Q.I.: 1,02

Fig. 4
Pontos: 1; 2; 3; 4; 5; 6; 7; 8; 9; 10; 11; 12; 13; 14; 16; 18; 18; 19; 20; 21; 22; 24; 25; 27; 28; 29; 31; 32; 23; 34; 35; 36; 37; 38; 39; 40; 42; 44; 48; 49; 50; 51.
Total: 42 pontos
Idade mental: 13 an. 6 mes.
Idade real: 12 an.
Q. I.: 1,04

A segunda prova da validade do teste Goodenough como teste de inteligência geral é dada pela comparação dos resultados desse teste entre crianças regulares no ponto de vista escolar, retardadas e adiantadas. O quadro abaixo mostra a distribuição dos pontos para as crianças das quatro idades nos três grupos de crianças:

	7 anos	8 anos	9 anos	10 anos
Crianças retardadas	13	16	20	22
Crianças gr. normal	19	23	26	31
Crianças adiantadas	21	26	31	34

Vê-se, pois, que o número de pontos obtidos no teste Goodenough aumenta não só de uma idade para outra, mas aumenta igualmente de um grupo de crianças retardadas sob o ponto de vista escolar para o das crianças adiantadas.

O teste de Goodenough foi aplicado em 1930 em 32 classes de seis grupos escolares de Belo Horizonte, o que nos deu, em dois dias, cerca de 900 desenhos. Muito rápido quanto à administração, muito simples também, esse teste exige, entretanto, algum tempo para a sua apuração e, sobretudo; destreza e treino para o corrigir bem. Toda a apuração foi confiada à uma só pessoa, à professora-aluna Sra. Thereza Santos, que pôs nisso um cuidado especial, e a quem dirigimos aqui um vivo agradecimento.

De toda a quantidade de desenhos agora apenas os de 7 a 8 anos no primeiro ano escolar, as de 8 a 9, no segundo, 9 a 10, no terceiro, e 10 a 11 no quarto. O ambiente social das crianças era representado entre as 500 de uma maneira proporcional (escolhemos para isso os grupos escolares nos bairros pobres e nos bairros abastados; podemos dizer que, embora reduzido o aumento de crianças da nossa pesquisa, os resultados apresentam aproximadamente uma medida para as crianças regulares de Belo Horizonte).

O quadro encerra os pontos médios e medianos do teste comparado às medidas norte-americanas.

Número de crianças de Belo Horizonte	7 anos (150)	8 anos (101)	9 anos (86)	10 anos (103)	11 anos (59)
Medianos Belo Horizonte	16	20	22	24	27
Médias Belo Horizonte	16,8	19,3	21,3	24,4	27,7
Médias Goodenough	18	22	26	30	34

Como é fácil de ver, os resultados da América do Norte estão acima dos das crianças de Belo Horizonte. Esta predominância se torna mais notável nas idades superiores. A superioridade (nos resultados Goodenough) das crianças americanas é igualmente demonstrada com relação às crianças de Genebra, onde empregamos esses testes o ano atrasado (faltando atualmente documentos para precisar essa diferença). Aliás, a escala de Goodenough não parece representar muito bem os resultados médios da população infantil norte-americana. Vê-se claramente, pela verificação o que a autora fez de sua escala para o Q.I. se a idade mental da escala correspondia exatamente à idade real das crianças, as medianas ou as médias dos Q.I. para uma população dada deveriam dar 1,00, ou isso aproximadamente. Ora, para as idades inferiores, a escala parece ser um tanto fácil, e para as idades superiores, a partir de 9 anos, consideravelmente difícil para os alunos das escolas públicas primárias. Com essa correção, os resultados de Belo Horizonte, comparados aos da América do Norte, não seriam tão divergentes: difeririam mais do que deixamos de registrar atualmente no nosso quadro para as idades inferiores, mas menos para as idades superiores.

Como a nossa primeira investigação se estendeu apenas a um número restrito de crianças (500 crianças regulares, de 7 a 11 anos) não nos foi possível construir uma escala de idades mentais para as crianças de Belo Horizonte. A fim de poder diagnosticar a inteligência das crianças através deste teste, temos dois meios: ou utilizar os nossos dados pela escala dos percentis em relação ás idades de 7 a 11 anos, ou, servindo-nos da escala dos pontos de Goodenough, procurar estabelecer uma escala percentual dos Q.I. e fazer diagnóstico por essa forma.

A quem quer que não seja muito versado nas complicações das percentagens, idades mentais, Q.I., nossa proposição parece, sem dúvida, algo misteriosa; entretanto não é. O leitor deve assinalar o local que ocupa entre essas 101, ou 150 ou 86 crianças do gênero da que nos dá Goodenough exige uma grande quantidade de examinandos, pelo menos uma centena de crianças para cada idade de 2 a 3 anos até a idade de 13 a 14 anos, o que perfaz um total de mais de 1000 crianças. Só tendo feito experiência nas escolas primárias, não pudemos ter crianças abaixo de 6 a 7 anos. Ora, seria mister começar com as crianças muito jovens para ter os desenhos mais primitivos; mas, onde encontrá-las em Belo Horizonte, essas crianças de 2, 3, 4 anos? Não há creches, e os jardins de infância são raramente freqüentados pelas crianças de menos de 4 anos.

Em falta, pois, de material para construir a escala completa dos pontos, organizamos com os nossos dados um padrão de percentuais que publicamos abaixo. Esse padrão não permite julgar acerca da idade mental ou do Q.I. das crianças, mas permite entretanto comparar tal criança entre a idade de 7 a 11 anos com uma porção de outras crianças da mesma idade, e etc., conforme a idade com os resultados dos quais foi construída a nossa tabela.

Escala das percentilagens do teste de desenho do Goodenough para as crianças de Belo Horizonte

Percentil	7 anos	8 anos	9 anos	10 anos	11 anos
100	35	38	38	43	51
95	30	31	32	43	47
90	23	26	27	34	42
85	21	25	26	32	39
80	20	24	25	30	37
75	19	23		29	34
70	18	22	24	28	38
65				26	31
60	17	21	23	25	29
55				30	28
50	16	20	22	24	27
45		19	21	23	26
40	15	18	20	22	25
35		17	19	21	24
30	14	16	18	20	23
25	13	15	17	19	22
20	12	14	16	17	21
15			15	16	18
10	11	13	14	15	16
5	8	9	13	11	12
0	5	5	10	11	12
Nº de pessoas	(150)	(101)	(86)	(103)	(59)

Outro processo seria simplesmente utilizar para o diagnóstico das crianças de Belo Horizonte os dados americanos. Somente, como eles são superiores as normas daqui, as crianças em sua maioria vão ter Q.I. muito baixo. Por isso devemos ainda submetê-los a uma correção: Levantando com esses Q.I. escalas de percentagem vemos que, em vez de encontrar no mediano o Q.I. 1,00, nossos resultados, inferiores aos americanos, dão o Q.I. 0,86.

Percentilagem dos quocientes intelectuais para apreciação da inteligência geral das crianças de Belo Horizonte (Goodenough)

Perc.	Q.I.
100	129
90	114
80	104
75	102
70	96
60	89
50	85
40	83
30	80
25	76
20	74
10	65
0	53

Esse Q.I. significaria, para as crianças americanas do norte, um retardamento de cerca de 1 ano e meio; para a criança belo-horizontina esses mesmos 0,86 significariam que é perfeitamente normal, isto é, que seus resultados correspondem a média das crianças daqui.

Antes de passar ao teste seguinte, vejamos como se comportam as meninas e os meninos diante desse teste, qual dos dois sexos se sai melhor. Eis aqui a média de pontos para cada idade e para cada sexo, à parte:

Quadro comparativo dos pontos em relação à idade

	7 anos	8 anos	9 anos	10 anos	11 anos
Meninos	15	18	19	23	27
Meninas	16	19	21	22	21

Esta comparação é infelizmente feita com um número reduzidíssimo de crianças: está, pois, sujeita a cautela e deve ser verificada por pesquisas posteriores. Ela nos mostra que as meninas são ligeiramente superiores aos meninos na idade de 7, 8, 9 anos, mas que, depois, aos 10 e aos 11, é o menino que leva vantagem. Nos documentos de Goodenough a menina seria superior, sob este ponto de vista; em todas as idades entre 6 e 12 anos.

Teste de inteligência de Dearborn

O segundo teste de inteligência que o Museu da Criança adaptou, aplicou e estalonou é o de DEARBORN, psicólogo norte-americano igualmente. Desse teste aplicamos apenas a primeira parte para as crianças mais jovens, para o uso, sobretudo, na idade de 7 a 9 anos.

O teste é constituído por 17 exercícios, aos quais o autor dá o nome de jogos e problemas desenhados *(Games and Pictures Puzzles)*. Ele se faz nas condições de um teste coletivo. Cada criança recebe uma folha policopiada, na qual está impressa uma série de desenhos. Todas as instruções são dadas de viva voz pelo experimentador, que deve apresentar o trabalho às crianças sob uma forma interessante e viva, seguindo, todavia, estritamente a técnica indicada pelo autor. A duração da experiência não é limitada a um tempo fixo, mas, para passar de um teste da série ao seguinte, o experimentador deve guiar-se pelo trabalho executado por cerca de 3/4 das crianças da classe. Esse tempo varia, portanto, nas classes superiores ou inferiores, em que a rapidez do trabalho é consideravelmente menor ou maior. Para execução desse teste a criança pode ser analfabeta; ela deverá saber unicamente empunhar o lápis para desenhar formas simples; será vantajoso que conheça a escrita e leitura dos números; deverá sobretudo, dar prova de uma atenção suficiente para poder resolver os teste coletivamente. As crianças muito jovens resolveriam bom número de testes da série Dearborn se o teste lhes fosse apresentado individualmente, a sós com o experimentador. Ora, esse teste, além de desenvolvimento intelectual, exige ainda certo grau de desenvolvimento social da conduta em geral. A atenção permanente, o trabalho em comum, a escrita disciplina de silêncio e de imobilidade, tudo isso deve ser encarado como hábitos que a criança adquire com a idade e em contato com a vida social.

Dearborn declara que o teste pode ser feito satisfatoriamente com grupos de crianças muito jovens do jardim de infância. Fizemos várias tentativas com menores de 4 a 5 anos, e convencemo-nos de que, nessa idade, o teste individual é muito preferível, porque mais eficaz; não aplicamos desde o teste coletivo senão a partir da idade de 6 a 7 anos. É possível que a criança americana do norte seja, no ponto de vista da disciplina social, mais precoce do que a criança suíça ou a brasileira, cuja infância, a esse respeito, parece mais prolongada.

Sem entrar nos pormenores das dezessete provas de Dearborn, diremos brevemente do que se trata: a criança, com o auxílio de seu lápis, terá que executar na sua folha de papel desenhos que consistirão ora em reprodução dos desenhos dados, ora na escolha de um organismo em uma série que vá de 0 a 12 correspondendo a sua idade e que deverá ser contornado com um círculo; ou então terá que resolver um pequeno problema dos caminhos; ou ainda, desenhada uma certa quantidade de bolas, deverá desenhar ao lado a metade dessas bolas. Ai ela verá ainda o desenho da mão esquerda, mandando-se-lhe desenhar a mão direita, depois contar o número de dedos das duas mãos e escrever o algarismo num pequeno quadrado ao lado. Deverá ainda identificar as dimensões dos círculos com a de um níquel de cem réis, cujo modelo é desenhado na folha; fará também o cálculo e inscreverá a soma do valor de todas as moedas identificadas com o tostão ou os dois tostões. Terá que achar e marcar com uma cruz ou com um círculo, conforme sejam mais caros ou mais baratos, os selos de 100 e 200 réis e calcular a soma de dinheiro de que tiver necessidade para comprá-los todos etc., etc.

Vejamos quais são as funções mentais e as aptidões que esse teste faz entrar em jogo; quais as bases psicológicas que permitam tirar conclusões a respeito do grau de desenvolvimento intelectual.

Em primeiro lugar, para que a criança seja capaz de fazer o teste, deve compreender a senha verbal dada pelo experimentador. Se a criança não possui um certo vocabulário, se não sabe o que quer dizer a palavra desenhar, se não sabe o que é um relógio ou um canivete, o que quer dizer a palavra pesado e leve, caro e barato, o que quer dizer contar ou cortar, – não resolverá a maior parte dos testes, ainda os mais simples, que se baseiam em parte sobre o vocabulário e sobre a identificação da palavra com o desenho do objeto que a palavra representa.

Em segundo lugar, o teste faz apelo de maneira muito incisiva à faculdade de observação, imitação visual e à expressão gráfica do desenho dado. Nessa série, entre dezessete testes há nove que exigem que a criança reproduza, da melhor forma possível, vários desenhos: o quadrado e o círculo, o desenho de uma fruta, treze pauzinhos alinhados, um losango, uma estrela de seis pontas, a mão, um homem e um gato em movimento. Para que a criança possa reproduzir essas formas, deverá dar prova de certa dose de observação analisante e de uma coordenação visomotriz suficiente para que sua mão obedeça a percepção da forma.

A criança deverá também conhecer os elementos numéricos, contar até 13, reconhecer os algarismos, escrevê-los, fazer a soma dos números 1 e 2; deverá também ter noção da divisão (cortar em dois, achar a metade das dez figuras). Dois testes fazem apelo à comparação (mais pesado e mais leve, mais caro e menos caro). Um teste, dos mais interessantes, perscruta na criança o poder de achar a analogia e de fazer uma certa abstração. Manda-se-lhe notar, por meio de números, indo de 1 até 5, as várias atitudes de uma série de crianças e de animais que ele representa: 1) atitude sentada; 2) engatinhando; 3) de pé; 4) correndo, e 5) saltando; e isto para trinta figuras e no tempo mais curto, porque é o único teste que é dado com o tempo fixo: (dois minutos).

Encontramos ainda o teste da "bola perdida no campo", de Terman. É ele que representa em toda a série o teste mais intelectual, o que faz apelo não só à compreensão da criança, mas também à invenção, à direção e à censura. O teste propõe à criança um verdadeiro problema intelectual que despertará sua inteligência para encontrar os meios de resolver, pelo pensamento, a dificuldade. O penúltimo teste – e que julgamos, aliás, pouco interessante, dada a influência muito grande do meio e da instrução – é o das horas a reconhecer e a anotar.

Eis, pois "grosso modo" os exercícios com suas funções mentais e as faculdades que se encontram na base desse teste para o exame da inteligência geral. Comparado com a escala métrica de Binet-Simon, o teste de Dearborn faz intervir infinitamente menos à linguagem e, por assim dizer, absolutamente a memória. Como é um teste principalmente para as crianças jovens, os problemas da inteligência, a bem dizer, se reduzem ao mínimo; o que domina sobretudo é a observação visual, o traçado que mostra a coordenação motriz e as noções do número, bem como as operações simples, nos limites da primeira dezena.

Insisto nesta análise psicológica para frisar que a inteligência geral, esta entidade um tanto misteriosa, é examinada por diversos autores de modos diferentes, fazendo intervir funções variadas, umas escolhendo de preferência tais grupos psíquicos, outras, outros. Esse paralelismo de desenvolvimento, essas correlações que se observam entre diversos testes (ver adiante) dão direito a supor um fator comum que estaria na base da vida mental, e é esse fator que se designa sob o nome de inteligência geral ou global: ela seria uma capacidade central intervindo em cada uma das suas operações. A teoria do fator geral é, sobretudo, aplicável à criança na fase de seu crescimento e de sua formação intelectual. Uma vez formado o espírito e detida a marcha evolutiva, o fator central não tem provavelmente mais essa preponderância, e o espírito assume formas variadas para se escoar pelos canais em que as disposições particulares cavaram leitos mais profundos e para abandonar, até a atrofia, as outras vias nas quais as aptidões são apenas medíocres ou insuficientes. Na criança menor tudo está em ebulição: todos os caminhos se abrem para receber a corrente intempestiva, sem ter ainda ocasião de especificar as vias, de acordo com as disposições inatas. A não ser para as matemáticas, para a música e a memória, – aptidões que se manifestam de maneira muito precoce – as outras faculdades custam bastante a revelar-se em seu justo valor. O que caracteriza o espírito da criança é precisamente o seu caráter global, não diferenciado, respondendo a tudo e ávido de manifestar-se nas formas mais variadas, passando de uma à outra, à medida que as suas necessidades aí se modelam e se transformam segundo moldes determinados pelas possibilidades gerais dependentes de idade. Examinando as crianças pelos testes chamados de inteligência, nada mais fazemos que verificar o seu crescimento mental, cujos sintomas múltiplos a revelam em tudo.

Resultado do teste de Dearborn aplicado às crianças de Belo Horizonte

O Teste de Dearborn foi aplicado pelas professoras-alunas da Escola de Aperfeiçoamento. Desde o mês de novembro de 1929 até o mês de abril de 1930, em 2.464 crianças de Belo Horizonte, na idade de 6 a 16 anos. No total de crianças examinadas, 54 fazem parte do Jardim da Infância, 1.974, das escolas primárias, e 490 são meninas entre 11 e 16 anos do curso de adaptação e do preparatório da Escola Normal. De acordo com a idade, essas crianças assim se distribuem:

	6 anos	7 anos	8	9	10	11	12	13	14	15	16
Jardim da Infância	54										
Escolas Primárias	59	288	255	363	345	285	186	92	47		
Escola Normal	13	784	138	135	82	16					
	113	288	255	363	345	298	264	230	182	82	16

As diferentes escolas nos forneceram o seguinte número de crianças:

Jardim da Infância "Delphim Moreira" 54
Grupo "Olegário Maciel" 378
Grupo "Bernardo Monteiro" 197
Grupo "Francisco Sales" 396
Grupo "Pedro II" 417
Grupo "Barão do Rio Branco" 382
Grupo "Afonso Pena" 150
Escola Normal 490
Total 2.464

(Nossos sinceros agradecimentos aos diretores e professores dos grupos acima pela boa vontade com que sempre nos acolheram durante as nossas pesquisas.)

O exame se fez tanto nos turnos da manhã (de 8 às 11 horas) como nos da tarde (de 12 às 16). O contingente de crianças numa varia de 20 a 50, com uma média de 30 a 35 crianças presentes de cada vez.

Os testes foram aplicados pelas professoras-alunas da Escola de Aperfeiçoamento, no fim do 1º ano de estudos e no começo do 2º ano. Cada experimentadora foi acompanhada de uma colega que devia ajudá-la na distribuição do material às crianças, velar pela disciplina da classe e observar se a técnica era rigorosamente aplicada; ao contrário, os resultados não deviam entrar em linha de conta na apuração geral. Se bem que a técnica tivesse de ser estudada por meio de exercícios prévios; se bem que as experimentadoras estivessem munidas, cada uma, de uma instrução policopiada, de que usavam para maior segurança, durante a experiência; apesar da verificação das observadoras, não foi possível eliminar algumas falhas na administração do teste.

Grande parte delas, sem dúvida, corre por conta das diferenças individuais do temperamento, de caráter que apresenta cada uma das trinta experimentadoras que aplicaram o teste. Uma sabe melhor disciplinar a classe; outra só faz mediocremente; uma é consideravelmente clara na sua exposição, tem boa dicção, voz penetrante, sugestiva; outra tem voz dura, sem flexão; uma tem um desembaraço que desperta imediatamente nas crianças o desejo de se saírem o melhor possível; ao passo que outra, mais fria, menos viva, conseguirá das crianças apenas um trabalho sem interesse e sem entusiasmo. Aplicando a mesma técnica, umas apresentavam sempre melhores resultados do que outras, que não tinham precisamente este poder estimulante, embora obedecessem à técnica tão rigorosamente como as primeiras. Pelo fato de terem sido aplicados por muitas pessoas nossos resultados se ressentem também de uma heterogeneidade efetivamente mais acentuada do que se tivessem sido aplicados apenas por dois ou três experimentadores.

Na administração bem como na correção do teste seguimos fielmente as instruções de Dearborn. A única mudança que fizemos foi contar, para o teste das horas, a metade dos pontos dados pelo autor, porque já, com Soubeyran, vimos, aplicando o teste em Genebra, que a apreciação muito elevada desse teste viciava profundamente o resultado final.

Se na aplicação do teste puderam insinuar-se algumas divergências, atribuíveis mais à própria personalidade dos experimentadores do que a uma verdadeira diferença na técnica, toda a apuração foi feita de maneira rigorosamente idêntica, porque toda a correção foi revista pela autora dessas linhas e por Maria José Mello Paiva, à qual exprimimos toda a gratidão pelo seu devotamento.

A primeira escalonagem que fizemos deste teste, deduzindo-o de todos os 2.464 resultados individuais, nos forneceu normas muito baixas em relação às de Genebra; além disso, a curva dos pontos obtidos com os resultados médios de cada idade nos surpreendeu pela sua grande irregularidade: o mais notável em tudo isso foi uma queda bastante sensível na idade de 11 anos, fato que não se observa geralmente nas curvas de desenvolvimento da inteligência geral. Tentando compreender esse fenômeno, capacitamo-nos de que a maioria das crianças era duas, três, quatro vezes repetentes. A maior parte delas pertencia a um meio miserável, vivendo em condições de extrema penúria, crianças que não freqüentavam muito regularmente a escola, que se matriculavam tarde e que mudavam freqüentemente de escola, por mudança de domicílio, ou por outros motivos.

Sendo feita a inscrição no primeiro ano escolar aos 7 anos, deveríamos normalmente ter na escola pública, que é de quatro anos, crianças de 7 a 11 anos. Ora, a distribuição das crianças, conforme as suas idades, é digna de atenção. Juntamos aqui a estatística das crianças dos grupos escolares, onde pudemos mais ou menos estabelecer as idades no momento de nossas diferentes pesquisas e dos testes que fizemos depois do mês de outubro de 1929. O quadro representa a distribuição das idades no primeiro ano escolar, que deveria corresponder a 7 e 8 anos para a maioria das crianças e que realmente se estende muito além:

Data do Nascimento	Idade %	GRUPOS I %	II %	III %	IV %	V %
1925	4,6	0,3	–	–	–	1,4
1924	5,6	0,3	–	2,61	5,74	15,79
1923	6,6	1,6	2,73	34,3	33,18	42,12
1922	7,6	18,2	25,23	37,9	35,87	18,80
1921	8,6	27,0	25,23	11,4	13,90	9,78
1920	9,6	21,9	19,78	9,48	6,72	7,52
1919	10,6	18,5	13,64	2,94	3,59	2,26
1917	12,6	2,9	5,68	–	–	–
1916	13,6	0,8	0,68	–	–	–
1915	14,6	0,3	0,22	–	–	–
Nº de crianças no 1º ano		**373**	**440**	**306**	**223**	**133**

O quadro seguinte mostra a distribuição do número de crianças, segundo os quatro graus escolares, dada pela estatística oficial para o ano de 1929, sobre 6.271 crianças de Belo Horizonte.

	Meninos	**Meninas**	**Total**	**Perc.**
1º ano	1260	1192	2452	39,1
2º ano	784	926	1710	27,3
3º ano	570	680	1250	19,9
4º ano	356	503	859	13,7

Esta simples estatística da distribuição das idades das crianças do primeiro ano escolar, assim como a distribuição do número destas nos quatro anos escolares, mostra uma grande regularidade na progressão escolar das crianças. À medida que se sobe do primeiro ao último ano, o número de crianças diminui francamente: o primeiro ano, só ele, acumula cerca de 40% em vez de 25%, se as crianças se adiantassem normalmente no curso através dos graus da escola.

Porque se atrasam tanto nos graus inferiores, não saberíamos dize-lo atualmente: as causas são múltiplas, e vale a pena estudar minuciosamente cada criança que repete o ano escolar; o ambiente social da criança, sua freqüência escolar, o fato de ter mudado freqüentemente de escolas, a assiduidade do professor, sua competência profissional e, enfim, a capacidade da criança ela própria.

Bareme do teste de Dearborn
Belo Horizonte, 1929-30

MESES	ANOS								
	5	**6**	**7**	**8**	**9**	**10**	**11**	**12**	**13**
0		5	17	31	45	57	66	73	78
1		6	18	32	46	58			
2		7	19	34	47	59	67	74	
3		8	20	35	48		68	79	
4		9	21	36	49	60		75	
5		10	22	38	50	61	69		
6		11	23	39	51	62	70	76	80
7		12	24	40	52				
8	1	13	25	41	53	63	71		
9	2	14	27	42	54	64		77	81
10	3	15	28	43	55		72		
11	4	16	30	44	56	65			
Nº de pessoas (crianças regulares)		**?**	**186**	**229**	**213**	**126**	**64**	**88**	**?**

Direções para determinar a idade mental I.M. e o quociente intelectual Q.I.

Para determinar a idade mental I.M. de uma criança, procurar no quadro o número de pontos que mais se aproxima do total obtido pelo aluno e procurar o número de anos no alto da coluna.

Procurar ao lado o número de meses que deve ser adicionado aos anos já encontrados. Exemplo: No quadro, o número de pontos 52 corresponde à idade mental 9 anos e 7 meses.

Para calcular o quociente intelectual (Q.I.) divide-se a idade mental pela idade real (I.R.), convertendo-as em meses.

Dearborn (7-11 anos)

Perc.	Q.I.
100	152
90	122
80	113
75	111
70	108
60	105
50	101
40	96
30	91
25	88
20	87
10	80
0	60
Nº de pessoas	**861**

Como a inteligência geral está longe de representar uma entidade sui generis, independente do meio em que a criança se forma, independente da educação e da instrução (muito pelo contrário); como é impossível ajuizar do desenvolvimento mental gera fora das condições sociais e pedagógicas, não pudemos naturalmente achar a homogeneidade na marca desse desenvolvimento intelectual, pois só o estudamos em função da idade das crianças.

A fim de obviar a essa irregularidade, julgamos necessário limitar o nosso cálculo de idade mental pesquisando entre as crianças de escolaridade regular. Das 1.964 crianças das escolas primárias e das 490 alunas da escola normal, ou seja 2.464 alunos, examinados conforme o teste de Dearborn, consideramos apenas 960 alunos, regulares no ponto de vista da instrução, isto é, os de 7 a 8 anos, no primeiro ano escolar; de 8 a 9, no segundo; de 9 a 10, no terceiro; 10 a 11, no quarto; 11 a 12, no quinto; 12 a 13, no sexto, achando-se estas duas últimas categorias no primeiro e no segundo ano de adaptação da escola normal. Com essa restrição quanto à qualidade das crianças em relação com a sua escolaridade, conseguimos obter uma curva de desenvolvimento mental mais regular e mais conforme como que nos ensina a psicologia da inteligência geral.

As pesquisas relativas à marcha do crescimento físico da criança revelam que esse crescimento não caminha em linha reta, isto é, que a progressão quantitativa não é a mesma entre duas idades próximas. Enorme na criancinha entre 1 e 2 anos, entre 2 e 3, 3 e 4, essa diferença entre duas idades confinantes diminui cada vez mais com a idade. Um belo exemplo desse crescimento, que diminui progressivamente, nos é dado pela curva do peso do cérebro, registrada pelo peso do cérebro desde o nascimento até a idade ADULTA. Encontramos uma curva análoga em outro fenômeno também de ordem biológica; no sono dos indivíduos, seguido desde o nascimento até a idade adulta. A criancinha nos primeiros dias de vida dorme, por assim dizer, o dia inteiro; depois a necessidade de dormir diminui em cada mês, depois essa diminuição se opera de ano para ano, para não mais variar a partir da maturidade.

Hugo Heinis, antigo assistente do laboratório de psicologia da Universidade de Genebra, tendo aplicado aos resultados do teste de inteligência geral Binet-Simon cálculos matemáticos, descobriu no desenvolvimento mental um dado constante, pessoal e geral, para o crescimento do intelecto.

Cyril Burt, psicólogo inglês, tendo-se igualmente ocupado com o problema da marca do desenvolvimento mental, mostrou que a inteligência segue, no seu percurso através dos anos, a curva aproximativa da logarítmica.

Sem ser matematicamente pura a curva do desenvolvimento mental da inteligência por nós obtida com os resultados das crianças regulares no teste de Dearborn, ela no seu trajeto geral apresenta o caráter específico de uma curva de crescimento: elevando-se repentinamente de um ano para outro, nas idades inferiores. Podemos, pois, considerar a nossa “tabela” estabelecida sobre os resultados medianos das crianças de 6; 6 a 13; 6 anos como padrão mais ou menos normal para a apreciação da inteligência geral das crianças nos limites dessas idades. Estabelecido sobre uma média dos escolares regulares, ele será indubitavelmente um pouco elevado para o conjunto de alunos de Belo Horizonte, pois as crianças regulares não representam aqui a maioria da população escolar. Nossa norma, embora seja real e não teórica, pois que se baseia nos resultados reais das crianças, não caracteriza a totalidade dos alunos das escolas de Belo Horizonte no ponto de vista mental, mas um grupo de crianças normais no ponto de vista escolar.

Cremos que amanhã, quando as condições de trabalho escolar forem mais regulares, quando se tornarem mais homogêneas em relação ao *modus vivendi* das famílias belo-horizontinas (hoje suas diferenças da Barroca para o bairro dos Funcionários são realmente muito acentuadas), nossas normas estarão mais de acordo com a maioria da população escolar.

O fator social no desenvolvimento mental das crianças já foi nitidamente notado por Binet e Simon nas aplicações de seu teste às crianças dos diferentes bairros de Paris: ao passo que nos bairros parisienses miseráveis a idade mental das crianças dava freqüentemente o atraso de ano, nos bairros privilegiados as crianças, em média, atestavam facilmente um avanço de 1 a 3 anos. Terman, que aplicou a escala retificada B.S. a mais de 2.000 crianças dos Estados Unidos, põe ainda em maior evidência esse fenômeno, calculando o Q.I. (relação da idade mental com a idade real) médio para as crianças das classes pobres. Este se elevou a 1,07 para as primeiras e a 0,93 para as últimas.

Calculando o Q.I. das crianças para os diversos grupos escolares de Belo Horizonte, encontramos um paralelismo bem marcado entre a altura dos quocientes e o grau de bem-estar social e econômico dos vários bairros da Capital: grupos "Francisco Salles" e "Bernardo Monteiro" (bairro da Barroca e Calafate) – Q.I. 0,85; grupos "Olegário Maciel" e "Pedro II" (ocupando bairros de população variada, mas em que predominam escolares relativamente pobres), – Q.I. 0,93 0,94; grupo "Barão do Rio Branco" (de bairro relativamente abastado), – Q.I. 0,98, e, enfim o grupo "Afonso Pena" (bairro notoriamente privilegiado no ponto de vista social) Q.I. 1,10.

Já vimos o que o mesmo teste aplicado às crianças de condições sociais diferentes pode revelar quanto à comparação objetiva dos meios. Ao lado das comparações que tem de ser feitas entre os meios variados de uma mesma população, é possível estendê-la ao desenvolvimento mental de várias populações. Cada uma dessas em conjunto oferece particularidades que se manifestam nitidamente no seu caráter. Os psicólogos se esforçam, não sem motivo, por precisar essas diferenças já muito notadas pelo pensamento não-científico: a mentalidade do povo francês, a mentalidade do povo alemão, a do inglês, a do norte-americano, etc., etc. Apresentam-se intuitivamente como entidades diferentes. A ciência trata de verificar essas observações mediante pesquisas metódicas, perscrutando ponto por ponto os diversos domínios do pensamento, do sentimento, da atividade criadora. Se tivéssemos à nossa disposição critérios seguros para caracterizar os fatores mesológicos e se chegássemos a delimitar bem os meios sociais e econômicos, poderíamos, baseados nesse fato, estudar meios, análogos em países diferentes. Os desvios que então observamos se explicariam, em grande parte, pelas particularidades da inteligência e do caráter dos diversos povos. Hoje, estas conclusões acerca dos povos não são possíveis, porque a ciência não possui ainda esses critérios sociais de diferenciação.

Quando os americanos do norte se dispunham em publicar as normas comparativas da inteligência do homem de cor e do branco, essas normas, do ponto de vista psicológico puro, do ponto de vista das disposições mentais das raças, ainda não esclarecem satisfatoriamente. As vicissitudes econômicas e sociais do branco e do negro são como o dia e a noite. O branco teve, e tem ainda nos Estados Unidos, vantagens de ordem social que o negro não tem. Daí a uns e a outros, e isso durante séculos inteiros, as mesmas condições, e só então o resultado dos exames de inteligência poderá ter um interesse científico sobre intelecto de uns e de outros.

Na página 18 demos a "tabela" do teste de Dearborn, tal como o calculamos para 900 crianças regulares das escolas primárias e da Escola Normal de Belo Horizonte, entre 7 e 13 anos. A esse "tabela" dos pontos para o estabelecimento das idades mentais e para o cálculo dos Q.I. juntamos ainda a percentagem dos Q.I., tal como a obtivemos com a primeira "tabela" em relação a 861 crianças, a menos desenvolvida teve o Q.I. 0,60, isto é, com um retardamento de cerca de 4 anos; a criança mais desenvolvida nos deu o Q.I. de 1,52, isto é, tem um avanço aproximado de 5 anos; quanto às crianças que ocupam o lugar mediano entre os 860 camaradas, o seu quociente, igual a 1,01, mostra que a sua idade mental corresponde perfeitamente à sua idade real.

Para maior clareza, damos adiante o gráfico com as três curvas, representando as médias, por idades, de todas as crianças de Belo Horizonte examinadas pelo teste de Dearborn; somente aquelas que tem a escolaridade regular, e, enfim, a curva das crianças de Genebra, das duas escolas centrais onde aplicamos o mesmo teste (Fig. 5). As duas curvas, a de Genebra e a das crianças regulares daqui, revelam sensivelmente a mesma marcha ascendente, mas a curva de Genebra excede em todas as idades a daqui, com esta particularidade – que as diferenças entre as duas, grandes nas idades inferiores, tendem, com os anos, a aproximar-se cada vez mais.

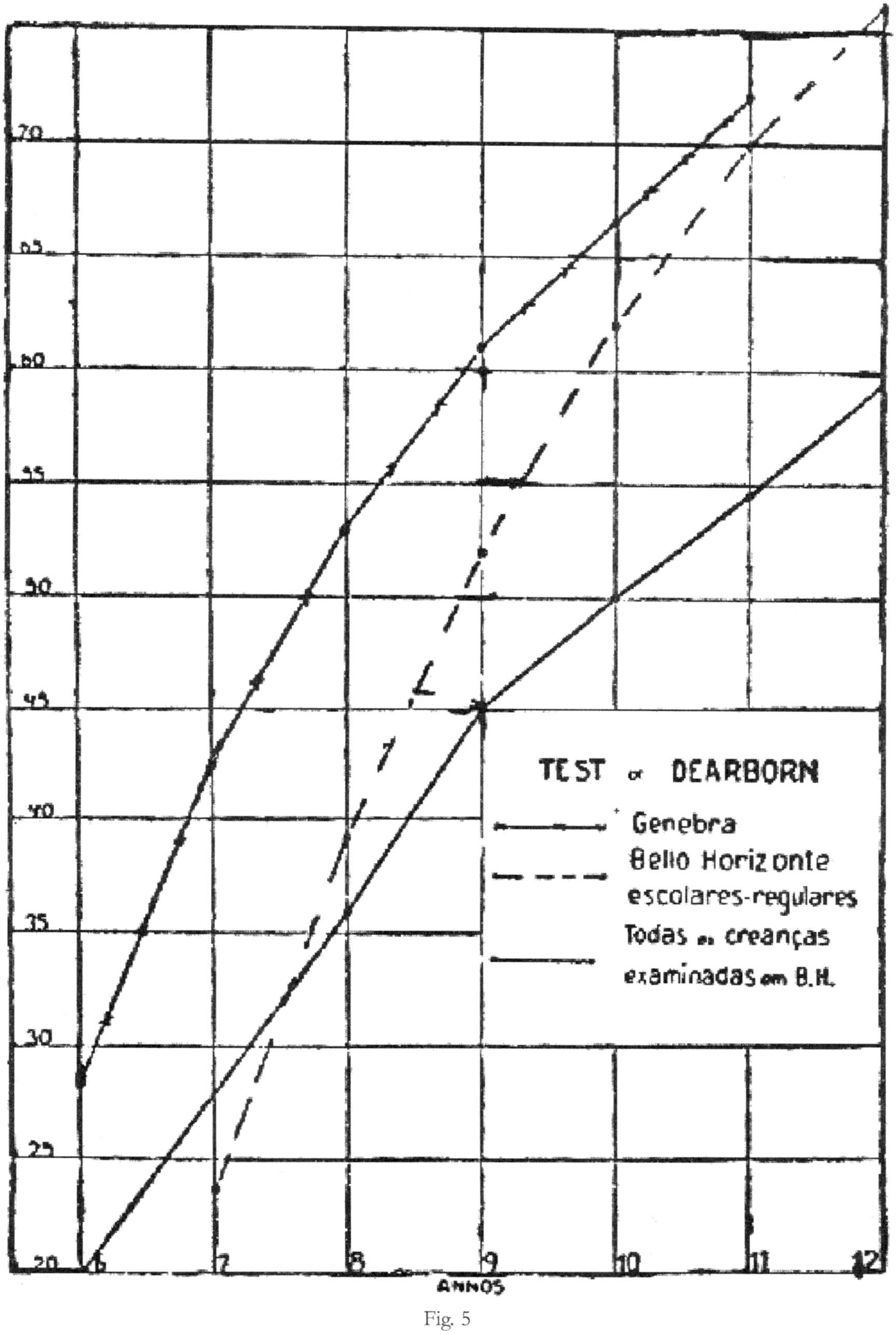

Fig. 5

Comparemos agora os resultados dos meninos com as meninas pelo teste de Dearborn. Calculados sobre o total das crianças da escola primária por nós examinadas, eis aqui os medianos para cada sexo e para cada idade entre 7 e 13 anos:

	Anos						
	7	**8**	**9**	**10**	**11**	**12**	**13**
Meninos	29	35	45	54	55	60	61
Meninas	27	35	45	48	51	56	55

Este quadro nos mostra que, ao passo que nas idades inferiores, aos 7, 8 e 9 anos, os resultados das meninas e dos meninos das escolas públicas são quase idênticos, nos anos subseqüentes, de 10 a 13, o menino é francamente superior. Esta divergência deverá ser atribuída a alguma causa biológica? A menina seria prejudicada, no ponto de vista intelectual, pela crise pubertária? Ou haverá outras causas sociais?... Não poderíamos atualmente responder a essa questão importante sem uma análise profunda das condições sobre as quais não temos ainda dados precisos.

Alguns dados de psicologia infantil revelados pelo teste de Dearborn

Antes de passar à exposição do terceiro teste, detenhamo-nos ainda um momento na análise de alguns testes particulares da série de Dearborn, para ver como se transformam, de uma idade a outra, as diferentes atividades e noções. Para isso analisamos alguns testes que nos parecem os mais interessantes da série, estudando-os numa centena de crianças regulares, 50 meninas e outros tantos meninos, para cada idade, desde 7 até 11 anos.

Comecemos pelo teste nº XI: sendo desenhada a mão esquerda, em que idade saberá a criança desenhar, ao lado, a mão direita, e dar corretamente, por escrito, o número dos dedos nas duas mãos, conjuntamente? Analisemos, elemento por elemento, todas as partes.

Ao passo que somente a metade das crianças de 7 anos diferencia, no desenho da mão, a palma dos dedos, aos 8 anos o farão mais de 3/4 das crianças. Em todas as idades, entretanto, certo número de crianças (10% a 15%) não observará nas mãos mais que os dedos, se bem que o modelo da mão inteira lhes seja posto sob os olhos.

O teste manda que se desenhe a mão direita. Esta seria indicada sobretudo pela posição do polegar. Ora, o polegar a principio não é absolutamente distinto dos outros dedos da mão, 3/4 das crianças de 7 anos não o indicam de forma alguma, e cerca de 1/5 dessas crianças o vêem, mas desenham-no do mesmo lado que para a mão esquerda, cujo modelo copiam mais ou menos; 5% somente chegam já a uma solução justa, isto é, à observação juntam ainda o raciocínio para resolver o problema das relações de espaço. Não estamos, entretanto, muito seguros (porque o teste foi feito coletivamente) se a criança já aos 7 anos, fosse embora em uma minoria insignificante, pode resolver esse problema pelo raciocínio exclusivamente. Dignas de nota, a esse propósito, são as pesquisas acerca da direita e da esquerda, no pensamento da criança, de Jean Piaget, de Genebra. Finalmente o desenho do polegar, por meio do qual a criança distinguirá nitidamente a mão direita da esquerda, aparece, para a maioria das crianças (cerca de 70%) somente na idade de 11 anos (Piaget).

Já aos 7 anos a criança, na maioria dos dois sexos, dá um número exato dos dedos, apenas 15% de meninos e 11% de meninas darão o número inexato 3, 4, 6 ou mais dedos. É aos 8 anos que as crianças saberão dar por escrito o número 10, correspondente aos dedos das duas mãos.

Outro teste interessantíssimo quanto à observação da criança nas diferentes idades é o das moedas. A Figura 6, abaixo, o reproduz tal como é apresentado à criança. Ordena-se-lhe que marque com um pauzinho todos os círculos que tem o mesmo tamanho do níquel de 100 réis, que ela vê à esquerda. Depois de ter marcado os círculos iguais aos de 100 réis, ela deverá fazer o mesmo, mas com dois traços, em relação ao níquel de 200 réis.

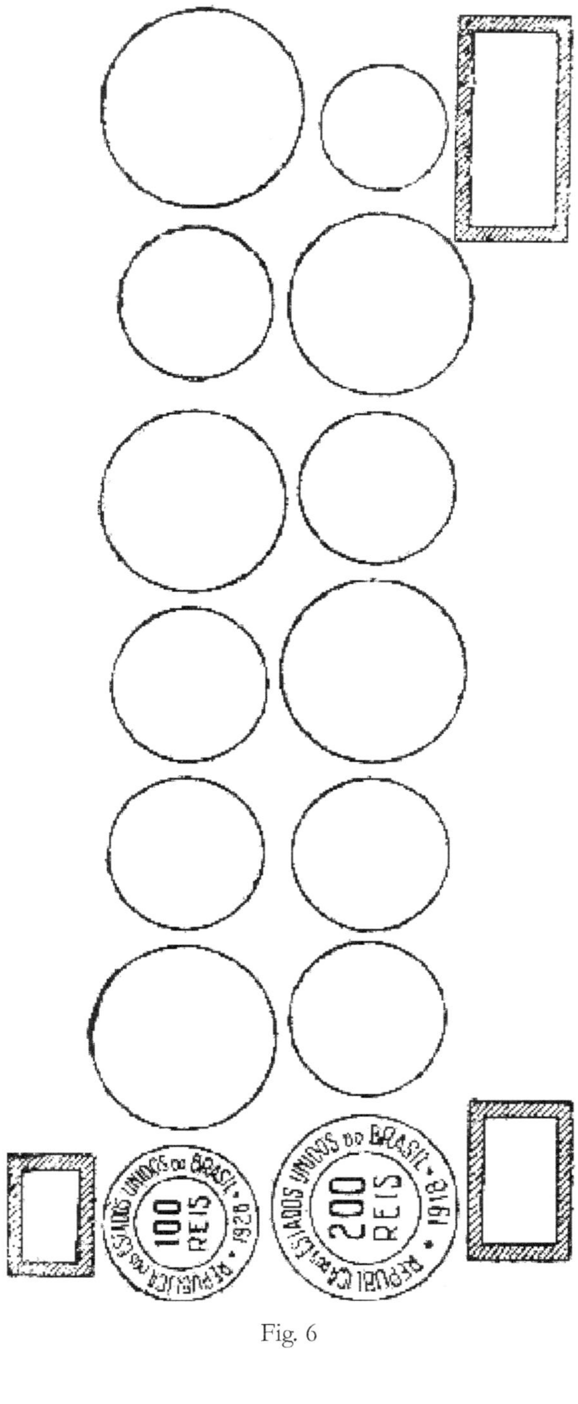

Fig. 6

Nos círculos em branco há 4 dimensões diferentes: um círculo maior que 200 réis, 4 da mesma dimensão que 200 réis, 6 círculos da dimensão de 100 réis e um menor que 100 réis. Ora, para as crianças parece que só há duas dimensões: pequenos e grandes. Se aos 8 anos mais ou menos as crianças, por assim dizer, não cometem faltas em distinguir os grandes e pequenos círculos, cumpre esperar muito tempo, até a idade de 12 anos provavelmente, que não examinamos, para ter a solução do teste, isto é, para que a criança perceba 4 e não 2 dimensões, como faz o adulto quando o teste lhe é apresentado nos mesmos termos.

Será isso uma falta de observação, ou outra coisa? Será possível que a criança não perceba essa diferença das dimensões? O desenho do níquel de 100 réis tem um diâmetro de 21 mm; o pequeno círculo é de 17 mm. A diferença seria de 4 mm sobre 21 ou de 19 sobre 100, que se acha acima do limiar diferencial e se percebe facilmente.

Para o grande círculo há uma diferença de 3 mm, porque o modelo de 200 réis é de 25 mm, e o grande círculo de 28 mm, fazendo uma diferença de 12%.

É verdade que o círculo que representa a moeda é preenchido pela impressão, ao passo que o círculo branco é vazio. A comparação das duas dimensões naquele caso poderia ser viciada pela ilusão óptica, mas seria antes em sentido contrário: o espaço cheio da mesma dimensão parece maior do que o espaço vazio. Ora, os adultos não são aqui objeto de nenhuma ilusão, pois que em geral não se enganam em relação ao círculo menor.

Na evolução dessa discriminação pelas crianças, verificamos que a princípio a dimensão do níquel de 100 réis a que é melhor identificada, isto é, que elas percebem o círculo menor como diferente dos 6 outros médios, ao passo que confundem ainda durante mais tempo o círculo maior com a dimensão de 200 réis. (Aos 10 anos, 51% de meninos e 51% de meninas percebem exatamente o círculo menor, e aos 11 anos, 61% de meninos e 81% de meninas; ao passo que vêem exatamente o grande círculo aos 10 anos, 37% dos meninos, e 28% de meninas, e aos 11 anos, apenas 46% de meninos e 65% de meninas).

Para saber que não se trata aí de uma percepção defeituosa das superfícies (a formulação verbal não oferece dificuldade nessas idades) quisemos verificar com uma experiência especial se as crianças distinguiam, ou não, o menor e o maior entre os 12 círculos do teste. Para isso a Srta. Amélia da Matta Machado experimentou com as crianças do Jardim da Infância, propondo-lhes a respeito desses círculos, as questões seguintes: "mostre-me o círculo menor", depois "mostre-me o círculo maior". Formuladas dessa maneira, essas questões foram exatamente resolvidas por mais de 75% de crianças de 5 e de 6 anos. Para ver qual podia ser o efeito da ilusão óptica na comparação das duas dimensões idênticas, mas em que uma superfície era branca e outra impressa, apresentamos ainda às crianças os dois círculos (vazio e cheio) do tostão, e o mesmo em relação ao de 200 réis. Eram as seguintes as respostas: aos 6 anos, apenas 25% de crianças, e aos 7 anos resolviam exatamente em relação ao níquel de 100 réis, e apenas 33% e 50%, nas idades respectivas, resolviam em relação ao de 200 réis. E, pois, as crianças, em mais de sua metade, foram sujeitas a ilusão óptica. Entretanto, tratando-se aqui de crianças muito pequeninas, essa explicação não basta para as de 10 e 11 anos, caso em que o resultado se mostrou tão fraco na nossa experiência não diferenciada. Julgamos necessário procurá-la sobretudo no elemento sugestivo de nossa senha e no sincretismo das percepções das crianças. Em se lhes dizendo: "vocês vão marcar todos os círculos que são do mesmo tamanho do níquel de 100 réis", a criança no seu sincretismo característico, não analisa as dimensões; o que ela percebe imediatamente é que há, entre eles, pequenos e grandes. Todos os pequenos corresponderiam para ela ao de 100 réis, todos os grandes, ao de 200 réis. Já é necessário mostrar um poder de observação e de análise maior para distinguir a 3ª e 4ª grandeza, sobre o que a senha nada lhe diz. Em geral, é mais fácil agir do que inibir a ação. Neste último caso, o juízo mais sutil mandaria a criança deixar a sua mão tranqüila.

Quanto à indicação da soma total, que representaria em dinheiro todas as moedas de 100 e de 200 réis que a criança tivesse marcado, é também aos 11 anos aproximadamente, que as crianças regulares no ponto de vista escolar conseguem fazê-lo e escrever essa soma mais ou menos convenientemente pelo símbolo correto: 1$400.

O teste seguinte é o dos selos de 100 e 200 réis. Quando é que a criança começa a distinguir o que quer dizer caro e barato? Para isso, manda-se-lhe marcar com uma cruz os selos mais caros e com um círculo os mais baratos.

É na idade de 8 anos que as crianças, na sua maioria, resolvem esse teste: aos 7 anos, apenas 60% marcam corretamente todos os 3 selos de 200 réis, e apenas 50% marcam os 100 réis. A soma de todos os selos nessa idade é indicada apenas por 44%.

Aos 8 anos, 3/4 das crianças distinguem corretamente os dois valores, e 70% sabem calcular corretamente a soma de 9. Quanto à escrita dessa soma, há apenas 49% de crianças que sabem fazê-la exatamente, na idade de 11 anos (a última idade que examinamos na escola primária).

Vejamos agora como as crianças realizam a divisão, por metade da dezena, quando esta é representada pelo desenho de 10 objetos (Fig. 7). O teste é dado nos seguintes termos: "um menino tem todas essas bolinhas; quer dar a você a metade delas. Desenhe ao lado as bolinhas que ele vai dar, a metade de todas essas bolinhas". Interessante é a maneira por que a criança resolve esse pequeno problema: a senhorinha Helena Paladini notou nada menos de 20 maneiras diferentes empregadas pelas crianças. Ao lado da forma geralmente empregada pelos adultos (5 bolinhas alinhadas uma ao lado da outra) as crianças, freqüentemente, em vez de desenharem as bolinhas inteiras, desenham a metade de cada uma. A metade, para a criança, não é uma noção abstrata do número dos objetos mas uma metade concreta de cada um deles: em vez de 5 bolinhas inteiras, ela desenhará 10 meias bolinhas, o que, aliás, no ponto de vista quantitativo, é exato. Seria interessante dar à criança, para dividir, por exemplo, 10 pares de óculos, 10 calças, etc.: o seu modo de cortar os objetos persistiria ainda?

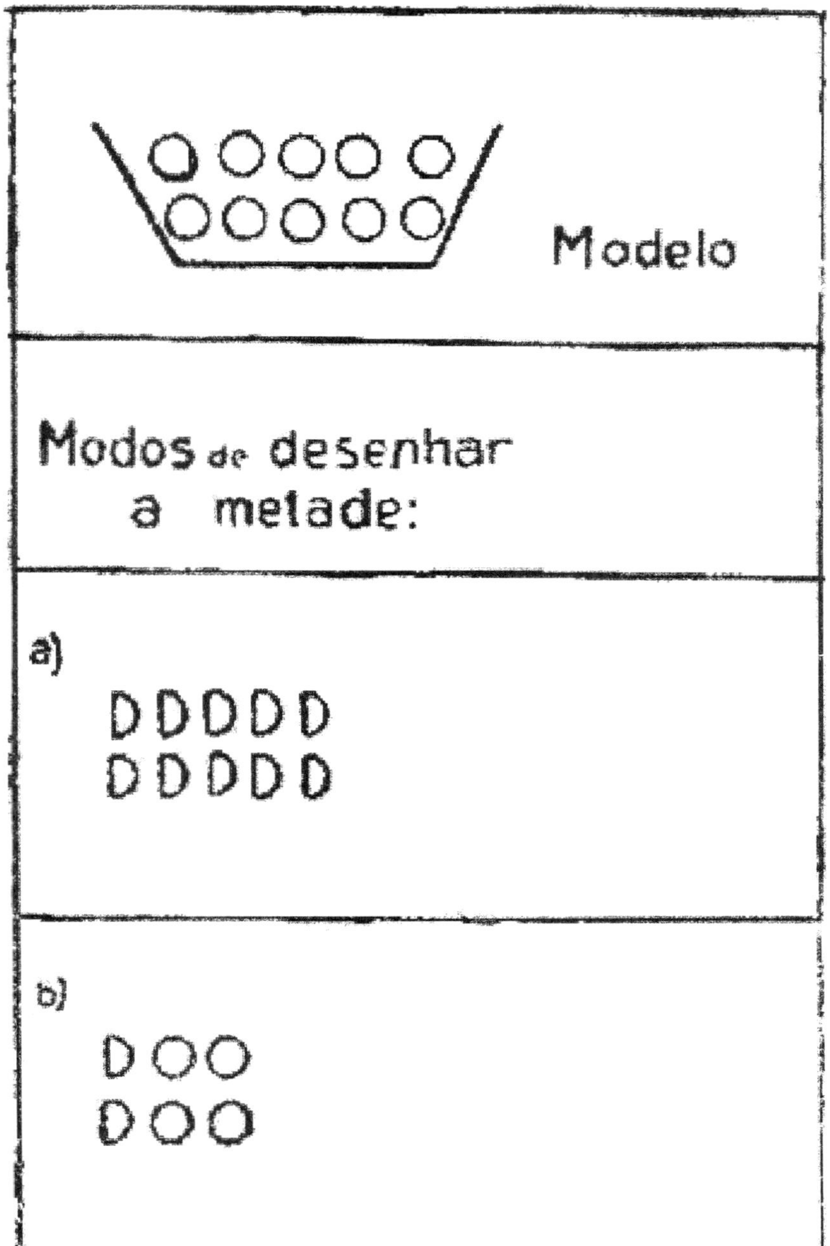

Fig. 7

Pelo processo seguinte pode-se ainda ver até que ponto a imagem concreta dos objetos prende a atenção das crianças: na figura (b) a criança reproduz 4 bolinhas inteiras da direita, tais como as viu no desenho, duas, umas sobre as outras e, para resolver o problema até o fim, ela representa a 5ª por duas metades esquerdas das 2 bolinhas centrais do modelo. O espírito se emancipa mais e mais e, em certo ponto do seu desenvolvimento mental, a criança mostra ter a idéia do número, de um modo abstrato.

A divisão exata é feita pela maior parte das crianças entre 9 e 10 anos, ao passo que até então, a freqüência das boas respostas não excedia 60% para as crianças de 7 anos, 65% para 8 anos, 72% para 9 anos, (84% em média, para as crianças de 10 anos) regulares no ponto de vista escolar, e que se acham no 3º e 4º anos do curso primário.

Esse fato nos surpreende um pouco: nessa idade as crianças sabem, sem dúvida fazer a divisão da dezena por dois. Mas não se verá, na execução insuficiente desse teste, uma prova de que a fase abstrata, operações com algarismos vazios de sentido concreto, precedeu a fase concreta? Ora, as coisas não deveriam se dar na ordem inversa? Depois de ter feito as operações de divisão com os objetos, a criança teria passado naturalmente à divisão abstrata; ao passo que, agora, tendo precedido o estágio abstrato, o aluno só adquiriu a noção do número pela memória e, quando tem de fazer a divisão de objetos reais ou desenhados, procede mais ou menos como uma criança que ainda não tivesse absolutamente estudado aritmética, mas que se guiasse muito mais pela percepção sincrética do todo e da metade.

Quanto à indicação do número, metade de 10, já na idade de 8 e 9 anos, as crianças se desvencilham bem das dificuldades.

Em que idade sabem as crianças ver a hora no relógio? A penúltima questão do teste Dearborn permite responder a isso: entre os quadrantes desenhados deve-se reconhecer e marcar com um número o quadrante correspondente à hora enunciada pelo experimento. É aproximadamente aos 10 anos que as crianças sabem reconhecer as horas, meias horas e horas menos minutos. (Este teste foi analisado pela Srta. Irene de Paula Magalhães.)

Analisemos ainda o teste nº 15 que Dearborn colheu em Terman... a bolsa perdida no campo... e que consiste no seguinte: a criança vê na sua folha o desenho de um quadrado com uma abertura em um dos lados. O experimentador explica que esse desenho representa um campo; nesse campo uma senhora perdeu a bolsa. Ela está muito aflita e pede que a procurem. Quem a encontrar receberá uma bala de chocolate. O experimentador manda a criança tomar o lápis e traçar, começando pela porta, o caminho que vai seguir para encontrar seguramente a bolsa.

Como se vê, o teste é um verdadeiro problema de inteligência. A criança deve, antes de mais nada, imaginar que esse quadrado tão esquemático é a imagem de um campo. (Certas crianças, entre os menores, mostrando o seu modo de pensar, declaram que tal figura não se parece absolutamente com o campo, "pois não se vê ali erva".) Esquematicamente deve ela representar, por uma linha, um ato concreto, o de um caminho a seguir. (Algumas crianças revelam aqui também a sua mentalidade concreta, tratando de representar por linhas cortadas os rastos deixados pelos pés.)

Que trajeto seguirão as crianças para acharem seguramente o objeto perdido? O ensaio mais elementar representa uma linha reta, que começa na entrada e termine do lado oposto do quadrado. É justamente isso que faz a criança de 7 anos. Às vezes a contorna muito ligeiramente e no fim de seu traçado desenha o objeto encontrado, dando, por último, uma prova mais do seu pensamento concreto. O grau seguinte na representação de um trajeto fictício consiste numa linha interna mais ou menos paralela aos lados do quadrado: contornando-o simplesmente, a criança pensa ter resolvido o problema. Essa solução caracteriza a maneira de executar esse teste pela maioria das crianças da idade escolar.

Mas, a partir de 6 anos, já certas crianças mais desenvolvidas imaginam trajetos mais eficazes: esboçam o caminho mostrando a preocupação de procurar o objeto em questão. A princípio, esses ensaios são desordenados, mas, à medida que a inteligência da criança se aguça, o trajeto que ela imagina se torna mais racional: a linha reta, a que se limita a criança pequena, curvando-se mais e mais, acabará representando um esboço do movimento espiral; em caracol. É a idéia capital do problema que permitirá, percorrendo o campo inteiro, encontrar o objeto perdido sem ter de passar duas vezes pelo mesmo sítio.

Na escala de Terman, esse teste é empregado e escalonado em duas idades diferentes: aos 8 e aos 12 anos. Somente, ao passo que aos 8 anos a criança deve mostrar apenas o esboço do trajeto em caracol, a solução aos 12 anos é já a que ministra exatamente o trajeto sistemático e regular. As nossas crianças, mesmo nas últimas idades que examinamos, não têm, na sua maioria, senão esta forma primitiva do esboço; mas certo número delas, sobretudo para os meninos (30%) mais do que para as meninas, dão já execuções muito boas, comparáveis às crianças americanas de 12 anos. (Este teste foi estudado pela Srta. Carmen Tollendal Pacheco).

Teste de Ballard

Passemos agora aos resultados do terceiro Teste de Inteligência Geral, que aplicamos aos escolares de Belo Horizonte, o das 100 QUESTÕES DE BALLARD, de que damos aqui a instrução e a técnica.

Técnica do Teste Coletivo das 100 Questões de Ballard

Instruções para o examinador:

As instruções seguintes devem ser rigorosamente observadas. No texto, as instruções destinadas ao examinador acham-se em grupo.

As crianças não têm exemplares do teste. O examinador dita o número das questões. A criança tem uma folha preparada para 100 respostas; cada questão deve ser lida duas vezes, exceto aquelas que se referem aos números ou letras a reter. As palavras entre parênteses devem ser escritas uma debaixo da outra, mas os números dados nas questões 46, 47, 52, etc., devem ser dispostos como no texto. O número de segundos escritos depois do parênteses indica o tempo durante o qual as palavras devem ficar visíveis no quadro depois das explicações dadas pelo examinador. Não há limite de tempo imposto para a inscrição da resposta.

Os números que serão retidos (de memória) devem ser ditados com a rapidez de um por segundo, sem ritmo especial nem entonação.

O examinador diz:

Vou fazer algumas perguntas muito simples que vocês deverão responder. Suponhamos que eu pergunte a vocês: Quantas caudas têm 5 gatos? O que responderiam?... Cinco... Está bem.

Agora vejamos uma outra: Qual é á cor de um tomate depois que for mergulhado na água? Vermelho. Muito bem; ele guarda, com efeito, a mesma cor que tinha antes de ser mergulhado na água. Pois bem, algumas das perguntas que vocês devem responder são tão fáceis como estas. Não vou tentar surpreendê-los.

Vou dar simplesmente perguntas de bom senso. Compreenderam bem?

Teste das 100 Questões

1 – Quantos pés tem um banco de 3 pés? (Três.)

2 – Os carneiros pretos dão a lã preta. Qual a cor do leite de uma vaca preta? (Branco.)

3 – (Corda de pular, boneca, meias, bola), 15". (2). Se vocês quisessem fazer um presente à sua mãe, qual destes objetos escolheriam? Uma corda de pular, uma boneca, um par de meias ou uma bola? Escrevam uma palavra só. (Meias.)

4 – Mole é o contrário de duro; qual é o contrário de molhado? (Seco.)

5 – (Cravo, violeta, rosa, leão, margarida), 15". Quatro destas palavras significam a mesma espécie de coisas e uma destas palavras significa uma coisa diferente. Escrevam a palavra que significa esta coisa diferente. (Leão.)

6 – Ler os números uma vez somente com a rapidez de 1 por segundo. Vou dizer alguns números. Quando eu tiver acabado vocês os escrevam: 2, 7, 4, 5, (2, 7, 4, 5.)

7 – (Gato, cão, livro, cavalo, carneiro), 15". Quatro destas palavras significam a mesma espécie de coisas e uma destas palavras significa uma coisa diferente. Escrevam a palavra que significa esta coisa diferente. (Livro.)

8 – (Paulo, João, Luis), 15". Em um jantar, Paulo comeu mais do que João, e Luís comeu mais do que Paulo. Quem comeu menos? (João.)

9 – Qual é o dia que vem antes de Domingo? Escrevam somente as duas primeiras letras da palavra. (Sa.)

10 – (Pombo, tico-tico, lobo, galinha, pato), 15". Quatro destas palavras significam a mesma espécies de coisas e uma destas palavras significa esta coisa diferente. Escrevam a palavra que significa esta coisa diferente. (Lobo.)

11 – (Maria, Joana, Ana), 15". Maria é mais velha do que Ana e Ana é mais velha do que Joana. Qual é a mais velha? (Maria.)

12 – Um menino olha através de uma cerca um campo que ele pode ver assim todo inteiro, e vê aí 6 carneiros. Sua irmã olha igualmente através da cerca e vê também 6 carneiros. Quantos carneiros há no campo? (6.)

13 – Qual é o contrário de adormecido? (Acordado.)

14 – (Verdadeiro, falso), 15". Gravaram em um túmulo a frase seguinte: "Aqui repousa o corpo de João Lopes que caiu no mar e nunca foi encontrado". Escrevam uma das duas coisas. (Verdadeiro ou falso.)

15 – Dois homens estão a 12 quilômetros de Belo Horizonte. Quantos quilômetros cada um deverá percorrer para chegar a Belo Horizonte? (12 km.)

16– Qual é o menor número de paus de fósforo necessários para fazerem um quadrado sem quebrar nenhum? (4.)

17 – Qual é o contrário de barato? (Caro.)

18 – Qual é o contrário de em cima? (Em baixo.)

19 – Qual é o contrário de estreito? (Largo.)

20 – (Não têm bolsos, não são maus, mais fácil), 15". Por que motivo alguns homens usam o relógio no pulso? Será por que eles não têm bolsos ou por que eles não são maus ou por que é mais fácil? (Mais fácil.)

21 – (5 passos, 50 passos, 500 passos, 1.000 passos). Quantos passos um homem pode dar caminhando mais ou menos 10 minutos? (1.000.)

22 – Dizer a palavra Elvira e soletrá-la. Escrevam as duas letras do meio de Elvira. (v. i.)

23 – (Cachimbo, bengala, cigarros, pulseira), 15". Se seu pai não fumasse, o que escolheriam como presente para ele entre os objetos seguintes: um cachimbo, uma bengala, uma caixa de cigarros ou uma pulseira? (Bengala.)

24 – Explicar no quadro, com um exemplo, como se deve reconstruir uma frase em desordem: maçã, come, uma, Luiz (relógio, horas um as marca.) 15". Façam com essas palavras uma frase correta e exata e escrevam a última palavra desta frase. (Marca.)

25 – (Escorrer, ver, desastres, bonito), 15". Por que as estradas são mais altas no centro e mais baixas dos lados? Será para que a água possa escorrer, ou para que os condutores dos carros possam ver melhor, ou para impedir os desastres, ou porque é mais bonito? (Escorrer.)

26 – Ditar os algarismos uma só vez, um por segundo. Escrevam os números, 4, 8, l, 9, 2, (4, 8, l, 9, 2.)

27 – Explicar com um exemplo o que preciso fazer. Em 4, 5, 6, 7: qual e o número seguinte nesta série de números (9, 8, 7, 6)? Escrever no quadro. 15". (5.)

28 – (Cabeça, pés, mãos), I5". Do outro lado da terra, as pessoas ficam sobre a cabeça, sobre os pés ou sobre as mãos? (Pés.)

29 – (Comprar, dizer, dar), 15". Quando na loja dão a vocês troco demais, o que é que vocês devem fazer? Comprar chocolate, dizer que eles se enganaram ou dar o dinheiro à mamãe? (Dizer.)

30 – Escrevam a palavra que está no meio da frase seguinte: Homem Maria ganhou um brinquedo. (Ganhou.)

31 – (Verde, barato, natural) 15". Por que o capim é um bom alimento para as vacas? Porque ele é verde, porque é barato ou porque é seu alimento natural? (Natural.)

32 – (Feliz, engraçado, alegre, triste, contente), 15". Quatro dessas palavras significam a mesma, espécie de coisas, e uma dessas palavras significa uma coisa diferente. Escrevam a palavra que significa uma coisa diferente. (Triste.)

33 – Quantos pés tem uma avestruz? (Dois.)

34 – (Instrumento, menino, pedra, planta), 15". Escrevam a palavra que indica melhor a que é uma erva. (Planta.)

35 – Ditar as letras uma só vez, uma por segundo. Escrevam as letras f, h, p, t, r. Pronunciar, tendo em vista a maneira pela qual as letras são designadas na escola. Avisar que só devem escrever depois de ouvir todas as letras – (f, h, p, t, r.)

36 – (Pão, carne, batatas, água, queijo), 15". Quatro dessas palavras significam a mesma espécie de coisas e uma dessas palavras significa uma coisa diferente. Escrevam a palavra que significa essa coisa diferente. (Água.)

37 – (Mãe, pai, tia, irmã, sobrinha), 15". Quatro dessas palavras significam a mesma espécie de coisas e uma dessas palavras uma coisa diferente. Escrevam a palavra que significa a coisa diferente. (Pai.)

38 – (Os ratos, os gatos, pegam), 15". Façam com essas palavras uma frase correta e escrevam a última palavra dessa frase. (Ratos.)

39 – (Menor, uma, Maria, irmã, tem), 15". Façam com essas palavras uma frase correta e escrevam a última palavra dessa frase (Menor.)

40 – (Carros, automóvel, cavalos, casas, fumaça), 15". Escrevam a palavra que mostra o que existe sempre numa cidade. (Casa.)

41 – (Verde, vermelho, preto, amarelo, azul), 15". Quatro dessas palavras significam a mesma espécie de coisas, e uma dessas palavras significam uma coisa diferente. Escrevam a palavra que significa esta coisa diferente. (Preto.)

42 – Escrevam os números: 6, 3, 5, 0, 7, 2. (6, 3, 5, 0, 7, 2.)

43 – Qual é o segundo número depois de 15? (17.)

44 – (Quarta-feira, sexta-feira), 15". Qual está mais perto de domingo, a quarta-feira ou a sexta-feira? (Sexta.)

45 – (Abelhas, suco, colmeias, flores), 15". De onde vem primeiro o mel: das abelhas, do suco, das colmeias ou das flores? (Suco.)

46 – Explicar com um exercício preliminar: l, 3, 5, (6), 7, 9, (10, 8, 6, 5, 4, 2), 20". Escrevam o número que está errado, nesta série e que não deveria encontrar-se aí. (5.)

47 – (3, 6, 7, 9, 12, 15), 30". Escrevam o número que está errado nesta série e que não deveria encontrar-se aí. (7.)

48 – Escrevam as letras: o, e, m, i, r, n. (o, e, m, i, r, n.)

49 – (Erva, ameixa, folha, árvore, noz), 15". Maçã, banana, laranja, essas três coisas são parecidas; procurem a coisa escrita no quadro que se pareça mais com elas. (Ameixa.)

50 – (estavam, pretos, árvore, urubus, numa, três), 15". Façam com essas palavras uma frase correta e escrevam essa frase inteira. (Três urubus pretos estavam numa árvore.)

51 – (pode, um, João, canoa, passeio, dar, de), 15". Façam com essas palavras uma frase correta e escrevam a primeira e a última palavra dessa frase. (João, canoa.)

52 – (5, 10, 15, 20), 20". Escrevam o número seguinte desta série. (25.)

53 – Se uma vela pode ficar acesa durante duas horas, quanto tempo poderão ficar duas velas acesas ao mesmo tempo? (2.)

54 – (2, 4, 5, 6, 8, 10), 20". Nesta série há um número que não está bem, escrevam esse número (5.)

55 – (8, 9, 7, 5, 4), 20". Idem. (9.)

56 – (81, 64, 15, 39, 42), 30". Pensem como esses números devem ficar indo do menor para o maior e escrevam o do meio. (42.)

57 – (Possível, impossível), 15". João Pereira morou em quatro cidades diferentes, uma depois da outra; e ficou 10 anos em cada uma delas. Isso é possível ou impossível? (Possível.)

58 – (1, 2, 3), 15". Um menino teve que experimentar 3 vezes para soltar um busca-pé. Quando é que ele conseguiu soltá-lo: na 1ª, na 2ª, ou na 3ª vez? (3ª.)

59 – Escrevam os números: 1, 4, 7, 3, 9, 6, 0. (1, 4, 7, 3. 9. 6, 0.)

60 – (Fita, campainha, pêlo, rato, leite), 15". Escrevam a palavra que mostra o que um gato tem sempre. (Pêlo.)

61 – (1, 3, 5, 7, 8, 9), 20". Nesta série há um número que não está bem colocado e não deveria estar aí. Escrevam esse número. (8.)

62 – Dar 30 segundos. Numa rua todas as casas têm a mesma largura; os números ímpares estão de um lado e os números pares do outro, e as duas séries de números começam no mesmo ponto da rua. Qual é o número que está em frente ao número 6? (5.)

63 – (Do primeiro alfabeto a escrevam letra), 15". Formem com essas palavras uma frase correta e façam o que ela manda. (A.)

64 – (2, 4, 6, 8), 20". Qual é o número seguinte nesta série? (10.)

65 – (Couro, madeira, assento, escultura), 15". Escrevam a palavra que mostra o que existe sempre numa cadeira. (Assento.)

66 – (Papel, no, cruz, uma, seu, faça), 15". Formem uma frase correta com essas palavras e façam o que ela manda. (.)

67 – (As crianças se comportam mal, devem ser castigadas), 15". Escrevam a palavra que falta. (Que.)

68 – (1, 2, 3, 4, 8, 5), 20". Nesta série há um número que não devia achar-se ai. Escrevam esse número. (8.)

69 – (Provável, possível, impossível), 15". Começou a chover ontem de manhã e a chuva durou 3 dias sem parar. Isso é provável, possível ou impossível? (Impossível.)

70 – (1, 3, 5, 7), 20". Qual é o número seguinte nesta série? (9.)

71 – (Maio, Julho, Dezembro, Outubro), 15". Qual é geralmente o mais quente desses meses: Maio, Julho, Dezembro ou Outubro? (Dezembro.)

72 – (Possível, Impossível), 15". Paulo Ferreira morou em 3 cidades diferentes (uma depois da outra) e ficou em dada cidade 3 anos mais do que em cada uma das outras. Isso é possível ou impossível? (Impossível.)

73 – (Janeiro, Março, Junho, Outubro), 15". Qual é geralmente o mais frio destes 4 meses: Janeiro, Março, Junho ou Outubro? (Junho.)

74 – (Vestido, bola, bolo, botões, quadros), 15". Escrevam a palavra do quadro-negro que tem o sentido mais parecido com estas 3: bonecas, peão, peteca? (Bola.)

75 – (Chumbo, penas, mesmo) 15". O que é mais pesado: meio quilo de chumbo, ou um quilo de penas? (Penas.)

76 – (Céu, nuvens, fracas, foram), 15". Por que não vemos as estrelas de dia? Porque elas estão atrás do céu, ou porque estão escondidas pelas nuvens ou porque são mais fracas do que o sol ou porque elas foram para o outro lado da terra? (Fracas.)

77 – (Peixe, ave, réptil, inseto), 15". Uma lagartixa é um peixe, uma ave, um réptil ou um inseto? (Réptil.)

78 – (Madeira, chuva, árvore, pixe, fogo), 15". Escreveram a palavra no quadro que tem o sentido mais parecido com estas três: Carvão, tinta, fuligem? (Piche.)

79 – Uma dúzia tem quantos bombons de $200 (12.)

80 – (Riso, sorriso, agitação, satisfação), 15". Escrevam a palavra do quadro que mostra o que há sempre na felicidade. (Satisfação.)

81 – (Miséria, indolência, felicidade, sono), 15". Escrevam a palavra do quadro que mostra o que há sempre na preguiça. (Indolência.)

82 – Escrevam a penúltima letra da penúltima palavra desta frase: Maria tinha um carneiro pequeno. (R.)

83 – (Frente, de trás, mesmo), 15". Um carro tem 4 rodas do mesmo tamanho; em cada uma das rodas de frente tem 16 raios e em cada uma das rodas de trás há 12 raios. Quando o carro anda, quais são os raios que mexem mais depressa? Os da frente, os de trás ou é o mesmo? (Mesmo.)

84 – (Cordão, fita, elástico, mesmo, 0), 15". 0 que é mais largo: um pedaço de cordão, de fita ou de elástico? Se vocês pensam que eles são iguais escrevam: mesmo: se vocês não sabem dizer sem os ver escrevam: 0. (0.)

85 – (Livro, cabeça, casa, bengala, gravata), 15". Escrevam a palavra do quadro que tem o sentido mais parecido com o destas três: chapéu, colete, sapatos. (Gravata.)

86 – (8, 8, 6, 6), 20". Quais são os números seguintes nesta série? (4, 4.)

87 – (Deusa, rainha, poetisa, cantora), 15". Escrevam a palavra que mostra melhor o que era Vênus? (Deusa.)

88 – Que parentesco tem comigo o filho da irmã de minha mãe? (Primo.)

89 – (Giz, carvão, mesmo, 0), 15". Qual é maior: um pedaço de giz, ou um pedaço de carvão? Se eles são iguais escrevam: mesmo. Se vocês não sabem dizer sem os ver escrevam: 0. (0.)

90 – (Jambo, laranja, abacate, pêssego, manga). Quatro destas palavras significam a mesma espécie de frutas e uma destas palavras significa uma fruta diferente. Escrevam a palavra que significa esta fruta diferente. (Laranja.)

91 – (Bom, ruim), 15". Isto é bom ou ruim conselho: "As batatas deveriam ser sempre cozidas em água fria". (Ruim.)

92 – (1, 2, 4, 8,), 20". Qual é o número seguinte nesta série? (16.)

93 – (Canto, poema, conto, novela), 15". Escrevam a palavra que mostra melhor o que é um soneto. (Poema.)

94 – Em uma família há 3 irmãos; cada um deles tem uma só irmã. Quantos irmãos e irmãs há ao todo na família? (3 + 1 = 4.)

95 – Que parentesco tem comigo a filha de minha irmã? (Sobrinha.)

96 – (1, 2, 4, 8, 10, 16), 20". Nesta série há um número que não deveria estar aí. Escrevam esse número. (10.)

97 – (1, 2, 4, 7), 15". Qual é o número seguinte nesta série? (11.)

98 – Quantos bisavós você teria se todos estivessem ainda vivos? (4.)

99 – (Prisão, peixe, cólera, museu), 15". Escrevam a palavra que melhor diz o que quer dizer irritação. (Cólera.)

100 – (Metálico, feliz, silvestre, iluminada), 15". Escrevam a palavra que exprime melhor o que significa floresta. (Silvestre.)

Teste de Inteligência Geral de Ballard (100 Questões) Belo Horizonte, 1930

Foi escolhido por várias razões: primeiro porque este teste nos pareceu, efetivamente; perscrutar o desenvolvimento mental geral, tendo nos dado aliás (em Genebra) resultados comprovantes; segundo, porque ele se dirige à idade das crianças para as quais o teste de Dearborn (em sua primeira parte) não dava mais resultados tão seguros como o faz para as mais jovens. Podendo as crianças, na idade de 9 a 10 anos, dar bem as suas respostas por escrito, era-nos possível aplicá-lo com proveito nos últimos anos escolares; terceiro, porque a técnica do teste é relativamente simples; e que por esse fato pode ser acessível a qualquer pessoa um pouco treinada no método dos testes; quarto, porque é um teste econômico, por excelência, não exigindo formulários impressos, como o de Dearborn, por exemplo; e quinto, utilizamo-lo a fim de comparar os nossos resultados com os de outros psicólogos, de diversos países.

MESES	ANOS												
	6	**7**	**8**	**9**	**10**	**11**	**12**	**13**	**14**	**15**	**16**	**17**	**18**
0	12	24	36	45	51	58	67	76	81	85			
1	13	25	37			59	68						
2	14	26	38	46	52					89	92	95	
3	15	27	39		53	60	69	77	82	86			
4	16	23	40	47		61	70						
5	17	29			54		71	71					
6	18	30	41	48	55	62	72	78	83	87	90	93	96
7	19	31				63							
8	20	32	42	49	56	64	71	79					
9	21	33	43						84	88	91	94	97
10	22	34	44	50	65	65		80					
11	23	35			66	66	75						
Nº de pessoas	?	?	80	126	136	151	94	110	87	86	86	?	?

O teste compõe-se de 100 questões variadas que o autor apresenta às crianças como sendo "questões de bom senso". Ao lado delas, há bom número que faz apelo à discriminação da analogia, à das diferenças, à síntese (palavras dadas desordenadamente que cumpre reduzir a uma frase), ao vocabulário, à informação geral, à memória, à indução matemática (achar a lei segundo a qual é dada uma série de números).

O teste é disposto em forma cíclica ou em espiral, isto é, em que diversos tipos de perguntas estão esparsos em diferentes partes do teste inteiro, em vez de serem todos grupados em blocos para os mesmos processos. Isto tem a vantagem do inesperado e da variedade; mas tem talvez o defeito de não se poder fazer tão facilmente a análise das respostas para compreender o caráter intelectual da criança. Aliás, esse teste tem só por fim estabelecer o nível do desenvolvimento mental geral das crianças; não procura apanhar-lhes o perfil intelectual.

O material necessário ao teste se limita para o experimentador, na instrução, que ele consulta durante a execução do mesmo e no quadro negro, onde escreverá os dados; e, para as crianças, em uma folha de papel pautado e um lápis. Todos os dados são recebidos pelas crianças quer auditiva, quer visualmente.

Para acelerar a realização do teste (que poderia ser averbado de longo) o experimentador era sempre acompanhado de um ajudante encarregado de escrever no quadro o necessário, palavras ou algarismos da questão seguinte, enquanto o experimentador enuncia a questão. À medida que ele escrevia, a parte do quadro negro em que o fazia estava escondida das crianças pelo corpo do assistente. Somente no momento em que o experimentador passava a esta, questão é que o ajudante descobria o que elo tinha escrito. Como as classes de Belo Horizonte são bastante numerosas, e as salas bastante compridas para garantirem à criança a visão integral do que estava escrito, o experimentador lia duas vezes seguidas a série das palavras escritas, e isso com tal rapidez que o quadro fosse descoberto durante o tempo indicado na instrução.

Sendo o teste muito longo, fizemo-lo, nas classes da escola primária, em quatro vezes, 25 questões cada vez, e nas classes da Escola Normal, em duas vezes. O interesse que as crianças testemunharam por esse teste não foi igual em toda a parte: certas classes, aquelas em que a disciplina em geral era mais severa, fizeram o teste do começo ao fim, com desembaraço; outros manifestaram, desde a terceira sessão, um tédio não dissimulado.

As alunas-professoras da Escola de Aperfeiçoamento, treinadas a mais de um ano na técnica dos testes, não tiveram dificuldade em aprender as instruções, depois de as terem feito, previamente, elas próprias, numa sessão coletiva. Já dissemos antes que nunca deixamos as nossas alunas aplicar um teste com as crianças antes que elas próprias o houvessem feito, por mais simples que ele fosse. Tendo sido a técnica mais ou menos a mesma entre todos os experimentadores, resta ainda uma vez frisar as diferenças de caráter pessoal, o temperamento, a clareza da expressão, o ascendente sobre as crianças, que certamente diferiam bastante de um experimentador para outro.

O teste foi aplicado em dois períodos: em abril de 1930, sobre 953 examinadores, e em outubro do mesmo ano, sobre 428, ou seja sobre um total de 1.381 pessoas. Nesse número, 1.025 alunos, meninas e meninos, fazem parte da escola primária, do segundo ou quarto ano escolar, e 356 outros são alunos da Escola Normal de Belo Horizonte, dos dois anos do Curso de Adaptação, e dos três anos do Curso Normal propriamente dito: Conforme a idade e o sexo, nossos examinadores se distribuem da maneira seguinte.

Anos	**7**	**8**	**9**	**10**	**11**	**12**	**13**	**14**	**15**	**16**	**17**	**Total**
Meninos	11	36	73	88	106	73	52	13	7	–	–	439
Meninas	18	46	79	120	149	136	152	105	80	41	16	943
Total	**29**	**82**	**152**	**208**	**255**	**209**	**184**	**118**	**87**	**41**	**16**	**1.382**

Vê-se que o número dos meninos é duas vezes menor que o das meninas; isso se deve, de uma parte, a que nas escolas de Belo Horizonte as meninas são geralmente mais numerosas que os meninos e, sobretudo, a não nos ter sido possível, neste ano, fazer os testes nos ginásios ou nos colégios de meninos.

Os resultados foram apurados para a totalidade das crianças, as meninas e os meninos da escola primária, separadamente, e para a Escola Normal, à parte. Ao lado disso, apuramos ainda, particularmente, os resultados das crianças denominadas regulares no ponto de vista escolar, isto é, as que têm 8 e 9 anos no segundo ano escolar, 9 e 10 anos no terceiro, e 10 e 11 anos no quarto; 11 e 12 anos no primeiro ano "adaptação"; 13 e 14 no segundo; 14 e 15 no primeiro do curso normal, e 15 a 16 no segundo. Os algarismos do quadro abaixo representam o número de pontos que as crianças obtiveram no total de 100 pontos do teste de Ballard. O valor representativo é dado pelo mediano (admitindo-se que o número de nossos examinados não seja muito grande, preferimos o mediano à média aritmética, que, nessas condições, podia ser facilmente exagerada ou diminuída pelos resultados fornecidos por algumas crianças excepcionalmente fortes ou fracas. Em geral, o mediano e a média se confundem e apenas diferem em uma fração de pontos).

Anos	**Resultado geral (pontos)**	**Escola meninos**	**Primária meninas**	**Todas as meninas**	**Normalistas**	**Crianças regulares**
7	38					
8	41	37	43	43		35
9	50	51	49	49		46
10	56	58	55	55		59
11	62	60	62	64	70	69
12	63	61	60	67	76	76
13	69	64	61	72	89	84
14	79	64	59	81	84	88
15	85			85	86	90
16	86			86	86	
17	85			85	85	
Nº de pessoas	**1.381**	**439**	**586**	**942**	**356**	**452**

O gráfico abaixo (Fig. 8) representa esses dados em 5 curvas.

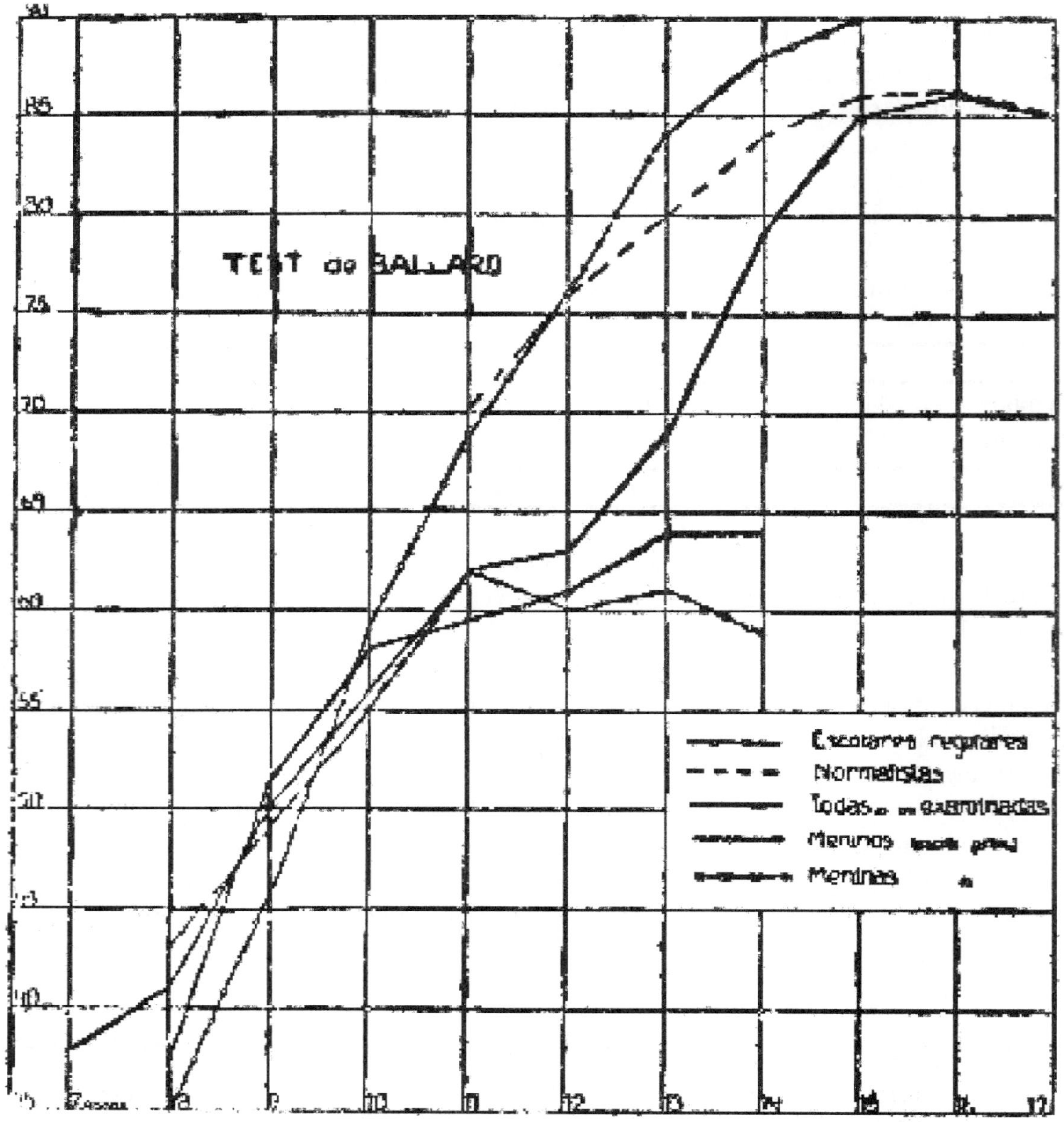

Fig. 8

1) resultados gerais; 2) resultados fornecidos pelos meninos da escola primária; 3) idem, pelas meninas; 4) idem, pelas meninas da Escola Normal; 5) idem pelos alunos regulares no ponto de vista escolar.

A propósito do teste de inteligência de Dearborn, já dissemos que a curva do desenvolvimento mental se caracteriza geralmente por uma marcha típica, com um surto rápido nas idades menores e que se atenua de acordo com as idades mais avançadas. Matematicamente, o desenvolvimento mental se traduz, as mais das vezes, por uma curva alogarítmica. No nosso gráfico, é a curva das crianças regulares que mais se aproxima dessa massa teórica; as outras curvas – a que resume o total dos resultados bem como as das crianças primárias – mostram uma parada anormal, entre os 11 e os 12 anos, e mesmo uma queda dos 11 aos 14 anos para as meninas. Todas as irregularidades podem, aliás ser facilmente explicadas: numa escola de 4 anos de estudo, se as crianças entram aos 7 anos no primeiro ano escolar, deveriam normalmente deixá-la cerca dos 10 ou 11 anos, se em tal escola se encontram crianças mais idosas, é porque seus estudos foram impedidos por alguma causa externa ou interna.

As curvas estacionárias ou mesmo regressivas revelam os retardados pedagógicos, ou ainda os verdadeiros anormais, os que se deixam ficar no curso primário numa idade em que os outros há muito o haviam concluído. Diversas estatísticas escolares estipularam de 2 a 12% dessas crianças retardadas para as escolas da França, da Bélgica e da Alemanha. Na Europa, essas crianças são geralmente selecionadas em classes especiais; aqui, as encontramos ao lado das crianças normais.

As irregularidades de curva geral podem explicar-se ainda da maneira seguinte: embora aos 11 e 12 anos tenhamos incluído nos resultados globais os das meninas normais e mesmo adiantadas da Escola Normal, o seu número foi ainda insuficiente para contrabalançar os resultados das crianças retardadas da escola primária. Aos 13 e sobretudo aos 14 anos, a curva geral sobe sensivelmente. Essa alta repentina não está em harmonia com o que sabemos do desenvolvimento mental, que teria uma tendência, ao contrário, para se atenuar:

Essa alta súbita é devido ao fato de havermos ainda uma vez feito intervir novo tipo de crianças: as alunas da Escola Normal, muito mais numerosas que as das escolas primárias nessa idade. Nem todas as crianças continuam o curso secundário. Aí só vão aquelas cujas aptidões o permitem, e geralmente as que pertencem ao meio social mais elevado do que a média das crianças da escola primária. Aquelas, em sua maioria, vão ou para as escolas técnicas especiais, ou então já iniciam sua vida de trabalho e de ganha-pão. Já vimos até que ponto o meio é importante na formação da inteligência geral medida pelos nossos testes.

O DESENVOLVIMENTO MENTAL E O MEIO SOCIAL

Como por meio do teste de Dearborn, procuramos qualificar também de maneira objetiva, por meio dos resultados de Ballard, o desenvolvimento mental das crianças pertencentes aos diversos grupos escolares.

Da mesma maneira que, para o teste de Dearborn, calculamos, para os grupos escolares, o quociente intelectual médio das crianças examinadas. Infelizmente ainda não nos foi possível medir a inteligência de todas as crianças dos grupos, mas só de uma parte delas. Embora incompletos, publicamos esses resultados, por vê-los confirmados pelos do teste de Dearborn, feito nos mesmos grupos, mas não sempre nas mesmas classes e nem com as mesmas crianças.

Grupos	Q.I. Dearborn	Nº crianças	Q.I. Ballard	Nº crianças
Bernardo Monteiro*	0,85	197	0,86	104
Francisco Sales*	0,88	351	0,92	125
Pedro II	0,96	351	0,92	125
Olegário Maciel	0,94	339	1,09	140
Barão do Rio Branco	0,98	329	1,00	128
Afonso Pena	1,10	151	1,07	113

* Estes quocientes intelectuais tão baixos são também devido aos Grupos funcionarem em três turnos, o que diminui as horas de trabalho escolar.

Como se vê, confrontando os Q.I., para os dois testes, os Grupos, salvo o "Olegário Maciel", guardam a mesma ordem para o teste de Dearborn que para o de Ballard. (A exceção para o grupo "Olegário Maciel" pode ser explicada, em parte, pelo fato de que o teste de Dearborn foi aplicado sobretudo nas classes da manhã, ao passo que o segundo o foi unicamente nas classes da tarde. Ora, parece que o turno da manhã é freqüentado principalmente pelas crianças mais fracas, repetentes e pertencentes a um meio social menos elevado que o das crianças do turno da tarde. Nos outros grupos, os dois testes foram aplicados nas condições mais homogêneas.)

É interessante ver no quadro que, a ordem crescente dos Q.I. em que são colocados os grupos escolares, corresponde a grosso modo, aos níveis do bem-estar econômico social dos bairros da cidade, onde esses grupos estão situados. Ao passo que os dois grupos de quocientes mais baixos, como "Bernardo Monteiro" e "Francisco Sales", estão situados nos bairros mais miseráveis da cidade (Calafate e Barro Preto) – os dois grupos de quocientes mais altos (o "Barão do Rio Branco" e o "Afonso Pena") se acham nos bairros privilegiados de Belo Horizonte. Entre os resultados dos dois grupos extremos temos uma diferença de 0,25 Q.I. correspondente a cerca de 2 anos e meio de idade mental. Vemos assim que em nossos testes de inteligência geral temos instrumento assaz exato para diagnosticar não só a inteligência individual das crianças, mas também para avaliar de um modo objetivo o nível do bem-estar geral, econômico e social de um grupo inteiro de indivíduo, expresso em Q.I. das crianças desses meios.

Estendendo essa pesquisa à relação da inteligência geral e do meio social, vamos ver mais de perto ainda, até que ponto a inteligência de nossas crianças está em relação com a profissão de seus pais. Para isso só consideramos os casos extremos, isto é, examinamos, em nossos documentos, apenas os casos das crianças mais inteligentes e das menos inteligentes para os nossos testes, e entre essas apenas aquelas cujos pais exercem as profissões mais privilegiadas e as mais modestas.

Sobre 375 crianças, a respeito das quais possuímos informações comprovadas quanto a profissão dos pais, e que foram submetidas ao teste de Ballard, podemos obter só 104 casos que reúnem os dois caracteres extremos quanto à inteligência e ao meio social. Para a inteligência só utilizamos os casos cujos resultados estão acima do percentil 70 ou abaixo do percentil 30. Quanto ao meio social, só consideramos as crianças cujos pais exercem as profissões liberais (advocacia, engenharia, medicina) ou então aquelas cujos pais são operários ou artífices (operários simplesmente, pedreiros, carroceiros, ferreiros, sapateiros e soldados).

Profissão Privilegiada dos pais	Inteligência das crianças Inferior: % 0-30	Inteligência das crianças Superior: % 70-100	
Advogados	5	12	
Engenheiros	3	9	
Médicos	3	9	
Oficiais	1	4	
	12	34	Total 46

Profissões manuais	Inteligência das crianças Inferior: % 0-30	Inteligência das crianças Superior: % 70-100	
Carroceiros	2	1	
Carpinteiros	8	0	
Ferreiros	2	0	
Pedreiros	9	1	
Sapateiros	5	0	
Operários	15	2	
Choferes	6	0	
Soldados	7	0	
	54	4	Total 58

Este quadro nos mostra que a ocorrência de crianças muito inteligentes é cerca de 3 vezes maior que a dos pouco inteligentes, no meio privilegiado; no meio modesto, nas famílias de operários e artífices, a relação é justamente inversa é muito mais acentuada do que no primeiro grupo. Em 58 crianças desse meio encontramos apenas 4 muito inteligentes contra 54 de inteligência inferior. Pode-se ainda interpretar esse quadro da maneira seguinte: em um meio pobre, tem-se menos probabilidade de encontrar crianças muito inteligentes, do que encontrar crianças pouco inteligentes em um meio abastado e culto.

Crianças muito inteligentes, do meio operário, sendo mais raras, merecem dos pedagogos a maior atenção e cuidado, porque essas inteligências espontâneas, às quais o meio não favoreceu, poderão, graças à escola, atingir um desenvolvimento extraordinário, e contribuir, no futuro, para a prosperidade do País.

Para precisar essa relação entre a inteligência das crianças e a profissão dos pais, vamos submeter esses dados ao cálculo matemático de associação, empregando o método de Yule, conhecido sob o nome de "Four-fold table". Distribuímos nossos dados em 4 grupos: 1) crianças de classe privilegiada, inteligentes; 2) crianças da mesma classe, pouco inteligentes; 3) crianças da classe pobre, inteligentes; 4) crianças da mesma classe, pouco inteligentes.

	Crianças muito inteligentes		Crianças pouco inteligentes	
Classe privilegiada	(a)	34	12	(b)
Classe não-privilegiada	(c)	4	54	(b)

$$\text{Coeficiente de Associação } q = \frac{(aXd) - (bXc)}{(aXd) \div (bXc)} = \frac{(34X54) - (12X4)}{(34X54) + (12x4)} = 0{,}95$$

Tendo-se elevado a 0,95 o coeficiente de associação, conclui-se que a relação entre os dois fenômenos, a inteligência e a proveniência social, é muito íntima, ocorrendo apenas algumas exceções a essa relação.

O quociente tão alto de associação entre o meio e a inteligência parece apoiar nossa opinião de que, os testes de inteligência geral, medem precisamente a inteligência civilizada e não a natural.

O problema da inteligência geral, como vimos, é complexo. Os testes destinados a medir a inteligência "natural" nos revelaram que este conjunto de faculdades intelectuais é de alguma sorte predeterminado por fatores de ordem social, pelo menos que ele deles depende e, ao passo que um meio lhe favorece a expansão, outro a dificulta.

Estamos aqui, nessas questões relativas à inteligência e ao meio, diante, de um famoso círculo vicioso, e, para distinguir nessas relações os efeitos das causas, é mister fazer uma porção de observações e de experiências para não cairmos numa puerilidade, de que dão freqüentemente, exemplo certas pessoas, quando tratam de afogadilho, questões de inteligência, de raça e de meio.

Seria interessante procurar, em relação ao Brasil, o número relativo de seus grandes homens de ciência, de arte e de política e a respectiva proveniência social. Nenhuma estatística a respeito da hereditariedade, no gênero das de Galton e de Candolle, feita na Europa, se executou no Brasil, a meu ver, isso poderia servir de um belo tema para uma tese de doutorado.

Crianças de Belo Horizonte comparadas com as de outros países

Resta-nos ainda ver os resultados obtidos em Belo Horizonte, comparando-os com os dos outros países. O teste de Ballard, como dissemos, foi empregado tanto pelo seu autor, na Inglaterra, como ainda por Decroly, na Bélgica, por nós mesmos, em Genebra, com o auxílio dos alunos do Instituto J. J. Rousseau, e, finalmente, aqui no Brasil, pelo Dr. Ulysses Pernambuco e pela Senhorinha, Paes Barreto, em Recife. Estes resultados são representados pela Figura 9. Entre as cinco curvas vemos duas, cujos resultados são muito diferentes: uma, fracamente superior (de Genebra), e outra, muito baixa (de Recife). Quanto às outras, a de Londres, de Bruxelas e de Belo Horizonte, representam, todas três, um feixe mais ou menos unido. A curva de Londres, muito rígida, é uma curva que foi, sem dúvida, polida por considerações teóricas. As duas curvas naturais, e a de Belo Horizonte a de Bruxelas, são mais próximas uma da outra, com uma ligeira predominância de Belo Horizonte, e revelam uma e outra, inflexões quase nas mesmas idades.

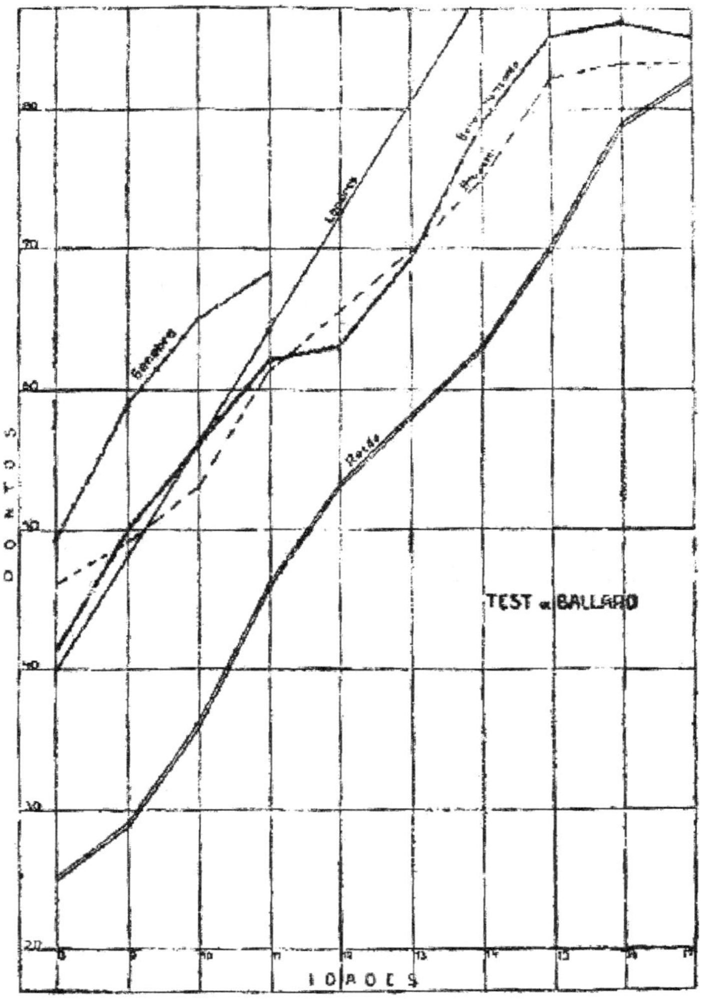

Fig. 9

Permitirá esse gráfico inferir a respeito da inteligência comparativa das crianças dos diferentes países? Vimos a importância enorme de que goza, na questão da inteligência, o meio social: basta que nos desloquemos de um bairro para outro para ter-mos diferenças de desenvolvimento mental de 2 a 3 anos.

Para levar a efeito essas comparações, seríamos obrigados a submeter aos mesmos testes todas as crianças de uma população determinada, ou a escolhê-las bem de acordo e proporcionalmente com as diferentes camadas sociais dessa população.

Por que os nossos resultados, tão próximos dos de Londres e Bruxelas, diferem tanto dos de Recife? Para certas idades a diferença atinge 2 e mais anos. Essa divergência nos surpreende: será realmente que entre as crianças de Recife e as de Belo Horizonte o desenvolvimento mental é maior do que entre as crianças americanas e as européias? Como o número de crianças de Recife é considerável e os meios parecem ser bem representados (segundo o afirmam os autores da pesquisa), quem sabe se não deveria ser ela atribuída à diferença da técnica de nossos resultados?

Para evitar essa divergência e garantir a maior homogeneidade na aplicação dos testes, só há uma coisa a fazer: promover um entendimento pessoal entre os experimentadores, estabelecer a técnica e aplicá-la a um grupo de crianças. Por mais minuciosamente que seja ela descrita, jamais chegaremos a precisar-lhe as sutilezas, que ao cabo de algum tempo apresentam diferenças notáveis nos resultados finais.

Correlação entre os testes de inteligência

Resta-nos dizer algumas palavras sobre uma questão importante, isso é: qual é o parentesco psíquico entre os testes que empregamos, o de Goodenough, o de Dearborn e o de Ballard? Todos os três são chamados testes de inteligência geral e considerados próprios para medir o desenvolvimento mental. A análise psicológica nos demonstrou que cada um deles, entretanto, apela para funções mentais um tanto diferentes.

Baseados em vários exercícios, acionando mecanismos diferentes, cada um deles concernentes a disposições especiais e a atitudes próprias – até que ponto esses testes convergem para um mesmo objeto?

Antes de responder a essa questão, ilustremos o problema com um exemplo que dá o resultado dos três testes para as mesmas crianças. Eles se exprimem pelos percentis e se inscrevem no mesmo gráfico. Esse gráfico (Fig. 10) deve ser lido da maneira seguinte: na ordenada são indicados os percentis de 0 a 100; na abscissa são indicadas as crianças enfileiradas, da mais fraca à mais forte, para o teste de Ballard, cujos resultados representam a ogiva de Galton. Além disso, indicamos para cada criança escritos sobre a vertical correspondente ao seu número, os resultados, em percentis, do teste de Dearborn e de Goodenough. Esse gráfico assim constituído permite ver se os três resultados são semelhantes para as mesmas crianças ou se diferem e de quanto. Em 105 crianças só vemos uma, a de nº 77, cujos resultados nos três testes lhe permitem o mesmo percentil. Ao lado daquele, temos ainda as crianças de nº 1, 2, 61, 78, 97 e 103, que dão resultados muito semelhantes, diferindo apenas de 5% e de 10% as de nº 21, 22, 28, 57, 60, 95 – o que produz uma diferença mínima. Mas, ao lado desses resultados muito homogêneos, encontramos, entretanto, dados extremamente heterogêneos, como, por exemplo o do nº 11, que achando-se no 10º percentil para o teste de Ballard, obteve o percentil de 75 para o Dearborn e o 100º para o de Goodenough, o que produz, entre o primeiro e o último teste, uma diferença de 90 percentis. O nº 74 revela igualmente resultados muito diferentes (Goodenough, 10; Ballard, 90 e Dearborn, 95), da mesma forma que os números 34, 81 e 82, cujos resultados, melhor e pior, diferem de 75 percentis. Calculando a diferença média para todas essas 105 crianças, entre o melhor e o pior resultado para cada uma, obtemos o valor 34 percentis. Esse algarismo nos mostra que os três testes chamados todos de inteligência geral não orientam de maneira uniforme acerca do desenvolvimento mental das crianças, e que, em média, sua apreciação dá um desvio excedendo de nove pontos um quartil inteiro.

Apesar dessa variação bastante acentuada, vemos, entretanto, que ela é mais fraca do que o seria o

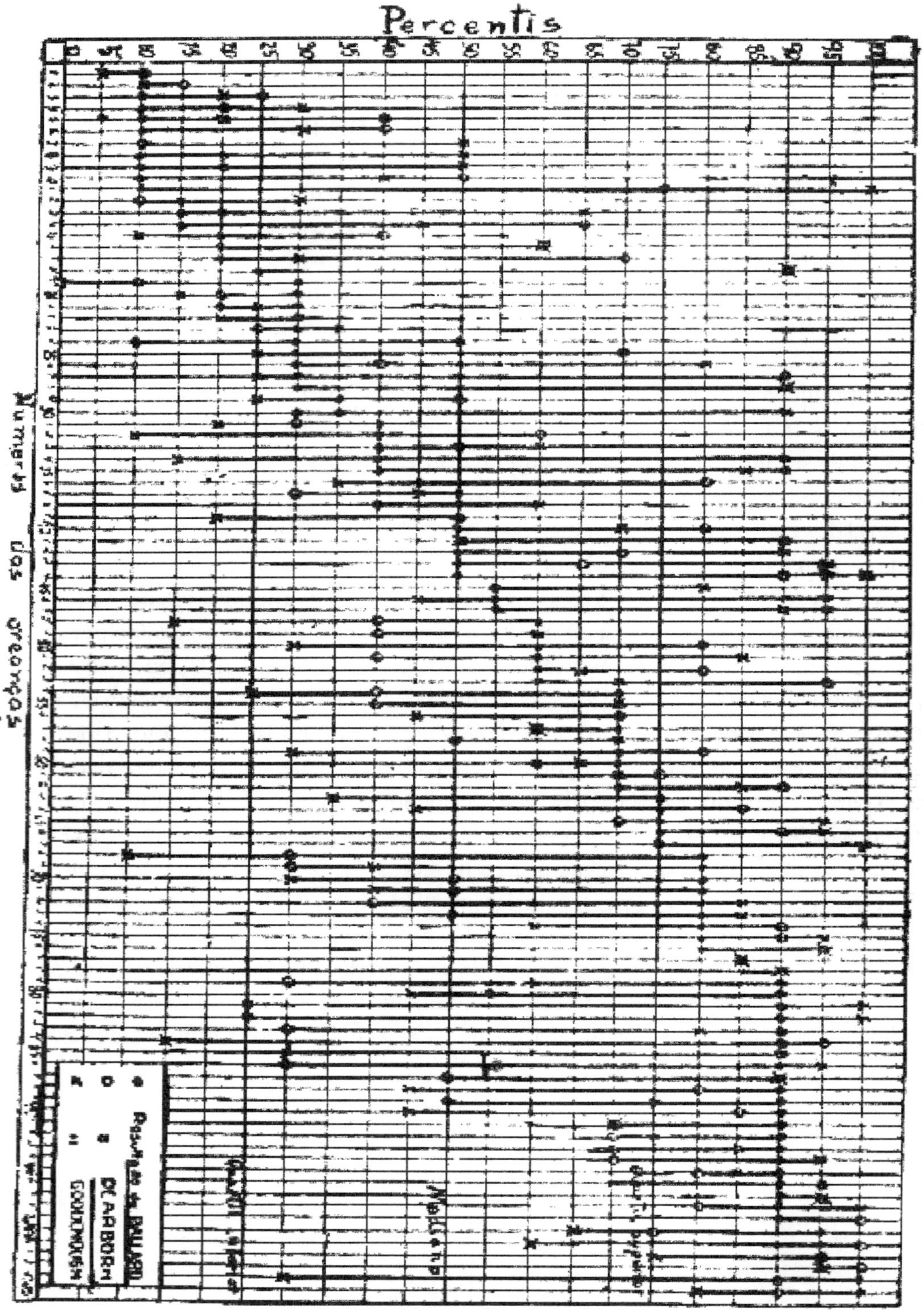

Fig. 10

desvio fortuito calculado em dados de puro azar... Para chegar a esta asserção, procedemos à verificação seguinte: recortamos 21 quintis de 0 a 100, colocamo-los em um saco e, misturando-os bem depois de cada operação, tiramo-los três vezes para cada um dos 105 casos fictícios. A variação dos percentis assim obtidos nos deu o desvio de 54 percentis. Vê-se, pois, que esse desvio entre os três resultados fortuitos excede de 20 percentis o nosso desvio real.

Como interpretar, entretanto, esse desvio real entre o resultado dos três testes de inteligência geral para as mesmas crianças? Há certamente uma porção de fatores que intervêm nesse fenômeno: por exemplo, o estado físico e psíquico das crianças. Repetindo o mesmo teste para os mesmos examinandos em dois dias diferentes, não se obtém geralmente uma identidade perfeita entre os dois resultados: o coeficiente de constância *(reliability)* difere sempre ele uns tantos por cento de um coeficiente perfeito, que é a unidade. Um dia estamos mais bem dispostos do que em outro, nossa atenção pode ser mais ou menos concentrada, e também mais vivo o nosso interesse em realizar o teste.

Como já dissemos, nossos testes não foram feitos pelos mesmos experimentadores; ao passo que uns eram mais aptos para estimular a atividade das crianças, outros só podiam fazê-lo medianamente. Admitindo-se que os testes foram feitos de maneira coletiva, isso é, que a classe inteira neles tomou parte, nem sempre foi possível evitar que tal ou tal criança copiasse do vizinho e que não se lhe atribuísse por esse fato, bem desagradável sem dúvida, um quociente intelectual maior que o que realmente tem.

Ao lado desses fatores extrínsecos há também, certamente, fatores íntimos, ainda mais consideráveis, que não deixam de produzir essas diferenças nos resultados dos três testes, a saber variedade das funções mentais e das aptidões que cada um dos testes põem em ação, como demonstramos pela análise anterior: certas crianças têm aptidões especiais muito notáveis para o desenho, e isto influi para que elas resolvam admiravelmente o teste de Goodenough; outra é particularmente observadora e resolve melhor o teste de Dearborn; uma terceira dispõe de uma atenção auditiva notável, bem como de uma linguagem desenvolvida, e resolve muito melhor o teste de Ballard do que o teste de Goodenough, porque tem verdadeira aptidão para o desenho. Mas, se para um certo número de crianças, os desvios entre os três estes são consideráveis, para a maioria, entretanto, verificamos que os resultados não variam a ponto de nos fazer rejeitar a existência do fator central, que é a inteligência geral, ou o conjunto do desenvolvimento mental.

Submetendo os resultados ao cálculo das correlações binárias entre os testes, a senhorinha Aida Barreto Coelho, professora-aluna da Escola de Aperfeiçoamento, encontrou os coeficientes de correlação (Pearson) seguintes: (para verificar os resultados, as correlações foram calculadas de cada vez, em relação às meninas e aos meninos, separadamente).

	Goodenough		**Ballard**	
	125 meninos	150 meninas	150 meninos	135 meninas
Dearborn	**+ 0,51**	**+ 0,53**	**+ 0,62**	**+ 0,65**
Goodenough			**+ 0,61**	**+ 0,70**

Todos os coeficientes, como vimos, são positivos e mais fortes que 0,50, o que mostra que os três testes, embora dêem resultados diferentes, revelam, entretanto, um certo parentesco quanto às funções que põem em jogo.

Para realçar a grandeza, da correlação entre os três testes de inteligência, a qual se eleva, em média, a um coeficiente positivo de 0,607, julgamos interessante justapor o de correlação entre o teste de influência geral de Ballard e o teste de atenção de Piéron (cancelamento dos sinais). Essa última é absolutamente nula, pois o seu coeficiente foi apenas 0,001, calculado em relação às 150 crianças. Essa comparação nos faz concluir que as funções psíquicas postas em jogo pelos três testes de inteligência geral não são aptidões mentais, quaisquer, mas que os autores souberam agrupar as que estavam numa relação real com o desenvolvimento mental geral das crianças.

Se os três testes dão uma correlação bastante forte, permitindo-nos até inferir acerca da existência do fator central, essa consideração de ordem geral e teórica não nos dá, entretanto, o direito de apreciar o desenvolvimento mental da criança, empregando apenas um teste de inteligência, o que seria possível se o coeficiente tivesse revelado uma correlação perfeita.

Como resolver praticamente o problema da medida da inteligência da criança nº 11 do nosso gráfico anterior, cujos resultados foram tão heterogêneos; percentil 10, para o de Ballard, 75, para o de Dearborn, e 100, para o de Goodenough? Qual é entre os três, o percentil que corresponde de maneira mais adequada ao desenvolvimento mental dessa criança? Essas diferenças, tão notáveis, mostram que a inteligência dessa criança não corresponde a nenhum desses resultados em particular, mas, provavelmente, à média dos três. Porque se a criança se mostra tão fraca (salvo se esteve doente naquele dia) em relação ao teste de Ballard, é que lhe faltam certas aptidões que a fizeram fracassar neste teste. Mas, se ela resolveu bem o teste de Dearborn e melhor ainda o de Goodenough (a não ser que ele tenha copiado), naqueles dias, dos vizinhos, é que essa criança tem certas qualidades psicológicas muito acima daquelas de que é capaz a maioria das crianças de sua idade.

"Somos um feixe de tendências: e é a resultante de todas essas tendências que se exprime em nossos atos e faz a nossa existência ser o que é. É, pois, esta totalidade que cumpre saber apreciar." Essas palavras tão claras de Binet apliquemo-las ao nosso caso. A inferioridade de alguns de seus caracteres é compensada pela superioridade de outros, a tal ponto que, na vida, essa criança saberá adaptar-se e dará um rendimento social provavelmente acima daquilo que o teste de Ballard nela diagnostica, mas também, provavelmente, abaixo daquilo que lhe atribuiu o teste de Goodenough. Não tendo um conjunto intelectual muito elevado, essa criança, de certo, não saberá tirar de suas boas aptidões para o desenho, senão, um rendimento medíocre. A média dos três testes a classifica, efetivamente, com o percentil 62, entre as médias. O mesmo acontece com a maior parte das crianças que temos examinado e que deram, para os três testes, resultados divergentes.

Sob o ponto de vista prático, seria, pois, muito mais prudente empregar todos os três testes, sem se confiar em nenhum deles isoladamente. Se, entretanto, as circunstâncias não permitirem aplicar todos os três, há um meio de obviar ao inconveniente do teste único: confrontar os resultados com a observação direta do trabalho escolar da criança. Onde a observação coincide com o teste, o diagnóstico é mais seguro; nos casos em que tal coincidência não existe, somos obrigados a aplicar um segundo teste, ou mesmo um terceiro, para nos pronunciarmos de maneira mais eficiente a respeito da inteligência da criança e tratarmos de analisar estes casos particulares, descobrindo as aptidões que faltam em tais ou tais crianças.

Os testes de inteligência esclarecem apenas a respeito do conjunto de funções intelectuais. Ora, não é raro que uma criança que apenas possui uma inteligência medíocre chegue a dar um resultado escolar bom. E que, à mingua de inteligência, ela revela quantidades de caráter, tais como o esforço voluntário, a perseverança, o equilíbrio psíquico geral, que lhe permite muito bem compensar a sua mediocridade intelectual. Os mestres, de ordinário, raramente fazem abstração dessas diferenças e indicam, muitas vezes, entre as crianças inteligentes, as que se esforçam muito, as que são atentas e não tem na vida outra preocupação a não ser a de salientar-se na escola.

Terminando nosso trabalho a respeito do desenvolvimento mental das crianças de Belo Horizonte, tal como ele se deduz da aplicação e da análise dos três testes de inteligência geral feitos pelo Museu da Criança em 1930, somos obrigados a acentuar, ainda uma vez, que esse trabalho, dadas as condições em que foram feitos os testes, deve ser considerado apenas como de aproximação para investigações futuras mais rigorosas quanto à técnica, e feitas por um pessoal especializado, tal como o serão as futuras assistentes do Laboratório de Psicologia formadas pela Escola de Aperfeiçoamento.

Referências Bibliográficas

ALVES, Isaías. *Os tests e a organização escolar*. Bahia: A Nova Graphica, 1930.

BINET, A. e SIMON, Th. L développement mental chez les enfants. *Année Psychologique* 1908, 1911. Paris, Alcan. Tradução para o português do Dr. Lourenço Filho, Companhia Melhoramentos de São Paulo.

BINET, Alfred. *Les idées modernes sur les enfants*. Paris: Flammarion, 1920.

BALLARD. *Group Tests*. Londres: Hodder and Stoughton, 1927.

BURT, Cyril. *Mental and scholastic tests*. Londres: Kind and Son, 1927.

CLAPARÈDE, Édouard. *Psychologie de l'enfant et pédagogie expérimentale*. Genève: Kundig, 1926.

__________. *Comment diagnostiquer les aptitudes chez les écoliers*. Paris: Flammarion, 1926.

__________. *La psychologie de l'intelligence*. Scientia, 1917.

DEARBORN, W. F. *Games and pictures puzzles*.

DÉCROLY, O. & Buyse. *La pratique des tests mentaux*. Paris: Alcan.

FREEMAN, Frnk. *Mental tests, their history, principles and application*. Londres: Harrap.

GOODENOUGH, Florence. *Measurement of intelligence by drawings*. New York: World Book Company, 1926.

PERNAMBUCANO, Ulisses e PAES BARRETO, Anita. Ensaio de aplicação do Teste das 100 Questões de Ballard. *Arquivos Brasileiros de Higiene Mental*, Rio de Janeiro, set. 1930.

PIAGET, Jean. *Le jugement et le raisonnement chex l'enfant*. Neuchatel, Paris: Délachaux et Niestlé, 1924.

STERN, William. *Die intelligenz der Kinder und Yugendlichen*. Leipzig: Barth, 1928.

TERMAN, Lewis. *The measurement of intelligence*. Boston: Houghtn Mifflin, 1916.

__________. *The intelligence of school children*. Boston: Houghton Mifflin, 1919.

PARTE 2

Desenvolvimento afetivo e social

Estes textos, publicados entre 1928 e 1949, em Genebra, Belo Horizonte e Ibirité, Minas Gerais, revelam a pesquisadora atenta ao desenvolvimento dos afetos, da imaginação e da moralidade na criança, em suas relações com o ambiente social e com a educação. A pesquisa sobre "Ideais e interesses das crianças de Belo Horizonte" contém interessante discussão sobre a relação natureza–cultura na formação das tendências psicossociais nas crianças, evidenciando tanto as bases filosóficas emprestadas a Rousseau quanto a formação higienista, mais diretiva, que marcam o pensamento da autora nessa época. Os demais trabalhos tratam do desenvolvimento infantil na família, na escola, nos asilos para crianças excepcionais e/ou abandonadas, no meio rural, abordando as características desses diferentes ambientes socioculturais e seus efeitos sobre a formação da subjetividade.

Observações sobre a compaixão e o sentimento de justiça na criança[1]

1928

A compaixão é um sentimento freqüente na criança, sobretudo nas pequeninas. As pesquisas de Sounders e de S. Hall[2] e depois as de Noeck e de K. Groos[3], arrolando inúmeras observações, vieram mostrar o papel desempenhado por esse sentimento na vida da criança. Estes autores não puderam focalizar, suficientemente, uma de suas características, a relação entre a compaixão e o sentimento de justiça.

Algumas observações feitas sobre um menino, no período de 3 a 9 anos de idade, parecem-nos interessantes nesse sentido: lançam uma luz sobre a gênese do sentimento de justiça e da moral na criança.

A primeira manifestação clara de compaixão em meu filho, apareceu na idade de 3 anos, a propósito de uma estória que lhe contei. Era um pequeno conto popular, muito difundido na Rússia, conhecido por todas as crianças russas. Ei-lo, em poucas palavras: "Dois bons amigos, o gato e o galo, que muito se estimam, vivem sozinhos em uma cabana. O gato cuida da casa e todas as manhãs vai ao mercado. Antes de sair, não deixa nunca de recomendar ao seu pequeno amigo que feche bem a cabana, pois Mestre Raposa anda aparecendo pela vizinhança. Mal o gato sai, a raposa não se faz esperar e, com uma voz muito doce, convida o pequeno galo para saborear os gostosos grãozinhos que lhe traz. O galo se deixa tentar e abre a janela; a raposa lhe salta em cima e o leva para sua casa. Felizmente, o gato ainda não está muito longe: ouve os gritos desesperados de seu amigo e chega a tempo de salvá-lo. A mesma coisa acontece por três dias seguidos e somente na terceira vez o gato não ouve mais os gritos e o galo é levado para sempre".

Esta estória foi, seguramente, a causa do primeiro desgosto verdadeiro na vida de meu filho, a julgar pelas lágrimas que derramou pela sorte do infeliz galo. E foi, também, a causa de sua primeira ira, pois que ele se enfureceu contra a raposa, insultando-a com todas as palavras injuriosas de seu vocabulário de 3 anos.

Alguns meses após, tive oportunidade de encontrar uma variante dessa estória que terminava assim: "O gato voltando à casa e não encontrando o amigo, adivinhou sua desgraça. Então ele se disfarça em cantor ambulante, e à noitinha, encaminha-se para a casa da raposa e põe-se a cantar sob sua janela. A raposa manda sua filha mais nova ver quem está cantando lá fora, tão bonito. Assim que a raposa filha aparece à porta, o gato disfarçado salta sobre ela e a empurra para dentro do seu saco. Não vendo voltar a filha, a raposa envia a segunda filha, depois a terceira, depois vai ela própria e tem a mesma sorte que suas três filhas. Assim, depois de ter massacrado toda a família-raposa, o gato entra na casa e liberta o pequeno prisioneiro".

Li esta estória para meu filho, quando ele tinha 4 anos. Ele guardava, ainda, do conto, uma lembrança penosa, pois escutou o princípio com um ar carrancudo, cabeça baixa. No momento do terceiro rapto do pequeno galo, tentou tomar-me o livro. Eu não deixei, dizendo que aquela era uma estória diferente, em que o galo seria salvo e li o conto até o fim.

Que alegria, então, para o menino! Ele passeava pelo quarto, batia palmas com uma expressão de triunfo supremo. Era alegria pela libertação do galo! Mas era também sem dúvida, a alegria da vingança. "Bem feito, bem feito, mataram a raposa: a má, a malvada não existe mais. Bem feito!" A seu pedido, tive de reler a estória vezes seguidas; o menino parecia ter necessidade de sentir a raposa bem punida, bem destruída.

---

[1] Traduzido de Helena ANTIPOFF. Observations sur la compassion et le sens de justice chez l'enfant. *Archives de Psychologie*, 21 (82), set. 1928.

[2] SOUNDERS and HALL. *Pity, Am J. of Pychology*, XI, 1900.

[3] W. Boeck. *Das Mitleld bei Kindern*. Giessen, 1909.

Com a idade de 4 anos e 10 meses, ele me proporcionou a ocasião de observar uma compaixão intensa, quando de sua primeira visita a uma igreja. Uma bela catedral meio escura, alguns passos ressoando como numa catacumba; aqui e ali velas de cera iluminam os ícones com fina pintura bizantina, diante dos quais se ajoelham silhuetas piedosas; pairando por tudo, um odor de incenso que nos penetra desde a entrada. Tudo isto impressionou o menino; sua mão crispa-se na minha, seus olhos se abrem, ao máximo. De repente ele estremece, puxa-me para um canto da Catedral: acima de um pequeno altar onde brilham círios, o Cristo crucificado, em tamanho natural, se eleva. A cabeça dolorosamente pendida, o sangue escorrendo das chagas, tudo revela o martírio. O menino me pergunta com ansiedade: "Por que está chorando este senhor? Pobre homem! Quem foi que lhe fez isto?". Depois, chora; tive de tirá-lo da igreja, pois que se pôs a soluçar tão violentamente que receei que fosse sentir-se mal. Dizia palavras de comiseração pelo Cristo e não parava de interessar-se por saber quem tinha feito tanto mal. Contei-lhe em poucas palavras, a história de Jesus e de seus algozes. Sua desolação foi grande, só pouco a pouco pôde acalmar-se. "Pobre, pobre Cristo, soldados maus!" dizia ainda, muitas e muitas vezes.

Ele tinha 5 anos quando li para ele, pela primeira vez uma série de aventuras de *Max e Moritz*, de Busch. Muito jovem ainda para apreciar as espertezas desses dois pequenos marotos, meu filho escutava a estória com pouco interesse. Isto não o impediu, no entanto, de sentir um choque no momento da desventura dos dois frangos assados roubados por Max e Moritz. A mulher, atribuindo o roubo ao pequeno cão, lhe dá fortes pancadas. Novamente os soluços se desencadeiam instantaneamente: "Pobre, pobre cãozinho. Mulher má, meninos maus!". Assim dizendo, e antes que eu percebesse, ele rasga a página com o episódio e a figura do pequeno cão espancado. Não quis ouvir mais nada da estória e o livro foi banido de sua biblioteca.

Alguns meses depois eu lhe reli as aventuras de *Max e Moritz* omitindo o episódio do pequeno cão, cuja página faltava, e desta vez nós pudemos terminar a estória. O menino não demonstrou nenhum desgosto pelo fim trágico dos dois gaiatos; muito ao contrário, pareceu satisfeito: "bem feito para eles, foi por sua causa que o cãozinho foi espancado", disse.

Segundo a pesquisa de Boeck, o número de casos de compaixão nas crianças decresce a partir dos 6 anos. Nosso pequeno observado a manifesta, ainda, freqüentemente, até mais tarde. Ele se mostra sempre sensível às infelicidades alheias mas seu sentimento se torna um pouco diferenciado. Assim, o pequeno galo do conto russo já não desperta mais toda a sua compaixão, pois que a infelicidade lhe veio por sua própria culpa, por causa de sua imprudência, de sua desobediência. É muitas vezes a infelicidade dos personagens secundários na estória que provoca sua compaixão, a ponto de embargar a leitura do livro inteiro. Por exemplo, em uma estória muito apreciada pelas crianças, "Pipo" (edição Hachette), há um episódio relatando uma agressão de bandidos. O herói sai são e salvo mas o cocheiro de sua carruagem é morto. Malgrado o vivo interesse que o menino tinha pelo livro, tivemos de abandoná-lo por algum tempo antes de continuar a leitura; de outra feita, tive de interromper o resumo de um filme histórico, "O Milagre dos Lobos", porque um personagem acessório, o tio da jovem heroína, é assassinado em viagem. A sorte dessas vítimas perfeitamente *inocentes,* colhidas pela desgraça, é a que mais atinge o coração do menino.

Ele não gosta de falar de seus sentimentos, as perguntas parecem aborrecê-lo e não responde. Às vezes, no entanto, parece resolver e justifica espontaneamente sua comiseração. Aos 8 anos de idade, deixou-se tomar de viva piedade, a propósito de um relato de caça nas florestas tropicais: o caçador persegue uma família de macacos e abate a macaca, mãe de muitos filhos. Lágrimas de desolação: "Mas por que matar a mãe? Não se pode matar uma mãe, se ainda fosse um filho, não seria tão grave; mas os pequeninos que ficam sem mãe! Oh! Que horror! Que caçador desastrado!".

Finalmente, com a idade de 9 anos, ouviu a lenda de Siegfried (versão de Butts). Gostava muito da estória do tesouro dos Niebelungen e me pedia que a lesse várias vezes. Demonstrou uma viva antipatia por Kriemhilde, desde o seu aparecimento na estória; o episódio com a bebida mágica, que ela dava a Siegfried para fazê-lo esquecer Brunhilde, desagradou-o profundamente e ele parecia desinteressar-se do livro no momento do casamento de Siegfried com Kriemhilde. Pressentindo o perigo para o herói, meu filho tomou-me o livro das mãos e o folheou ansiosamente. Encontrou a figura de Siegfried ajoelhado numa fonte, de costas para Hagen, que levanta sua espada sobre o ponto vulnerável de Siegfried. O menino estremece, deixa o livro, depois o retoma, olha a gravura com um ar de dor e me diz: "Lê tu mesma, depois me conte somente o que aconteceu ao tesouro de Niebelungen, isso me interessa". Depois, virando as páginas e encontrando a figura de Kriemhilde: "Eu a detesto. Ela é tão feia, com suas tranças, com sua roupa idiota... oh! como é feia!". O tom era tão desfavorável para a pobre Kriemhilde que pouco faltou para que lhe desse um soco ou não rasgasse a sua imagem. Tomei depressa o livro de suas mãos. Conhecia muito bem o gênio de meu filho para pressentir o quanto sofria por Siegfried e como procurava reter as lágrimas, impedindo a continuação do relato. Perguntei-lhe, no entanto, porque não queria continuar a leitura. Pareceu perturbado, balbuciou qualquer coisa, eu insisti. Então, todo confuso, ele me diz: "Eu imaginava Siegfried o mais forte, o maior de todos os homens; eu imaginava Siegfried como eu mesmo, o mais forte, o mais corajoso de todos e não quero que ele morra".

O que surpreende na análise dos casos de compaixão na criança é o caráter particular do objeto de sua comiseração. Nem toda infelicidade, nem todo sofrimento alheio provocam, necessariamente esse sentimento. Há necessidade de alguma coisa ainda pois, segundo o caso, a desgraça alheia tanto pode suscitar a mais profunda piedade como, ao contrário, a ira triunfante. Na pesquisa minuciosa de Bock não encontramos senão um caso, inteiramente excepcional, em que a criança se desola pelo lobo estripado em "Chapeuzinho Vermelho". A atitude geral frente a esse lobo, como se sabe, é muito diferente.

Tal dualidade de atitude frente à desgraça revelou-se no comportamento tão diferente de meu filho, de um lado em relação ao pequeno galo e, de outro, em relação às filhas da raposa. Se bem que inocentes, mas pertencendo ao culpado, então são culpados também – sua morte causa alegria à criança. Mas, suponhamos que a estória começasse pelo fim: "Um galo disfarçado, na calada da noite, vem cantar sob a janela de uma cabana habitada pela família-raposa. A filha raposa, a mais nova, sai para ver quem canta assim tão bem; desde que aparece lá fora, o galo fantasiado dá-lhe uma pancada com seu porrete e a mete em seu saco". Adivinhamos a reação da criança: ela se tomará de piedade pela filha-raposa e de raiva contra o galo; arrebatará o livro e o rasgará em mil pedaços para deter a ignomínia. O mesmo episódio, colocado no início ou no fim da estória causará efeitos diametralmente opostos.

Daí devemos concluir que, na criança muito pequena, ainda sem sensibilidade desenvolvida frente ao infortúnio puro, trata-se, quanto ao móvel da compaixão, de uma percepção afetiva de conjunto, de uma "estrutura" moral elementar que a criança parece possuir muito cedo e que lhe permite apreender, de um só golpe, o mal e a causa desse mal, a inocência e a culpabilidade. Diremos que se acha, aqui, uma *percepção afetiva de justiça.*

Se a percepção afetiva da justiça, revelada nos casos de compaixão, de manifestação assim de maneira tão precoce nas crianças, no tempo em que na esfera intelectual são ainda tão mal apreendidas as relações de causa e efeito, não estaremos, pois, frente a uma manifestação moral inata, instintiva, e que para desenvolver-se não necessita, em suma, nem de experiências prévias nem de socialização das crianças entre seus semelhantes? Parafraseando, podemos dizer que o coração da criança tem razões que sua razão desconhece.

Ainda uma outra característica merece nossa atenção nessas observações. Vimos que tratamos de uma criança sensível à dor alheia. Mas nem todas as crianças sensíveis reagem do mesmo modo. Há crianças, por exemplo, que encontram uma verdadeira alegria com o sofrimento alheio e sem distinguir se o ser que sofre é *bom* ou *mau*... São esses pequenos monstros que se divertem em martirizar animais ou crianças menores que eles e que se rejubilam ao ouvi-los gritar e chorar. Ao lado dessas reações *sadistas,* raramente encontradas, existe a reação *masoquista.* As crianças deste tipo, mais numerosas, e mais vezes encontradas entre as meninas, são atraídas para as coisas tristes, para tudo o que sofre, tal como os morcegos pela obscuridade. Não se cansam das estórias trágicas relatando infortúnios e sofrimentos dos heróis, bons ou malvados; pedem-nos sem cessar e as ouvem soluçando, com a morte na alma. Sem revelar *insanidade moral,* como no primeiro caso, este amor pelo sofrimento, para com ele sofrer também, dá a impressão de alguma coisa de doentio na criança.

O pequeno objeto de nossas observações representa um terceiro tipo. Estas crianças sentem muito intensamente o infortúnio alheio; a compaixão se desencadeia nelas quase como um reflexo com tempo de reação muito curto, acompanhada de gritos e de lágrimas abundantes. Mas, longe de se comprazerem no sofrimento, este, muito ao contrário, lhes é insuportável. Nosso pequeno observado, nós o vimos, se opõe ao infortúnio alheio por todos os meios. Mas isto não é tudo. Sente-se que o sofrimento não o abandona senão quando encontra meios de *polarizar* seu sentimento, transformando a compaixão pelo infeliz em ira pelo culpado.

Eis ainda uma última observação que ilustra bem essa polarização afetiva: com a idade de 8 anos, ele soube da morte de seu avô que muito queria. A notícia o atinge como um raio. Soluça perdidamente. "Que pena, que pena, pobre vovô!", não cessava de repetir. Fiz o melhor para consolá-lo, mas seu desgosto não fazia senão aumentar. Bruscamente seu rosto muda de expressão, ele se recompõe e brande os punhos ameaçadores para o céu: "Foi Deus que o fez morrer, o malvado Deus. Ele faz todo mundo morrer, só ele não morre. Oh! O malvado Deus que tudo pode!".

Tratemos de penetrar esse dinamismo psíquico de dois pólos. Todo sofrimento supõe uma luta. Todos os infelizes que observamos, todos tiveram de suportar uma luta contra o mais forte e o mais feroz. Cada um luta à sua maneira e todos malogram porque suas forças chegam ao fim. A criança, simpatizando com os infelizes, se intropatizando neles, reveste-se, se assim se pode exprimir, de seu corpo e de sua alma, luta e sofre com eles. Mas enquanto que esses infelizes sucumbem na luta, a criança, personificada neles continua, na realidade, viva e de posse de todas as suas forças. Prossegue, então, na luta e cai sobre o inimigo com tanto mais de ardor quanto se sente são e salvo e bem vivo.

A criança se vinga como pode: grita, protesta e, ante o culpado, cobre-o de censuras, insulta-o. É sempre ele o defensor, quem tem a última palavra no conflito, de modo que a vítima de que a criança toma o partido fica, de algum modo, *vingada*.

Esta nova forma de reação frente ao infortúnio alheio e que se poderá chamar de reação vingativa, seria a reação normal das crianças de 3 a 9 anos ou, antes, teremos aqui uma terceira anomalia a arrolar ao lado do *sadismo* e do *masoquismo* e que resultaria de tendências rancorosas de certas crianças?

Pensamos, no entanto, que se trata, aqui, não de uma simples reação afetiva, mas de uma reação *moral*. O dinamismo psíquico engendrado pela compaixão e que se resolve pela vingança, obedece, aqui, à *lei de talião*, lei moral primitiva, baseada no postulado da justiça e resistência ativa ao mal.

Se a reação vingativa representa uma reação normal das crianças pequenas, merece ser estudada mais profundamente; seria necessário seguir sua evolução progressiva e ver como poderia ela ser utilizada e dirigida na educação do caráter moral do indivíduo.

Ideais e interesses das crianças de Belo Horizonte e algumas sugestões pedagógicas[1]

1930

O modesto trabalho que apresentamos ao leitor é a primeira publicação do "Museu da Criança". Este Museu, criado sob os auspícios da Escola de Aperfeiçoamento de Belo Horizonte, em outubro de 1929, incluiu em seu programa o estudo minucioso e aprofundado da criança brasileira.

Ninguém que se preocupe com a infância e com os meios de educá-la porá em dúvida a importância que há em perscrutar os interesses infantis, esse aspecto tão precioso da vida mental das crianças. Conhecemos o valor que a moderna psicologia atribui ao interesse e às aspirações espontâneas da criança: muitas vezes descobre neles os sintomas das necessidades físicas e espirituais, funcionalmente ligadas ao crescimento do indivíduo e à formação de sua personalidade. Seguir a natureza, dela tirar as regras de conduta para educá-la de acordo com o ideal pedagógico – tal seria o método da escola ativa e da educação funcional.

O Museu da Criança, tendo em mira descobrir a natureza infantil, inscreveu no rol de suas pesquisas a investigação de seus interesses e ideais. Eis aqui os motivos secundários que determinaram iniciasse o Museu as suas pesquisas com um inquérito desse gênero:

Em primeiro lugar, um motivo pessoal. Convidada pelo Governo de Minas Gerais para organizar um laboratório de psicologia pedagógica, na Escola de Aperfeiçoamento, para as professoras do Estado, e de promover investigações entre os alunos, a fim de estabelecer as normas de desenvolvimento físico e mental, procurei, logo depois de chegada a um país totalmente desconhecido para mim, encontrar uma sonda que me permitisse orientar-me, o mais depressa possível, quanto à psicologia dos pequenos brasileiros, e apanhar a sua fisionomia psíquica geral.

Seria preciso começar por estabelecer o nível mental por essa ou aquela escala métrica de inteligência, inquirir as aptidões especiais, ou, senão, fazer um inquérito global sobre os seus interesses e os seus ideais? Esta última orientação foi a escolhida, porque prometia os primeiros resultados em tempo relativamente mais curto.

Ao lado do motivo pessoal, havia também este: os colaboradores. Conhecendo muito imperfeitamente o português, eu devia confiar toda experimentação aos cuidados das zeladoras do nosso incipiente Museu, todas alunas da Escola de Aperfeiçoamento e colaboradoras bem pouco experimentadas ainda, pois os estudos de psicologia, que empreenderam com o Dr. Simon e o Prof. Walther, datavam de seis meses apenas. Que resultados poderíamos esperar de pesquisas delicadas de psicologia experimental, conduzidas por essas noviças em psicologia? Cumpria, pois, para o início, escolher um trabalho extremamente fácil e simples, que lhes permitisse cometer o mínimo de erros possível e cujos resultados pudessem ser utilizados.

O método mais simples em psicologia é, incontestavelmente, o do inquérito. Exige menos prática, a intervenção do experimentador é mínima e, na maioria dos casos, os próprios experimentados escrevem sua resposta no questionário impresso. A função do experimentador consiste simplesmente em enunciar a senha, previamente composta, e fazer com que o trabalho se processe em uma atmosfera de perfeita disciplina; à falta desta, por um ou por outro motivo, observar tudo o que se deu durante a realização do inquérito.

O terceiro motivo é de ordem didática. Tendo como colaboradoras alunas da Escola de Aperfeiçoamento, eu era obrigada não somente a ter em vista o fim científico, de interesses para o Museu, como também o fim

[1] Escrito "com a colaboração das professoras-alunas da Escola de Aperfeiçoamento". Publicado originalmente no Boletim nº 6, Belo Horizonte: Secretaria do Interior de Minas Gerais (Inspectoria Geral da Instrucção), 1930.

prático de iniciar e preparar minhas alunas nos métodos da psicologia experimental. O melhor meio era precisamente começar por um trabalho muito elementar e exigindo uma execução rigorosamente exata.

O método do inquérito é recomendável para as iniciações, sobretudo aos pedagogos profissionais; obriga a uma atitude inteiramente passiva em relação à criança. O método dos "testes", a aplicação da escala de Binet-Simon, por exemplo, é muito mais delicada, neste ponto de vista. Nossa longa experiência mostrou que o pedagogo que se entrega à experimentação psicológica fica, em relação à criança que ele examina, na atitude de quem lhe ensina. Ministrar sugestões, soprar a resposta quando a criança se sente interdita, ajudá-la por todos os meios a fim de que ela chegue a resolver tais questões, são processos habituais e naturais em didática.

É inteiramente diverso o que se passa na psicologia, principalmente no método dos testes, onde a senha que se dá ao assunto corresponde a uma dificuldade estritamente graduada. A senha dada sob outra forma, seja mais fácil ou mais difícil, torna os resultados imprestáveis. O método do inquérito habitua o experimentador noviço a ser passivo, a deixar a criança falar sozinha e a exprimir seus pensamentos sem que a influência de um adulto os desnature. O método do inquérito serve ao pedagogo de ponte para abordar o exame psicológico. O inquérito lhe faz descobrir a criança, ficando ele inteiramente passivo. O pedagogo muitas vezes desconhece a criança, exatamente porque não lhe deixa a palavra suficientemente emancipada do eu do mestre ele próprio. A melhor falta que a criança comete, à menor incoerência na opinião do pedagogo, intervêm o mestre, que desvia o pensamento próprio da criança. Mas, antes de reagir e de corrigir a criança, cumpre deixá-la exprimir-se livremente a fim de lhe conhecer a mentalidade, a estrutura psicológica. O mestre que conservou uma criança durante muitos anos em sua classe se sente por vezes maravilhado com as respostas reveladas pelo inquérito; por vezes, ao contrário, as respostas desapontam o mestre: ele julgava mais inteligente o seu aluno.

E, pois, empregamos de bom grado o inquérito com os estreantes em psicologia aplicada. Desconfiem do resultado dos testes, a que não precedeu um exercício de treino, tal como o inquérito, por exemplo.

Ocioso acrescentar que o método do inquérito em psicologia não passa de um método de sondagem. As respostas que ele acarreta e as conclusões que dele se tiram não podem ser consideradas definitivas. A alma humana é demasiado complexa para que um método tão grosseiro como o do inquérito possa penetrar-lhe o delicado mecanismo. O método do inquérito nada mais é que um rude golpe de pá, que soergue a camada exterior.

Todas as conclusões que sugere só podem ser consideradas como hipóteses que um método mais delicado e mais perfeito deve ainda estudar e verificar.

Todas as conclusões que nos abalançamos a adiantar nesta modesta contribuição só devem ser consideradas sob tal reserva. Ficaríamos contrariados se assim não fosse. O número de crianças por idade, por sexo, por meio social, é demasiado restrito para eliminar as influências fortuitas. E, pois, cumpre, em primeiro lugar, multiplicar o número de crianças que participem do inquérito; em segundo lugar, individualizar o inquérito com certo número de crianças, orientando-o para o "método clínico", preconizado por J. Piaget, de Genebra.

Seria interessante ver, por exemplo, o efeito da experiência da criança precedendo imediatamente ao momento do inquérito; estudar a influência das estações; a parte que representa a formulação inteiramente verbal das perguntas; procurar ver se outra expressão do questionário não dá resultados sensivelmente diferentes.

É indispensável, também, completar o inquérito com observações diretas sobre os brinquedos, as ocupações, as leituras, as despesas das crianças. Os resultados do inquérito poderão ser utilizados enquanto sugerirem os pontos de vista sob os quais seria mais conveniente colocar-se o observador.

Nosso estudo sobre os interesses e as ideais das crianças apenas começa com o presente trabalho. É o primeiro esboço. Poderíamos ter suspendido a publicação dele, aguardando os resultados do inquérito desenvolvido, mais probante. Publicamo-lo apenas com o intuito de estimular e acoroçoar outros esforços, de suscitar trocas de idéias e de opiniões entre as pessoas que conhecem as crianças e por elas se interessam.

A todas as alunas-mestras que participaram no inquérito, bem como a todas as diretoras e professores das escolas que amavelmente nos permitiram levantá-lo, dirigimos nossos sinceros agradecimentos.

Introdução

A determinação dos interesses e dos ideais pode ser incluída no grupo das investigações psicológicas, chamadas *psicotrópicas*. Tomamos de empréstimo ao nosso mestre Édouard Claparède este termo, alterando, ou melhor, aplicando o sentido que ele lhe deu. Queira ele perdoar-nos o plágio.

No capítulo concernente a "A fisionomia mental", de seu livro *Como diagnosticar as aptidões nos escolares*, Claparède consagra um parágrafo à orientação geral do espírito ou à psicotropia. Esta seria uma atitude particular que o indivíduo pode adotar em relação ao mundo exterior. "A psicotropia dependeria de uma inclinação do interesse, enquanto esse fenômeno exprime e regula as relações do sujeito e do objeto." Esta definição patenteia que se trata aqui de uma *orientação intelectual* do espírito, e, pois, de um caso especial da psicotropia. Ele poderia ser decisivo para a compreensão do indivíduo; "constituiria um plano de clivagem fundamental da tipologia"; mas fica sendo apenas um sintoma particular, uma atitude formal do espírito para a qual preferimos, com Claparède, o nome de *nootropia*. Ela entraria como investigação especial na pesquisa mais global acerca da orientação geral da personalidade, a psicotropia.

Procurar determinar as necessidades, os gostos, os interesses, as aspirações, as idéias dos indivíduos ou de uma coletividade inteira, é procurar colher os vestígios materiais (se assim podemos exprimir-nos) das tendências psíquicas íntimas e de acordo com o eu. Realizando-se mediante inquéritos acerca das ocupações, dos jogos, das leituras preferidas, acerca das profissões a que aspiram os indivíduos, dos seus propósitos, do emprego fictício de uma soma de dinheiro que seria posta a sua disposição, essa indagação revela o psicotropismo positivo.

Pedindo aos indivíduos que indiquem as ocupações de que menos gostem, os modelos humanos a que tenham aversão, ou a ação que considerem mais vil, obter-se-ia dessa maneira o tropismo psíquico negativo em desacordo com o eu. O girassol, orientando a sua flor para o sol, evita, por isso mesmo, a sombra. Na orientação humana existem igualmente esses planos diametralmente opostos, esses pólos de atração e de repulsão, segundo os quais se grupariam as diferenças individuais? A resposta é duvidosa. As personalidades monolíticas, os tipos puros, os fanáticos, os "homens de um só livro" não passam de exceções na grande legião dos tipos mistos, dos homens cuja existência é tecida de contradições, sem orientação definida, mas ao acaso das circunstâncias e moldando-se pelo meio que os nutre espiritualmente. A psicotropia é móvel para a maioria dos indivíduos. Os exemplos das conversões religiosas, as mudanças de profissão, a deserção de um partido político para outro, radicalmente oposto, a carreira polimorfa de um Mussolini, aí estão exemplos eloqüentes da instabilidade psicotrópica.

A mobilidade da orientação psíquica geral é, sobretudo, evidenciada na criança. Os múltiplos inquéritos acerca dos interesses e dos ideais provaram que esta psicotropia geral varia de uma idade para outra. Verificou-se, igualmente, que a psicotropia, deslocando-se na escala das idades, marca um caminho determinado: os interesses e os ideais das crianças se sucedem numa certa ordem; a ordem encontrada no inquérito de um país se repete *grosso modo* no inquérito de outro. Essa semelhança ministra à psicotropia uma base funcional relativa ao crescimento da criança.

De outra parte, os desvios que aí se deparam para a análise mais minuciosa de cada inquérito, revelam particularidades resultantes do ambiente social, da mentalidade do povo, do seu nível de cultura, do caráter da sua instrução pública, etc. A psicotropia sofre diversas influências; em primeiro lugar, age a família; em seguida, vem a escola; depois, as leituras; afinal, as experiências pessoais da própria vida.

Os inquéritos feitos em países diferentes ou nos mesmos países, mas em épocas diversas, permitindo fazer comparações, não só fornecerão informes verificados sobre a evolução psíquica da criança, mas ainda aduzirão esclarecimentos objetivos sobre a psicologia dos povos e das épocas. A análise sagaz tentará descobrir a parte que incumbe a cada uma das três alavancas nos deslocamentos da psicotropia: o meio e a educação, a idade da criança, a personalidade.

Antes de encerrar esta introdução, detenhamo-nos ainda sobre uma questão fundamental, isto é: qual a relação que existe entre os gostos, os interesses, os ideais dos indivíduos e suas disposições reais, suas aptidões? A psicotropia corresponde às faculdades mais salientes? Seria ela a diretriz ao longo da qual o seu desenvolvimento se encaminharia de modo mais eficaz? Essas aspirações exprimem acaso o prolongamento positivo da personalidade? Revelam o tesouro escondido? Ou, pelo contrário, a relação é inversa, e a tese de Adler é que tem razão?

De acordo com a concepção ingênua dos físicos antigos, segundo o qual a natureza teria horror ao vácuo, a natureza psíquica igualmente não toleraria o vácuo? E não tenderia, de preferência, a preencher as lacunas com mecanismos compensadores? O jovem Pascal, burlando os cuidados pedagógicos de seu pai, afirma, custe o que custar, suas aptidões geniais para as matemáticas. O Aleijadinho, escultor brasileiro do século XVIII, depois que o escorbuto lhe mutilara completamente as mãos, porfiava com o cinzel atado aos pulsos em revelar o seu talento nas encantadoras figuras dos anjos e das Virgens das igrejas de Minas. As disposições fortes espadanam para o exterior como as torrentes subterrâneas irreprimíveis para a superfície da terra. Mais abundantes ainda são os exemplos da tese contrária: assim Demóstenes se teria tornado o primeiro orador da Grécia... porque nasceu gago. Seus esforços fabulosos suplantaram a enfermidade e supriram a falta. Tem-se observado por vezes que os homens cruéis, os algozes que, sem titubear, cortam as cabeças dos condenados, se comprazem particularmente na cultura das flores, em cuidados excessivos dos bichinhos, das aves. Onde está o verdadeiro homem, aquele que se compadece da sorte dos serezinhos débeis, aquele que se delicia com a beleza frágil de uma flor, ou aquele que se compraz em derramar sangue de um semelhante? Contradições, mobilidade de sentimentos, o horror do vácuo psíquico, tais os traços característicos de grande número de indivíduos.

Os ideais e os interesses das crianças

Com o auxílio eficaz das nossas alunas e, em particular, da senhorinha Zilda Assumpção, aluna-mestra da Escola de Aperfeiçoamento, recolhemos durante os últimos meses do ano escolar, no Brasil (outubro e novembro de 1929) 760 inquéritos. A fim de concentrar a pesquisa e colher resultados mais homogêneos, o inquérito só foi executado na capital de Minas, em Belo Horizonte, e apenas na quarta e última classe da escola primária (10.000 exemplares do inquérito acabam de ser distribuídos entre as nossas alunas-mestras, com o intuito de colher o inquérito no interior do Estado e estendê-lo aos alunos de toda a escola). Os resultados, assim generalizados, serão objeto de um trabalho mais vasto e importante do que o que hoje publicamos. Algumas palavras são necessárias para caracterizar as crianças da nossa pesquisa.

Belo Horizonte, capital de Minas Gerais, um dos mais importantes Estados do Brasil, data apenas de 32 anos. Mudada de Ouro Preto, em 1897, a capital foi construída com uma rapidez espantosa e completamente. Hoje Belo Horizonte é uma cidade moderna e adiantada, com mais de 110.000 habitantes. Ao lado da população brasileira, encontram-se numerosos elementos estrangeiros, sobretudo entre as classes operárias: italianos, portugueses, sírios, espanhóis, etc. A população brasileira propriamente dita compõe-se, mais especialmente nas classes pobres, de uma boa percentagem de negros e de mestiços.

Cidade universitária, com várias escolas especiais, colégios, ela conta quatorze grupos escolares e duas grandes escolas infantis, com um total, nestes últimos institutos, de 975 crianças. Coisa curiosa: o ensino primário é quase exclusivamente público, sem escolas particulares para as crianças até a idade de 12 anos. A escola, sendo efetivamente única, a totalidade da população infantil freqüenta a mesma escola pública, sobretudo depois de 15 de outubro de 1927, data a partir da qual a instrução obrigatória tem sido rigorosamente observada. O ensino aí é feito exclusivamente pelas professoras, salvo alguns inspetores e o diretor da instrução pública, todo o ensino está confiado a mulheres.

A duração desse ensino é de quatro anos, com quatro horas de trabalho escolar quotidiano, excetuando-se as quintas-feiras. As crianças são matriculadas desde os 7 anos. O número restrito de trabalho escolar atualmente se explica pela insuficiência de edifícios escolares e pela necessidade de ter, no mesmo prédio, dois turnos escolares, de quatro horas cada um, funcionando consecutivamente. O programa escolar, sensivelmente o mesmo que na Europa, é aqui percorrido em um lapso de tempo muito mais curto. Quanto aos métodos de ensino, tendem cada vez mais a constituir a escola ativa. As exposições de trabalhos do fim do ano mostram o grande esforço feito em Minas nesse sentido.

Malgrado a posição tropical de Belo Horizonte (19,6 do hemisfério austral a 890 m acima do nível do mar), o clima é aí salubérrimo, e o calor, mesmo no estio, é inteiramente suportável (temperatura média anual – 20°, pressão barométrica – 688 m.m.).

Resolvemos dar esses informes a fim de interpretar no seu justo valor os resultados do nosso inquérito e as comparações que vamos fazer, no decurso deste trabalho, com os inquéritos de outros países europeus e norte-americanos.

Nosso inquérito foi baseado, como o dissemos, em 760 crianças dos dois sexos, todas alunas do último ano primário, prestes a deixá-lo. Segundo o sexo e a idade, elas se repartem da maneira seguinte:

	Meninos	**Meninas**
10 anos	30	57
11 anos	72	117
12 anos	98	135
13 anos	76	81
14 anos	46	48
Total	**322**	**433**

Sendo essas crianças do mesmo ano escolar, e pois de nível mental sensivelmente igual, embora de idades diferentes, consideramo-las em globo, sem as grupar conforme a idade. Aliás, à simples inspeção, elas não pareciam diferenciar-se muito de uma idade para outra. As crianças de 12 anos, embora mais novas que seus camaradas de 14 anos, são mais precoces; as últimas – mais retardadas, quando a idade das crianças à saída da escola deve ser normalmente de 11 a 12 anos. Sendo as crianças de 12 anos as mais freqüentes no nosso inquérito, e ocupando nele o lugar médio, consideraremos 12 anos como a idade representativa do nosso inquérito. Toda vez que houver necessidade de fazer comparações com outros inquéritos consultaremos sempre os resultados de 12 anos.

Nosso inquérito é constituído das perguntas seguintes:

1ª) Qual o trabalho que prefere na escola?
2ª) Qual o trabalho que prefere em casa?
3ª) Qual o seu brinquedo preferido?
4ª) Qual o livro ou a história de que você mais gosta?
5ª) Com que pessoa queria você parecer-se?
6ª) Por quê?
7ª) Quando for grande, o que quer ser?
8ª) Por quê?
9ª) Que presente queria receber no dia de seu aniversário?
10ª) Se você tivesse muito dinheiro, que faria dele?

Essas dez perguntas, poligrafadas sobre folhas, eram distribuídas a cada criança. Cada pergunta era seguida de um espaço em branco, onde as crianças deviam escrever sua resposta. Embora o espaço fosse limitado, as crianças não pareciam incomodar-se com isso. Elas raramente se utilizavam de todo o papel.

Evitava-se fazer qualquer sugestão às crianças, proibia-se também que elas dessem a resposta em voz alta. A senha que se dava às crianças reduzia-se a isto: "Vamos fazer com vocês um pequeno trabalho, é interessante e fácil. Para vocês se saírem bem, só se exige uma coisa: que vocês reflitam antes de responder a qualquer pergunta. Não se pode falar nem perguntar nada". (Limitamos a senha a essas poucas palavras a fim de evitar qualquer sugestão. Talvez se tivesse podido excitar mais a boa vontade das crianças, indicando o intuito da pesquisa. Não o fizemos.)

Resultados do nosso inquérito

Na apuração obedeceremos à ordem seguinte: perguntas 1ª, 2ª, 3ª, 9ª, 10ª, 4ª, 5ª, 6ª, 7ª, 8ª.

a) Qual o trabalho que você prefere na escola?

Quadro 1

	Meninos	Meninas
Aritmética	33%	28,5%
Língua Pátria	13	23,5
Geografia	13	10,0
Desenho	9,8	6,5
História do Brasil	7,5	5,4
Trabalhos Manuais	2,1	8,7
Escrita	2,4	3,3
História Natural	1,2	1,7
Ginástica, jogos	1,0	1,2
Centros de interesse	0,6	0,2
Ajudar ao Professor	0,3	0,4
Catecismo	0,3	–
Estudo em Geral	16,1	10,4

O número de respostas a esta pergunta é de 335 para os meninos e de 480 para as meninas; isto é, muitas crianças não se limitaram a uma única resposta. 110 meninos e 137 meninas, ou seja 33% e 28,5% se pronunciaram pela *aritmética*. É esta que ocupa o primeiro lugar entre os ramos preferidos, deixando às outras muito menor número de sufrágios, relativamente.

Os inquéritos alemães, um de Lobsien, outro de W. Stern, feitos ambos no princípio do século, revelaram o gosto das crianças alemãs das escolas primárias, principalmente pela ginástica, depois pelo desenho e pela costura, essa última só para as meninas. (A citação se baseia em Meumann; Vorsesungen.)

Os dados atuais sobre as matérias preferidas pelos alunos alemães (1.500 alunos das escolas comuns da Renânia) ministram resultados análogos aos nossos: para os meninos como para as meninas a matéria preferida é o cálculo[2]. O inquérito russo, publicado em 1910 por Bogdanoff, que colheu entre as crianças das escolas primárias e secundárias de Moscou, como o nosso, a preferência franca pelas matemáticas.

Verificação interessante, e que estimaríamos aprofundar um dia a fim de elucidar a questão esboçada na nossa introdução, isto é, esse gosto de um bom terço de nossas crianças pelas matemáticas corresponde acaso as verdadeiras disposições dessas crianças por esse ramo? O caso não é geral: numa pesquisa que dirigimos no Instituto J. J. Rousseau, de Genebra (1925-1929), subordinada ao problema: "A quoi tient l'insuccès des

[2] Dr. W. Schultz – "L'orientation professionelle en Allemagne", *Revue de la Science du Travail*, n. 1, 1929, Paris.

enfants en arithmétique?"[3], a Sra. De Quiróz e o Sr. Bustos concluíram, interrogando as crianças particularmente fracas em aritmética, que, longe de terem aversão por esta matéria, algumas a preferem às outras matérias em que se saíram melhor.

Depois da aritmética, é a língua pátria que ocupa, entre as preferências, o segundo lugar, com 23,5% entre as meninas e 14,2% entre os meninos.

Notamos na distribuição das preferências um fato assaz surpreendente: as duas matérias formais, mais abstratas do ensino – a aritmética e a língua pátria com seus exercícios de gramática e de análise sobrelevam, e muito, as matérias concretas, como a história, a geografia, a história natural, ocupando estas últimas no quadro, respectivamente, apenas o 3º, o 5º e o 8º lugar. Essas três matérias não são acaso cheias de vida, de narrativas atraentes para as crianças, a respeito das conquistas, das viagens, das observações curiosas sobre os costumes e sobre os hábitos dos homens e dos animais? Nossa modestíssima conjectura nos faz supor que as preferências das crianças se encaminham menos para as matérias propriamente ditas do que para o método de ensiná-las; ao passo que o ensino da aritmética e da língua pátria foi, nestes últimos tempos, radicalmente renovado e concretizado, o ensino das disciplinas concretas permanece ainda muitas vezes estático e consiste, em grande parte, em fazer armazenar pela memorização nomes, datas, classificações, etc.

A atração geral das crianças pela aritmética, evidenciada pelos inquéritos, explica-se, em grande parte, pela atitude ativa da criança: a do indagador em frente dos exercícios do cálculo; dadas as condições do problema, é a própria criança que procura a solução dele. Sua atividade, provocada naturalmente pela pesquisa, mantém-se enquanto a solução não é encontrada. Esse espírito de pesquisa, que vemos tão apreciado pelas crianças, e que representa um dos mais preciosos fatores dinâmicos na educação, não deverá estender-se ao ensino de todas as matérias escolares?

A comparação das meninas com os meninos acerca do trabalho preferido na escola mostra o gosto, principalmente dos meninos, pela aritmética, pela geografia, pelo desenho e pela história. As preferências das meninas se inclinam antes para a língua pátria, para os trabalhos manuais (a costura), a escrita e a história natural.

O inquérito sobre os ramos preferidos pelos alunos tem, segundo Claparède, uma grande importância pedagógica. Ele aconselha a cada diretor que o faça na sua escola. O inquérito esclarecerá a respeito dos gostos das crianças, os quais mudam com a idade, a respeito do modo de ensinar mais consentâneo com a idade das crianças, a respeito dos tipos mentais do aluno em face das matérias ensinadas.

b) Qual o trabalho preferido em casa?

---

[3] Resultados de Brandell obtidos pelo inquérito em 2.000 crianças suecas, entre 7 e 16 anos (1915). As matérias escolares preferidas são: a história e o trabalho manual; os meninos gostam mais da história natural e as meninas do ensino doméstico. As matérias menos apreciadas foram: para os meninos, a linguagem e a geometria, e para as meninas o canto e a composição. Quanto às outras matérias, a religião não era, em geral, amada pelos meninos e foi indiferente para as meninas. A leitura é bipolar, isto é, é amada por uns e não amada por outros. Com o desenvolvimento da técnica da leitura, logo que desaparece a dificuldade, as crianças se tornam antes indiferentes. A caligrafia e a composição figuram ou entre as matérias indiferentes ou então entre as matérias não apreciadas . A língua pátria (cral) é indicada de maneira francamente negativa, e isso aumenta com a idade. O cálculo é variável nas apreciações das crianças; nunca é negativo, entretanto. Com a idade da criança, de indiferente ele se torna francamente positivo nos gostos das crianças. A geometria, por causa de sua dificuldade, é muitas vezes francamente negativa. O gosto pela história sempre positivo, cresce ainda com a idade. A história natural é cada vez mais estimada pelas meninas, com o desenvolvimento da idade. O desenho é bipolar; é o método do ensino que é decisivo nele. O canto não é geralmente amado; como em se tratando do desenho, é o método de ensino demasiado sistemático o causador disso. O trabalho manual é muito apreciado pelas crianças; entretanto, o interesse por ele decresce com a idade. As línguas estrangeiras foram indicadas entre as matérias preferidas. Quanto à motivação, são as de caráter agradável e útil as mais indicadas: a dificuldade e a necessidade de aprender de cor (catecismo) são dadas como motivação para as matérias menos estimadas (citado de Froebes, *Leehrbuch der experimentellen Psychologie*, vol. II, p. 535).

Quadro 2

	Meninos	Meninas
Trabalhos domésticos	32,62%	35,92
Estudo, escrita, desenho	28,04	16,28
Jardinagem, trato dos animais	9,75	0,44
Brinquedo	8,84	3,08
Trabalhos Manuais	6,71	36,82 (costura)
Leitura	4,57	2,86
Trabalho das oficinas, lojas	3,65	–
Trabalhos em geral	2,54	3,52
Recados	1,52	–
Diversos	1,82	–

As crianças dos dois sexos, mais de um terço, declaram em primeiro lugar, a sua preferência pelos serviços domésticos: lavar o assoalho, as vidraças, espanar os móveis, arrumar a casa, carregar água, ajudar os pais...

A modéstia do seu gosto é provavelmente condicionada ao meio modesto a que a maioria delas pertence. Essa preferência denota um fato social auspicioso: executando esse trabalho doméstico, as crianças provavelmente não se adstringem a esse único trabalho, nem são nele exploradas além das suas forças. Se assim não fora, a criança de certo não o indicaria entre as suas preferências. Quinze meninas e oito meninos só gostam de cuidar de seus irmãozinhos e irmãzinhas.

Ao passo que, nos trabalhos domésticos, as preferências da menina se voltam para a costura; depois – em terceiro lugar – para o estudo. Os gostos da menina comparados com os do menino, são muito menos variados. Apenas duas meninas indicam a jardinagem e o trato dos animais, ao passo que, entre os meninos, houve 32. Este gosta de fazer várias coisas: caixas, carros, brinquedos, papagaios; diz que gosta de construir casinhas, pombais, jaulas para os animais. A menina, por seu turno, em matéria de criação, não executa senão trabalhos de agulha. A doze meninos a casa parece muito pequena, e preferem ajudar os pais nas oficinas, na loja, onde recebem os fregueses, tomam conta da gerência. A leitura não tem um lugar importante nas ocupações prediletas das crianças em casa: apenas 4,6% dos meninos e 2,9% das meninas a indicam. Voltaremos ainda mais tarde à questão da leitura.

c) Qual o brinquedo preferido?

Quadro 3

	Meninos	Meninas
Brinquedo de bola	68,95%	6,28%
Jogos de destreza e de força	12,53	18,24
Brinquedo com carros, trens, automóveis	7,76	–
Jogos de regras, diversos	3,58	21,16
Brinquedo de boneca	–	21,08
Jogos de imitação, familiares	–	17,73
Ocupações tranqüilas, intelectuais	3,58	7,62
Leitura	2,68	4,26
Não brincam	0,89	3,58

Basta um olhar rápido para se compreender que há um brinquedo que domina soberanamente entre os meninos. É o jogo da bola: 231 meninos o indicam no total de 335 respostas obtidas. As expressões variam: divertir-se, brincar, chutar; parece que o futebol é o que mais lhes interessa. Acrescentemos à percentagem do jogo da bola o dos jogos de destreza e de força (andar de bicicleta, lutar, patinar, atirar na barra, etc.) e os jogos motores com regras: barra, bandeira, quatro cantos, maré, base e defesa, etc., e obteremos para os jogos motores um total e 85%.

A idade de nossos meninos caracteriza-se exatamente por uma atividade exuberante dos músculos. A Srta. Reaney, especialista quanto aos brinquedos das crianças, tendo feito também um estudo particular do futebol, coroou as suas pesquisas levantando um quadro dos estágios de desenvolvimento psíquico das crianças. A idade de 9 a 12 anos se chama período nômade (ad instar de Hutchinson, Reaney apela para a lei biogenética). Esse período é assinalado pelos jogos de rivalidade, de destreza, pela mania das coleções e pelos primeiros jogos de imaginação.

Crosswell, tendo estudado cerca de 4.000 crianças de Massachussets, achou também que a idade entre 9 e 13 anos, entre os meninos, é absorvida em grande parte pelos jogos motores.

O inquérito de Scheiffler, instaurado em 1913, nas escolas rurais da Alemanha, em mais de 3.000 crianças, mostrou que os jogos motores, a luta e a destreza aumentam regularmente dos 10 aos 14 anos (a sua investigação deteve-se nessa etapa) atingindo nessa época a 62% das preferências. Dos 12 anos, a idade que convencionamos considerar como a das crianças do nosso inquérito, Scheifler indica apenas 49%. O nosso com os seus 85% parece muito exagerado.

Essa diferença desaparece se compararmos nossas crianças com as crianças alemãs de hoje: o inquérito do Dr. W. Schultz *(op. cit.)* indica 82% de preferências dos meninos pelo esporte, 44% dos quais se encaminham para o futebol.

Os jogos motores, como vimos, dependem das exigências da idade. O exagero deles hoje é certamente intensificado pela paixão geral e universal pelo esporte e pelo futebol especialmente.

Os esportes ocupam, atualmente, nos países latinos como nos anglosaxônicos, um lugar igual ao que ocupariam entre os romanos, na época da decadência. Não vemos nós, no Brasil como alhures, consagradas ao futebol as primeiras páginas dos grandes jornais e glorificados os campeões como verdadeiros heróis nacionais? Ao lado dessas homenagens ao esporte, o que se oferece à arte e à ciência se afigura bem pouco e limitado. Nada é, pois, de admirar que, entre os meninos que examinamos, os jogos de destreza e de rivalidade sejam tão absorventes.

Ao passo que, no inquérito de Scheiffler, 10% dos meninos ainda se entregam aos jogos de imitação, nenhum dos nossos meninos indicou nem o brinquedo de soldados nem o de índios, nem a caçada, nem o naufrágio, etc. Em suma, nenhum desses jogos sem regras determinadas e imutáveis, mas que se desenvolvem ao sabor da imaginação e muitas vezes avivam a dramatização e a ficção, a ponto de fazê-los perder por momentos a noção da realidade. A julgar de conformidade com o nosso inquérito, esses jogos não ocupam mais lugar algum na vida dos nossos alunos. As ocupações tranqüilas, os jogos intelectuais, charadas, adivinhas, palavras cruzadas, o jogo de damas e de xadrez, de cartas, as coleções de selos e de espécimes de história natural, a construção, não parecem exercer mais uma função importante. A leitura, da mesma forma, absorve apenas um pouco do seu lazer. As ocupações tranqüilas não são representadas em nosso inquérito senão por 6% do conjunto. Comparada com 40% do inquérito Scheiffler, nossa percentagem parece ínfima. A criança está sempre irrequieta; se a escola não a obrigasse a concentrar-se durante 4 a 5 horas diariamente, talvez ela própria espontaneamente não tivesse desejo e necessidade de sentar-se e de concentrar-se imóvel num objeto intelectual.

Ficamos admirados de não ter encontrado criança alguma, entre 760, que houvesse revelado gosto pela filatelia. Na Europa, atualmente, a mania de colecionar selos assume proporções consideráveis. Grandes e pequenos empregam nisso suas economias extremas. Essa diversão é tão séria, esse "jogo" tão apaixonado, que negociantes, institutos de beneficência, os próprios Estados, explorando-o, dele haurem créditos avultados. A pedagogia certamente saberá também tirar proveito deles para as lições de geografia e de história.

A análise dos jogos preferidos não tem igualmente revelado interesse pela construção mecânica: os jogos de Meccano, Stabil, Matador, e outras séries tão engenhosamente fabricadas pelas casas de comércio da Alemanha, da França, dos Estados Unidos, tão espalhadas na Europa, e que correspondem também ao gosto dos rapazes pela construção e pelas máquinas, parecem ser totalmente desconhecidas das crianças de Belo Horizonte. Esses jogos têm o único inconveniente de ser bastante dispendiosos; mas o seu grande valor educativo e o grande interesse que por eles manifestam as crianças merecem a atenção dos pais e das casas comerciais brasileiras.

A exclusividade do interesse pelo movimento, revelada pelo nosso inquérito, resulta, em parte, de ter sido ele feito no fim do ano escolar e na véspera das férias. A psicotropia é móvel e sofre a influência das estações. Feito em pleno inverno, o inquérito teria certamente fornecido respostas diferentes. Para aprofundar o estudo concernente aos interesses das crianças, é também indispensável juntar ao inquérito relativo aos jogos preferidos a observação direta das crianças durante o jogo. A freqüência das diferentes categorias de jogos, segundo um ou outro processo de investigação, não parece, a priori, necessariamente idêntica.

Vejamos agora os jogos das meninas. Os jogos motores e de destreza e os jogos de regras ocupam aqui um lugar bastante elevado, com 45% de sufrágios. Esse interesse é contrabalançado pelos jogos de imitação (brincar de escola, de família, de batizado, de casamento, etc.) e o brinquedo de boneca, que dá um total de 39% das respostas. O brinquedo de boneca ocupa 21%. Esse brinquedo clássico, despertando o instinto maternal, não desaparece, apesar do século em que vivemos.

Comparemos de novo nosso inquérito com o de Scheiffler: veremos que os jogos de imitação tem uma tendência muito pronunciada para diminuir com a idade. Sendo 73% aos 7 anos, não dão mais do que 6,6% aos 14 anos, com 12% para a idade de 12 anos (ver o Quadro 4).

Quadro 4

Resultado do inquérito relativo ao jogo de Scheiffler

	7 anos	8 anos	9 anos	10 anos	11 anos	12 anos	13 anos	14 anos
Jogos de imitação (boneca, de escola, etc.)	f. 73	70,4	54,4	43,4	32,4	12,4	9,7	6,6
	m. 40	39	39	25	18	10	7	7
Jogos motores e de luta	f. 17,7	14	21	25	30	27,55	25	29,9
	m. 32,7	28,6	25,7	83,9	46,8	41	58,8	61,8
Jogos Ocupações, leitura, coleções, charadas, etc.	f. 8,05	17,6	25	31,9	44,7	49,6	65,8	63,8
	m. 17,1	22,3	30,9	40,6	34,6	40,1	35,4	25,2

A menina belorizontina seria comparável, sob o ponto de vista dos jogos de imitação, à menina alemã de 10 anos e meio mais ou menos. O coeficiente dos jogos motores é igualmente mais forte aqui do que na Alemanha: 45% contra 27,4%. Em idade alguma a percentagem foi tão elevada como aqui. Em compensação, as diversões tranqüilas e intelectuais são nitidamente indicadas mais freqüentemente na Alemanha: 49% contra 15,4% entre nós.

d) Que presente queria você receber no dia do seu aniversário?

Quadro 5

	Meninos	Meninas
Bola	42,08	1,59
Roupa, calçado	5,49	22,73
Bicicleta, automóvel, cavalo	21,95	–
Livros	14,64	21,34
Boneca	–	14,76
Instrumentos de música	2,75	12,03
Coisas úteis, relógio, kodak	2,12	12,25
Bênção dos pais, parabéns	3,06	5,90
Coisas diversas	7,0	4,54
Livros de oração, imagens de santos	–	2,50
Jóias	–	2,27

De acordo com a resposta relativa ao brinquedo preferido, os meninos reclamam aqui a bola, a bola de couro principalmente. Não raro, eles especificam, pedindo a bola de couro nª 2, 3, 5, desejando, pois, claramente jogar futebol. Em segundo lugar, o objeto dos desejos dos meninos é a bicicleta, o automóvel, o cavalo (coincidência interessante em apoio do quadro da Srta. Reaney: o movimento é, em geral, dirigido e animado pelos sentimentos de rivalidade, e pelas tendências nômades. O desejo de se mover para se transportar de um lado para o outro se encontra aqui entre os meninos). Depois, em terceiro lugar, para os meninos, e em segundo para as meninas, é o livro que é reclamado. Esse desejo, expresso em 21,3% por estas últimas, e em 14,6% pelos primeiros, faz supor que a criança leria mais e que a leitura figuraria entre suas ocupações preferidas, se ela tivesse livros ao seu dispor. Ora, as crianças ordinariamente têm poucos livros, sobretudo na classe pobre de Belo Horizonte. As bibliotecas escolares estão ainda pouco desenvolvidas. Que prazer teriam as crianças em ler e reler sempre os mesmos livros? As condições materiais, já notamos, pesam algum tanto na determinação da psicotropia.

(Aproveitamos aqui o ensejo para nos congratularmos com o belo gesto do Dr. Francisco Campos, Secretário do Interior de Minas, e do Dr. Mário Casasanta, Inspetor Geral da Instrução, que destinaram às bibliotecas escolares o produto de uma subscrição que o professorado levou o efeito para lhes oferecer um presente.)

Comparadas com os meninos, as meninas se mostram mais preocupadas com o vestuário, mais faceiras em suma, porque, ao lado de bonitos vestidos de seda, reclamam ainda toda espécie de jóias, colares, anéis...

Vimos de outra parte a preferência delas pelos livros. Depois, 15% das meninas desejam uma boneca – eis aí uma prova ainda de que a tendência instintiva procura fazer valer os seus direitos.

As meninas revelam ainda gosto pela música: 12% pedem, por ocasião de seu aniversário, pianos, violinos, violões... Os desejos platônicos – ter como presente apenas a benção dos pais e os cumprimentos dos amigos – são relativamente mais insistentes entre os meninos. A menina nessa questão revela ainda uma nova tendência: pedindo livros de oração e imagens de santos, manifesta as suas preocupações religiosas. Nenhum menino as manifestou aqui.

e) Que faria você se tivesse muito dinheiro?

Quadro 6

	Meninos	Meninas
Tendências altruísticas: dar aos pobres, à família, à igreja	33,54	44,64
Depositar no Banco	25,28	18,61
Comprar casas e terrenos	9,81	8,27
Comprar automóveis, bicicletas e cavalos	9,55	5,64
Coisas úteis, roupa	9,02	9,21
Arriscar em empresas diversas	4,12	2,07
Despender em jogos, diversões	3,87	4,33
Pagar professores e adquirir livros	3,10	5,82
Empreender viagens	1,80	1,33

As crianças do nosso inquérito, tanto meninos como meninas – estas mais do que aqueles – têm a mão aberta e o coração compassivo. Um terço dos meninos e cerca da metade das meninas dariam seu dinheiro aos outros: às obras de beneficência, aos pobres, ajudariam suas famílias, fariam donativos às igrejas. Ainda que o número de meninos fosse o mesmo em relação às outras perguntas do inquérito, esta pergunta fornece maior número de respostas: 531, entre as meninas, e 388 entre os meninos. Isso resulta de que 93 meninas e 66 meninos repartiriam a sua fortuna fictícia em mais de uma coisa. Quase sempre, entre essas duplas ou essas tríplices repartições, uma parte era reservada para esmolas. Por exemplo: "Daria aos pobres, às almas e à minha mãe"; "Se tivesse 50$000, daria 20$000 à minha mãe, 20$000 à igreja e ficaria com 10$000". Há, entretanto, bom número de crianças que consagrariam todo o seu dinheiro a obras de beneficência.

Depois das tendências altruísticas, as crianças demonstram espírito de economia e de previdência. Umas declaram que porão o dinheiro no banco, para o empregar bem quando forem grandes; outras dizem claramente que depositariam o dinheiro para aumentar o capital; algumas – uma minoria insignificante – emprestariam dinheiro a juros.

A criança, terminando o curso escolar, conhece o valor do dinheiro e as operações bancárias, na maioria dos casos, de maneira teórica, conforme as lições de aritmética (juros, percentagem); apenas algumas delas têm um conhecimento mais direto. Lembramo-nos, a propósito disso, da visita que fizemos ao Liceu "Barão do Rio Branco", em São Paulo. O Sr. Lourenço Filho nos deu a conhecer, como uma das particularidades mais interessantes e de grande valor educativo, o Banco da escola e todas as suas operações financeiras e comerciais. Desde a escola, a criança se educa para a vida econômica civilizada. Aprende a fazer economia, habitua-se à idéia de uma cooperação econômica; os exercícios relativos à percentagem e juros tornam-se-lhe inteiramente familiares; ela adquire a noção do crédito e da responsabilidade de um compromisso. A escola, nessas condições, habilita para a vida e gera no aluno hábitos que lhe serão úteis mais tarde, quando ele for cidadão e ganhar a sua vida.

No cantão de Genebra, na Suíça, a Caixa Econômica Nacional distribui gratuitamente a cada aluno de escola primária uma caderneta pessoal com três francos de adiantamento inscritos. A Caixa Econômica facilita igualmente o depósito de quantias mínimas, ao alcance do bolso das crianças: distribui cartões, nos quais a criança colocará, proporcionalmente às suas economias, selos no valor de 10 e 20 cêntimos; o cartão cheio representa um franco de economias que a Caixa inscreve na caderneta da criança. Há também, para depósitos miúdos, cofres, fechados à chave, que o banco fornece às crianças. Uma vez cheio, a criança o leva à Caixa afim de esvaziá-lo. O saldo é inscrito na sua caderneta, e ela leva de novo consigo o cofre vazio para a casa. Como se vê, há nisso um completo sistema educativo para criar no futuro cidadão hábitos de economia e de ordem em matéria de dinheiro. Esse sistema é muito espalhado, e poucas crianças, há, ainda as mais pobres, que não sejam titulares de uma caderneta da Caixa Econômica Nacional. Escusado dizer que as finanças públicas disso tiram também proveito para bem do povo inteiro.

Causaram-nos estranheza os conceitos do professor Sampaio Doria, no seu livro "Educação Moral e Educação Econômica", censurando tão acremente o hábito, por parte das crianças, de depositarem suas pequenas economias nas caixas escolares: "Começa o absurdo dessa prática pela suposição de ser a educação econômica o hábito de não gastar", diz ele à página 108.

Não pensamos que o fato de depositar o dinheiro no banco crie só hábitos de "avareza" e de "sovinice"; ao contrário: acumulando o dinheiro, a criança habitua-se a regular as suas despesas e a gastar mais criteriosamente o seu dinheiro.

Positivamente mais fracos que as duas primeiras tendências, – ajudar a outrem e guardar no Banco – são expressos em quantidades sensivelmente iguais os desejos de adquirir casas e terrenos, roupa e, em geral, coisas úteis e, afinal, automóveis, bicicletas, cavalos, etc.

O inquérito revela, a propósito desse último desejo, até que ponto a máquina sobreleva o animal. O cavalo, que dantes figurava entre os objetos mais ambicionados pelos meninos (possuir um cavalo de balanço, montar a cavalo, possuir um animal verdadeiro, etc.); hoje, mesmo no Brasil, onde a equitação se tornou bastante necessária por causa dos espaços imensos pouco apropriados para o automobilismo, o cavalo, no nosso inquérito, só foi pedido duas vezes, ao contrário do automóvel, que o foi 41 vezes.

Cerca de 4% dos meninos empregaram seu dinheiro em diferentes empresas: um quer construir um seminário; outro deseja fundar uma escola de desenho e de pintura; um terceiro pensa em armar um navio e ir à descoberta de novas terras; outros têm propósitos mais modestos: manter uma marcenaria, uma serraria, um comércio qualquer...

Poucos meninos relativamente se mostram perdulários e gozadores. Os que o são empregariam todo o seu dinheiro em comprar bombons e em adquirir brinquedos, ou então em ir todos os dias ao cinema. Alguns meninos pensam em servir-se do dinheiro para o estudo e para os livros; 1,8% de meninos e percentagem menor ainda de meninas exprimem o desejo de viajar. Mas as viagens muitas vezes nem são muito longas e, sobretudo, denotam pouco espírito de aventura: o destino é quase sempre o Rio de Janeiro e Paris; um único gostaria de ver o mundo inteiro; outro, a terra de seus avós. O aspecto romanesco, a aventura, a exploração de terras virgens, a peregrinação por países de civilização antiga – o Egito, a Grécia e Roma, a China e as Índias – tudo isso não parece entrar nas aspirações dos menores belorizontinos.

A comparação dos dois sexos mostra que a menina seria mais altruísta que o menino: consagraria mais dinheiro ao estudo e ao livro. O menino, pelo contrário, será mais poupado e mais atraído para as empresas e as viagens, que são mais variadas e mais freqüentes do que as das meninas.

f) Quando você for grande, o que deseja ser?

	Meninos	Meninas
Profissões liberais	51,39	70,22
Profissões manuais	22,29	17,78
Profissões intermediárias	18,88	10,00
Trabalhadores bons, honestos, etc.	7,43	2,00

Às crianças que estão prestes a terminar o curso da escola primária – esse primeiro estágio civil – é lícito formular esta pergunta, a fim de conhecer a orientação para a futura carreira. Embora a maioria das crianças provenham de meios modestos, a maior parte delas se pronunciaram pelas profissões liberais: 70% das meninas e 51% dos meninos desejam ocupar os fastígios da vida social.

As três carreiras preferidas pelos meninos são as de engenheiro, de médico e de advogado; as de professor e de pianista são mais desejadas pelas meninas. Seguem-se depois as carreiras técnicas e manuais: a de mecânico tenta sobretudo ao menino, e o ofício de costureira ou de modista, à menina.

A terceira categoria das profissões a que chamamos intermediárias é representada sobretudo pelo trabalho do guarda-livros e do datilógrafo.

As profissões indicadas pelos meninos são muito mais variadas do que as indicadas pelas meninas (33 entre os primeiros, contra 25 entre as últimas). Isso se explica facilmente, porque o encaminhamento para o trabalho masculino é mais numeroso e para o trabalho feminino é mais limitado. Nosso inquérito mostra, entretanto, que nem os meninos nem as meninas, atendendo-se à homogeneidade relativa de sua indicação, parecem estar suficientemente instruídos acerca das categorias de trabalho e nem das atividades sociais possíveis. Suas respostas, por vezes demasiado gerais, denunciam que as crianças só têm delas uma noção muito vaga. Não se observa que a escola as houvesse esclarecido acerca dessas questões; não se percebe que, à véspera de deixá-las partir, o professor lhes tivesse dito o que pode esperá-las no mundo; que ele as tivesse conduzido a diferentes oficinas, usinas, fábricas, fazendas, etc., a fim de alargar o horizonte desses jovens candidatos para a vida; não se observa tampouco que ele os tivesse feito refletir sobre as suas inclinações, gostos e aptidões: nessas respostas não se percebe bastante a personalidade da criança.

Vejamos se os resultados do nosso inquérito são muito diferentes dos outros. O inquérito russo de 1910, já mencionado, revela a mesma tendência que aqui, isto é, as profissões liberais ocupam o lugar predominante. As profissões de engenheiro, de médico e de jurista se sucedem na mesma ordem que entre nós; a de professor alcança maior sufrágio entre as meninas. Em quarto lugar, são indicados os comerciantes; em quinto lugar, os sábios; depois, os técnicos; só em nono lugar são indicados os ofícios manuais.

O inquérito de Monroe, feito em 1898-1899, nos Estados Unidos – Massachussets, em 2.336 crianças de 7 a 16 anos, das escolas primárias, mostrou uma preferência decidida pelo professorado (entre as meninas mais que entre os meninos); depois vinha, em proporção quase igual, o mister de pastor e a profissão de médico e de jurista (em todo o nosso inquérito os servos de Deus só foram indicados 11 vezes). Nos Estados Unidos, 32% das meninas e dos meninos se pronunciaram pelo comércio (em Belo Horizonte apenas 13% meninos querem ser comerciantes). No inquérito, o trabalho físico nos Estados Unidos é muito pouco cotado, (em Belo Horizonte, ele ocupa um lugar intermediário).

Profissões Escolhidas pelas Crianças

Lista dos meninos

Profissões Liberais		**Profissões Manuais**		**Profissões Intermediárias**	
Engenheiro	52	Mecânico	31	Guarda-livros	24
Médico	44	Alfaiate	10	Comerciante	12
Advogado	24	Carpinteiro	7	Militar	11
Pintor	12	Tipógrafo	6	Caixeiro	4
Padre	11	Motorista	5	Fazendeiro	3
Aviador	6	Marceneiro	4	Jogador de bola	3
Bacharel	5	Agricultor	1	Farmacêutico	2
Funcionário	3	Torneleiro	1	Marinheiro	2
Músico	3	Cabeleireiro	1		**61**
Presidente da República	3	Padeiro	1		
Escritor, poeta	2	Torneiro	1		
Viajante	1	Vidreiro	1		
		Construtor	1	Trabalhador honesto,	
		Sapateiro	1	cumpridor de seus deveres:	
		Operário	1	24	
	166		**72**		

Lista das meninas

Profissões Liberais		Profissões Manuais		Profissões Intermediárias	
Professora	172	Costureira	74	Datilógrafa	12
Pianista	62	Florista	3	Guarda-livros	12
Normalista	51	Cozinheira	2	Irmã de caridade	10
Violonista	6	Motorista	1	Farmacêutica	6
Pintora	5		**80**	Funcionária	2
Médica	4			Freira	1
Advogada	3			Caixeira	1
Dentista	2			Dona de casa	1
Declamadora	2				**45**
Pessoa ilustre	6				
	313				
				Pessoa de bem, trabalhadora: 40	

g) Por que escolhe você essa profissão?

A motivação da escolha da profissão alegada pelas nossas crianças pode ser representada pelo quadro seguinte:

Quadro 7

	Meninos	Meninas
Profissão boa, bonita, gosto dela	47,96	69,25
Profissão rendosa	10,34	5,80
Trabalho honesto, sério	10,34	4,11
Para ajudar a família, socorrer os pobres	7,20	5,08
"Essa é a profissão de meus pais" e eles querem assim	6,26	1,93
Trabalho leve	4,70	1,45
Para servir a Pátria	4,38	0,97
Para inventar, criar, explorar	3,44	–
Profissão útil	–	2,66
Para ser um homem ilustre	2,19	–
É minha vocação	1,86	3,39
Preocupação religiosa	0,94	1,45
Motivação não classificada	–	3,77

Cerca de 70% das meninas e 50% dos meninos dão infelizmente uma resposta global e demasiado vaga, sem se incomodar com a análise de sua escolha: "Porque gosto dela", "quero", "é uma profissão bonita", "porque a profissão é boa" – é o que se lê mais a miúdo nas respostas a essa pergunta. Em segundo lugar, tanto para as meninas como para os meninos (mas só 8% em média), é indicado o lucro, o proveito material; depois é o trabalho honesto, estudioso e nobre que é tomado em consideração; cerca de 7% dos meninos mencionam esses caracteres; em quarto lugar, vem o motivo altruísta, com cerca de 6% de sufrágios: as crianças tem a preocupação de ajudar os pais, de praticar boas obras, de socorrer os desgraçados; 4% das crianças não escolhem a profissão senão para continuar a de seus pais ou para corresponder aos desejos da família; 3% aproximadamente escolhem o trabalho mais fácil, que exige menor esforço; em sétimo lugar, as crianças indicam o motivo patriótico: "servir a Pátria", "defender o país", "ser útil ao Brasil", "descrever a grandeza do meu Brasil"; em oitavo lugar, são indicadas aspirações originais: é o espírito criador, explorador que decide da escolha; somente em nono lugar surge o critério da vocação e numa percentagem insignificante (2,6%).

Alguns meninos têm preocupações egocêntricas: querem ser homens ilustres; um quer ser presidente da República "para ficar com o nome na história". Só em último lugar se depara a motivação religiosa; uma menina aspira a ser irmã de caridade "para não pecar e não ir para o inferno"; um menino quer ser padre "para se tornar santo e comungar todos os dias".

A comparação entre meninos e meninas mostra que a preocupação do lucro material é maior entre os meninos, que este se guia, mais do que aquela, pela profissão do pai, que se preocupa mais com ajudar a família; que procura mais o trabalho leve; tem mais preocupação patriótica; só ele tem a ambição das descobertas: das explorações; só ele também revela ambições pessoais – a glória... Ordinariamente, o menino reflete melhor; suas respostas são mais precisas, mais variadas, mais pessoais. As respostas da menina são mais vagas; ela mostra estimar na profissão o lado útil, nela a vocação é mais indicada; os motivos religiosos são também um pouco mais freqüentes que entre os meninos.

h) Com que pessoa você quer parecer-se?

Quadro 8

	Meninos	**Meninas**
Pessoas da família	49,35	42,45
Professor	3,34	21,50
Amigo, colega	13,06	18,07
Personagem ilustre	11,46	5,90
Deus, santos	7,32	5,23
Consigo mesmo	7,0	1,89
Pessoas boas, honestas, etc.	5,73	1,42
Artistas de cinema, "misses", campeões de futebol	2,54	3,54

Lista pormenorizada das pessoas com que as crianças querem parecer-se

Pessoas da família	**Meninos**	**Meninas**
Pai	55	13
Mãe	33	103
Pais	11	8
Irmãos e irmãs	26	15
Tios, tias	12	13
Primos, primas	10	5
Avôs, avós	4	5
Padrinhos, madrinhas	2	9
Pessoas da família	2	–
	155	**179**

Personagens diversos, santos		
Professores	11	91
Amigos, colegas	41	77
Deus	11	8
Jesus Cristo	6	3
Anjos	3	–
Santos	2	4
Espírito Santo	1	–
Nossa Senhora	–	8
	75	**191**

Personagens ilustres		
Ruy Barbosa	3	4
Tiradentes	3	1
Duque de Caxias	3	0
Dr. Antônio Carlos	3	1
Pedro I	2	–
José de Alencar	2	–
Dr. Mello Vianna	2	1
Monteiro Lobato	1	–
Barão do Rio Branco	1	–
Cristóvão Colombo	1	1
Thomé de Souza	1	–
José Bonifácio	1	1
Pedro Álvares Cabral	1	–
Almirante Barroso	1	–
Amundsen	1	–
Luis de Camões	1	–
Deodoro da Fonseca	1	2
Santos Dumont	1	–
Napoleão	1	–
Dr. Getúlio Vargas	1	–
Dr. Mário Casasanta	1	–
Presidente da República	1	–
Princesa Isabel	–	5
Joanna D'arc	–	3
Jules Verne	–	1
Olavo Bilac	–	1
Mário Sette	–	1
Raul Pompéia	–	1
(Rosa de Tannenburgo)	–	1
(Tarzan, o poderoso)	1	1
Com as pessoas boas, honestas	18	6
Consigo mesmo ou com ninguém	22	8

Artistas de cinema, "misses", campeões		
Rodolpho Valentino	2	–
Adolphe Menjou	1	–
Jairo	1	–
Canhoto	1	–
Greta Garbo	–	1
Ramon Novarro	–	1
Caruso	–	1
Dolores del Rio	–	1
Diva carioca	–	1
"Misses"	3	10
	8	**15**

Cerca da metade das crianças encontra seu ideal entre os membros da família; o pai, é, sobretudo, idealizado pelos meninos, e a mãe pelas meninas. Em segundo lugar, as crianças tomam por modelos seres que são pela maior parte seus colegas de escola (15% em média para os dois sexos). Depois, é o professor da escola (21,5% entre as meninas e 3,5% entre os meninos); a diferença será certamente menor, si entre os professores não houvesse exclusivamente mulheres, como acontece em Belo Horizonte.

Somente em quarto lugar são indicadas as personagens ilustres, estadistas mortos e vivos, reis e rainhas, heróis nacionais, escritores, exploradores; o total é, em média, para os dois sexos, 8,7%. Em quinto lugar são indicados Deus, Cristo, o Espírito Santo, Nossa Senhora e alguns Santos, entre os quais principalmente São Francisco de Assis e Santa Teresa. Depois 4,5% de crianças declaram não querer parecer-se com pessoa alguma; 35% não indicam pessoa definida, mas os caracteres morais que desejariam ter: a honestidade, a capacidade de trabalho. Grupamos em último lugar as estrelas de cinema, as "Misses" dos concursos de beleza mais em voga nos nossos dias e o futebol, dando ao todo 3% de sufrágios. Fato interessante: não só as meninas querem parecer-se com as "misses" dos concursos de beleza, mas também três meninos exprimiram esse desejo.

Os inquéritos feitos alhures mostraram que o ideal se desloca com a idade e que evolve numa certa ordem. Achando-se uma criança no centro, é por causa dela que se estende, como em volta de uma pedra atirada n'água, o círculo dos seus ideais, em raios cada vez maiores. Resumindo esse desenvolvimento, diremos que essa marcha concêntrica segue as fases seguintes: a família, a escola, a cidade, a pátria, a humanidade. As crianças menores consideram os pais como seres superiores e onipotentes: é, pois, com eles que elas querem naturalmente parecer-se. Em chegando à escola, é o professor que personifica para elas a ciência, a onipotência; é, pois, ele que elas tomam de bom grado para modelo. Mais tarde, o contato com o ambiente, as conversações dos adultos à mesa, os jornais que lhes caem sob as vistas, a propaganda eleitoral, a que nem mesmo as crianças escapam, lhes fazem entrever modelos que se elevam acima da família e acima de seu meio escolar. É a cidade. Mas, dentro em pouco, a própria cidade se torna por demais restrita. O ensino da história, as leituras heróicas abrem os horizontes acerca do passado vitorioso do país, e a criança, descobrindo-o, começa a adorar os heróis nacionais, os paladinos da independência da pátria, seus generais gloriosos, seus reis. Mas o espírito da criança cresce, sua alma se engrandece, e novas aspirações começam a alimentar-lhe as idéias. As reflexões sobre o bem e sobre o mal, as preocupações religiosas e morais, o progresso universal, tudo isso as faz buscar e aceitar outros ideais, os gênios da humanidade inteira.

Vejamos agora em que etapa podemos localizar os ideais das crianças submetidas ao nosso inquérito. Cerca de metade das crianças (45% aproximadamente) indicam seu modelo entre os membros da família, entre os quais os pais e as mães fornecem, eles sós, 35%. Comparemos nossos resultados com o inquérito belga de Varendonck, feito em 1907, em 750 crianças. Dos 8 aos 13 anos, o autor verifica notável decréscimo do número de modelos tomados entre os pais. Ao passo que aos 8 anos 60% aproximadamente, os indicam, aos 12 anos só se deparam 5%.

O inquérito de Goddard, de 1904, verifica entre as crianças prussianas de 12 anos cerca de 21,5% de respostas da mesma categoria.

A percentagem elevada entre as crianças de Belo Horizonte revela acaso um retardamento na evolução do ideal? Não poderíamos dizê-lo. A família no Brasil desempenha um papel que não desempenha mais na Europa. A família aqui é muito mais numerosa: 10, 12 crianças estão longe de constituir exceção aqui; pelo contrário, é um fato comum. A vida econômica, relativamente fácil, permite que uma só pessoa eduque a criança sem miséria; a família, na maioria dos casos, é unida e harmoniosa. Os pais são venerados, e a mãe, não raro, adorada: basta ler através do nosso inquérito tão lacônico esses acentos sinceros de amor e de adoração filial para nos convencermos de que a família no Brasil tem uma auréola que lhe falta na Europa. Em condições tão diferentes, não é tão fácil fazer uma comparação entre o desenvolvimento mental das crianças daqui e das de lá. No que respeita às pessoas do ambiente que as crianças tomam para modelo, o inquérito de Varendonck revela, para a idade de 12 anos, 40% para as meninas e 6% para os meninos. No nosso, professores e amigos das crianças dão um total de 39% para as meninas e 6,5% para os meninos. Não vemos aqui grandes divergências.

A escolha do ideal entre os personagens ilustres, segundo os inquéritos da América do Norte, dá uma percentagem extraordinariamente elevada: 80% das crianças, ao saírem da escola pública, o indicam; já aos dez anos uma grande parte das crianças o nomeiam. O inquérito de Varendonck dá, aos 12 anos, 60% para os meninos e 20% para as meninas. Os inquéritos alemães estabelecem cerca de 40% deles. Em Belo Horizonte encontramos uma percentagem relativamente muito baixa: 11,5% dos meninos apenas e 5,9% de meninas, ou seja, 8,7% em média, para os dois sexos.

Analisando a lista dos grandes homens citados pelas nossas crianças e confrontando-a com a de outro inquérito: 36 meninos e 24 meninas, ou seja, 61 ao todo, mencionaram 29 nomes diferentes. 24 sobre 29 são nomes nacionais, nomes de homens que se distinguiram na história, na vida política ou na literatura do Brasil, dos quais seis são contemporâneos. A época em que foi feito o inquérito coincidiu com o momento da campanha eleitoral para a presidência do Estado: três nomes da política atual figuram em nossa lista com 8 adesões. A criança, como se pode ver, não fica de todo indiferente à luta política de seus pais.

Em 29 nomes, somente 5 são estranhos ao Brasil e à sua história: Joanna d'Arc, Napoleão, Amundsen, Camões e Jules Verne. Esses cinco nomes tiveram ao todo 10 votos. A lista de Varendonck, obtida com o mesmo número de crianças que a nossa, contém, como a nossa, 30 nomes de personagens ilustres, com esta diferença: entre nós, só 61 meninos os nomearam, e na Bélgica – 155. De outra parte, os nomes belgas e os nomes estrangeiros são representados em proporções quase iguais: entre os nomes estrangeiros, lemos os de Franklin, que foi nomeado 17 vezes, de Palissy – 7 vezes, de Cristóvão Colombo – 5 vezes, de Júlio Cesar – 4, de Stephenson – 3, de Edison – 3, de Pasteur – 2, de Gutemberg, Magalhães, Davis, Livingstone, Nansen, Rockfeller, etc. Ao lado dos nomes de europeus, como se vê, se encontram igualmente grandes homens americanos.

O conjunto dos resultados do nosso inquérito com o de outros países e em outras décadas, nos permite tirar algumas conclusões acerca da mentalidade própria das crianças de Belo Horizonte: essas crianças, na idade de 12 anos em média, estão mais que alhures sob a influência da família e buscam seus ideais sobretudo entre os membros de suas famílias – depois entre os professores da escola e os colegas; menos que alhures, elas escolhem seus heróis entre os homens ilustres; entre estes últimos, é sobretudo a cidade e a pátria que lhos fornecem; os heróis da humanidade, ao deixarem a escola, só são conhecidos delas excepcionalmente. (É estranhável que nenhum de nossos meninos haja notado o nome de Washington, Lincoln, Newton, Nelson, Wilson, Milton e outros sobrenomes de família de homens ilustres, que um costume peculiar ao Brasil transforma em nomes próprios e que muitos de nossos meninos usam.)

Vejamos agora a *motivação* que as crianças dão à sua escolha:

Quadro 9

	Meninos	Meninas
Qualidades morais comuns	36,53%	55,35%
Qualidades intelectuais, aptidões, talento, celebridade	18,91%	12,56%
Simpatia	18,26%	10,04%
Qualidades exteriores: beleza, força	14,42%	19,27%
Motivos egocêntricos ligados à pessoa da criança	8,01%	3,48%
Motivos altruísticos		
Ajudar os pais, servir a pátria, etc.	1,60%	0,20%
Não classificada	2,24%	–

Na primeira rubrica das qualidades morais, grupamos as motivações gerais: "porque é bom", com as motivações mais precisas que indicam as qualidades morais mais analisadas, da natureza das seguintes: honesto, corajoso, modesto, amável, estudioso, etc. Infelizmente, as primeiras são muito mais freqüentes e mostram que as crianças, limitando-se a essas respostas vagas, não se dão ao trabalho de refletir e de analisar a sua escolha. A rubrica das qualidades morais predomina de maneira decisiva no nosso quadro. Depois, com 16,85% em média para os dois sexos, são as qualidades físicas de beleza e de força que parecem impor-se às crianças. Em seguida, com 15,7% em média, vêm as qualidades intelectuais, tais como a inteligência, a ciência, o talento, as diversas aptidões de escritor, de artista; sob essa mesma rubrica colocamos as indicações relativas ao fato da celebridade: "descobrir a América", "lutar pela independência", "defender sua pátria", "proclamar a abolição da escravatura", etc. Em quarto lugar, a motivação, global novamente, expressa as mais das vezes em frases: "gosto deles", "quero", que grupamos sob a rubrica das motivações por simpatia. O motivo egocêntrico encerra respostas que demonstram a dependência do juízo da criança para com a sua personalidade. Exemplo: "porque são da minha família", "porque foi ela que me criou", "porque ela gosta de mim". Certo número de crianças dão não uma motivação causal, como o faz a maioria, mas indicam a finalidade: tal menino, escolhendo Tiradentes, declarou fazê-lo "para servir sua pátria"; outro quer parecer-se com seu pai "para ser útil à sua família". Todas estas respostas ordinariamente mostram que, desejando a criança dedicar-se a outrem, as grupamos sob a rubrica das motivações altruísticas.

Meninas e meninos se manifestam um pouco diversamente na indicação dos motivos: de novo a menina dá mais respostas vagas e vacilantes; as qualidades a que chamamos intelectuais lhes são menos familiares; a simpatia, o apego e o amor aos pais e a afeição aos amigos e aos colegas representam um papel menos importante do que entre os meninos; em compensação, a menina é mais atraída na sua escolha pela beleza física. O menino, pela sua parte, menciona mais motivos egocêntricos, bem como os fins altruísticos.

As preocupações materiais, por assim dizer, não representam papel algum na escolha dos modelos: a riqueza, a fortuna dos Rothschild ou dos Ford não parecem inspirar inveja aos pequenos belorizontinos. Geralmente, no conjunto do nosso inquérito, não pudemos registrar de maneira saliente essa ambição do lucro e do dinheiro. Sob esse aspecto, povos diferentes, conforme inquéritos feitos entre as crianças, mostram tendências assaz distintas. É assim que o inquérito de Goddard, feito entre as crianças prussianas, atesta a preocupação do lucro, na proporção de 9,5%; Barnes, nos Estados Unidos – 4,5%; Chambers – 6%; Meumann encontrou, entre as crianças da Suíça alemã, uma proporção muito mais elevada: 40% a 50%; aqui em Belo Horizonte, o inquérito a respeito dos ideais nos deu 0%. Na motivação da escolha da profissão, como já vimos, 8% das crianças são guiadas pela idéia do lucro.

Qual é o livro ou a história que você prefere?

Limitar-nos-emos a explorar rapidamente esta questão, porque nosso Museu da Criança se propõe fazer brevemente um estudo especial acerca das leituras infantis. Voltaremos, então, a tratar mais por menores essa questão.

Todos os livros e histórias que as crianças mencionaram no nosso inquérito foram por nós grupados nas categorias seguintes:

1ª) Contos e lendas; 2ª) livros ou narrativas aventurosas; 3ª) narrativas históricas; 4ª) livros científicos; 5ª) romances; 6ª) livros religiosos; 7ª) almanaques; 8ª) livros de leitura escolar; e 9ª) livros não classificados.

Como toda classificação, a nossa, pretendendo reduzir toda a variedade das obras a um número restrito de grupos, peca pelo artificialismo e pela estreiteza do quadro. Preferimos, entretanto, a classificação a uma simples estatística dos títulos dos livros.

Quadro 10

LIVROS PREFERIDOS

	Meninos	Meninas
Contos e lendas	53,37%	74,42%
Livros históricos	11,34%	3,91%
Livros de leitura escolar	10,42%	11,85%
Aventuras	10,42%	4,60%
Almanaques	8,52%	1,84%
Romances	2,45%	0,99%
Livros científicos	1,53%	0,92%
Livros religiosos	0,61%	0,23%
Diversos	0,86%	0,92%

A título de exemplo, damos algumas obras que obtiveram maior número de votos.

	Meninos	Meninas
Contos da Carochinha	29	38
Mil e Uma Noites	20	19
Pinóquio	13	7
Livro de fadas (Pimentel)	–	14
Almanaque do Tico-Tico	18	2
Tesouro da Juventude	11	6

Segundo o autor, é Arnaldo Barreto que deve ser colocado em primeiro lugar entre os preferidos pelas crianças: seus livros (brochuras e histórias avulsas) obtiveram 63 adesões por parte das meninas e 46 por parte dos meninos; entre os contos adotados por Barreto, agradaram mais: "As três cabeças de ouro", "A serpente negra" e "As pétalas de rosa" (meninas); "O filho do pescador" e "A serpente negra" (aos meninos). Depois de Arnaldo Barreto vem Figueiredo Pimentel, que foi indicado 65 vezes pelas meninas e 41 vezes pelos meninos. Em terceiro lugar, é Monteiro Lobato que interessa às crianças: 16 meninas e 9 meninos o indicaram. Três meninos apenas indicam o famoso Robinson Crusoé; 2 meninos mencionam José de Alencar; um, o nome deste, e outro, o seu romance "O tronco do Ipê". Nenhuma das nossas 760 crianças indicou "O

Guarani". Jules Verne foi indicado quatro vezes pelas meninas e apenas três vezes pelos meninos. São muitos os meninos que indicam entre as suas leituras prediletas os livros de aula. Os livros de geografia, de história e de história natural na maioria dos casos não passam de manuais escolares. Isso indica, uma vez mais, a indigência das crianças em matéria de livros.

Confrontando nossos resultados com os do inquérito feito em 1926 pela Associação Brasileira de Educação, publicado em 1927 (nª 11) e em 1928 (nª 12), no Boletim da Associação, bem como no "Jornal do Comércio", do Rio, por D. Armanda Álvaro Alberto, podemos tirar a seguinte conclusão: a escolha das obras e dos autores preferidos pelas crianças das nossas escolas primárias, comparada com a das crianças das escolas primárias e secundárias oficiais e particulares do Rio, coloca as nossas crianças na categoria de 8 a 11 anos de idade: "o livro mais votado pelos rapazes de 8 a 11 anos" foi "Contos da Carochinha", de Figueiredo Pimentel, com 26 votos; o autor por eles preferido foi Arnaldo Barreto, com 64 votos. As meninas da mesma idade ainda preferiam os "Contos da Carochinha", ao qual deram 48 votos, e o mesmo autor, Arnaldo Barreto, que alcançou 106 votos (sobre 383 meninos e 581 meninas). Pelos rapazes de 12 a 14 anos foi escolhido "Robinson Crusoé", de Daniel de Foë, com 23 votos; o autor preferido foi Jules Verne, com 51 votos. As meninas de 12 a 14 anos deram preferência a "O Guarani", de José de Alencar; Arnaldo Barreto, o autor mais votado por elas, teve 105 votos. Eis aqui, textualmente, o que escreve D. Armanda Álvaro Alberto. Notamos aí uma semelhança flagrante entre o gosto de nossas crianças, cuja idade mediana convencionamos orçar em 12 anos, e o gosto das crianças menores, de 8 a 11 anos, das escolas do Rio de Janeiro. Os livros indicados pelas crianças cariocas de 12 a 14 anos ultrapassam consideravelmente o nível das crianças daqui, entre as quais o interesse pelos contos de fada sobreleva francamente o gosto pelos livros de aventuras e os romances. Isso nada tem de estranho: as crianças das grandes capitais são provavelmente mais precoces nos seus gostos literários; as edições, as bibliotecas circulantes estão mais ao alcance das crianças e, principalmente, dos pais, que não deixam certamente de influir nas ocupações de seus filhos.

As conclusões de natureza prática a que chega D. Armanda Álvaro Alberto, depois do seu inquérito no Rio, prevalecem também para Belo Horizonte: nosso inquérito patenteia mais uma vez a necessidade urgente de prestar atenção rigorosa à leitura das crianças; é indispensável desenvolver as bibliotecas escolares; criar bibliotecas circulantes para a mocidade; organizar clubes que teriam a cargo ensinar as crianças a ler os livros, a compreendê-los e a amá-los; outra medida consistiria em multiplicar as edições baratas para a mocidade e traduzir e adaptar as obras-primas da literatura mundial.

É difícil conformar-se com a idéia de que a criança, ao deixar a escola primária, depois de aí haver passado quatro anos de sua vida, no momento em que o cérebro tem uma plasticidade tão notável, em que os olhos se abrem com tamanha curiosidade para o mundo, em que ela é tão sensível à mínima indicação que a leva a descobrir novos horizontes – é difícil, repetimos, conformarmo-nos com a idéia de que toda a bagagem espiritual da criança não ultrapasse à da que se contenta com a leitura dos contos da carochinha.

Se deixando a escola primária, a criança não sabe ler outra coisa, serão esses contos pueris, si essa criança, de outra parte, não tiver o ensejo de continuar os seus estudos, pode-se afiançar que não lerá mais coisa alguma e que esquecerá logo o seu alfabeto. Então, não seria preferível deixá-la ao seu destino em vez de lhe ensinar coisas que podem evaporar-se tão facilmente.

Não, a escola ativa, a educação funcional se propõe outra finalidade, e as suas ambições são muito mais vastas. Está longe de limitar sua atividade e formar apenas a técnica, a ensinar a técnica da leitura, especialmente. Trata-se, antes de mais nada, de despertar a necessidade de ler e desenvolver o gosto pela leitura. Uma vez provocado o interesse, todas as funções apropriadas, a atenção, a observação, a memória e o juízo, a reflexão e a imaginação, serão para isso ótimos colaboradores, que desempenharão sua tarefa toda a vida, deixando disso traços indeléveis. A escola tem por objetivo educar a criança e desenvolver-lhe a personalidade. Ora, o nível da personalidade, entre outros, se mede pelo teor de seus gostos, de seus interesses e dos ideais a que ela aspira.

Ernst Meumann, distinto psicólogo alemão falecido há alguns anos, fez nas suas conferências sobre pedagogia experimental, na "União dos Professores Alemães", a declaração seguinte a respeito do resultado dos inquéritos relativos aos ideais das crianças alemãs: "O valor geral de investigações semelhantes não se limita apenas a fornecer-nos os meios de estudar um dos aspectos mais importantes da vida mental da criança: o conhecimento dos ideais da criança nos serve igualmente de medida preciosa para ajuizar a respeito de todo o nosso sistema de educação e a respeito da capacidade de nossas diversas escolas para criar seus ideais. Veremos (continua Meumann) que o resultado dos inquéritos é desfavorável para as escolas públicas alemãs"... "A imagem que obtemos da escola pública alemã, com relação ao ideal por ela criado, comparada à escola secundária e às escolas americanas e inglesas, é bem pouco auspiciosa: se analisarmos o resultado geral de suas investigações no ponto de vista pedagógico, veremos que ele põe de manifesto os defeitos do ensino atual da escola primária. Esta última tem seguramente uma eficiência muito limitada para a formação dos ideais.

Nossos planos escolares, bem como os nossos processos, didáticos, carecem de uma justa apreciação do valor da personalidade, na história, na religião e na literatura, porque as respostas das crianças impressionam pelo pouco conhecimento a respeito das personagens modelo, do passado e do presente. Assim as crianças se acham privadas de um dos elementos mais preciosos para o desenvolvimento da personalidade moral. Como não temos base alguma para atribuir esses defeitos ao professor, devemos procurar a explicação no próprio sistema de ensino: muita energia é despendida para aquisição dos conhecimentos e muito pouca para o desenvolvimento da personalidade".

A crítica judiciosa feita por Meumann às escolas públicas alemãs em 1917 prevalece para as escolas de Belo Horizonte, de 1929. Efetivamente, nossos resultados sob o ponto de vista do nível das aspirações espirituais das crianças belorizontinas, acusam um grau bastante baixo, comparado não só com o das crianças inglesas ou americanas, mas mesmo com o das crianças alemãs, que então foram julgadas inferiores às primeiras.

❖ ❖ ❖

Tendo o inquérito estabelecido um certo estado de coisas, é à pedagogia que incumbe prestar-lhe, desde logo, ouvido atento e buscar, em seguida, os meios de melhorar a situação. Por que é que as crianças belorizontinas deram um resultado inferior? A explicação em parte pode ser dada pela menor escolaridade das crianças. Já notamos que as crianças de Belo Horizonte, comparadas às da América do Norte e da Europa, são desfavorecidas sob o ponto de vista da duração da escolaridade. Quatro anos apenas de escola primária, e quase sem o auxílio da educação das escolas infantis e quatro horas apenas de trabalho na aula por dia, perfazem apenas a metade do trabalho escolar obrigatório de outros países. Isto representa grande desigualdade. Seria desejável que a duração da escolaridade se aproximasse da que se estabeleceu como necessária para a maioria dos outros países. Compreender-se-á facilmente que esses *desideratas* não poderão ser satisfeitos do dia para a noite, por isso que a máquina econômica dos países é sempre tardia em mover-se. Mas há talvez remédios parciais: seja-nos lícito aventar a seguinte sugestão: achando-se a instrução pública em Minas reduzida, não podendo essa redução deixar de influir nocivamente nos resultados escolares, no nível do desenvolvimento mental das crianças, bem como na bagagem de conhecimentos e no grau das técnicas adquiridas pelas crianças no final dos seus estudos obrigatórios, trata-se de compensar a falta, de uma parte, pela intensificação do trabalho escolar, e de outra, pela sua orientação para fins mais educativos: a formação da personalidade e a preparação da criança para a vida.

Nossa sugestão prática consistirá em aproveitar as quintas-feiras, ordinariamente isentas de freqüência das aulas, para o trabalho extra-escolar com as crianças. As quintas-feiras, feriado para as crianças na Europa, aliviam as que têm cada dia 6 horas de aula e freqüentam a escola de manhã e à tarde. Aqui, onde as crianças têm apenas a manhã ou a tarde para freqüentarem as aulas, a trégua da quinta-feira não parece indispensável. Todavia, se receasse sobrecarregar as crianças com o trabalho escolar ordinário, fora para desejar que se utilizasse a quinta-feira para diferentes atividades extraescolares: leitura comentada das obras-primas da literatura infantil, dramatização, diversos trabalhos manuais, jardinagem, excursões com propósitos científicos e em sítios pitorescos, para habituar as crianças a afeiçoar-se às belezas da natureza, visita às oficinas e às usinas, às exposições de trabalhos de outras escolas, frequentação de cinemas escolares; aproveitar o tempo nas diversas reuniões sociais próprias para desenvolver o "self-government"* etc, etc. Esses exercícios de trabalho e de atividade são inesgotáveis, como o são na própria vida.

Mas poder-se-ia objetar: se era a vida que se queria fazer penetrar na escola, não fora melhor deixar a criança dispor livremente de seu tempo nas quintas-feiras, quando ela estaria em contato com a vida mesma, a vida da família, a vida da rua... O simples contato não basta, de certo, para iniciar a criança na vida. É mister também para isso método e direção, da mesma forma que para a sua iniciação escolar e científica. Compreende-se que a criança, sendo guiada na vida por uma pessoa competente, pelo educador experiente, aproveitaria mais com esse contato do que se se limitasse à própria sagacidade, à própria observação, ou se fosse auxiliada apenas por seus pais, que não têm muitas vezes tempo nem competência suficientes.

Os pedagogos, por isso mesmo que teriam as suas horas tomadas pelo trabalho das quintas-feiras com as crianças (e esse trabalho seria sempre menor que o dos seus colegas europeus) seriam logo compensados pelo prazer desse convívio com seus alunos. As novas atividades patentearão nas crianças disposições que o mestre teria podido ignorar por completo, porquanto apenas vê os alunos assentados docilmente nos seus bancos: a iniciativa de uns, o espírito de organização de outros, o dom da palavra, a vocação para o palco, para as artes decorativas, o "humor", a qualidade preciosa – e outros traços interessantes do caráter, que não têm oportunidade de manifestar-se na vida restrita da escola. Nessas atividades extraescolares, nas excursões, as aproximações entre os mestres e os alunos são mais cordiais, por isso que uns e outros chegam a conhecer-se e estimar-se melhor.

É tempo de terminar o nosso artigo, já demasiado longo; mas antes de encerrá-lo, uma última consideração se impõe: quando se quer seguir literalmente os princípios da educação moderna, - construir o trabalho pedagógico guiando-se pela natureza da criança, orientá-lo em relação às suas necessidades, seus interesses e suas aspirações – não chegamos às vezes a um *impasse* e não nos arriscamos a cair num círculo vicioso? Se a tese de Rousseau: "tudo é bom ao sair das mãos do Autor das coisas, tudo degenera nas mãos dos homens", era inteiramente acertada; se o meio, as condições materiais, a educação, a moda passageira da época e mil outras influências tão difíceis de determinar, se tudo isso não imprimisse um cunho tão forte no indivíduo – como chegar a conhecer o verdadeiro homem, a criança autêntica, a sua natureza? Como distinguir o que é próprio do que é deformado, se seguirmos o método empírico, as observações feitas na criança viva, no seu procedimento quotidiano? Se nossa observação nos fornece a respeito da infância dados excessivos ou muito restritos, incompatíveis com o bom senso, ou demasiado pobres segundo nossa opinião – como conciliar isso com o princípio pedagógico que manda orientar o trabalho educativo segundo essa "natureza" da criança? Tomemos uma das nossas observações inequívocas: a paixão dos meninos de Belo Horizonte pelo futebol. O exagero, a exclusividade desse jogo nos alarma; e o bom senso nos aconselha a sustar essa paixão, sugerindo outras ocupações: leituras, trabalhos manuais, coleções, etc. Em, suma, quiséramos atuar sobre a criança num sentido oposto à sua paixão. Desejaríamos distraí-la do seu interesse demasiado absorvente. E presumimos não errar procedendo assim.

Trilharíamos, certamente, um caminho errado se proibíssemos, de modo autoritário, o "jogo de futebol", ainda que julguemos nefasta a sua influência: todas as atividades e tendências físicas e psíquicas que aí encontravam a sua válvula, a sua aplicação, seriam de um momento para outro presas e retidas sob forte pressão, prestes a explodir. Não se educam os instintos mediante a repressão; a educação tem a seu serviço processos conhecidos, sob o nome de canalizações, desvios, sublimações, objetivações, que provam melhor que os da disciplina autoritária.

Ao lado disso, o dever mais importante da educação é criar o meio propício, o ambiente harmonioso e diferenciado, no qual diversos tipos de crianças encontrassem uma aplicação adequada à sua natureza.

* Auto-regulação (nota do editor).

Envidando um cuidado especial em organizar esses ambientes harmoniosos e variados, o pedagogo arranja para o psicólogo os meios e as condições necessárias para a sua observação.

Num meio rico de estímulos variados as reações das crianças também se diferenciam: a escolha espontânea permitirá realmente o estudo dos gostos e dos interesses, em condições normais, e não exclusivas e monótonas, em que poderia ser feito o estudo da verdadeira natureza da criança; aliás, o estudo psicológico só encontrava uma imagem deformada. Quem terá a idéia de estudar as formas do corpo humano, observando-o num espelho curvo num ou noutro sentido?

Ao terminar o nosso trabalho, releva assinalar ainda uma vez o quanto é difícil o estudo da personalidade humana: muitas vezes, pensando que estudamos a sua natureza intrínseca, nada mais fazemos que tocar com o dedo os caracteres de seu meio ambiente

Comecemos, pois, por organizar esse meio harmonioso e suficientemente variado; demos às crianças a possibilidade de se manifestarem segundo a inclinação e as aptidões respectivas e só então a observação psicológica chegará a determinar a natureza própria da criança e poderá fornecer à pedagogia indicações eficientes.

Referências Bibliográficas

KELLER, Sammuelrelerat. Zeitschrift fur angew. *Psych.* 3, s/d.

FRIEDRICH, J. Die Ideale der Kindern. *Zeitschrift fur pedagogishe Psychologie*, III, 1901.

LOBSIEN, M. Kinderideale . *Zeitschrift fur pedagogishe Psychologie*, V, 1903.

STERN, W. Kinderideale . *Zeitschrift fur pedagogishe Psychologie,* 1905.

GODDARD, H. H. Die Ideale der Kinder. *Zeitschrift fur experimentelle Pedagogik*, V, 1907.

MEUNANN, E. Hosch Ernst. *Das Schulkind.* Leipzig, 1906-7.

MEUNANN, E. *Vorlesungen zur Einfurnng in die experimentelle Pedagogik*, Leipzig, s/d.

TSCHUDI. *Die Ideale des Schweizerkindes.* Berner Seminarblatt, 1911.

DARRAH. A study of children ideals. *Popular Science Month*, 1898.

BARNES, EARL Childrens ideals. *Pedagogical Seminary,* VII, s/d.

DODD, C. J. School childrens ideals. *National Review*, 24, s/d.

WYCOF, A.E. Childrens ideals. *Pedagogical. Seminary*, VIII, s/d.

BARNES. *Studies in Education* II, s/d.

CHAMBERS. The evolution of ideals. *Pedagogical Seminary*, X, s/d.

GODDARD. Negation ideals. *Studies in Education*, II, s/d.

D. S. Hill. A comparative study of childrens ideals. *Pedagogical Seminary*, 1911.

CHAMBERLAN. *The child*, s/d.

HUTCHINSON. The growth of the child's mind. *Educational Times*, 1891.

REANEY, The psychology of the organised group game. *British Journal of Psychology*, 1914, e *Br. J. of PS.*, Mon. Suppl. 1916.

CROSSWELL. *Pedagogical Seminary*, 1899.

VARENDONCK. Les idéals des enfants. *Archives de Psychologie*, VII, 1908.

COUSINET, R. Les lectures des enfants. *L'éducateur moderne*, VII, 1911.

RANDELL, Das interesse der Kinder an den Unterrichistaechern. *Beiheft 10 zu Zeit fur Angewandre Psychologie*, 1915.

MONROE. *Die Entwicklung des sozialen Bewustseins des Kindes.* Berlim, 1899.

SCHEIFLER. *Zeitschrift fur die angewandte Psychologie*, VIII, 1913.

SCHULTZ, W. L'orientation professionnelle en Allemagne. *Revue de la Science du Travail*, NS, Paris, 1929.

O sono da criança
Algumas Palavras Dirigidas aos Pais por Intermédio dos Mestres, por Helena Antipoff[1]

1932

Observando o passatempo das crianças em grande número de famílias daqui, percebe-se que ele decorre, pela maior parte, livremente, sem horários determinados, mais ao sabor das circunstâncias de que seguindo certas regras de conduta. A criança brinca, trabalha, corre e dorme quando entende conforme os seus interesses momentâneos ou o seu humor.

A liberdade é um estado próprio de cada ser vivo. Sabemos que a privação dela produz no homem, como no animal, a diminuição da vitalidade, e o constrangimento desenvolve freqüentemente a oposição e o espírito hostil. Mas a vida deixada ao azar, sem regras e sem ordem, uma vida sem ritmo e sem um certo número de automatismos indispensáveis, equivale a um desperdício considerável das forças; cria uma agitação supérflua, à procura de adaptações sempre novas, e um nervosismo pernicioso.

Dentre as inúmeras atividades, duas – a alimentação e o sono – precisam ser dirigidas com muito cuidado, a fim de garantir ao indivíduo o desenvolvimento das suas forças, e a sua saúde e o rendimento máximo do seu trabalho. Quando se trata de crianças, isto é, de seres em pleno crescimento, exigindo, este último, do organismo, esforços imensos, o controle deve ser do maio rigor.

Os pais envidarão, pois, diligência especial em fornecer à criança uma alimentação sadia, fresca, racionalmente preparada e administrada a horas certas, afim de garantir uma digestão normal e a melhor assimilação possível. É desta base alimentar que a criança retirará as calorias necessárias às múltiplas despesas exigidas pelo seu crescimento corporal e por toda a sua conduta.

É indispensável, igualmente, normalizar o sono e dar à criança o repouso necessário, porquanto o seu papel na economia da vida é de suma importância: ele serve de agente de proteção e, regulando ao mesmo tempo o equilíbrio entre as despesas e as receitas do organismo, assegura à criança não só a saúde, mas também o crescimento.

Consagraremos as linhas que se vão ler à exposição de alguns fatos relativos ao sono da criança e indicaremos algumas regras cuja aplicação, supomos, será da maior utilidade para ela.

Horário do sono – Quantas horas por dia deve dormir a criança? Eis a primeira questão que vamos abordar. Quantas horas dormimos nós, os adultos? A dar crédito à sabedoria popular, o nosso sono ocupa a terça parte da nossa vida. A regra dos *três oito* (oito horas de trabalho, oito horas de recreio, oito horas de sono) eis o que parece constituir uma vida harmoniosa e feliz.

Se consultamos a Ciência, esta, longe de contradizer o empirismo, fornece quase os mesmos dados: os dois inquéritos feitos, um por Mr. Benton, dos Estados Unidos, e outro por Nechaev, psicólogo russo – e nos quais os investigadores observaram e registraram minuciosamente, um durante dois anos, e outro, durante quinze semanas, a sua própria atividade – mostram, com efeito, que, para serem capazes de produzir um trabalho intelectual de 7 a 8 horas por dia, eles necessitariam, pelo menos, de 56 horas de sono por semana[2].

Em se tratando de crianças, a vida destas obedece a outras regras, e em cada período da infância verificamos que as diferentes formas de atividade se acham em proporções especiais.

---

[1] Publicado originalmente na *Revista do Ensino* nº 74, Belo Horizonte, 1932, p. 2-13.

[2] Cf. *Bubler Kindheitun Jugeud*, Leipzig, 1828.

Assim vejamos no recém-nascido um quadro bem típico: toda a vida se reduz, em suma, ao sono, entrecortado por breves intervalos de vigília, consagrados à ingestão de alimentos e aos cuidados higiênicos. Em vinte e quatro horas, o recém-nascido vela cerca de três horas, ao todo, porque ele dorme mais de vinte.

Com o crescimento, a sua vida se complica, e as horas do sono diminuem regularmente: aos 3 meses, a criança não dorme mais de 19 horas; aos 6 meses, 14; na idade de um ano; 13 horas e meia, e, aos 4 anos, Dom Pequerrucho reparte já o tempo entre o sono e a vigília, de maneira eqüitativa, pois que 12 horas de sono por dia lhe bastam.

Geralmente nessa idade a criança dorme só uma vez por dia, não tendo, ao que parece, necessidade do sono diurno. Nesta fase da vida os seus momentos de vigília são ainda pouco diferenciados: a criança, por assim dizer, não conhece as obrigações, e a sua atividade fora das refeições e dos exercícios higiênicos é regulada por suas próprias tendências e necessidade.

A criança é relativamente livre: galopa, marcha, salta ou se estira, tagarela ou fica quieta; maneja qualquer coisa ou olha e escuta conforme seus interesses; estende ou relaxa a sua atividade conforme suas necessidades e as reservas físicas disponíveis a cada momento.

Pelos 6 a 7 anos opera-se na vida da criança uma mudança repentina: das doze horas de vigília a escola vai tomar-lhe (e isso de um dia para outro) 4 ou 5 de ocupação obrigatória. Terminou a idade de ouro. A escola vai impor-lhe, doravante, os deveres e o trabalho.

Vemos, portanto, que as forças da criança não irão apenas até a construção do seu ser físico e ao seu desenvolvimento espontâneo, mas deverão ainda fazer face à novas exigências que, infelizmente, não são sempre reguladas de acordo com as suas forças e as suas necessidades. É então que os pais devem ficar mais atentos do que nunca, velando por todas as funções fisiológicas da criança e, em primeiro lugar, pelo sono delas. O escolar novato, dele terá grande necessidade nesse momento de adaptação a um novo ambiente, a um novo gênero de vida, a uma nova sociedade e a uma atividade não raro superior a suas forças.

Quantas horas dorme a criança em idade escolar? É o que várias pesquisas junto às crianças ou a seus pais, na Europa ou nos Estados Unidos da América do Norte, procuram conhecer. Nos dois inquéritos, um de Terman e Hocking, e outro de Srta. Fouilloux, verificamos, nas duas pesquisas, que o número de horas por idade é aproximadamente o mesmo, com esta diferença: que as crianças de Genebra dormem, em média, meia hora menos do que os jovens americanos do norte.

Procurando saber se os meninos e as meninas, nas mesmas idades, têm a mesma necessidade do sono, não achamos uma resposta bem definida, porque os inquéritos de Hayashi, de uma parte, e os de Heerwagen, de outra, estão em desacordo[3]. Pode ser que não exista diferença muito notável nem constante. Seria, entretanto, interessante esclarecer esse ponto.

Nos países setentrionais, a necessidade de dormir parece estar sob a influência das estações e da temperatura atmosférica: no inverno, os escolares dormem mais do que no verão. Seria extremamente interessante saber qual é a duração média do sono nas crianças brasileiras. E são os mestres e os pais que poderão bem contribuir para essa informação, respondendo ao questionário da Escola de Aperfeiçoamento de Belo Horizonte, junto a este artigo.

O número de horas assinalado pelos inquéritos indica apenas a duração comum, mas isso não quer ainda dizer que essa duração seja normal, isto é, a que corresponde à real necessidade da criança. Como diz o Dr. Claparède em seus trabalhos a respeito do sono[4], "é provável que esses algarismos exprimam os *mínima*". Isso é tanto mais provável quanto é certo que só a metade das crianças, do inquérito de Srta. Fouilloux, e os três quartos do outro já citado, acordam espontaneamente. As outras dormiriam, pois, mais, se os pais não os acordassem.

Terman e Hocking[5] nos dão ainda interessantes indicações comparando o sono das crianças normais e dos das anormais. As crianças anormais dormem, em média, menos horas do que as normais no período

---

[3] Vide Claparède, E. Le sommeil et la veille. *Journal de Psichologie Normale et Pathologique*. Paris.

[4] *Op. cit.*

[5] *Op. cit.*

escolar de 6 a 13 anos. Depois, na adolescência, são, pelo contrário, os normais que parecem ter menor necessidade de dormir do que os retardados de todos os graus. Nos primeiros, a duração diminui regularmente com a idade, ao passo que nos anormais a curva do sono não tem absolutamente essa regularidade e também a crise da puberdade parece repercutir muito mais no sono, porque nesta ocasião o número de horas aumenta repentinamente, atingindo de novo ao tempo de sono das crianças de 6 anos.

A comparação do sono dos normais e dos anormais é bem instrutiva: o sono nos aparece, pois, como um sintoma de certo estado mental, a não ser que seja, ao mesmo tempo, uma das múltiplas causas da deficiência intelectual. Oxalá os pais que tiverem conhecimento desta relação cuidem quanto antes de aumentar o sono de seus filhos, se estes dormem insuficientemente.

A que horas devem deitar-se as crianças? A resposta pode ser relativa, isto é, depende da hora em que a criança é obrigada a despertar, mas a resposta tem igualmente um caráter absoluto. Antecipando os resultados do inquérito brasileiro e utilizando os das normas *mínima* mencionadas abaixo, resumiremos num quadro o horário de sono para as crianças das diferentes idades.

A primeira coluna à esquerda contém as idades; a segunda mostra a hora em que a criança de tal idade deve deitar-se à noite para despertar às 6 da manhã (hora do despertar necessário para as crianças que têm de apresentar-se à escola às 7 horas); a terceira coluna, as horas em que as crianças devem deitar-se para despertarem às 7 horas; enfim, a última para as que podem ficar na cama até as 8 horas.

Muitos pais se surpreenderão provavelmente ao verificarem a diferença entre o horário do sono, tal como ele é representado nesse quadro e o que é praticado por seus filhos. Muitas vezes nós mesmos ficamos impressionados ao notar os escolares, que eram vistos tarde na véspera, aparecerem sem atraso nas primeiras aulas. Também notamos, mas com menos admiração, que esses dorminhocos retardatários comparecem às aulas muito tarde. O segundo caso é um caso de indisciplina contra a ordem escolar. O primeiro nos parece mais grave ainda, porque é uma infração série contra a ordem da própria natureza da criança e uma falta contra a saúde.

A criança que se deita demasiado tarde e se levanta cedo rouba ao seu organismo o tempo necessário ao repouso para as funções sensoriais, motrizes, intelectuais e afetivas e diminui, assim, a duração das funções propriamente vegetativas consagradas à construção dos tecidos.

A criança que dorme pouco, aumenta menos de tamanho e de peso; torna-se mofina, é menos protegida contra as intempéries e os micróbios. Mas, prejudicando o seu organismo, essa mesma criança maldormida prepara mal o seu dia de trabalho. Em vez de ser atenta, alerta às lições, não fará senão bocejar e encostar-se, debruçar-se nas carteiras, sem poder convenientemente prestar atenção às lições, sem poder fazer bem os seus exercícios; o texto da leitura parecerá obscuro à sua vista como à sua compreensão; sua escrita será trêmula, sem firmeza, e sua ortografia, inçada de faltas de atenção; o cálculo mental disso se ressentirá igualmente, e as operações se tornarão mais lentas do que nas crianças que dormem quanto basta. Para verificar a exatidão dessas observações, queiram os pais experimentar em si próprios uma tarde em que tenham de executar um trabalho intelectual e em que lutem contra a invasão do sono.

A criança que comparece cedo à escola sem ter dormindo o necessário acha-se nesse mesmo estado: luta, e sem êxito, contra a necessidade devoradora de continuar o sono interrompido antes da hora.

Se, apesar do pouco sono a criança, pela sua força de vontade demasiado precoce, triunfar da falta de sono e se desvencilhar vitoriosamente das exigências da escola, ela sofrerá mais tarde com isso por uma fadiga sistemática e um grave esgotamento nervoso.

Alexandre Nechaev, como já vimos, fez em si próprio muitas e pacientes observações, nas quais pôs em evidência a relação íntima que existia entre as horas de sono, a duração dos exercícios físicos e o número de horas de trabalho intelectual rendoso. Verificou, após muitos meses de observação, que para obter uma qualidade melhor de trabalho intelectual devia elevar a taxa de seu sono e que devia dormir 58 horas, em vez de 56 horas por semana, para aumentar de 4 horas a quantidade de seu trabalho intenso e produtivo. Ao contrário, diminuindo as horas de sono, ele com isso obtinha menor capacidade de trabalho e era obrigado ou a reduzir a duração do trabalho produtivo ou a diminuir-lhe a qualidade. (Coisa análoga Nechaev encontrou fazendo variar as horas dos exercícios físicos. Da mesma forma que para o sono, ele encontrou durações mais ou menos propícias para a quantidade e a qualidade do trabalho mental.)

Se no adulto cultivado essas relações entre o sono e a atividade da vigília são tão íntimas, nas crianças devem ser ainda mais nítidas, porque, como já vimos, as necessidades da criança são mais imperiosas, e as exigências, mais profundas.

A criança que falta às primeiras aulas, porque as passa na cama, não peca apenas contra a disciplina e os seus deveres: incorre ainda em falta contra a sua saúde. As horas diurnas e soalheiras são bem mais aproveitáveis para a saúde e para o crescimento da criança do que as horas noturnas, mais úmidas e privadas dos raios ultravioletas da luz solar, tão importante para a boa assimilação das substâncias alimentares e para a transformação destas em energias.

As primeiras horas da manhã são certamente muito mais vivificantes do que as horas negras depois do ocaso.

Cumpre, pois, que os pais velem seriamente pelo horário do sono das crianças, porque aí encontrarão uma fonte de diversas perturbações, se esse horário não for bem observado. As crianças na idade escolar, no seu desejo de ser inteiramente grandes, protestam contra esse horário infantil, e é mister, por parte dos pais, uma grande perseverança e muita firmeza de caráter para abolir os dias excepcionais que se apresentarão tanto mais freqüentemente quanto mais as crianças sentirem os pais fracos e sem convicção.

Em minha própria família (seja-me permitida esta alusão pessoal) nada havia no mundo que pudesse, graças a Deus, tentar meus pais a esse respeito: nem minhas súplicas nem os pedidos das amigas, nem nenhuma espécie de festa. Até aos meus quinze anos, em batendo 9 horas, no decurso de uma festa ou de uma reunião, os olhos de meu pai ou de minha mãe se levantavam implacavelmente para o relógio, e isto bastava para indicar a minha irmã e a mim o rumo de nossos quartos de dormir.

Devem ser louvados os pais severos, sobretudo quando se sabe que essa recusa lhes custava também uma luta interior, mas que os deveres paternos sobrelevavam a quaisquer outras considerações.

Integridade e higiene do sono

Não basta mandar a criança para a cama: cumpre ainda que, uma vez deitada, ela possa adormecer imediatamente e que seu sono seja o menos interrompido possível. Para isto, cumpre que o quarto em que durma a criança se ache um pouco afastado dos outros cômodos, que ela durma só com um número muito restrito de pessoas no mesmo quarto e que seu leito seja para ela só. Este deve ser mais duro do que macio, fresco, e sua coberta estritamente suficiente para proteger a criança contra a friagem do ar e do vento, se a criança dorme ao pé de uma janela aberta. Este último *desideratum* é muito fácil de alcançar no Brasil, onde só é necessário fechar a janela por alguns dias do ano, durante as chuvas fortes e as tempestades. Mas, apesar dessas favoráveis condições atmosféricas, observa-se que a maioria das crianças dos grupos escolares, onde pode ser feito o nosso inquérito, dormem fechando hermeticamente portas e janelas. Essa falta contra a higiene é muito lamentável, porquanto uma das funções do sono consiste, segundo alguns fisiologistas (Renault Bouchard) em fazer reserva de oxigênio. Se o ar é viciado, a criança ficará impedida de aproveitar-se do sono em toda a sua amplitude.

Dormir num aposento isolado, dormir só, não dividir o leito com outra pessoa, são exigências higiênicas que encontram muitas vezes obstáculos nas condições materiais da família. Se são impossíveis de realizar, pelo menos os pais deveriam sempre pensar em acomodar a criança de maneira melhor, mais racional, e garantir, na medida do possível, o sono completo dela. Se a casa é pequena e os ruídos das salas onde se acham os membros adultos da família não podem ser abafados pela porta, cumpre que esses adultos reduzam o barulho, e não que se privem de toda expansão, mas que abulam os gritos, as risadas muito ruidosas, os discos dos gramofones e a emissão do rádio muito barulhenta como as danças muito movimentadas. A criança dorme. Seu sono é sagrado. O interesse dos pais deve ceder diante dos interesses e dos direitos da criança.

Se o número de cômodos é muito restrito, cumpre refletir com que pessoas a criança ocupará o leito. Os doentes devem ser separados; as pessoas que se recolhem alta noite, igualmente, porque vão interromper-lhes talvez muito repentinamente o sono. Cumpre evitar, o mais possível, que a criança em idade escolar durma no mesmo quarto que seus pais ou com qualquer casal. Sob esse ponto de vista, é mister ser muito prudente e não despertar nas crianças a curiosidade e os instintos cuja hora ainda não chegou.

É absolutamente necessário garantir à criança um sono tranqüilo. Nada é mais perigoso do que os rumores súbitos, os gritos estridentes: a criança acorda em sobressalto, com fortes palpitações do coração, com a fronte suando e o olhar arregalado, revelando um estado afetivo violento de pavor e de angústia, muito prejudicial para a sua saúde nervosa

O SONO DA CRIANÇA – REVELAÇÃO DO SEU ESTADO FÍSICO E MORAL

A observação do sono da criança é muito instrutiva; muitos defeitos e perturbações se revelam a um observador perspicaz. Assim o sono será tranqüilo, ou não, se seu estômago digerir bem ou mal. Uma alimentação demasiado copiosa ou tóxica, alimentos muito gordurosos, café muito forte, o vinho – todas essas substâncias cuja nocividade apenas repercutirá na conduta da criança durante a vigília, mascaradas por distrações variadas – darão um sono agitado, entrecortado de gemidos, perturbado por pesadelos de que ela freqüentemente despertará.

Se a criança foi, durante o dia, testemunha de algum fato triste ou trágico, se foi vítima de algum acidente, se foi impressionada por alguma conversação ouvida – para logo todas as influências, que teriam podido passar despercebidas aos pais, podem ser-lhes reveladas pela observação do sono. A agitação insólita, os gritos, algumas palavras proferidas durante o sono, podem servir-lhes de pontos de partida para que eles interroguem a criança a respeito do seu dia e para que os ajudem a por-lhes ordem e paz na alma abalada.

Esta repercussão dos acontecimentos da véspera no sono das crianças foi bem focalizada pelas experiências de Karger, que registravam por meio de um aparelho inscritor (pêra de cautchu introduzida por debaixo do colchão da cama e ligada por um tubo de cautchu ao tambor de Mary, inscrevendo num quimógrafo) os movimentos das crianças durante o sono. Karger verificou um aumento notável na quantidade dos movimentos nas noites precedidas pelos serões em que a criança ouvira narrar contos com elemento afetivo muito forte. Assim a agitação do sono foi considerável, depois do conto de Aladino, das "Mil e Uma Noites", que a criança ouviu no serão.

A conduta da criança durante o sono permite descobrir certos estados mórbidos importantes: a criança, quando dorme, tem a boca fechada ou aberta? No último caso, será mister consultar um médico para saber se ela não tem amígdalas enfartadas (ou as vegetações adenóides muito abundantes). Se não é este o caso e entretanto a criança deixa o queixo sempre pendente, teremos talvez neste fenômeno uma indicação relativa a uma certa fraqueza nervosa da criança, um tonus muito fraco de uma vontade talvez um pouco relaxada.

Se a criança rilha os dentes durante a noite, esse fato poderia igualmente servir de indicação acerca de sua saúde: cumpriria examinar se os vermes intestinais não se encontram nas suas excreções ou se não há vestígios de uma solitária. Em caso contrário, teremos antes uma indicação acerca de um sistema nervoso demasiado tenso e que seria útil descongestionar por uma alimentação mais vegetariana e láctea, por um modo de vida mais tranqüilo, por um banho morno antes de se deitar.

Se o seu sono é interrompido por gritos, se é agitado sem que nenhum excitante exterior, passado ou presente, possa ser invocado, deve-se ver se alguma perturbação do lado do coração não se manifesta na criança, que deve, então, consultar ao médico.

Por vezes o sono agitado se encontra nas crianças filhas ou netas de alcóolicos. Conhecem-se os efeitos desastrosos da hereditariedade alcóolica sobre o sistema nervoso dos decadentes.

Esta fragilidade do sistema nervoso se revela, em primeiro lugar, no sono das crianças, a princípio pela simples agitação, depois por manifestações mais agudas, como contrações involuntárias, convulsões.

É o sono ainda que nos põe na pista de uma anomalia orgânica, de uma certa debilidade do sistema nervoso, ou então de um desequilíbrio psíquico, pelo fenômeno da enuresia noturna.

Em que idade ela se torna "asseada"? As opiniões e sobretudo os costumes variam muito neste ponto. Observações colhidas junto às crianças norte americanas de um meio social esclarecido mostram que a maioria das mães habituam a criança à cadeira, desde os seis meses, para as funções intestinais. Com um ano, a criança se serve da cadeira também para a micção.

Mas é aos dois anos que a criança indicará suas necessidades naturais durante o dia; nesse momento ela começará a ter noites "secas", e é dos 2 e meio aos 3 anos que ela via acordar durante a noite para satisfazer às suas necessidades.

Conforme a educação que se dá às crianças, essa evolução do controle sobre os seus esfíncteres será mais ou menos precoce ou tardia. Em todo caso, se a criança não é ainda senhora de si, dos três aos quatro anos, durante o dia, e dos quatro aos cinco anos, durante a noite, essa criança deve ser vigiada de mais perto e examinada pelo médico.

Se os acidentes persistem ainda nas crianças em idade escolar, ou se apareceram numa época antes da qual elas já tinham hábitos de asseio, essas crianças devem ser estudadas com todo o cuidado.

Em primeiro lugar, somos levados a procurar uma causa física, orgânica. Mas esta não pode ser invocada senão em raros casos: 10%, no máximo, são de origem orgânica e glandular; as outras (90%) são mais de ordem moral do que física.

Em um belíssimo estudo da Dra. Helen Wooley, da Columbia University, acerca das crianças que "urinam na cama", a autora encara o problema da enuresia do ponto de vista psicológico e passa em revista as diferentes causas de insucesso. Assim ela fala da criança que urina na cama, porque foi mal educada, porque os educadores só deram por isso muito tarde, quando os hábitos de negligência se enraizaram muito profundamente; ela cita o pavor e a ansiedade geral da criança por ser ralhada e muito severamente censurada pelas suas fraquezas, o que só contribui para agravar o seu estado. É ainda uma causa profundamente psíquica, a do egocentrismo infantil. A criança é tão levada a querer estar no centro do universo e a atrair sobre si toda a atenção dos circunstantes que a isso se decide por qualquer meio, se as condições ordinárias não lhe garantem essa atenção e os cuidados. Quando não tem o conforto moral necessário, quando não é compreendida, quando é maltratada e incapaz de manifestar seus protestos por uma forma explícita, ela o faz no sono, protestando contra a ordem anormal das coisas, por um ato semiconsciente, senão subconsciente, molhando a sua cama e causando contrariedades às pessoas de que ela não gosta e que não lhe gostam.

Esta última explicação pode ser facilmente verificada nas crianças dos orfanatos, quando estes não passam de frias casernas sem nada que lhes aqueça a alma[6].

Visitando esses internatos, costumo perguntar o número das crianças que "urinam na cama". Se há muitas, minha opinião acerca da parte educativa do instituto está formada. Sei que a educação deixa a desejar e que aí a atmosfera moral não é das melhores. A prova é que basta muitas vezes a uma dessas crianças entre os "mijões" inveterados ser tomada em uma família ou ser seguida por outro educador, para que ela rapidamente abandone seus hábitos e se torne perfeitamente asseada, como uma pessoa que se preza.

Porque nisto está a explicação muito freqüente da enuresia: a criança não se respeita, está habituada a não ser considerada como pessoa digna e ajunta a essa opinião ainda a sua própria desestima.

A enuresia pode ser senão provocada, pelos menos provavelmente agravada pelos hábitos de masturbação. Esta tende a aumentar a sensibilidade das regiões genitais, diminui o controle da criança sobre si mesma e cria um desejo de excitação que conduz a uma micção mais freqüente.

Eis aí, pois muitas nesgas da alma e do corpo das crianças que a observação do sono revela a quem deseja conhecê-las. Se ajuntarmos a isso ainda os sonhos da criança e nos dermos ao trabalho de analisá-los, para aí aprendermos as preocupações, as tendências e os desejos insatisfeitos, teremos completa a nossa lista

---

[6] Dr. Helen Wooley. Petits muilleurs de lit. L'Enurésis, problème psichologique. *Schweizersche Zeitschriff fur higiene*, 1929.

dos fenômenos que se referem ao sono da criança e que os pais e pedagogos devem ter em vista para compreender melhor a criança, os defeitos e as causas prováveis destes.

Horas em que as crianças de diversas idades devem deitar para levantar às 6, 7 ou 8 horas da manhã

Idade	Horas de sono necessário	Horas de se deitar para levantar-se às		
		6 horas	7 horas	8 horas
7 anos	11 h. 15 min.	6 h. 45 min.	7 h. 45 min.	8 h. 45 min.
8 anos	10 h. 45 min.	7 h. 15 min.	8 h. 15 min.	9 h. 15 min.
9 anos	10 h. 30 min.	7 h. 30 min.	8 h. 30 min.	9 h. 30 min.
10 anos	10 horas	8 horas	9 horas	10 horas
11 anos	10 horas	8 horas	9 horas	10 horas
12 anos	9 h. 45 min.	9 h. 15 min.	9 h. 15 min.	10 h. 15 min.
13 anos	9 h. 30 min.	8 h. 30 min.	9 h. 30 min.	10 h. 30 min.
14 anos	9 h. 30 min.	8 h. 30 min.	9 h. 30 min.	10 h. 30 min.
15 anos	9 horas	9 horas	10 horas	11 horas

A personalidade e o caráter da criança Necessidade de respeitá-los e favorecer seu desenvolvimento na criança no asilo[1]

1934

Do vasto assunto proposto pela Comissão Organizadora do Congresso de Proteção à Infância, tomei a liberdade de limitar minha contribuição ao problema da personalidade da criança educada no *asilo*, isto é, aquela que pela força das circunstâncias, físicas ou morais, não pode ser educada no seio de sua própria família: órfãos, crianças privadas do lar pelas condições econômicas ou morais dos pais, crianças cuja conduta ou cujas tendências não permitem viver neste meio natural.

A NOÇÃO DE PERSONALIDADE

Aplicados à criança, os termos personalidade e caráter subentendem um conteúdo um pouco diferente daquele que se refere ao adulto. Tanto a etimologia dos termos, como sua interpretação dada pela psicologia moderna, mostram que a personalidade e o caráter não são fatos psíquicos primitivos, mas que uma e outra são de forma secundária e resultantes de fatores diversos.

Para se elevar o indivíduo à dignidade de personalidade é preciso que ele satisfaça, ao menos, às seguintes condições: dar provas de uma vida mental *contínua*, através das experiências passadas, presentes e mesmo futuras (planos, projetos): esta continuidade psíquica não se estabelece enquanto não existe *consciência do eu*, este verdadeiro cimento da personalidade revelar em suas diversas formas de comportamento, intelectual, afetivo e social, um certo grau de *constância*, dando assim à individualidade vital seu próprio cunho ou *caráter*; ser *considerado* pela sociedade que pertence; esta o admite ou rejeita de seu seio, conforme o grau de harmonia que existe entre o indivíduo e a sociedade.

A EVOLUÇÃO DA PERSONALIDADE

Para tornar-se uma personalidade, o indivíduo tem, assim, em sua marcha evolutiva, um caminho longo e acidentado a percorrer. Sabe-se como é tardio o aparecimento da consciência do eu na criancinha, não somente do eu moral, mas simplesmente do eu físico. Só muito lentamente a criança aprende a conhecer seu corpo e a distingui-lo do meio circunvizinho. Durante o primeiro ano o bebê toma conhecimento de seus gestos, da extensão de seus movimentos, dos limites de seu corpo. O fino observador, que foi o fisiologista Preyer, nos mostra a criança de 15 meses "mordendo-se, ainda a ponto de gritar de dor".

Conhece-se igualmente o aparecimento tardio dos pronomes pessoais aplicados a si próprio pela criança. Esta noção lingüística só se forma depois de uma experiência social mais ou menos longa. Os seres menos bem-dotados tardarão mais a utilizá-los, os retardados profundos nunca chegarão a servir-se deles.

A continuidade da vida mental está sob a dependência da memória. Esta possui, nos primeiros anos, uma notável plasticidade para a fixação dos movimentos de toda espécie; os automatismos e os hábitos se formam com a maior facilidade, mas as imagens mentais apagam-se rapidamente, não sendo conservadas pelo cérebro, senão por pouco tempo. Da imensa experiência de sua infância, são poucas as lembranças que

---

[1] Publicado originalmente em *Infância Excepcional* 16, Belo Horizonte, 1934, p. 77-87.

o homem guarda: as primeiras datam de 3-4 anos, em média, e até 10, 12 anos, poucas pessoas são capazes de reconstruir passo a passo sua vida, evocando os sentimentos e pensamentos de então. Algumas lembranças emergem, no dizer de Virgílio, como raros sobreviventes, deste oceano de esquecimento. A continuidade falta, não vivendo a criança, na maioria dos casos, senão no presente.

Em regra geral, a descoberta do eu é um fenômeno tardio. É, entretanto, mais precoce, quando o sentimento da dignidade pessoal foi posto em jogo por um conflito mais ou menos sensível, por uma injustiça evidente.

A observação que se segue refere-se a uma criança de 8 anos: não querendo obedecer a uma ordem de sua mãe, dada em tom exaltado e muito irritado, ordem de fazer alguma coisa que a criança não julgava necessária, a criança, com um tom de voz extremamente calmo e decidido, disse, apontando com um gesto sua mãe, a depois sua própria pessoa: "Você é você – eu sou eu". Nesta oposição de pronomes a criança fez sentir à sua mãe que não era sua coisa, que não era mais uma coisa em geral, mas que era uma pessoa dotada de eu, tendo suas opiniões e o direito de agir de acordo com elas. Achamos que a idade indicada é muito precoce e que a citada criança mostrou uma grande maturidade psíquica, que não se teria talvez revelado sem o estado de cólera e de irritação ultrajante da mãe.

É na adolescência, no momento do "segundo nascimento", que a consciência do eu moral vai surgir. Ela faz sua aparição quase sempre sob uma forma aguda, no momento em que as lutas com o meio, com as tradições e as opiniões do mundo invadem o jovem ser. Piaget mostra que consciência desenvolvida do *eu* é um produto social: "é na medida que nos comparamos a outrem que nos é possível conhecer-nos e dizer que nosso ponto de vista moral e intelectual difere ao dos outros".

O caráter, igualmente, é considerado como uma resultante de fatores endógenos em relação com os exógenos; o caráter dependerá da adaptação das disposições individuais às condições do meio. Resulta de uma verdadeira luta, não só com seu ambiente e com as condições sociais, mas com suas próprias disposições as quais ele ora ceda, ora resiste (Bovet). É nesse perpétuo vaivém entre o indivíduo e suas disposições e o mundo circunvizinho com seus múltiplos aspectos, que se forja o conjunto mais ou menos estável e relativamente homogêneo das reações psíquicas e dos comportamentos sociais.

O verdadeiro caráter do homem e sua personalidade cristaliza-se depois de longo processo de formação, em que a criança passa por todas as suas fases evolutivas de percepção, de pensamento, de sentimento e de julgamento moral. Tal maturidade não deve chegar antes que a criança, ou melhor, o jovem ou a jovem, tenha oportunidade de experimentar suas forças a reativos diversos, antes que a vida lhe tenha dado a ocasião de mostrar-se sob seus diferentes aspectos, antes de ter experimentado numerosas atividades e suportado diversas reações, sociais principalmente. Só assim, saindo no mundo, o indivíduo se decidirá a representar o seu papel na arena da vida e fará repercutir através de sua pessoa, como os atores trágicos da antigüidade, através de suas máscaras, sua própria voz *(personare)*.

O PAPEL DA INFÂNCIA NA FORMAÇÃO DA PERSONALIDADE

Conforme disse muito bem nosso mestre, "a criança não é pequena por não ser grande, mas é pequena para tornar-se grande" (Claparède). Quanto mais tempo ela for "pequena", tanto mais probabilidade terá de tornar-se verdadeiramente grande. Toda sua infância consistirá, pois em fabricar os tijolos de sua futura personalidade e em preparar o cimento sólido que irá mantê-los em equilíbrio, um todo harmonioso: harmonioso como o próprio indivíduo e harmonioso com a sociedade em que ele vivera.

Na evolução distinguimos, duas forças: uma, interior, centrípeta ou hereditária; outra exterior, centrífuga, ou de adaptação (Goethe). É claro que, sendo a primeira viciada, a segunda se ressentia disto, e a evolução não poderá seguir seu caminho direto. Qual será a função do educador em face dessas naturezas?

O educador, cujo papel é garantir à criança a ortogenia, deve nesses casos observar as irregularidades da natureza física e mental da criança e desenvolver toda sua ciência e toda sua arte, toda sua inteligência e todo seu coração para compensar os defeitos e lacunas de uma natureza viciada, irregular. A arte pedagógica e a educação devem ser irrepreensíveis porque facilmente se podem prever os efeitos desastrosos de uma educação má sobre a natureza viciada em sua essência.

A personalidade das crianças do asilo através da observação

Vejamos o que representam as crianças dos asilos. Aqueles que trataram de perto com as crianças dos orfanatos sabem perfeitamente que bom número elas é vítima de taras hereditárias as mais temíveis.

A primeira infância dessas crianças decorre muitas vezes em uma miséria corporal, na fraqueza e numa saúde precária. O fator psíquico é igualmente dos mais dolorosos, e muitas crianças sofreram verdadeiros martírios morais, antes de entrarem para o orfanato.

Aqueles que negam o pragmatismo hereditário na formação da personalidade, encontrarão nessas crianças bases exógenas e influências psíquicas nocivas impressionando-as desde a tenra infância. Os partidários da tese contrária encontrarão nas predisposições inatas, de que incriminar o futuro desenvolvimento. Os dois fatores, muitas vezes presentes nas mesmas crianças, põem-nos em face dos seres particularmente vulneráveis.

Qual é geralmente o aspecto das crianças, clientes dos asilos? No momento de transpor seus umbrais, como durante a vida de internato, nossa experiência pessoal nos faz vê-las bem diferentes das crianças de sua idade que vivem com seus pais, trabalhando na escola, brincando ou ocupando suas horas vagas.

A infância normal caracteriza-se, a antes de tudo, por sua vida sempre em ação; sua energia apega-se avidamente a todas formas a vida exterior; ela é curiosa, "mete seu nariz" em toda parte, experimenta, sem se cansar, as coisas e as pessoas que a rodeiam. Com isto, não se preocupa com os problemas pessoais, é jovial e mostra, para com o adulto, uma confiança e um abandono tocantes.

Os internos dos asilos têm geralmente a tez pálida, os olhos encovados e sem brilho, os músculos relaxados, o ar lamentavelmente sério, e notamo-lhe uma depressão profunda, mesmo quando os vemos no trabalho, no trabalho por vezes insípido, monófono, superior ou estanho às suas forças e às suas necessidades. Lembro como se fosse hoje – e muitos anos já se escoaram após a visita a um asilo – do dia em que a aparência de depressão, principalmente nas crianças de 6 a 8 anos, era a tal ponto pungente, que uma turma de professores primários, que foram comigo, acostumados com as crianças, a custo puderam reprimir as lágrimas a vista de tamanha tristeza. Quando as crianças foram grupadas para tirar uma fotografia, atemorizadas, apreensivas, apertaram-se umas contra as outras. Para não fixar essa impressão dolorosa, os professores lhes mostraram coisas alegres, cômicas, mas os pequerruchos ficaram como petrificados na sua tristeza. Creio bem que eles nem mesmo sabiam rir.

Ao lado disso, a observação a respeito da vida dos orfanatos nos dá ainda informações acerca de muitas anomalias morais, de muitos vícios. A depravação sexual, em particular, é um fenômeno comum, bastante espalhado. As diretoras dos orfanatos de meninas se queixam unanimemente da dificuldade de reter no asilo as de 14 e 15 anos e mais. São empregadas às pressas, mas em pouco tempo o seu comportamento as faz colocar, já agora, no Asilo "Bom-Pastor"; ou aliás, elas se perdem irrevogavelmente.

A personalidade das crianças de asilo através do teste psicológico

Esta depressão psíquica, de que muitas crianças de asilo são estigmatizadas, e que impressiona vivamente o visitante ainda o menos psicólogo, logo à entrada em muitos orfanatos, encontra confirmação palpável nos resultados do exame psicológico, que, graças ao psiquiatra suíço-alemão Rorschach, pôde estender-se atualmente aos domínios mental e ao afetivo mais profundo do que o podiam os testes antigos.

O teste de Rorscharch, a quem a morte infelizmente arrebatou um ano após a publicação do seu método original, se serve das manchas de tinta interpretadas pelos examinandos. Esse método nos revela, com suficiente exatidão (como o demonstraram inúmeras provas colhidas entre os psicopatas, os nervosos e os normais, nos adultos e nas crianças) o conjunto das tendências mentais, a psicotropia e as atitudes afetivas. Analisando os resultados do teste aplicado a todo um grupo de indivíduos mais ou menos homogêneo, chega-se a formar, por assim dizer, a sua imagem genérica mental, e a determinar a psicotropia dominante.

A análise que a Sra. Loosli Usteri, professora do Instituto J. J. Rousseau, fez do teste de Rorschach, aplicando-o, de uma parte, às crianças normais comuns, e de outra parte, às crianças internadas no Asilo de Genebra, nos ministram destes últimos a imagem psicológica seguinte[2]: o aluno tipo de asilo se distingue de seus congêneres que vivem com suas famílias:

1º) pelo seu pensamento mais infantil, mais autístico;
2º) por sua afetividade mais calma, mais estável, e nitidamente depressiva;
3º) pela sua forte tendênca à oposição.

O autor acrescenta ainda que os pacientes do tipo de caráter *introversivo* formam cerca de metade entre as crianças de asilo, ao passo que os meninos que vivem em suas famílias formam um quarto apenas do número total, e que as *recusas* foram muito mais freqüentes entre os primeiros do que entre os últimos.

A infância do asilo genebrense (e julgamos não nos enganar muito dizendo que a infância dos outros asilos, que não o de Genebra, tanto pelos gêneros dos alunos que os habitam quanto pelos métodos pedagógicos e o regime de vida que ali reinam, oferecem forte semelhança) é, pois, comparativamente à infância que vive em sua própria família, retardada no ponto de vista intelectual; o pensamento é mais primitivo, ela participa menos do pensamento coletivo, autística por conseguinte; a afetividade, ao contrário, é super evoluída. Ela não é mais tão expontânea quanto na criança do lar; é mais estável, e, no dizer de Rorschach, "adaptada", mas é uma adaptação tímida, prudente, constrangida, inibida por um domínio de si mesma em presença de outras pessoas, repassado de um humor geral depressivo. Ao lado desta afetividade inibida, as crianças revelam uma forte tendência para a oposição. Quer dizer que esse ser exteriormente submisso, passivo e tímido, guarda no íntimo uma atitude independente, de não adesão, e, mais que isso, interiormente protesta e se revolta. Outra característica muito sintomática é que, ao contrário da criança que voltando-se naturalmente para o mundo exterior, é extrovertida, ou, como o quer Rorscharch, é extratensiva, os internos dos asilos acusam uma orientação introversiva, fechando-se demasiado cedo sobre si mesmo. Como vemos, o ritmo mental da criança de asilo é irregular: um pensamento infantil, pobre, confuso, inexato acompanhado e uma afetividade precoce, hirta e já petrificada.

Sistema educativo – asilos, famílias adotivas

Onde buscar o remédio? Deve-se repudiar totalmente o sistema dos internatos e subscrever a opinião categórica de um homem apavorado pelo aspecto dos asilos visitados na Suíça que escreveu:

"Ainda o melhor dos orfanatos, como aliás todo estabelecimento de educação fora do círculo doméstico, é um estabelecimento de corrupção moral".

Não pensamos assim; antes de mais nada, porque logicamente podemos conceber um excelente sistema de educação nos internatos, e, depois porque tanto para as crianças normais como para os meninos particularmente rebeldes sob o ponto de vista educativo, os jovens delinqüentes e corrompidos – vimos admiráveis institutos pedagógicos (o de Albisbrunn, perto de Zurique, por exemplo), que educam a juventude com tal arte, que família alguma talvez poderia educá-los tão bem.

Certos países descuram demais a educação dos órfãos ou abandonados, preferindo a educação deles em famílias chamadas adotivas. A Bélgica, sob esse aspecto, chefia o movimento. Na Suíça, igualmente, vários

[2] M. Loosli Usteri. Les interprétations dans le test de Rorschach. *Archives de Psychologie*, t. XXIII, v. 92.

orfanatos desapareceram, e foram descobertas numerosas famílias que se incumbem, mediante paga, de educar as crianças.

A não ser que haja uma escolha rigorosíssima na indicação dessas famílias e uma vigilância constante e mesmo instrução sistemática e conselhos da parte dos órgãos de inspeção, não vemos em que essa gente, muitas vezes tarada ela própria e obscura, visando mais seu próprio bem que o da criança, seja necessariamente superior aos estabelecimentos dirigidos por pessoas competentes e de coração humanitário.

Um critério do bem-estar, físico e moral, dos órfãos e crianças abandonadas

E, pois, eis aí uma prova bastante eloqüente, de que o bem-estar físico e moral das crianças confiadas às famílias adotivas não é muito melhor. Vamos reportar-nos a um fenômeno, complexo, mas de que apenas 10% de casos derivam das causas orgânicas e físicas propriamente ditas, segundo a opinião de uma especialista norte-americana, a Dra. Helen Wolley, da Columbia University. Temos em vista a *enurese*. De origens muito diversas, a enuresia é uma tradução de desordens múltiplas, em que, ao lado das condições defeituosas de higiene e de alimentação, bom número de casos denunciam má educação, conflitos mentais, estados de depressão e de desespero.

Entre as crianças que vivem em sua própria família, ocorre o fenômeno em proporções insignificantes, 0,4% a 5%. Essa taxa se eleva a um algarismo espantoso de 26% nos alunos dos orfanatos do Cantão de Vaud (Suíça), segundo um inquérito feito em 185 internatos. Mas o quadro não é absolutamente melhor entre as crianças confiadas às famílias adotivas: em 533 crianças encontraram-se 144 sofrendo desse defeito lamentável, denotando os mesmos 27% (pesquisa do Serviço da Infância do Cantão de Vaud).

No Cantão de Genebra, um inquérito semelhante revelou, entre 985 crianças dos asilos, uma média de 11,1%, dos quais 15,5% se referem aos meninos e 7,5% apenas às meninas. Fato digno de nota: há grande diferença de um asilo para outro, e, ao passo que uns dão uma taxa de 30%, 43 sobre 23, não puderam indicar nenhum caso.

Outro fato interessante é que não há nenhuma relação entre a dimensão dos internatos e (como supõem alguns) e a quantidade de enuréticos: há grandes e pequenas casas, onde se encontram poucos enuréticos, e grandes e pequenos asilos onde se encontram muitos" (*L'Enurésie – Publication du centre de l'action pour la Suisse Romande*, Genève).

Sugestões médico-pedagógicas

Ninguém cerra os olhos à dificuldade que, do ponto de vista pedagógico, oferecem os internos dos asilos. Mas a arte pedagógica e a medicina possuem atualmente recursos de que não dispunham há vinte anos, ao mesmo tempo que a biologia e a psicologia elaboram cada dia mais provas objetivas para saber se o desenvolvimento corporal, intelectual, afetivo e moral seguem um ritmo normal e avaliar com bastante exatidão o grau de anomalias e de desvios do tipo comum.

Essas aberrações podem residir na natureza tarada e viciada da criança: podem igualmente provir dos métodos insuficientes ou falsos de educação que não levam em consideração a personalidade da criança, que não sabem organizar o regime de vida e o trabalho pedagógico de acordo com as necessidades da criança, com sua idade e seu tipo individual.

Ao diagnóstico médico-psicológico cabe distinguir o que provem de um fator e o que resulta do outro. É, pois, de toda conveniência auxiliar os asilos, *formando pessoal competente*. Outra medida prática se impõe, ao meu ver, neste assunto: é dotar cada asilo com um *pedólogo-consultor*, cuja função seria diagnosticar o desenvolvimento corporal e mental, à entrada das crianças no internato, e periodicamente mediante exames antropométricos e psicológicos, os estados posteriores que as crianças acusem nesses institutos de educação.

Na hipótese de ser o estado estacionário ou mesmo regressivo, há hipótese de haverem aparecido novos estigmas de miséria física ou moral, o pedólogo, que é psicólogo e médico ao mesmo tempo (ou duas pessoas, cada uma com sua especialidade), saberá de certo, descobrir as falhar e aconselhar medidas adequadas afim de que a criança, confiada aos cuidados do asilo, possa nele achar o meio próprio para o seu desenvolvimento integral.

Ninguém ignora a dificuldade da tarefa, mas uma coisa é certa: desde que os institutos pedagógicos para órfãos, para crianças moralmente abandonadas, para os delinqüentes e viciados existentes, eles devem fazer todo o possível para que a personalidade da criança se desenvolva ali o mais harmoniosamente possível, sem irregularidade, sem demora, sem muita precocidade também.

Em nenhum lugar, melhor que nos internatos, e sobretudo nos asilos, para as crianças absolutamente desprovidas do lar, os princípios e a prática da *escola ativa* devem ser implantados e melhor cultivados. Não é aqui o lugar de defender a *escola ativa* e é desnecessário este esforço pois o Brasil inteiro parece subscrever-se com toda a sinceridade a este movimento educativo renovador.

Para que a escola ativa desse o resultado que dela se espera nos asilos, cremos que duas condições seriam, antes de tudo necessárias: dotar os asilos com pessoal pedagógico não só competente como também altamente humanitário. O primeiro atributo ninguém porá em dúvida; o segundo é aquele que o cristão Pestalozzi gravou com tamanha nitidez: "O amor é o único e eterno fundamento da educação", e é este que tantas vezes falta nos asilos.

"Que pedimos nós?", pergunta C. A. Loosli, poeta, pintor, crítico de arte e sobretudo... antigo aluno do asilo, tendo passado muitos anos sob o regime monstruoso dos orfanatos suíços, um quarto do século atrás. "Que pedimos nós?" (pergunta este conhecedor dos asilos dirigindo-se atualmente nas suas numerosas conferências ao público, a quem atormentará enquanto os asilos não estiverem completamente renovados). "Ao povo, às autoridades de utilidade pública, que se ocupam praticamente da educação dos pobres, pedimos, antes de todas as coisas, aquela que é mais fácil e a mais difícil de todas, aquela cuja presença ou ausência decide de toda educação: *coração*. Entendemos por isto um amor efetivo, desinteressado, pelos pobres, simpatia pelos sofrimentos destes e compreensão do seu estado, a intuição de suas necessidades, que são também interesses bem entendidos, de toda sociedade, a vontade de resgata-las da maldição de um estado social doloroso e imerecido."

Para os educadores dos orfanatos e asilo que descobrem quantidade infinita de defeitos e de vícios nos seus alunos, transcrevemos ainda estas palavras de Maria Montessori pronunciadas no Congresso Internacional de Educação de Nizza: "Quem ama acha nos outros tudo que há de bom, não só as suas qualidades visíveis, mas as suas virtudes ocultas. Quem ama, tem, poderia dizer-se, um dom de segunda visão que o faz perceber qualidades que outros não distinguem".

Esta aptidão de compreender os outros e auxilia-los com toda a sua generosidade é a pedra angular na educação das crianças dos orfanatos e asilos. Com a competência pedagógica e esta virtude estamos seguros que as crianças chegarão a se desenvolver harmoniosamente e a atingir a dignidade de uma personalidade humana útil a sociedade.

Teses

1 – A personalidade humana é resultante de fatores endo e exógenos; ela será tanto mais harmoniosa e integra quanto for melhor dotada pela hereditariedade e quanto o meio ambiente lhe for mais natural, mais rico em reativos e mais apropriado às necessidades individuais; atravessando várias etapas da evolução, a formação da personalidade é lenta, e a sua relativa estabilização não se deve esperar antes da crise da adolescência. Devem-se evitar, nessa formação, grandes retardamentos, como desenvolvimento demasiado precoce ou irregular.

2 – A natureza física e psíquica da criança de asilo é muitas vezes tarada pela hereditariedade e viciada pelas influências do meio em que passou a primeira infância.

3 – A educação das crianças do asilo, que é uma tarefa extremamente delicada, não deve ser entregue senão às pessoas particularmente competentes em matéria pedagógica e identificadas com os princípios e a prática da escola ativa.

4 – Mas não basta apenas a idoneidade profissional; o educador do asilo deve ser essencialmente dedicado à criança, saber compreendê-la e simpatizar com sua miséria ao ponto de merecer a sua inteira confiança.

5 – É de se desejar que os asilos contém entre o seu pessoal um psicólogo-consultante, que, com o médico, terá que diagnosticar os casos individuais, como avaliar as condições físicas e espirituais do regime do asilo e prescrever o tratamento e as medidas médico-pedagógicas adequadas.

As duas atitudes[1]

1947

Neste artigo é meu sincero desejo fixar algumas idéias que, espero, poderão ajudar a alguns dos leitores quando em dificuldades que enfrentam na educação dos outros ou de si mesmos

Aliás os dois objetivos – educação dos outros e de si mesmo – são inseparáveis. É impossível imaginar esta ação modeladora sobre os outros sem lembrar a personalidade daquele que educa, pois a educação é mais íntima das osmoses, entre aquele que educa e os educandos.

Cumpre notar que a tarefa educativa é por assim dizer universal: encontramo-la no dever dos pais, na função profissional dos mestres e professores, na obrigação de toda pessoa que, por circunstâncias fortuitas, ou pelos dotes especiais do caráter, se torna o "amigo mais velho", o guia, o chefe, o centro, enfim, de grupo qualquer que seja de homens, o núcleo mais modesto de companheiros, num grêmio, um partido, numa população.

E, se lembrarmos ainda que a qualidade mais intrínseca do homem consiste no aproveitamento da experiência passada para o futuro, sempre mais eficiente diremos que nesta tarefa de formação de si mesmo temos o campo mais vasto da tarefa educativa.

Nestas observações em torno da formação da personalidade, não tocarei nem em fatores físicos, nem econômicos. Tomá-los-eis exclusivamente entre os psíquicos, isto é, os fatores que derivam da nossa consciência.

Entre os fenômenos psíquicos, que atuam na nossa conduta, vou deter-me apenas em duas atitudes antagônicas, e que podem ser consideradas como as duas molas-mestras da nossa conduta social.

Quais são elas?

Analisarei alguns casos concretos. Aproveitarei exemplo com que KUNKEL[2], representante da escola de Psicologia individual encabeçada por ADLER, começa sua introdução à caracterologia. Acho este autor interessante e digno de ser conhecido. Procurei utilizar neste artigo várias das suas idéias.

KUNKEL começa seu trabalho com o exemplo seguinte: imagine um homem velho caindo no meio da rua. A toda pressa acodem dois indivíduos para ajudá-lo a levantar-se.

Esta conduta de auxílio pode visar a dois fins diferentes: um dos indivíduos terá em vista exclusivamente o infeliz, o velho que caiu; o outro se aproveitará desta conduta para satisfazer a si mesmo e conseguir um mérito pessoal.

Na maioria das vezes os homens são feitos de tal maneira, que os dois fins agem um ao lado do outro e se confundem insensivelmente nos mesmos indivíduos. Entretanto, algumas pessoas são mais propensas para um modo que para o outro.

Veremos com maior nitidez a diferença, continuando o caso. Suponhamos que antes de ambos chegarem, o velhinho levanta-se sozinho, sem lhes dar nenhuma atenção, nem sequer agradecer.

Como reagirá cada um a esta situação? O primeiro, cuja única preocupação era socorrer o velho, ficará todo satisfeito vendo-o ileso e continuará, contente, seu passeio. Já o segundo não se sentirá tão bem: notará, intimamente, que sua boa vontade foi supérflua, que seu esforço foi desprezado e que toda a conduta – correr a toda pressa no meio da rua – resultou simplesmente ridícula. Resultado: descontentamento consigo e com os outros, desadaptação, irritação.

---

[1] Publicado originalmente na *Revista do Ensino* 185, Belo Horizonte, 1947, p. 123-147.

[2] FRITZ KUNKEL. *Einfuhrung in die Charakterkunde* (Verl. Kirzel, Leipzig).

Se vencer a primeira conduta, KUNKEL dirá que ela foi objetiva, relacionada com a coisa, ("Schlich", em alemão); se vencer a segunda – dirá que foi a função subjetiva ("ichaftig"), relacionada com seu próprio *Eu*. E por definição: a função objetiva está ao serviço das coisas, do próximo, do mundo, enquanto o fim de toda função subjetiva é o serviço do seu Eu.

A cada momento encontramos estas duas atitudes. Qualquer atividade, quer seja ela científica, artística ou social, pode revelar as duas faces típicas. Na ciência, conhecemos os seus verdadeiros servidores, os apaixonados pelos mistérios da natureza, os ansiosos de descobrir, à custa de sobre-humanos esforços, a migalha da verdade. "Crer que se tem descoberto um fato científico importante, ter a febre de anunciá-lo e constranger-se durante dias, semanas, meses e, às vezes, anos a combater a si mesmo, a esforçar-se no sentido de arruinar as suas próprias experiências, e proclamar a descoberta somente quando se tem esgotado todas as hipóteses contrárias – sim, é uma tarefa árdua, mas quando depois de tantos esforços se chega, enfim, à certeza – experimenta-se uma das maiores alegrias que possa sentir a alma humana...". Assim se exprimiu PASTEUR, um dos mais puros representantes da atitude científica objetiva.

Não menos patente aparece ela em PIERRE CURIE. Este grande sábio só bastante tarde conseguiu a cadeira de professor na Universidade, por considerar toda espécie de "providências" para obter uma colocação "como um exercício desmoralizante por excelência". Nunca aceitou tampouco os distintivos honoríficos, tão em voga na França: considerava-os francamente nocivos, pois o desejo de obtê-los podia ser uma causa de perturbação que faz passar ao segundo plano o fim mais nobre do homem – a realização da obra pelo amor dela mesma. Respondendo à pessoa que tinha proposto PIERRE CURIE para as "palmas acadêmicas" (condecoração honorífica para homens de ciências, letras, arte, etc.), escreve ele: "Venho pedir-lhe, não fazer nada. Se o Sr. quer dar-me esta distinção, serei obrigado a recusar, porque estou bem decidido a nunca aceitar nenhuma espécie de condecoração".

Entretanto, veremos freqüentemente outros, que no mesmo terreno, e com enorme gasto de energia, se ocuparam da ciência por motivos diferentes. O que lhes importa não é a natureza e seus segredos: é chegar a um fim pessoal, a saber ser "o mais competente", "o mais sábio", "o mais brilhante", "o mais célebre de todos", "ser o primeiro".

Veremos, entre cientistas, verdadeiros ciúmes e desconfianças. Existem laboratórios onde os assistentes são proibidos de ventilar e discutir qualquer dos assuntos em pesquisas, antes da divulgação pública dos resultados. Parece que ali menos importam os problemas e os resultados que o direito de autoria e a patente da casa. Ouvi dizer que existem laboratórios que, no seu zelo bastante pessoal, têm monopolizado o direito para pesquisas de certos assuntos. Esta atitude, paradoxal para a ciência, cujo atributo mais intrínseco é de ser universal, é um exemplo típico do subjetivismo de que fala KUNKEL.

Na arte, entre poetas, pintores, músicos não será difícil encontrar os mesmos dois aspectos. De um lado os inspirados, que produzem sem saber para que, nem como: "Não posso dizer com segurança donde me vêm as idéias. Nos meus passeios na floresta, no silêncio da noite, elas vêm sem que eu saiba como; eu poderei apanhá-las com a mão; o que aparece em palavras ao poeta transforma-se em mim em sons que ressoam, vibram, zumbem, até que enfim eu vejo as notas...". Assim criava suas obras o gênio-martir BEETHOVEN. Do outro lado, são os "esforçados a frio": MOZART de um lado, SALIERI, do outro.

Entre oradores e jornalistas, uns falam e escrevem, por que tem a necessidade de comunicar algo de importante aos outros, de convencer o público; outros se aproveitam da tribuna para exibir sua erudição, brilhar pela sua eloqüência; no trabalho social, ao lado dos abnegados anônimos, que fazem o bem de tal maneira que a mão esquerda não sabe o que faz a mão direita, encontramos os maiores interessados; na escola, no magistério, mesmo entre professorado primário, uns dedicados à causa do ensino, procurando dar o melhor à criança, a fim de que ela progrida e se desenvolva; - outros, ansiosos de fazerem valer seu *Eu,* mandar, mostrar seu poder que, talvez, de outro modo, entre adultos, não o conseguiram.

Esta atitude subjetiva aparece muitas vezes ligada com a passividade da criança, com a sua timidez e falta de coragem, que tão a miúdo cultiva as mães. Vejamos este caso: a criancinha está absorvida pela construção de uma torre que ela consegue levantar já bem alto com cubos de madeira. Mais um cubo e todo o edifício balança e se esboroa, como presa de um terremoto. Os longos esforços acabam em nada. Diante desta ruína, a criança lança um grito e põe-se a chorar amargamente, raivosamente.

Se a criança fosse sozinha no mundo, o choro não duraria senão o tempo necessário à descarga nervosa. Cedo ela se tranqüilizaria, e o consolo viria dos próprios cubos de madeira, que outra vez ela pegaria e com maior destreza e inteligência (pois esta é filha da dificuldade), ela conseguiria uma obra melhor, até dominar a matéria e suas leis, até esgotar o apego à construção.

Na maioria dos casos acontece, entretanto, uma coisa bem diferente: aos gritos do filho acode a mãe, assustada. Vendo o fraco do construtor, inunda-o de ternura, cobrindo-o dos carinhos e beijos mais dóceis, até que o sorriso ilumine o rosto do pequeno. Ele, esquecendo os cubos e o fracasso, põe-se a brincar com os cabelos e o nariz da mãe, trocando assim a atividade criadora e útil por um brinquedo pueril, substituindo o esforço viril por um sentimentalismo ao serviço do seu minúsculo *Eu*.

"A educação deve começar no berço: habituar a criança a satisfazer sozinha suas necessidades ou acalmá-las nos braços, constitui o ponto de partida de um bom ou de um mau caráter", assim escreve PIAGET, um conhecedor do assunto, pois além de ser um genial psicólogo da infância, nele encontramos também um ótimo educador dos seus filhos.

Pode o mesmo caso tomar outro aspecto: ao invés de consolar diretamente a criança, a mãe vai consertar a ruína, pondo-se habilmente a erigir a torre. Pode ser que a criança gostará de vê-la tão alta e tão bonita, mas é certo também que o êxito alcançado pela mãe poderá sugerir-lhe o seguinte raciocínio: "eu não sei fazer, somente minha mãe sabe", e se os fatos se repetem sempre neste sentido, a criança pensará: "as crianças não podem fazer nada, somente as pessoas grandes é que podem". E com estas idéias a criança vai perder não somente a sua espontaneidade, o seu impulso a ser ativo, a sua energia, o esforço para enfrentar as dificuldades, mas ainda uma outra qualidade preciosa – a confiança em si, e, troca de um sentimento de inferioridade cujos malefícios ADLER, CLAPARÈDE, KUNKEL e outros pintam com cores tão sombrias. Será um ser passivo, apreensivo, submisso, imitador dos modelos alheios, pobre, concentrado sobre si, e que se encaminhará, cada vez mais, pelos caminhos mais tortuosos e mais afastados do verdadeiro fim.

Como devemos ser prudentes em nossa conduta com a criança, principalmente nestas nossas limitações da sua atividade!... A todo momento, impressionados pela sua suposta fragilidade, nós a cercamos de uma rede de preceitos e preconceitos que vão tolhendo toda a sua espontaneidade: "é perigoso subir no muro", "não se pode aproximar do fogo", "os cachorros mordem", "os homens são maus", e tantos outros. Por sua vez, a criança começa a inventar outros, agarrando-se aos que KUNKEL chama de "dressata". Assim, um vai ter a convicção, desde muito cedo, de que não suporta leite, de quem tem "horror às coisas novas", de que "é um infeliz", é "pesado", generalizando-se provavelmente alguns casos isolados numa regra geral. Esta petrificação da experiência em preceitos dogmáticos restringe a liberdade do indivíduo em frente do mundo, colocando-o numa inferioridade patente. É próprio de toda mentalidade primitiva, que se feche num círculo estreito e artificial, "impermeável" à experiência. As superstições grosseiras são exemplos eloqüentes desta atitude subjetiva na coletividade inculta.

O "dressata", para KUNKEL, é todo imperativo que, sem conhecimento, do seu portador, domina despoticamente sobre ele, como resultado de uma verdadeira "dressagem", e fora da qual ele não sabe reagir. As "manhas", infinitas e variadíssimas, os hábitos pessoais, os traços rígidos de caráter, como é a desconfiança, a susceptibilidade, ciúmes, timidez, orgulho exagerado – são todos, segundo KUNKEL, "dressata"; como são também certas repulsões para comidas, para certas pessoas, inibições perante certos atos. Na base de todas elas podem ser encontrados verdadeiros mecanismos de "dressagem".

O característico do "dressata" é que quando este está atingido de um certo modo ou lesado, o indivíduo reage geralmente por um afeto intenso no sentido do medo, de cólera ou de excitação geral. Todo atentado ao "dressata" apresenta-se ao indivíduo sob esta ameaça: "se tal hábito for alterado, você perde a sua integridade, você perde seu eu".

Esta atitude subjetiva do "dressata" é representada pelo esquema seguinte de KUNKEL:

Frente de um fenômeno, de uma coisa qualquer, o homem, a criança manifestam uma tendência positiva; desejando esta coisa, eles afirmam sua vontade para com ela. KUNKEL simboliza esta afirmação por um *SIM*. Por sua vez o objeto apresenta certos obstáculos, opondo empecilhos à sua imediata possessão. Esta, no esquema, vai ser representada por um *NÃO*. O indivíduo, dominado pela atitude subjetiva, costuma fugir aos obstáculos, em cuja luta ele receia perder seus hábitos e comodidades, ou sofrer no orgulho e no amor-próprio, caso a vitória lhe faltar. Para conservar o seu *EU* antigo com todos os seus "dressatos" ele prefere renunciar a coisa que ele há pouco desejava. Resultado: renúncia a toda novidade; a todo progresso.

Exemplificamos com uma conduta bem conhecida, a da timidez. O indivíduo tímido vivendo isolado, cansado da vida solitária, experimenta um dia o desejo de se aproximar dos outros. Passando perto da casa de conhecidos, a vê iluminada e ouve a alegria das vozes; quer entrar e participar desta alegria. Mas à primeira tentativa, seu desejo encontra numerosos empecilhos: imagina logo como vai ser alvo de atenção por parte dos convidados, como há de sentir-se em dissonância com todo o ar festivo da casa, como se constrangerá em responder às perguntas, para não parecer menos inteligente ou brilhante que outros, etc., etc. Seu desejo encontra assim grande quantidade de obstáculos, produtos da sua mentalidade subjetiva, que logo vão abafá-lo. Para não renunciar a seu "comodismo" sem alegria, ele renunciará esta vez, como tantas outras, ao convívio social. Preso ao seu *Eu*, não possui ele mais energia disponível para se adaptar às novas condições, e voltará ao seu minúsculo mundo, mais restrito e concentrado depois de cada novo fracasso.

Outro exemplo: o homem, a criança, a humanidade inteira, desde os tempos mais remotos, manifestaram a vontade de voar. Subir no ar, vencer a lei da gravidade, planar bem alto – foi sempre o sonho mais alvejado. Pois bem, os indivíduos com atitudes subjetivas desejam isto talvez mais que qualquer outra, procurando neste vôo satisfazer suas idéias de grandeza, suas tendências de dominar. Mas os infinitos obstáculos que tal tentativa encontra fecham-lhe imediatamente o caminho para sua realização efetiva. Ele volta para seu mundículo, e sem renunciar ao desejo, continuará a cultivá-lo, não na realidade, que é dispendiosa, mas em sonhos, sonhos gratuitos, aliás, que o afastarão cada vez mais da vida.

Como se comportará o outro tipo, com as atitudes objetivas? O seu desejo de subir às alturas encontra os mesmos empecilhos, mas estes não terão valor proibitivo; eles significarão apenas que, para satisfazê-los, esforços são necessários, e que para enriquecer-se num ponto qualquer da nossa personalidade, é preciso perder alguma coisa num outro, sacrificando seus hábitos, seus privilégios de cada dia, suas comodidades. No esquema de KUNKEL, o NÃO se transforma pouco a pouco em SIM, por intermédio do APESAR. Os empecilhos longe de determinarem a conduta negativa, pelo contrário estimulam a energia e finalmente aumentam grandemente o teor psíquico do indivíduo. Todo o segredo deste engrandecimento consiste em saber ser livre, isto é, emancipar-se dos "dressata", e Santos Dumont, que soube realizar o sonho de ícaro mostrou à humanidade que espécie de "apesar" ele opôs aos obstáculos da natureza, quantos sacrifícios e esforços ele forneceu, estudando a matéria e as leis do universo, quanta intrepidez, afrontando o instinto de conservação, e zombando da própria morte.

Podemos agora caracterizar as duas formas do caráter, repousando cada uma numa mola diferente: a subjetiva, virada para si, e a objetiva – virada para o mundo.

A função subjetiva tem por finalidade o serviço do seu próprio Eu. No questionário de MAX FREYD sobre a introversão e extroversão, encontramos tópicos concretos para o característico do tipo subjetivo. Eis alguns deles, muitos poderão reconhecer seus próprios traços.

Questionário Introversão-Extroversão de Max Freyd

1 – Córa freqüentemente.
2 – É consciente de suas próprias forças.
3 – Evita toda ocasião de exprimir-se em público.

4 – Prefere trabalhar sozinho.
5 – Evita toda ocasião de discutir.
6 – Evita todo trabalho laborioso e que requer uma manipulação delicada.
7 – Hesita ao tomar decisão nas questões de cada dia.
8 – Concentra a atenção na sua pessoa.
9 – Julga-se inferior nas suas aptidões; entretanto, toma atitude de superioridade diante dos outros.
10 – Critica os outros.
11 – Muito prudente na escolha dos seus amigos.
12 – Limita suas relações a um círculo restrito e bem selecionado.
13 – Muito inconstante no seu humor.
14 – Trabalha conforme o seu humor.
15 – Atormenta-se com desgostos prováveis.
16 – Muito sensível a toda observação e gesto que se relacionam com ele.
17 – É sincero; diz o que pensa ser verdade sem procurar a opinião dos outros.
18 – Em sociedade, mantém-se retraído; evita guiar uma conversa e guiar uma empresa.
19 – É distraído.
20 – Reservado; não fala espontaneamente.
21 – Evita o perigo.
22 – Gosta de trabalhar a seu modo; não gosta de auxílio, nem de auxiliar os outros.
23 – É escrupuloso e muito conservador nos seus hábitos, seu modo de trajar; muito cuidadoso do seu asseio.
24 – Prefere jogos e divertimentos intelectuais aos passatempos esportivos.
25 – Abate-se demasiadamente com as derrotas de jogo.
26 – Engana-se no julgamento do caráter e nas aptidões de outrem.
27 – Não presta serviços senão aos amigos e parentes.
28 – Compadece-se de si mesmo.
29 – Gosta de devanear.
30 – Não procura conhecidos senão entre as pessoas do seu próprio sexo.
31 – Conservador nas suas crenças e na sua conduta.
32 – Foge das ações que exigem iniciativas e convicção.
33 – Arrebata-se facilmente.
34 – Exprime-se melhor por escrito que oralmente.
35 – É dirigido mais pela razão que pelo sentimento. Raciocina bem.
36 – É econômico e previdente nas suas despesas.
37 – É consciencioso.
38 – Revolta-se contra a disciplina e a ordem.
39 – É sentimental.
40 – Recopia suas cartas antes de as expedir.
41 – Pensa muito no que se lhe diz.
42 – Crê na psicoterapia.
43 – Fala consigo mesmo.
44 – Tem um diário pessoal
45 – Influencia-se facilmente pelos elogios e adulações.
46 – É egoísta.
47 – É lento nos seus movimentos.
48 – Prefere mais ler sobre uma coisa que de experimentá-la.
49 – Faz conjeturas das intenções e inconstâncias de outrem.
50 – É absoluto: deseja modificar o mundo.

51 – Inventa teorias e assuntos novos, muitas vezes extravagantes.

52 – É dogmático.

❖ ❖ ❖

Costumam os tipos desta natureza cercar-se de modelos e escolher seus ideais bastante elevados: querem ter o poder de um Alexandre, a sabedoria de Salomão, a riqueza de Cresus, a santidade de Cristo... Naturalmente, quanto mais alto escolhem os seus protótipos, tanto mais agudamente experimentarão os choques entre a sua conduta e o ideal imposto. A todo momento notarão quanto se afastam do modelo. Daí o constante descontentamento consigo mesmo, e daí também a contínua irritabilidade, contra si e contra o mundo, traços que caracterizam a efetividade do tipo subjetivo.

Outro traço: "ele sente, diz KUNKEL, que seu subjetivismo deve forçosamente desvanecer perante a verdade", por isso, sempre ansioso de ser descoberto, por si mesmo e por outros, ele está obrigado a utilizar inúmeras desvestimentas, subterfúgios e esconderijos, para inconscientemente ou não, disfarçar o que é na realidade: homem como todos os demais, homem comum, mais ou menos inteligente, mais ou menos talentoso, medíocre, no mais das vezes, pois é a mediocridade que geralmente despreza mais que qualquer outra coisa.

Assim o tipo subjetivo caracteriza-se pela auto-divinização, pela irritabilidade e boa dose de hipocrisia.

Exagerados em alguns indivíduos, estes traços tornam o homem vítima da neurose, que é, no dizer de YUNG, "a mais útil e a mais repugnante chaga da Humanidade"; ou então fogem da realidade, não pelo caminho da doença, mas pelo do delito, continuando a manter desmesuradas as suas exigências e não as acompanhando dos esforços necessários para articular a sua conduta dentro dos quadros sociais lícitos.

Apesar de enormes gastos de energia que a atitude subjetiva exige do seu portador, e de todos os sofrimentos que lhe causa, ela esgota o indivíduo, sem nada compensar, pois a atitude subjetiva é *estéril.* Esta é a conclusão. E os educadores, quer sejam próprios ou dos outros, devem tê-la bem presente ao espírito, e orientar-se para outros caminhos.

❖ ❖ ❖

Despreocupado do seu *Eu,* o indivíduo, solicitado pelas coisas que despertam sua atenção e curiosidade, pelas pessoas que encontra, reage sem constrangimento, naturalmente, adaptando-se ao mundo em que vive, e fazendo desenvolver-se, neste vaivém, entre ele e o mundo a mais fina sensibilidade. Raramente o veremos irritado, talvez nunca, pois a irritação aparece, se refletimos bem, somente quando existe o choque na diversidade do mundo – tal como nós o representamos, e como ele é na realidade; irritamo-nos quando os choques são avaliados em função de nossos valores. Do contrário, existe apenas dificuldade que devemos vencer. Preso ao objeto, acompanhando-o na sua realidade, nos maiores contratempos, veremos o indivíduo ativo, cheio de recursos e sereno. A faculdade de realizar ações eficientes, adaptadas à realidade – é justamente o que caracteriza o tipo objetivo. Esta faculdade, desenvolvendo-se cada vez mais, torna-se mais produtiva, mais original, pois surge em resposta às situações concretas. É criadora e fértil.

Sensível às mudanças humanas, no comércio com as pessoas, ele mantém a mesma atitude adaptada, o que lhe comunica a simpatia para com elas e o amor ao próximo, pois sua sensibilidade aqui também lhe faz descobrir o homem vivo, com seus estados próprios de alma, seus sofrimentos, suas alegrias. Sintônico, despreocupado de si, ele acompanha, o próximo vibrando com ele.

Em resumo, a etologia do tipo de objetivo nos faz ver nele, como nos grandes artistas em frente às suas obras, como nos sábios autênticos, como nos santos, a espontaneidade, a adaptabilidade, a capacidade produtiva e criadora com cunho original, a sensibilidade, os sentimentos de simpatia e de humanidade.

As pessoas dotadas desta atitude objetiva, irradiam uma influência benfazeja e a sua presença parece aliviar o peso, deste mundo.

❖ ❖ ❖

Não são hereditários nem o caráter objetivo nem o subjetivo. Pelo menos não parece sê-lo. Entretanto, alguns autores pretendem que esta *psicotropia* está ligada a uma determinada constituição corporal, e que o tipo objetivo, virado par ao mundo, adaptável e sensível, aloja-se de preferência num invólucro de formas suaves e arredondadas, na constituição pícnica de KRETSCHMER, enquanto que no tipo subjetivo o seu substrato corporal apresenta um todo menos harmonioso, de aspecto angular, esquisito, mas rígido e menos robusto, na constituição leptossômica ou no tipo astênico da mesma biotipologia.

Embora a correlação entre o físico e o psíquico esteja realmente bastante íntima, não deixamos a hipótese de que o caráter, tal como ele se diferencia nos nossos dois tipos, é de formação secundária, aparecendo sob a forte influência do fator – *meio,* através da função educativa, que desde os primeiros instantes da vida humana se manifesta tão poderosa.

Comparado ao tipo pícnico, principalmente na infância, a constituição leptossômica apresenta-se como uma inferioridade *biológica,* e, como tal, provoca por parte do ambiente, reações específicas, determinando por sua vez a conduta particular do indivíduo. Desta conjugação da constituição com a conduta, reagida ao ambiente, forma-se o caráter e as atitudes mais ou menos emancipadas, mais ou menos constrangidas da criança. Segundo ADLER veremos que o caráter é uma forma de reação ao orgânico. Mas o orgânico não terá o valor determinante para o psíquico mórbido senão quando o meio reage ao orgânico defeituoso sem o devido respeito à dignidade humana: num lar, onde os pais são igualmente amorosos para todos os seus filhos, sem distinção, onde a vaidade materna não faz ressaltar a beleza de um deles, desprezando os outros, onde a vaidade paterna não põe em relevo a inteligência de alguns sem ofender os dos menos favorecidos, os sentimentos de inferioridade não chegam a formar vícios de caráter moral. O número de indivíduos, vítimas do complexo de inferioridade corresponde menos à quantidade de indivíduos organicamente prejudicados, que ao nível de elevação moral do lar, da escola, da sociedade, onde eles reagem a tais defeitos.

Dando esta importância ao fator mesológico, não fecho os olhos, naturalmente, à gravidade do fator biológico e físico. O orgânico defeituoso representa a predisposição ao vício psíquico, mas o cultivador do vício é o ambiente, pois é o ambiente que determina arbitrariamente muitas vezes o que é feito, o que é defeituoso. Os pés monstruosamente estropiados das jovens asiáticas – não provocam o complexo de inferioridade, mas, ao contrário, servem de objeto de "justo" orgulho. As faces pálidas, o olhar febril, a languidez de físicos não determinavam o complexo de inferioridade na época do romantismo. As raças de cor não desenvolvem o complexo de inferioridade num ambiente onde a raça branca as considera como dignas de respeito, porque descobre nelas, ao lado de caracteres menos privilegiados que os seus próprios, outros mais privilegiados. Num ambiente de respeito à dignidade humana, numa atmosfera onde a justiça e principalmente e equidade acham-se atualmente cultivadas, o caráter é mais emancipado e o papel do físico é mais insignificante na formação da personalidade moral.

De modo geral, colocando-o no terreno bio-social, devemos considerar o tipo astênico, angular, inarmonioso psiquicamente, e a atitude de subjetivismo que o acompanha freqüentemente, com o cortejo de traços mórbidos, como é a irritabilidade, a desconfiança, a timidez, a hipocrisia, o despotismo, a intolerância, o fanatismo, o egocentrismo, como tipo inferior e prejudicial ao equilíbrio coletivo e à facilidade pessoal.

Ao contrário, o caráter sintônico, e a atitude objetiva perante o mundo, ligados mais freqüentemente a um físico mais nutrido e resistente, podemos encarar como mais propícios à solidariedade e à felicidade humana.

A medicina biológica de um lado, a educação do outro, saberão, num esforço comum, contribuir para o ideal físico e moral do homem, corrigindo os defeitos corporais, saneando o ambiente da vida, utilizando-se cada vez mais das aptidões individuais.

Convém notar que a Escola chamada Ativa, quando orientada nos seus verdadeiros caminhos, é particularmente propícia ao desenvolvimento normal, de que falamos. Cuidando da saúde da criança, procurando responder aos seus interesses, que simbolizam as necessidades de crescimento, criando oportunidades, num ambiente natural, para a expansão máxima das suas aptidões, e ainda, abrindo-lhe os horizontes para o mundo e acostumando-a a agir dentro da coletividade, a Escola Ativa coloca-se no caminho da extroversão e da harmonia espiritual.

❖ ❖ ❖

Cumpre-nos agora analisar rapidamente a evolução do caráter nos diversos períodos da vida e ver quais são as atitudes que caracterizam, de preferência, a infância, a adolescência, a idade madura, para consigo e o mundo.

A criança é, naturalmente, extra ou introvertida? Se o organismo não revela falta nenhuma, se o ambiente em que cresce é sadio e sereno, veremos, de modo geral, a criança até 9-10 anos com atitudes mais espontâneas. A sua marcha, seus gestos graciosos, a curiosidade com que ela se aproxima das coisas e das pessoas, e ao mesmo tempo a seriedade que notamos nesta aproximação sem constrangimento – tudo parece revelar a coesão interna, a unidade, ausência de empecilhos psíquicos.

Embora a constituição, brevilínea ou longilínea, se manifeste bem cedo nos indivíduos, talvez desde o nascimento (WEIDENREICH, LEDERER) parece predominar até 10-11 anos a constituição de linhas mais largas (65% de pícnicos entre crianças normais de 4-6 anos, segundo KRASSUSKY).

A atitude característica da criança é objetiva. Não será esta afirmação em contradição com o que se sabe sobre o egocentrismo e o seu egoísmo? A criança é egoísta. Ela é, também, egocêntrica. Mas vejamos se realmente estas suas qualidades são em desacordo com a extroversão. Procuramos definir os termos e ilustra-los com exemplos, a fim de mostrar que o subjetivismo, tomado no sentido que lhe deram YUNG e KUNKEL, é incompatível com a atitude egocêntrica tão bem focalizada nos excelentes estudos de PIAGET – que é também de outra natureza o egoísmo típico, inerente à infância.

Que a criança pequena é egoísta, não preciso de muitos argumentos. Apenas para patentear o seu famoso egoísmo, ilustrarei com a experiência bastante engenhosa que o Dr. MIRA Y LÓPEZ orientou em Barcelona sobre um grupo de crianças.

Um belo dia, num colégio de Barcelona foram urgentemente chamados no grande salão todos os seus alunos, para um importante assunto. Em presença do Diretor e do corpo docente, um médico dirige a palavra aos alunos. Declara ter sido incumbido pelo hospital vizinho de uma missão delicada e urgentíssima: organizar o socorro a duas crianças em perigo de morte. Estas duas crianças, em companhia do pai e da mãe, foram fazer um passeio de automóvel, quando este foi de encontro a um obstáculo, produzindo um terrível desastre. Resultado: morte de ambos os pais, e as duas crianças estão agonizando. A perda do sangue foi grande e a sua morte é também iminente.

A única coisa que pode salvá-las é a transfusão de sangue, tirado das crianças sadias.

Ele, o médico, veio aí a toda pressa saber quais são os alunos do colégio dispostos a dar o seu sangue para salvar as infelizes crianças. Pede aos alunos declarar, por escrito, nos cartões que vai distribuir. Cientifica que nenhum perigo vão correr aqueles alunos que darão do seu sangue, visto que ele não excederá de 300 gramas. Pede indicar qual será a quantidade que cada um estará disposto a oferecer e ainda se prefere que essa doação seja feita ao menino ou à menina.

Enquanto distribuía os cartões, e os meninos vacilavam a subscrever, chega o enfermeiro do hospital, devidamente fardado e munido de seringas e do material farmacêutico, apressando a decisão.

A comoção dos alunos foi visível: muitos empalideceram, três se sentiram mal e foram transportados para a enfermaria, um adoeceu e parece que ficou alguns dias de cama.

Quais foram os resultados desta experiência (pois tratava-se nada mais que de uma experiência), sobre os sentimentos sociais, dramatizada desta maneira para naturalidade da conduta de criança? Como se comportaram eles em relação com a idade?

Eis a tabela para crianças entre 10 e 14 anos:

10 anos: 24%
12 anos: 52%
13 anos: 64%
14 anos: 75%

Quer dizer que na idade de 10 anos em média apenas uma quarta parte das crianças resolveu subscrever em favor do próximo, ao passo que os três quartos negaram este auxílio urgente. Já no oitavo ano escolar, correspondente a uma média de 14 anos de idade, subscreveram-se três quartos dos alunos, deixando de dar apenas uma quarta parte. A relação entre o egoísmo e o altruísmo nos menores e nos maiores é invertida, aumentando o altruísmo e diminuindo o egoísmo, com bastante regularidade, com cada ano de vida e de estudo.

A quantidade do sangue prometido aumentava, também, com a idade. De modo geral, a quantidade subscrita foi pequena: somente nove crianças deram entre 30 e 160 grs., enquanto o resto das crianças dava menos de 30 grs. Uma única criança subscreveu a quantidade máxima de 300 grs., enquanto todos sabiam que as vítimas perderam 1.500 grs.

Fato ainda digno de nota é que as crianças que subscreveram quantidades maiores, deixaram seus cartões muitas vezes anônimos. Bem instrutiva é, também, a declaração de uma criança mais nova, de 10 anos: "não darei nada, nada, nada"; "A criança faz esta tríplice negação a fim de tirar toda e qualquer dúvida sobe a sua intenção".

A experiência de Barcelona focalizou a seguinte conclusão: a criança é tanto mais egoísta, quando menor é. Seu corolário é: o altruísmo cresce na criança com a idade.

O egoísmo da criança é da mesma qualidade que o do adulto? Se na criança ele constitui uma regra geral, e no adulto uma exceção (será mesmo assim?), este egoísmo generalizado da infância não terá uma significação biológica, uma razão de ser? No egoísmo da criança, a bem dizer, devemos admirar a eficiência do instinto de conservação. Se o papel da infância consiste em crescer, armazenar energias e economizar as despesas, como é que ela poderá privar-se do seu líquido precioso, do seu sangue, e de modo geral, dos seus bens, da sua propriedade? O altruísmo espontâneo da criança pequena seria um contra-senso biológico. Enquanto dura o crescimento intenso, o egoísmo instintivo é uma virtude; o altruísmo seria nefasto, pois seria ele facilmente explorado pelos outros, à custa da criança, incapaz de defender racionalmente os seus direitos. Afirmando, chorando, reclamando, de maneira efetiva o que é dela, a criança preserva-se o perigo.

Convém notar que o egoísmo da criança pequena é, também, de outra natureza que no adulto. Apesar de ser egoísta, ela pouco distingue ainda o seu ego moral e físico do ambiente. Na idade pré-escolar, ela se confunde sobremaneira com os outros membros da família, com a sua mãe principalmente. É conhecida a sensibilidade afetiva do bebê para com a pessoa da sua mãe. Crianças de menos de um ano às vezes manifestam a mais profunda compaixão para com a tristeza e as lágrimas da mãe. Não possuindo ainda os instrumentos intelectuais de discriminação, possui ela, pequenina capacidades afetivas de simpatia e de compaixão extraordinariamente desenvolvidas, o que lhe permite identificar-se estreitamente com o seu ambiente e fundir-se quase inteiramente nesta simbiose familiar.

É de KUNKEL esta observação: o *Eu Individual* não existente na criança, até certa idade, sendo precedido de um *Eu coletivo, ou do Nós primitivo,* indiferenciado, estendendo-se o pronome da primeira pessoa à mãe, à família, à casa. Quando o pequerrucho de 4-5 anos convida os vizinhos a vir "à minha casa", o adjetivo possessivo, bem que se o empregado no singular, significa o plural, o coletivo, o nosso.

Esta identificação íntima da criança com o seu ambiente, esta fusão visceral de *Eu* com a sua família, com os pais em particular, está cheia de conseqüências: qualquer irregularidade acontecida no seio da família – conflitos, brigas, injustiças, o egoísmo, a indiferença, a traição de um dos pais – são atentados contra a felicidade da criança, são golpes capazes de pôr em perigo o seu equilíbrio psíquico. Não podendo, como vimos, nada ainda compreender com a sua razão, incapaz de uma discriminação lógica de causas e de efeitos, a criancinha reage à irregularidade de caráter moral, no seio da sua família, por um choque generalizado, de forte potencial afetivo, que é o medo e a angústia.

Nunca será mais relevante o serviço que FREUD prestou à sociedade moderna que neste ponto, quando ele foi o primeiro a apontar a extraordinária precocidade da criança na participação de sua psique na vida dos adultos, dos seus pais. Nunca a preocupação deve ser maior no sentido de harmonia e de seguridade no seio da família, que quando a criança se acha neste estado ainda de semiconsciência, o de integração absoluta com a família. Em resumo, o egoísmo da criança é de natureza diferente do adulto, e o seu *Eu* não se enquadra ainda nos moldes de um ego pessoal e subjetivo.

A propósito do egoísmo, convém lembrar ainda a interessante experiência imaginada por DESCOEUDRES, de Genebra. As crianças, de diversas condições sociais, recebiam cinco balas de chocolate para repartir com uma outra criança. O egoísmo e o altruísmo revelavam-se pelo número de balas que a criança reservava a si própria e ao que dava a outrem. Notou DESCOEUDRES que o meio social mais humilde refletia-se no maior altruísmo e generosidade, e que, ao contrário, o egoísmo e a sovinice mais freqüentemente se encontravam entre crianças do meio social privilegiado.

Quanto ao "egocentrismo" da criança, ao sentido que lhe dá JEAN PIAGET, diremos apenas que este egocentrismo não tem nada a ver com o subjetivismo em questão.

Sabemos que na infância, no plano prático, até 7-8 anos e até 10-12 anos no plano verbal, a criança manipula e concebe a realidade em função de si mesma. As coisas, por exemplo, não tem, por assim dizer, existência própria, nem existem pelas suas próprias qualidades, mas pelo uso que faz elas o homem, a criança, ela mesma. Basta ouvir as definições infantis dos objetos conhecidos e comuns, para verificar este seu egocentrismo: a mesa é para escrever; o cavalo é para a gente montar; a mãe é para fazer a comida; a vulgar barata é para esmagar...

O mundo é todo animado, antropomorfizado; a fumaça, o vento, as nuvens não diferem de nós nos seus movimentos, são como nós, animados do desejo de subir, de andar.

Apesar do egocentrismo infantil que se revela ainda por muitos outros sinais, por exemplo nas frases elípticas, nas afirmações implícitas, ambíguas, onde a criança não se dá ao esforço de tornar o seu pensamento claro, explícito, a criança não tem a mínima idéia de ser subjetiva. A criança está tão integrada na sua concepção do mundo, que nem suspeita ou admite que possam existir outras concepções, outras idéias e interpretações. O solecismo e não o subjetivismo é que caracteriza o pensamento da jovem criatura. Identificada como ela se imagina ser com outros, física e moralmente, a criança pequena realmente é mais extrovertida que introvertida, porque não existe nela a consciência do seu *Eu* independente.

❖ ❖ ❖

Mudam bruscamente as coisas com a aproximação da adolescência. No próprio físico começam a predominar os traços longilíneos. O indivíduo estica-se, seus membros exageram as suas proporções, as extremidades se descobrem do tecido adiposo. Ossos e ângulos ao invés do primitivo arredondado e adiposidade infantis. O surto de crescimento longitudinal transforma por completo a morfologia do ser entre 13 e 15 anos, predominando até 20 anos o tipo leptossômico.

Esta transformação – o segundo nascimento – ao dizer de ARISTÓTELES, e que precede à maturação da mais misteriosa das substâncias vitais, acompanha-se no psíquico por uma onda de sentimentos inexperimentados ainda, surgindo do mais íntimo do seu ser. O notável progresso realizado pelo seu cérebro, faz-lhe descobrir as coisas, mesmo as mais comuns, sob seu novo aspecto. Analisador e crítico, vê o mundo geralmente com um novo olhar. Entre diversas realidades, descobre ele uma: sua própria existência, seu próprio *Eu*. De um dia para outro sente-se estranho no velho ambiente. E é tão aguda, às vezes, esta transformação, que alguns adolescentes começam a duvidar da própria origem, suspeitam do seu nascimento, põem em dúvida a paternidade do seu progenitor. A dúvida invade todos os recantos da sua existência.

É neste estado, pela primeira vez, por assim dizer, que nas condições normais, surge o sentimento da própria personalidade. É a época dramática da vida, o momento do divórcio, entre o mundo e o *Eu,* que toma consciência de si, das suas forças, das suas falhas.

HETZER, do Instituto Psicológico de Viena, assim como outros (LEHMANN, WITTY, FURFEY) mostram que durante a crise da puberdade, o adolescente não somente se afasta do meio familiar, mas parece fugir mesmo dos companheiros, ou revela-se junto aos últimos com atitudes bastante anti-sociais: observadas num "lar social", organizado para alunas entre 6 e 14 anos que iam passar o tempo depois da aulas, nota-se que, durante um certo período que varia de 2 a 6 meses, as meninas procuram menos o lar, brincam menos, tomam menos parte nas atividades coletivas; esta fase negativa, segundo Ch. BUHLER, acaba geralmente com a aparição das primeiras menstruações, e a moça volta de novo ao "lar", mas já modificando um tanto a sua conduta: enquanto antes ela se ligava a grande número de companheiras, sem que elas fossem particularmente escolhidas, depois – o contato social se limita geralmente apoucas pessoas, a algumas, ou melhor, a uma única, à amiga, à qual se sente ligada por uma afinidade mais pessoal.

A fase negativa observa-se igualmente entre meninos, dando-se ela em idade mais adiantada, entre 14 e 16 anos.

Nesta fusão do *Eu* com o mundo, acompanhada para muitos de momentos agudos de vida interna, o adolescente acha-se na sua fase introversiva por excelência, como também seu corpo manifesta-se com o aspecto mais longilíneo e astênico.

É na adolescência que o ser humano é o mais vulnerável para o resto da sua existência. Exige ele cuidados particulares e é justamente nesta época que ele os encontra menos: a família que até agora o satisfazia, não basta; mesmo a mais harmoniosa pouco pode ajudá-lo na sua formação, porque, vimos, freqüentemente foge ele do lar, afasta-se dele, procurando outros ambiente, mais complexos.

Por uma ironia da sorte vai faltar-lhe nesta época o que lhe servia tão bem até agora – a escola pública, o meio onde ele encontrava não somente o amparo físico, mas ocupações interessantes, de modo geral, influências sociais, controle discreto do mestre. Justamente na época em que mais vai necessitar do amparo e do controle, já está com o seu diploma do ensino primário no bolso, e as portas da escola fechadas para ele. Está mais sozinho no mundo do que nunca.

Gregário, isto é, particularmente inclinado a se agrupar aos semelhantes; o adolescente deve ser seriamente auxiliado por parte dos educadores e da sociedade na organização de associações juvenis, porque, sozinho, o seu instinto gregário poderá, como acontece freqüentemente, levá-lo para agrupamentos de mau augúrio, explorados pelos adultos sem moralidade.

Notamos, de passagem, que no período prepubertário, os agrupamentos de adolescentes são geralmente estritamente unisexuais. Cada sexo parece nitidamente evitar os representantes do outro. Esta separação natural possui um grande valor biológico. Se a tendência gregária não vai ser satisfeita entre 13 e 17 anos, uma outra, normalmente posterior a ela e que está amadurecendo, entrará em arena e então, o erotismo, sentimental ou orgânico, forçosamente tomará conta do adolescente.

O estágio nas agremiações juvenis, de caráter esportivo, lítero-científico, artístico ou social, terá para o adolescente uma significação propulsiva de um lado, e preventiva, do outro. Terá ele por finalidade estimular o desenvolvimento do indivíduo, acudindo às exigências do *Eu,* ansioso de tomar consciência de si mesmo e o que só poderá com eficiência ser feito não nas "rêveries solitaires"[3], mas sim no meio dos outros, discutindo

---

[3] Devaneios solitários (nota do editor).

com outros, comparando-se aos outros, em aspectos múltiplos da conduta social. Terá por finalidade ainda favorecer o desenvolvimento, nesta idade, do *Nós* coletivo, evoluído, necessário à formação da democracia, e que se organizará à custa do sacrifício pessoal, abandonando o egoísmo infantil, e esquecendo-se do subjetivismo juvenil.

O estágio nas agremiações controladas torna-se preventivo contra as influências destruidoras de um ambiente viciado. Ele serve também de empecilho ao desabrochamento precoce do instinto da espécie e à entrada precoce na vida sexual, tão devastadora nesta época para a saúde física e moral do futuro adulto.

Com 20-25 anos, o ser humano abre o novo capítulo da sua existência. Fisicamente núbil, juridicamente com direitos civis, o homem e a mulher podem dispor da sua vida e criar o lar próprio. Depois da primeira infância é a segunda vez que o *lar* vai apresentar-se com esta intimidade tão estreita e visceral. Outra vez o *Eu* individual naturalmente desvanecido vai substituir-se por um *Nós*, mas bem mais consciente (pelo menos deveria ser) e enobrecido pelo sentimento da responsabilidade.

Quanto ao subjetivismo, seria ele, nesta época, desastroso. O casal que não tiver expurgado as atitudes compatíveis apenas com a adolescência, oferecerá aos seus filhos o ambiente viciado, carregado de conflitos, tão nefasto para o ser em desenvolvimento, criando nele o sentimento de inferioridade e a introversão precoce.

❖ ❖ ❖

Convém aqui colocar o ponto final, embora o desenvolvimento espiritual esteja longe, nesta idade, de estar terminado. Libertando-se dos defeitos, próprios a cada época da vida, ainda depois de quarenta anos o homem é perfeitamente apto de progredir mentalmente, firmando a sua personalidade e alcançando níveis nunca atingidos.

A rica experiência da vida, o serviço que o homem prestou ao mundo, recompensam-no, e na época pré-senil ele dedica o melhor de si mesmo à reflexão, parecendo desprender-se cada vez mais da realidade diária.

Talvez nesta época o homem seja mais introversivo que extrovertido, mas a sua introversão é ainda diferente daquela que vimos na adolescência e nos psiconeuróticos: enquanto estes de prendem ao seu *Eu* individual, o homem maduro, no apogeu das suas forças e antes do declínio, mostra-se geralmente preocupado com o seu *Eu* superior, refletindo sobre ele e encarando-o do ponto de vista filosófico e religioso. É o tipo do sábio, do pensador, que os homens veneram, porque dele esperam a solução de problemas espirituais que torturam a consciência.

Cada época assim aparece com sua própria psicotropia, orientando-se ora para o mundo, ora para si mesmo. Se no fim da vida, o homem evoluído parece desprender-se do mundo para dirigir a sua vista para as coisas do *Eu* espiritual, tornando-se assim mais introversivo, não nos esqueçamos de dar à criança, no início da vida, a oportunidade máxima para que seus sentidos e seus sentimentos se prendam às coisas, à realidade externa, à sociedade, preservando-a assim do cultivo estéril do *Eu* e do hábito desastroso das atitudes subjetivas.

Estudo da criança do meio rural[1]

1949

Helena Antipoff com a colaboração das alunas-mestras Aparecida Borges e Auta Calçado do Curso de Especialização para professoras rurais de Minas Gerais

O estudo da Criança do Meio Rural, que ora se inicia no Departamento Nacional da criança, poderá ter uma repercussão significativa sobre a forma de assistência escolar, social e econômica de uma determinada localidade, quando devidamente conduzida. Para isso seria necessária uma técnica apropriada e homogênea da pesquisa entre vários colaboradores da mesma.

Confesso, que a pesquisa, embora não seja de hoje o seu início no meio rural, apresenta não poucas dificuldades, provenientes dum lado, da inexperiência dos Pesquisadores, do outro do caráter do próprio assunto. A que ponto poder-se-á colher dados verídicos sobre o ambiente fechado em que vive a maior parte da população rural? Como vencer a desconfiança do roceiro? Como tornar claras e explícitas as nossas perguntas?

Que método adotar?

Dois são os processos comumente empregados do estudo individual. Dum lado o interrogatório em forma, do outro a narração. Desde os estudos clássicos sobre a psicologia do testemunho, eles mesmos calcados sobre os processos usuais do inquérito judiciário, sabe-se das vantagens e desvantagens de cada uma das formas empregadas. A narração ganha sempre em exatidão e fidelidade.

No estudo caracterológico de alunos e mestres (Doring) empregando-se as mesmas duas maneiras (questionário e relatório livre), foi evidenciado que o último retratava melhor o indivíduo, e permitia responder aos detalhes não incluídos nele, o que não se conseguia geralmente daqueles que usavam o questionário mesmo mais pormenorizado. Retratando naturalmente, parece haver maior identificação do narrador com o modelo, o que não acontece quando é usado o questionário que tende a despedaçar antes do que apanhar no seu conjunto vital.

A ficha estandartizada, por mais detalhada que seja, tende a suprimir o interesse vivo pelo indivíduo e a compreensão do seu conteúdo concreto, inconfundível com outros. Assim, a prática norte-americana do Serviço Social tende a reduzir ao mínimo o formulário da ficha, substituindo-a por amplos relatórios de caráter mais concreto possível.

Lembremos ainda, do estudo realizado em 1943 pelo Departamento Nacional da Criança e publicado em 1946, sob o título: "Um inquérito sobre Quinhentos Menores". Seguido por duas histórias sociais (de uma viúva e outra de uma mãe solteira), mais uma vez podemos constatar a diferença entre dois processos de estudo sociopsicológico. As duas "histórias" se destacam por sua realidade e valem tanto, senão mais, quanto os resultados colhidos entre 500 menores estudados nos seus respectivos lares, através de um questionário preestabelecido e idêntico para todos.

No estudo da Criança do meio rural, optamos pela forma descritiva. Evidentemente, será prejudicado o estudo estatístico no levantamento dos resultados, mas a síntese quantitativa e a forma abstrata do resultado no presente momento, interessa-nos menos que os retratos isolados, porém, palpitantes de realidade. Estes

[1] Publicado originalmente na *Revista Médica do Paraná* 18(4), Curitiba, jul.-ago. de 1949.

terão provavelmente maior chance no sentido de interessar os leitores pela sorte dos rurícolas e promover medidas capazes de melhorar algo de sua existência e levantar o nível do meio rural.

Considerando a vida do homem do campo tão fundamentalmente diferente da dos moradores das cidades e dos grandes centros urbanos, não nos parece interessante valer-se do estudo comparativo da criança de um e do outro meio, sem compreender de per-si cada grupo de indivíduos, dentro do seu próprio "habitat". Assim, por exemplo, que adiantaria medir a área dos cômodos e a cubagem de ar "Per capita" de crianças de ambos os meios? Numa cidade úmida e fria como São Paulo, onde a criança é obrigada e passar horas a fio em casa - este detalhe pode ter significação. Para criança do campo, porém, cuja vida na maior parte, quer chova ou faça sol; se passa fora de casa, ao ar livre - terá bem pouca. A "área" destas pode ser reduzidíssima e bem fraca a iluminação, sem prejudicar a saúde da criança, pois a casa, sem forro, geralmente não passa de abrigo noturno para ela. O mesmo se dará com a alimentação: a alimentação da criança do campo é menos nutritiva no seu lar do que a que encontra fora: frutas nativas de bastante teor alimentar (goiabas, por exemplo) que ela ingere em quantidade deveras assombrosa na época da maturação ou o nosso vulgar côco de Macaúba, rico em gorduras. Seria dificílimo avaliar por medidas precisas a quantidade ingerida e assimilada, mas que, na realidade contribui grandemente na ração alimentar da criança do meio rural a ponto de lhe tirar o apetite para qualquer outro alimento, servido à mesa (observações feitas sobre menores asilados nas Granjas Escolas).

Já sabemos de sobra que a inteligência da criança do meio rural, medida por testes, elaborados nos centros de civilização européia ou norte-americana, aparece com resultados inferiores, quando comparados com os da criança do meio urbano. Isto, em absoluto não quer dizer que a sua inteligência nata, sua capacidade de resolver pelo pensamento problemas novos, sua capacidade de "ter ideais", sejam realmente inferiores em relação aos seus companheiros da cidade. Com instrumentos elaborados para outros, com problemas que fogem à sua experiência diária e seus interesses, o espirito da criança do meio rural não reage devidamente. Indiferente, com a palavra menos desenvolvida que na cidade, por serem diminutos seus contatos sociais, a criança da roça fornece ao psicotécnico um quadro errôneo e de pouco valor para o educador.

Assim, não havendo em número suficiente pesquisas científicas do meio rural, para orientar nossos estudos, preferimos adotar, no momento, nem o inquérito, nem os testes, e sim descrições apanhadas no contato vivo com a realidade individual. Não há ciência do individual, é verdade, mas narrativas cuidadosamente colhidas sobre algumas famílias de diversas zonas rurais e a participação da criança na vida dessas famílias, em suas várias etapas de crescimento físico e mental, dariam uma visão mais clara das suas necessidades do que um trabalho de documentação estatística feito em centenas de famílias, porém, sem a penetração dos casos individuais.

Quem poderá colher melhor os dados sobre a criança do meio rural?

Não nos parece que haja, no momento, melhor colaborador na pesquisa em torno da Criança do meio rural, que o mestre-escola da zona rural. Quando integrado no meio, pelas suas raízes (filhos de lavradores, fazendeiros), conhece de perto a vida da criança campesina, por ter ele mesmo vivido, na infância, as suas experiências. Conhece os problemas, a índole, os jeitinhos, a linguagem da roça. Da roça, também, merece maior confiança e consegue, não raro, verdadeiras confissões que nem padre, poderia obter mais íntimas.

Quando o mestre-escola é elemento citadino, depende do seu talento pessoal o contato que conseguirá primeiro com seus alunos, depois com os pais destes. Quando o mestre-escola é pessoa deveras interessada no seu trabalho, ele prolonga naturalmente sua atividade e, do ambiente escolar passa para o lar dos seus alunos, convivendo em horas vagas com a família. Haja visto convites para aniversários, para festas tradicionais e certamente, ele mesmo procura o lar dos seus alunos, em horas de doença deste ou de algum parente que necessite dos cuidados esclarecidos de enfermagem, por exemplo.

Confesso a minha admiração ao ver a que ponto a gente humilde da roça presa as visitas que lhe vem fazer uma professora, amiga dos seus filhos e com que hospitalidade oferece uma fruta do quintal, um biscoito do seu forno, uma caneca de garapa, não só à professora, mas mesmo a todas as pessoas que ela traz consigo, em excursão, por exemplo.

Desse contato cordial com o povo da roça, nasce maior confiança e mais oportunidades aparecem para se colher dados verídicos sobre a vida do lar e dentro do seu lar, da criança do meio rural.

Professores da zona rural, devidamente orientados na pesquisa sociológica e na psicologia individual, podem certamente constituir um valioso corpo de auxiliares em estudos desta natureza. Ninguém melhor que eles, no atual momento, poderá prestar serviços tão reais no conhecimento da zona rural e do seu habitante, pois, ninguém melhor que eles poderia captar a sua confiança.

Início da pesquisa sobre a criança do meio rural do primeiro curso de especialização para professores rurais no Estado de Minas Gerais

Aproveitando ao Curso para Professores rurais onde tínhamos a orientar as regentes de escolas rurais no estudo da criança, conseguimos colher algumas monografias de lares rurais.

Foram visitados 20 lares das crianças que freqüentam a Escola Rural D. Silvério, escola esta localizada na Fazenda do Rosário, pertencente à Sociedade Pestalozzi de Minas Gerais.

As mestras-alunas, acompanhadas por nós ou por nosso auxiliares, ex-alunos do Laboratório de Psicologia da antiga Escola de Aperfeiçoamento de Belo Horizonte, visitavam as famílias das crianças tantas vezes quantas fossem necessárias para seu trabalho, após termos travado conhecimento com os meninos da Escola D. Silvério, estudando suas fichas médicas, aplicando alguns testes de inteligência verbal ou de maturidade social.

Precisando de orientação, receberam uma lista de tópicos a serem estudados e um "roteiro" para conversa com a criança. Embora pormenorizado, este "roteiro" não devia absolutamente ser seguido à risca, e sim apenas como um exemplo de uma conversa com a criança estudada.

Foram estes os tópicos recomendados e o "roteiro" que transcrevemos para exemplificar o trabalho. Convém acrescentar que os mestres-alunos receberam, simultaneamente, aulas práticas de "geografia humana", realizando, na própria Fazenda do Rosário, onde ficaram hospedados durante o prazo de Curso (três meses), pesquisas semelhantes, guiadas pelo prof. Elzio Lolabela, da Faculdade de Filosofia de Minas Gerais.

1 – Composição do núcleo familiar da criança. Pessoas que integram o lar. O lugar da criança entre irmãos. Nascimentos, falecimentos e outras ocorrências durante o ano de 1947 e 1948.

2 – A moradia, o mobiliário, utensílios, ornamentação, higiene, asseio.

3 – A propriedade rural. Suas dimensões e qualidade. Plantações. Criação, ferramentas e máquinas agrícolas. Acessórios.

4 – A alimentação da família e da criança, em particular.

5 – Trabalho da família. Participação da criança em trabalhos caseiros, agrícolas e nas rendas gerais da família.

6 – Tradições e festejos familiares, religiosos.

7 – Recreios e brinquedos da criança.

8 – Educação familiar. Tratamento da criança na saúde e na doença. Uso de castigos e recompensas.

9 – O caminho para a Escola e os interesses que suscitam a estrada de rodagem, o campo, o mato, com seu mundo animado, inanimado. Ocorrências desastrosas.

10 – A influência da Escola Rural. Os benefícios que ali encontra a criança e como poderão ser aumentados para refletir-se na vida e na prosperidade dos lares rurais.

Exemplo de um lar rural

Lar de D. R. C.

Pelas mestras-alunas do Curso de Educação Rural, Aparecida Borges e Auta Calçado.

D. R. C., progenitora de O. C. e J. N. C., alunos do 3º e 4º anos da Escola Rural D. Silvério, é proprietária de meio alqueire de terra, cercada em 3 lados pelo córrego Pantana e ligada a outra parte à Estrada de Rodagem, km 27 da estrada de Oliveira.

É um recanto propício a repouso, muito pitoresco, alegre, cheio de coqueiros e plantações; com "quaresmas" em flor dispersas aqui e ali. O transporte à vila terá 3/4 de légua, mais ou menos e se fará a pé, em 40 minutos. A Belo Horizonte, a distância é de quase 7 léguas, mas em 40 minutos de auto se fará o percurso, sendo bom o carro. Da E. F. C. B. também é próxima. Nos fundos há no córrego alguns peixes como traíras e bagres, o que traz aos domingos pescadores de Belo Horizonte. A proprietária permite essa pesca, sem explorar os amadores; nem uma taxa lhes cobra.

A moradia é rústica, velha, de paredes de adobes, rebocada e caiada há muito tempo, pois, as paredes estão sujas, escuras e assinaladas de buracos ocasionados por uma forte chuva de pedras em 2 de novembro de 1940. Foi um acontecimento sensacional, causando grandes estragos nas hortas, pomares, pastagens, etc. Em 3 dias o gelo ainda cobria o solo na altura de meio metro, afirmou-nos a proprietária. Toda a lavoura se extinguiu.

O piso da casa é de tijolos e a cobertura é de telhas vãs, não há forro. O mobiliário é velho e escasso.

São 6 cômodos, 3 de passagem. Na primeira sala, há uma mesa oval, um banco, algumas cadeiras velhas dependuradas na parede, um guarda louças sem vidros, deixando à vista alguns copos, pratos e outros utensílios. Compõem-se a casa de salas, sendo que uma serve de quarto, 2 quartos, cozinha e dispensa. A cobertura é de telhas curvas. Há na parede uma "Santa Ceia", que mostra ser a família católica e uma folhinha civil e eclesiástica, um cabide de madeira, feito com lâmpadas elétricas usadas, além de 2 sombrinhas velhas.

A casa está em mal estado de conservação, muito enfumaçada e suja. As janelas são de uma só bandeira e as portas também.

A família é integrada pelos seguintes membros: D. R. C. (mãe) e 3 filhos: J. com 12,4; O. com 11,10 e A. com 21; 3 filhas: B. com 17, M. C. com 9 e V. L. com 6.

A. é o mais velho. Mora em Belo Horizonte e trabalha com seu tio. É ajudante de caminhão. Ganha Cr$ 150,00 e sempre se lembra da mãe. Manda-lhe uma mesada e diz ficar triste, quando está em uma mesa farta, longe da família.

O pai há 7 anos abandonou a família, deixando D. R. C. grávida e sem recursos.

Num quarto dormem D. R. S. e suas filhas B. M. C. e V. L. O mobiliário consta de duas camas: uma de casal e uma pequena, além de um guarda vestido.

J. e O. dormem na sala de jantar, sendo passagem para a cozinha e sala. Em um quarto fechado na sala de visitas, nada observamos.

Na despensa, achavam-se empilhadas achas de lenha e alguns utensílios e ferramentas.

Na cozinha se vêem uma prateleira limpa, forrada de panos bordados por B; com utensílios limpos e colocados em ordem; o fogão é de tijolos e cimentados. Havia também latas contendo água fervida para o consumo diário e umas varas de anzol dependuradas nas ripas.

A iluminação é a querosene.

Notavam-se asseio, ordem e capricho em tudo apesar de pobreza.

Vimos uma máquina antiga de costura. D. R. C. confecciona roupas para sua família.

O pai da proprietária é de recursos. Mora em Belo Horizonte, mas não ampara a filha, nem os netos. Nada lhes manda, nem lhes dá assistência. Vive ela de lavagem de roupa, ajudada pelos filhos. Cr$ 10,00 e $ 15,00 de cada lavagem, dando ainda carvão e sabão.

Apesar de desprotegida pelos parentes seus e de seu esposo, vive satisfeita, com a graça de Deus, criando seus filhos como "Deus é servido", segundo sua expressão.

Mostrou-me azeite de mamona, sabão e óleo, que faz dos côcos. D. R. C. é social, igualmente seus filhos e filhas. Embora maltratados, são bonitos, morenos e parecem ativos.

Aproveita o azeite e o óleo para curar o gado e os cachorros.

Vive com dificuldade, pois, seu trabalho não é devidamente recompensado e as freguesas de roupa, além de pagarem o mínimo, ainda atrasam o pagamento. Perguntando-lhe como pode viver com tão pouca renda, respondeu-nos: "Quando se tem, compramos; quando o dinheiro acaba, a gente passa falta, que fazer?".

A terra que possui não é fértil. Compra esterco a Cr$ 120,00, paga o caminhão e além disso os animais de seus parentes vizinhos estragam-lhe as plantações, não tendo ela para quem apelar, pois eles a desprezam e aos filhos.

Seu pomar é grande, mais ou menos 200 laranjeiras, algumas goiabeiras e outras árvores. Mas as formigas que são muitas e a gomose deram cabo das laranjeiras. É doloroso ver um pomar extinto, sem folhas, apenas com os galhos secos, como se fosse em país de neve.

A plantação de cana é pequena, mas dá algum resultado. Tem uma pequena engenhoca, movida a mão. D. R. C. serviu-nos de garapa, com muito prazer. Com a garapa tempera seu café e chás.

Há um pequeno curral com duas vacas, sendo uma com bezerro novo. Vimos também dois cães.

Há em volta da casa uma trepadeira buganvília e os vestígios de extinto jardim e de vasos. Apenas a coroa de Cristo a planta espinhosa que dá florzinhas vermelhas.

Triste é o problema da água. A cisterna está com a corda rebentada. A água do córrego é suja e servida. Lava roupa nela e ferve-a para fazer comida. A cisterna tem 5m de profundidade.

Z. é seu braço direito. Além de lavar roupa emprega-se para serviços domésticos na Fazenda do Rosário. Tudo o que ganha dá a mãe. Ela tem agora 38 anos, mas aparenta mais, pois é descuidada e o tempo e os aborrecimentos lhe marcaram na expressão sua ação dolorosa.

D. R. C. cria galinhas e vende frangos a Cr$ 120,00 e ovos a Cr$ 5,00. Com o padrão difícil de vida, são preços mínimos e não sabe ela colocar seu produto, nem valorizar seu trabalho.

Planta milho e esterca as covas, pois, a terra é ingrata e a seca é grande. O milho colhido, parte dá às aves e parte troca por fubá, para a manutenção da família. Come os peixes do riacho. É cheia de superstições. Atribui à feitiçaria tudo de avesso que lhe acontece na vida, inclusive a praga em seu pomar. Acha que os parentes vizinhos e hostis a ela e aos filhos, são os causadores de seu sofrimento. Vive coagida nesse meio, que lhe é adverso, tanto mais que as crianças crescem humilhadas, tristes e julgando-se abaixo de todos.

Mas seus filhos a estimam e querem-lhe bem.

Houve época que os parentes do esposo queriam furtar as crianças e deixa-la só. Os filhos se escondiam, porque não queriam abandonar a mãe, que consideram. Eles, os parentes, aconselham-na a dar cabo de sua vida, isto é, suicidar-se.

Não se queixa dos filhos. Diz que são obedientes, trabalhadores, estudiosos e conformados com a situação, embora bem tristonhos.

Diz que viveu 25 anos mais ou menos feliz mas depois de abandonada tem sofrido, pois o marido ao abandonar o lar levou todas as economias, que ambos reservavam para a educação das crianças. Vive honestamente de seu trabalho, mesmo assim, é caluniada pelos vizinhos. Reside perto do sogro, que a critica e aborrece constantemente.

Aparentemente parece calma, alegre e simpática.

No íntimo deve sofrer muito e também seus filhos.

Conclusão

O lar de D. R. C. tem muitos problemas que devem ser sanados:

Água – é o principal;

Combate à formiga;

Formação de novo pomar.

Os vizinhos, entendidos no assunto poderiam auxiliá-los, pois, não tendo iniciativa e nem recursos financeiros não podem sozinhos resolver esses problemas.

Tem eles que ser orientados, do contrário, sua propriedade, que tende a ruína, completa, nunca poderá prosperar.

A Indústria Rural poderá resolver sua situação.

Devemos ampará-la.

Como?

Pensamos que o Clube Agrícola da Escola D. Silvério poderia, com seus técnicos dar orientação e auxílios necessários.

Quanto aos filhos, terminado o curso primário, poderiam ser encaminhados para a Escola Normal Rural, que provavelmente será criada na Fazenda do Rosário.

Conclusões

1 – Maior interesse dos poderes públicos para a situação de desamparo em que se encontra a população rural, principalmente a infantil.

2 – Promover os meios para assegurar à Criança rural assistência escolar, social e médica.

3 – Promover os meios para investigar a situação das populações, através de pesquisas realizadas pelas professoras.

4 – Promover cursos intensivos e periódicos para os educadores que se destinam à zona rural, aproveitando-se para esse fim os elementos já integrados no meio.

5 – Enviar esforços através dos educadores, para que cada Escola rural seja na localidade o Centro de interesse da Comunidade.

6 – Garantir ao educador rural, salário compensador, levando-se em consideração o seu trabalho e a sua segregação do meio urbano.

7 – Estender ao meio rural as Campanhas educativas que se realizam pelos diferentes órgãos levando-se através de Postos Volantes ou de missões da infância feliz, como sugere o Departamento Nacional da Criança, de meios e processos mais rápidos de ensinamento para o levantamento do nível moral, higiene e economia desta população, quase sempre abandonada de sua própria sorte.

PARTE 3

Psicologia e Educação

Nesta parte estão reunidos textos escritos por Helena Antipoff entre 1931 e 1950, analisando diferentes aspectos da contribuição da psicologia à educação. No início da década de 1930, é focalizado o processo de homogeneização das classes escolares em vias de ser implantado nas escolas de Belo Horizonte. Vemos então a autora preocupada com as questões organizacionais do sistema escolar. Refere-se às altas taxas de repetência então verificadas, evidenciando que a "máquina de produzir repetentes" que se estabeleceu nas escolas brasileiras já estava em funcionamento, antes mesmo da introdução das medidas psicológicas no sistema escolar. A autora, embora acreditando na possibilidade de adoção de medidas de organização científica e racional do trabalho nas instituições educacionais, alerta para os problemas então existentes: o número reduzido de horas diárias de ensino, escolas funcionando em dois ou três turnos, mudanças excessivas de professor e de escola, para muitas crianças, precariedade das condições de vida familiares. Observa então que: "Todo novo empreendimento, toda modificação nas condições anteriores deve ser imediatamente estudada em suas diversas repercussões, a fim de que possamos conhecer exatamente o valor de tal medida, saber com precisão quais os efeitos que ela traz, e quais os lados fortes e fracos. Se a prova fornece um resultado positivo, resta ainda procurar em que sentido podemos melhorá-la e dar-lhe ainda mais segurança. Se, pelo contrário, sua influência é nefasta, e não dá os resultados que dela esperávamos, é preciso abandoná-la com lealdade" (Antipoff, 1935). Nos anos 40, Antipoff volta-se para a análise psicológica da educação para a democracia, em dois textos publicados na *Revista Brasileira de Estudos Pedagógicos*, e para a organização de serviços de orientação profissional, baseados nos princípios da organização científica do trabalho. Os textos evidenciam a confiança da autora no potencial da ciência psicológica na resolução de problemas sociais.

Organização das classes nos grupos escolares de Belo Horizonte[1]

1931

Formação das classes e controle de sua homogeneidade

Numa escola renovada e racionalmente organizada, o diagnóstico das capacidades das crianças bem como o controle do desenvolvimento mental e o dos progressos escolares faz parte integrante do ensino.

Esse cuidado de ver claro e de modo objetivo foi ensaiado em 1931 sobretudo nas classes do 1º ano dos grupos de Belo Horizonte, bem como nos grupos do interior, em que trabalhavam as professoras diplomadas pela Escola de Aperfeiçoamento.

A maioria dessas instituições tentaram grupar as crianças em classes mais ou menos homogêneas conforme o grau do seu desenvolvimento mental.

Esta medida foi realizada no mês de fevereiro, mediante dois testes, o de Inteligência e de Vocabulário, do Dr. Simon, com as crianças novatas, e o de Dearborn, com os repetentes; a apreciação delas foi corrigida e aperfeiçoada pelas observações do corpo docente durante os primeiros meses dos estudos.

No fim do ano escolar, no mês de outubro passado, o Laboratório da Escola de Aperfeiçoamento, havendo elaborado um novo teste, aplicou-o às classes do 1º ano de treze grupos da Capital.

Os resultados desse teste constituem precisamente o objeto do presente relatório.

A administração do teste no fim do ano escolar foi ditada por três motivos: em primeiro lugar, verificar o grau da homogeneização das classes; em segundo lugar, regularizar o critério das promoções, e, finalmente, contribuir para a melhor organização das futuras classes do 2º ano, bem como das dos repetentes do 1º em 1932.

Esses motivos deviam naturalmente guiar-nos na construção do teste. Devia permitir perscrutar, de uma parte, o desenvolvimento mental geral das crianças e, de outra parte, avaliar o grau de aquisição das técnicas escolares: a leitura, a escrita e o cálculo.

Como o teste está ainda em vigor, isto é, vai ser ainda aplicado no inicio do ano corrente, nos Grupos, com as crianças que ainda não fizeram, estamos impedidos de o divulgar em extenso. (Todo teste divulgado antes da sua aplicação perde, em parte, o seu caráter de medida estritamente objetiva, como se pode facilmente compreender.) Diremos apenas que ele consiste em 31 questões, dando um total de 56 pontos para a avaliação dos resultados. Nessas 31 questões a metade examina as noções e as representações mais elementares, do espaço, do número de grandeza, e a observação das situações e qualidades mais simples; a outra metade se refere à recognição das palavras em que falta tal ou tal letra, cópia e ditado de uma frase etc., e para o cálculo a indicação das operações (adição e subtração) certas e erradas, bem como a solução de pequenos problemas – tudo isso com números nos limites da primeira dúzia.

O teste é de aplicação coletiva, isto é, faz-se simultaneamente com todas as crianças de uma classe. A forma coletiva é mais vantajosa quanto à economia do tempo e a uniformidade da experimentação, e ao fato de exigir das crianças uma disciplina escolar habitual. Seu defeito é que é difícil evitar completamente as "colas" entre alunos do mesmo banco e dos bancos vizinhos, apesar da inspeção mais rigorosa por parte dos experimentadores.

---

[1] Publicação original: Antipoff, H. (1932). Organização das classes nos grupos escolares de Belo Horizonte e o controle dos testes. (Boletim 8). Belo Horizonte, MG: Secretaria de Educação e Saúde Pública.

A duração do teste varia de 25 minutos, para as classes mais disciplinadas e mais adiantadas, e de cerca de uma hora, para as menos disciplinadas e menos adiantadas.

O teste foi aplicado, tão uniformemente quanto possível, pelas alunas do segundo ano da Escola de Aperfeiçoamento e pelas auxiliares do Laboratório de Psicologia, isto é, por pessoas já treinadas no método dos testes.

Todas notaram a melhor vontade por parte das crianças e um interesse bastante manifesto. A acolhida por parte das diretoras dos grupos e dos professores, salvo raríssimas exceções, foi excelente. Deixemo-lhes aqui nosso mais sincero reconhecimento não só por nos haverem autorizado a aplicação do teste como também pelas inúmeras informações que lhes pedimos relativamente à idade das crianças, à profissão dos pais destas, às indicações sobre a escolaridade de cada aluno, sua futura promoção, e, caso fracasse, sobre as causas da não promoção.

No quadro abaixo, indicamos, por classes e por grupo escolar, o número de crianças que foram examinadas.

Tabela 1

Nº	GRUPOS ESCOLARES	Nº de alunos examinados	Nº de classes	Nº de alunos por classe, em média
01	Afonso Pena	141	5	28
02	Barão de Macaúbas	312	9	35
03	Barão Rio Branco	251	8	31
04	Caetano Azeredo	165	6	28
05	Cesário Alvim	138	6	23
06	Bernardo Monteiro	314	13	24
07	Francisco Sales	109	5	22
08	Henrique Diniz	174	8	22
09	João Pessoa	142	6	24
10	Lúcio dos Santos	242	9	27
11	Olegário Maciel	231	9	26
12	Pedro II	167	5	33
13	Silviano Brandão	294	9	33
	Total	**2.680**	**98**	

Como se pode ver, os testes foram aplicados em todas as classes do 1º ano de treze Grupos de Belo Horizonte, exceto uma classe no "Lúcio dos Santos" e uma no "Pedro II", ou seja, em 98 classes com um total de 2.680 alunos.

O contingente total dessas classes excede certamente o número das crianças examinadas. Isto se explica pelo fato de que o teste não foi aplicado senão uma vez em cada classe, isto é, no número de crianças presentes na escola, sem o ter completado com as crianças que falharam naquele dia. Cumpre dizer que escolhemos para o nosso exame os dias de sol e evitamos os dias de chuva para garantir o maior número de crianças presentes. O Grupo "Bernardo Monteiro" tinha, ao que sabíamos, a freqüência um pouco diminuída pelo fato de que as crianças, durante o período dos nossos testes, haviam tomado um vermífugo. As outras pareciam ter estado em condições normais.

Resultado da pesquisa

1 – As classes são homogêneas sob o ponto de vista de escolaridade dos alunos?

Para responder a esta pergunta, procuremos, para cada classe, em primeiro lugar, e para os Grupos, em segundo, as relações entre o número dos alunos promovidos e não promovidos, dividindo o número das crianças da categoria mais elevada para cada classe sobre o número total das crianças dessa classe. Se todos os alunos de uma classe são promovidos, ou todos deverão repetir, o coeficiente de promoção será igual a l; se o número de promovidos e não promovidos é o mesmo, o coeficiente dará 0,5.

A classe será tanto mais homogênea quanto mais o coeficiente se aproximar da unidade e, ao contrário, será tanto mais heterogênea se aproximar de 0,5.

Calculando os coeficientes de promoção para cada um dos treze grupos, poderemos distinguir os grupos que tiveram essa preocupação de ter as classes homogêneas quanto à escolaridade de seus alunos e as que não a tiveram.

Evidentemente há muitas causas que puderam alterar as previsões da administração escolar e falsear-lhe os planos; por exemplo, as classes puderam ser perfeitamente homogêneas no início do ano, mas nem todos os alunos freqüentam a escola com a mesma regularidade, o que naturalmente não pode deixar de influir nos resultados finais da classe. Verdade seja que essa correção no sentido da homogeneização pode ser feita no início do segundo semestre, deslocando as crianças que por uma ou outra causa não conseguiram os êxitos da maioria da classe e grupando as mais fortes juntamente.

O quadro abaixo mostra a distribuição do coeficiente das promoções medidas pelos 13 Grupos, que ordenamos desde o Grupo que tem organização mais homogênea até ao Grupo que a tem menos.

Tabela 2

Grupo Olegário Maciel	0,89
Grupo Pedro II	0,89
Grupo Barão do Rio Branco	0,87
Grupo Caetano Azeredo	0,85
Grupo Lúcio dos Santos	0,81
Grupo Bernardo Monteiro	0,81
Grupo Afonso Pena	0,81
Grupo Francisco Sales	0,78
Grupo Barão de Macaúbas	0,73
Grupo Cesário Alvim	0,72
Grupo Silviano Brandão	0,68
Grupo João Pessoa	0,65
Grupo Henrique Diniz	0,62

Coeficiente médio das promoções em cada classe: 0,77

Esse quadro nos revela, para os 13 Grupos de Belo Horizonte, diferenças assaz notáveis quanto à proporção dos alunos promovidos e não promovidos em cada uma das classes do 1º ano do Grupo. Nos primeiros Grupos do quadro, as classes foram, salvo exceções, homogêneas; nos últimos, a heterogeneidade, por assim dizer, foi a regra.

Mas nós só julgamos a homogeneidade das classes baseando-nos nas promoções efetuadas pelos Grupos escolares.

2 – Obedeceram as promoções a um mesmo critério e esse critério foi suficientemente objetivo?

É o que vamos ver agora com o auxílio da relação entre as promoções e o resultado de nossos testes.

Como notamos mais abaixo, o teste E.A. consiste em uma série de provas, das mais simples. Tanto as representações e as noções que ele perscruta na sua parte do desenvolvimento mental geral, como os conhecimentos e as técnicas que ele examina na sua parte mais escolar são a tal ponto elementares, que devem ser bem-sucedidas na sua maior parte para que a criança tenha o ensejo de passar ao segundo grau escolar. Distinguir o alto e o baixo, a direita e a esquerda, o primeiro e o quinto grau de uma escala, a mais larga e a mais estreita, copiar um desenho simplicíssimo e indicar o caminho mais curto entre vários etc. etc., como saber reconhecer palavras numa série de quatro, julgar uma soma ou uma diferença sobre os números da primeira dezena, resolver um pequeno problema, escrever sem erro uma frasezinha muito simples, escrever o próprio nome etc., são deveras exercícios que exigem o mínimo do desenvolvimento mental e de técnica escolar para permitir que os alunos não continuem o trabalho do 1º ano escolar.

Para não parecer demasiado pedante, exigindo da criança o êxito de todas as provas do teste E.A., para que ela passe sem inconveniente para o 2º ano, julgamos necessário exigir a realização por menos de três quintos do teste, ou seja, mais de 30 pontos sobre 56.

Para nos assegurarmos de que o critério dos três quintos do teste não era apenas uma suposição gratuita, mas que quadrava também com a realidade, tratamos de estabelecer uma relação objetiva entre o nosso critério e o das promoções efetuadas pelas diretoras dos Grupos. Nesse intuito, procuramos o coeficiente da associação segundo a fórmula de Yule, combinando com os resultados dos testes e as promoções das crianças, distribuindo-as em quatro campos da "Four Fold Table" para 1.855 crianças dos 10 Grupos que funcionam em dois turnos.

Alunos promovidos, que obtiveram mais de 30 pontos 858
Alunos promovidos, que obtiveram menos ou igual a 30 pontos 296
Alunos não promovidos, que obtiveram mais de 30 pontos 96
Alunos não promovidos, que obtiveram menos ou igual a 30 pontos 605

Tabela 3

	Mais de 30 pontos	Igual ou menos de 30 pontos
Promovidos	858	296
Não promovidos	96	605

$$\text{Coeficiente de associação } q = \frac{(858 \times 605) - (296 \times 96)}{(858 \times 605) + (296 \times 96)} = +\,0{,}899$$

Esse cálculo nos mostra que não nos enganamos na nossa suposição e que é mister ter obtido no teste E.A. ao menos 31 pontos para ter uma probabilidade suficiente de ser promovido no 2º ano escolar, já que a relação entre o nosso critério e as promoções efetivas deu um coeficiente de associação tão elevado para o conjunto dos 10 Grupos examinados.

Vejamos agora a relação entre nosso critério e o critério de cada Grupo em particular quanto as promoções dos alunos. Em vez de resolver esse problema por meio do método da associação (sendo o número por Grupo relativamente pequeno para que um cálculo desse gênero possa ter todo o seu valor) consideramos unicamente, o que é mais simples, a relação entre o número de crianças, por Grupo escolar, que obtiveram mais de 30 pontos no teste E.A. e o número de promoções realizadas pelo Grupo. Se o primeiro número é igual ao segundo, a relação dará = 1. Nesse caso, os dois critérios estão perfeitamente de acordo; se a relação entre a quantidade de crianças que tiveram mais do 30 pontos e o número de promovidos é maior que a unidade, é que o critério das promoções efetivas foi mais severo que o nosso; se, ao contrário, é menor que 1, as promoções foram efetuadas de maneira mais complacente, e menos severos foram os julgamentos do diretor do Grupo.

O quadro abaixo mostra a distribuição dessas relações sob a forma de coeficientes numéricos, às quais julgamos útil dar uma designação especial.

Damos ao quociente da divisão do número de crianças que obtiveram no teste a quantidade necessária de pontos para a promoção sobre o número de crianças efetivamente promovidas, o nome de "coeficiente da objetividade de promoção".

Ei-los aqui, ordenados, do mais forte ao mais fraco, para os nossos 13 Grupos:

Tabela 4

Grupo Olegário Maciel	1,07
Grupo Barão de Macaúbas	0,93
Grupo Barão do Rio Branco	0,91
Grupo Lúcio dos Santos	0,91
Grupo Cesário Alvim	0,90
Grupo Afonso Pena	0,86
Grupo Silviano Brandão	0,68
Grupo Bernardo Monteiro	0,64
Grupo Francisco Sales	0,61
Grupo Caetano Azeredo	0,60
Grupo Pedro II	0,58
Grupo João Pessoa	0,52
Grupo Henrique Diniz	0,49

Coeficiente de objetividade das promoções médio = 0,74

Esse quadro nos ensina que os Grupos de Belo Horizonte estão longe de adotar um único critério para a promoção das crianças do 1º e do 2º ano escolares. Há alguns que são relativamente muito mais severos que os outros: uns não as deixam passar senão desde que tenham atingido um nível bastante alto de desenvolvimento geral, como desde que estejam suficientemente "alfabetizados", ao passo que outros se satisfazem com resultados muito mais fracos.

Tendo o cálculo desse coeficiente sido dado 0,74, em média, para os treze Grupos, é fácil ver quais são os Grupos mais exigentes e quais os que o são menos.

Faz-se mister um só e único critério de promoções para todos os grupos escolares de um Estado, de um distrito ou de uma cidade?

Esta questão representa um problema assaz interessante para se discutir de quem o direito.

Há vantagem em se ter um critério único para os grupos de Belo Horizonte? Sim, sem dúvida, e eis porque: a população de Belo Horizonte, com mais de 120.000 habitantes, e espalhada numa superfície considerável, representa atualmente uma massa ainda relativamente pouco assente em terrenos fixos. Ao contrário, como é fácil ver considerando-se as mudanças freqüentes de domicílio dos escolares, boa parte da população, a operária principalmente, se acha em contínuo deslocamento de um bairro para outro, segundo as ocupações dos chefes de família, que mudam freqüentemente de profissão e de lugar de trabalho segundo as necessidades de tal ou tal empresa particular ou municipal.

Como foi difícil exigir, nessas condições, que as crianças de Belo Horizonte freqüentassem o mesmo Grupo durante todos os quatro anos, cumpre admitir que elas vão (o que elas fazem aqui, aliás, com uma facilidade exagerada e desconcertante) naturalmente mudar de Grupo mais de uma vez, para fazer o curso completo. E, então, aí é que o critério único de promoções para todos os Grupos da Capital teria uma vantagem bem real.

Acontece que a criança que está em condições de fazer o programa de tal grau escolar, no Grupo X, transferida para Grupo Y, não será mais que colocada numa classe bem inferior à que ela teria seguido permanecendo no mesmo Grupo, e repetiria, assim, mais de uma vez, o mesmo grau escolar. Ao contrário, a unidade das exigências para todos os grupos lhe assinalaria o mesmo grau em não importa que Grupo da Capital, por ocasião de sua transferência, e lhe fará perder menos tempo do que ela gasta necessariamente na adaptação aos diferentes programas.

3 – Índice de variabilidade como medida da homogeneidade das classes

Pois que os critérios das promoções se mostraram tão pouco uniformes para os Grupos de Belo Horizonte, podemos supor também que as promoções no interior do mesmo Grupo não tem sempre obedecido estritamente a um mesmo critério. Nesse caso, julgar a homogeneidade das classes pela percentagem das promoções não será um meio suficientemente objetivo. Vejamos, ainda, os resultados de nossos testes e cuidemos deles tirar partido.

A estatística nos fornece diversos índices de dispersão para apreciarmos em que medida variam os valores quando esses formam uma série graduada. Entre esses índices é o desvio padrão[2] o que nos parece caracterizar melhor a dispersão das capacidades de uma classe, representadas pelos resultados de um teste psicológico ou escolar. Este índice atende, mais que os outros, aos valores extremos, isto é, daqueles que dão a uma classe o caráter mais heteróclito. Seria, pois, preferível aos outros.

Adotaremos, porém, neste trabalho, o do desvio provável o qual, esse sim, nos mostrará sobretudo se as classes possuem ou não um núcleo central, um grupo de alunos de forças mais ou menos iguais.

O cálculo do desvio provável para cada uma das cem classes examinadas nos dá, para o teste E.A., uma bem grande dispersão, que varia de ± 2,5 pontos, nas classes mais concentradas, a ± 14 pontos, para as classes dispersas quanto aos resultados do teste.

Os desvios prováveis, como se pode verificar observando-os no quadro geral dos Grupos, não tem sempre o mesmo valor para cada uma de suas classes: ao lado das classes muito homogêneas, o Grupo pode ter uma ou duas heterogêneas, por exemplo, as que recolhem os alunos matriculados durante o ano e que não podem ser classificados normalmente, por isso que as outras classes tem já o seu contingente completo. Sob esse aspecto, é o Grupo Barão do Rio Branco que pode servir de ilustração: as 8 classes dão os desvios prováveis seguintes: ± 2,5;3;4;4;5;5,5;6,5;14. É evidente que a última classe é diferente, e muito, das sete outras. Pode-se dizer que a homogeneidade é muito elevada para a maior parte das classes, mas há uma delas que se acha com elementos muito heteróclitos quanto ao desenvolvimento mental e aos conhecimentos escolares das crianças.

Para se ter uma idéia mais geral acerca da formação das classes de cada Grupo, damos o quadro das médias dos seus desvios prováveis, ordenando-as do mais restrito para o mais extenso.

[2] O desvio padrão se calcula pela formula seguinte: $\sqrt{\frac{\sum d^2}{n}}$, é a raiz quadrada da soma dos quadrados dos desvios, relativos à média, dividida pelo número dos casos. O desvio provável é a semidiferença dos quartis.

Tabela 5

Grupo Olegário Maciel	± 4,4
Grupo Cesário Alvim	± 5,0
Grupo Caetano Azeredo	± 5,1
Grupo Barão do Rio Branco	± 5,6
Grupo Barão de Macaúbas	± 5,7
Grupo Bernardo Monteiro	± 6,0
Grupo Afonso Pena	± 6,2
Grupo Lúcio dos Santos	± 6,2
Grupo Pedro II	± 6,2
Grupo Francisco Sales	± 6,8
Grupo Henrique Diniz	± 7,5
Grupo João Pessoa	± 8,5
Grupo Silviano Brandão	± 8,5
Desvio provável médio	± 6,3

Para se ter uma idéia mais ou menos exata e mais precisa a respeito dessa variabilidade comparada entre os diversos Grupos escolares, seria, de certo, necessário que os Grupos tivessem o mesmo número de classes do 1º ano e que o número das crianças, por classe fosse mais ou menos o mesmo. Ora, a esse respeito, os Grupos se diferem: assim, os menores não tem mais que cinco classes, e os maiores tem até 13; da mesma forma, ao passo que certos grupos tem classes com menos de 20 alunos, outras têm mais de 40. Tudo isso influi numa medida assaz sensível sobre o valor dos índices de variabilidade e das médias. Para obviar esse inconveniente, fora mister fazer seguir todos os valores do erro provável das médias, o que deixamos agora de lado, à falta de tempo e porque nosso fim consiste menos em dar com toda precisão os resultados de nossos testes do que mostrar sobretudo o método que pode ser aplicado para controlar a organização escolar e a distribuição das crianças em classes homogêneas.

Evidencia-se no número real das promoções (percentagens) a percentagem das crianças que obtiveram no Grupo inteiro mais de 30 pontos no teste E.A.; mostra-se até que ponto as promoções obedeceram a um critério objetivo; como foram constituídas as classes no fim do ano, isso é, que relação havia em cada classe das crianças promovidas ao 2º ano e não promovidas; enfim, a última coluna indica a distribuição das crianças segundo a dispersão do núcleo central de alunos de uma classe – tudo calculado em médias para todas as classes do 1º ano dos mesmos Grupos.

4 – Os Grupos Novatos e Repetentes

Não é talvez sem interesse ver como se portam os alunos que freqüentam a escola pela primeira vez e os que se acham no primeiro grau escolar dois anos e mais.

Ninguém ignora que nas escolas de Belo Horizonte a repetição dá mesma classe é um fenômeno assaz comum e que o número de repetentes é considerável. As causas disso são muito variadas e se prendem tanto às condições intrínsecas da criança ou ao seu meio, como extrínsecas e dependentes de fatores escolares. Para o primeiro grupo das causas citaremos as seguintes – mais evidentes: 1) a entrada da criança, em idade demasiado nova (antes dos 6 anos algumas vezes), para a escola, onde suas forças e seu espírito não estão ainda assaz amadurecidos para adquirirem as técnicas e os conhecimentos necessários do programa[3]; 2) o desenvolvimento mental insuficiente, malgrado a idade regular para freqüentar a

[3] Esse defeito vai desaparecer com a aplicação do Decreto nº 10.133, que exige a apresentação dos certificados de nascimento para a matrícula.

escola; 3) uma freqüência insuficiente das classes, motivada por moléstia ou pelos impedimentos que os pais de um meio necessitado opõem a uma freqüência normal; 4) as numerosas transferências de um Grupo para outro.

Quanto ao segundo grupo das causas, indicaremos: 1) um programa demasiado carregado do 1º ano que seja dado apenas em quatro e mesmo três horas de classe por dia (nos Grupos de três turnos) e com o número considerável dos dias feriados durante o ano escolar; 2) as numerosas transferências das crianças de um Grupo para outro, que não tem as mesmas exigências escolares; 3) a heterogeneidade das classes que impede o professor de dar a todos os seus alunos o que as suas forças individuais reclamam para progredirem nos estudos; 4) a competência por vezes insuficiente dos professores; 5) as licenças freqüentes e muitas vezes bem longas dos professores efetivos, as quais desorganizam o ensino da classe e os põem nas mãos das estagiárias inexperientes.

Essas múltiplas causas, das quais citamos apenas as mais importantes, concorrendo muitas vezes conjuntamente, produzem esses numerosos quadros de repetentes que encontramos em todos os Grupos de Belo Horizonte, numa proporção às vezes igual, senão maior do que a das crianças regulares.

Em 2.860 crianças examinadas pelos testes E. A., tivemos novatos e 937 repetentes (alunos dos Grupos dos dois turnos), para os treze Grupos, 1.283 alunos novatos e 1.397 repetentes, ou seja, 52,1% de crianças que faziam o 1º grau duas ou mais de duas vezes. Vamos ver oportunamente como essa proporção varia para cada um dos Grupos.

Houve uma diferença nos resultados do teste dos alunos novatos e repetentes? Qual das duas categorias deu melhores resultados e de quanto?

Calculando a média dos pontos obtidos em relação a 911 novatos e 937 repetentes (alunos dos Grupos dos dois turnos) achamos a média, para os primeiros -29 pontos e 33 para os segundos, isso é, os repetentes tiveram a vantagem de quatro pontos sobre os novatos. Quanto à média dos pontos. para todos os treze Grupos, esta se elevou a 30 para os repetentes e 25 para os novatos.

Trata-se de um fenômeno assaz interessante: ao passo que a maioria dos Grupos de repetentes dão melhores resultados, em alguns, como, por exemplo, o "Cesário Alvim", o "Afonso Pena" e o "João Pessoa", ao contrário, são os novatos que levam vantagem. Qual será a causa disso? Só acho explicação para o "Afonso Pena": o número de repetentes aí é mínimo (26,2% apenas). Quer dizer que esse Grupo, atento às condições especiais do meio talvez, não tem necessidade de fazer repetir as classes, como os outros. Ali só as crianças bem inferiores à maioria é que repetem as classes, isto é, os débeis mentais ou as crianças de um meio muito mais modesto do que a grande maioria das crianças desse Grupo nitidamente selecionado, do ponto de vista social, atendendo-se a sua situação num bairro privilegiado.

Interessante também notar a grandíssima melhoria das respostas dos repetentes (30 pontos contra 15 dos novatos) no Grupo "Bernardo Monteiro". Como a percentagem dos primeiros em relação aos segundos no Grupo não é exagerada, em comparação com outros Grupos, pode-se concluir que as crianças que ficam mais de um ano no 1º grau escolar aproveitam muito quanto ao seu progresso mental e escolar. O mesmo ocorre com o Grupo "Olegário Maciel", onde os novatos não têm mais que 25 pontos, ao passo que os repetentes têm 39 pontos.

5 – Os grupos de dois e três turnos

Sobre 13 grupos examinados em 1931, três entre eles se encontram em condições especiais: em vez de funcionar em dois turnos, como é o caso habitual, esses grupos funcionam em três. Desse fato deflui a seguinte conseqüência: em vez de proporcionar às crianças quatro horas de estudo diárias, a Escola ministra apenas três: recebem, portanto, 20 horas por mês e cerca de 160 por ano a menos de estudos do que os alunos dos outros Grupos.

Aproveitemos nossas experiências e vejamos os resultados do teste E.A. em conjunto nesses três Grupos comparados aos outros dez.

No quadro abaixo estão representados os "medianos" e os "quartis" das duas categorias de criança.

Tabela 6

Grupos de 3 Turnos		Grupos de 2 Turnos
Quartil superior	35 pontos	39 pontos
Mediano	25 pontos	31 pontos
Quartil inferior	19 pontos	25 pontos
Número de crianças	**782**	**1905**

Os números nos mostram que os resultados das crianças que freqüentam os Grupos de três turnos são sensivelmente inferiores aos que freqüentam de dois; a dispersão dos resultados, dentro das classes é também mais forte nos primeiros do que nos segundos: desvio provável ± 9,5 contra ± 7.

Vejamos, ainda, como são distribuídas as crianças nas classes fortes, médias, fracas e muito fracas, segundo os resultados do teste E.A.

Tabela 7

	Classe A	Classe A	Classe B	Classe B	Classe C	Classe C	Classe D	Classe D
	3 turnos	2 turnos	3 turnos	2 turnos	3 turnos	2 turnos	3 turnos	2 turnos
Quartil superior	37	42	33	39	30	34	39	22
Mediano	29	37	23	33	18	24	29	14
Quartil inferior	20	29	12	24	13	17	19	10
Desvio provável	+/- 8,5	+/- 6,5	+/- 10,5	+/- 7,5	+/- 8,5	+/- 8,5	+/- 10	+/- 6

Verifica-se como as classes dos Grupos de três turnos são menos homogêneas do que as de dois. Enquanto nos Grupos que funcionam normalmente (considerando o ano de 1931, bem entendido, pois o desejável é que os Grupos não funcionem de futuro senão em um único turno), da classe A à classe D – o número de pontos diminui regularmente tanto nos medianos quanto nos quartis, os Grupos de três turnos não apresentam esse regularidade.

Confrontando os desvios prováveis para cada uma das classes, vê-se igualmente que a homogeneidade é menos boa nos grupos de três turnos que nos grupos de dois turnos, pois os primeiros apresentam um desvio médio -9,4 e os segundos -7,1.

As conclusões sobre inferioridade dos Grupos de três turnos devem, entretanto, ser considerados com certa reserva.

Não há somente a notar a diferença das horas de trabalho escolar que os distingue dos outros Grupos. Dentre os "Silviano Brandão", "Bernardo Monteiro" e "Henrique Diniz", os dois últimos apresentam a particularidade de estar situados nos bairros mais modestos de Belo Horizonte, servindo assim às crianças talvez mais necessitadas de toda a Capital. Estes Grupos se acham sobre a periferia da cidade, uma grande parte das crianças vem de muito longe, o que provavelmente não pode deixar de influir sobre a freqüência, sobretudo em dias chuvosos, tanto mais que as linhas de bonde não servem às residências mais afastadas das escolas.

Para ficar em condições de tirar conclusões acerca do efeito que produz a diminuição de horas de trabalho escolar, seria preciso dispor ainda de uma quantidade de dados que pudessem ser expressos em coeficientes numéricos comparáveis; seria portanto necessário ter um coeficiente objetivo para distinguir o meio social das crianças (este problema mesológico é atualmente objeto de uma pesquisa especial do

Laboratório de Psicologia da Escola de Aperfeiçoamento). Seria igualmente necessário dispor de meios capazes de apreciar objetivamente a habilidade profissional do corpo docente (coisa bem delicada, sem dúvida); levar em conta as condições materiais do Grupo (sob esse ponto de vista o Grupo "Henrique Diniz", se acha em condições verdadeiramente lamentáveis, faltando-lhe salas e comodidades mais elementares); métodos de ensino, como ainda vários outros fatores que contribuem para o progresso escolar e desenvolvimento das crianças.

6 – Classes A, B, C e D nos Grupos que funcionam em dois turnos

Vejamos agora, em particular, as classes A ou fortes, as classes B ou médias, as classes C ou fracas e as classes D para crianças muito fracas ou mesmo anormais.

Qual é o número de alunos que fazem parte das classes A, B, C, D? São crianças repartidas igualmente, ou o número de crianças de uma é maior que o número de crianças de outras?

Quando se consideram valores de ordem biológica, psicológica ou social, a estatística nos mostra que sua distribuição conforme a grandeza de tal ou tal caráter obedece a uma lei que, transcrita em curvas de freqüência, lhe dá a forma de curvas binominais, ou em sino.

Essas curvas são mais ou menos simétricas, convexas na parte central e tanto mais chatas nas extremidades quanto mais estas se afastam do centro.

As pesquisas revelaram estas curvas em diversos domínios, por exemplo, na distribuição na quantidade de flores da mesma planta, no tamanho de peixes da mesma espécie, na idade da morte dos homens, na distribuição das fortunas, na altura das crianças da mesma idade, na rapidez de cálculo mental dos alunos das mesmas classes, etc. A mesma particularidade nota-se também na distribuição do desenvolvimento mental das crianças de um mesmo povo, como provam numerosas pesquisas feitas em diversos países.

Goddard, tendo aplicado os testes de inteligência de Binet-Simon a 1.277 crianças dos Estados Unidos, encontrou a seguinte distribuição das diferenças entre a idade real e a idade mental.

Tabela 8

Desvios	2 anos	1 ano	0	+ 1 ano	+ 2 anos e mais
%	11	20,5	41,5	21,5	5,5

Esta distribuição, embora não seja absolutamente simétrica, mostra nitidamente uma parte central, com perto de metade das crianças, (41,5%). Depois, menos numerosos de cada lado que a parte central, onde a idade real e a idade mental se correspondem exatamente, acham-se, em número quase igual, as crianças que apresentam a diferença de um ano para mais e de um ano para menos; enfim, em número cada vez menor, os que apresentam uma diferença de dois e mais de dois anos.

Se a repartição das crianças nas classes A, B, C e D tivesse sido ditada unicamente pela diferença do desenvolvimento mental, deveríamos ter a maior quantidade de crianças nas classes médias ou classes B, menos nas classes C, e menos ainda nas classes D. Como não temos classes separadas para crianças superiores e muito superiores, a classe A reunindo os fortes e os mais fortes deveria ter mais ou menos 27% sobre a totalidade das crianças.

No quadro abaixo representamos a distribuição tal como a encontra-nos nas 68 classes estudadas em Belo Horizonte e, tal como deveria ser, aproxima-se da repartição dos níveis mentais da pesquisa de Goddard.

Tabela 9

		Repartição das crianças em Belo Horizonte	Deveria ser se aproximar a distribuição dos níveis intelectuais (Goddard)			Diferença
Classes			**Nº de crianças**		**%**	
Muito	fortes	586	105	507	27	+79
	fortes		402			
	médias	644	786		41,5	-142
	fracas	466	402		20,5	+64
Muito	fracas	209	210		11	-1
		1.905	1.905			

Comparando essas duas distribuições vemos que as classes fortes (A) têm um excesso de 79 crianças; ao contrário, às classes médias faltam mais ou menos 140 crianças; as classes fracas têm um excesso de 64 alunos e as classes muito fracas possuem número igual, não diferindo senão de um.

Podemos pois concluir que são as classes D as que melhor obedecem à distribuição do desenvolvimento mental e que as classes médias, são as que se acham em maior desacordo com o que elas deveriam ser quanto ao número de crianças médias.

Passemos agora à repartição das promoções em cada um dos quatro tipos de classes, sobre 1.851 crianças, cujas promoções foram conhecidas exatamente no fim do mês de outubro passado. Eis a relação para cada uma dessas classes:

Tabela 10

	A	%	B	%	C	%	D	%
Promovidos	559	82	371	68,6	196	46	28	16
Não promovidos	122		168		232		175	
Total	681		539		428		203	

Como se pode ver, as promoções diminuem nitidamente da classe A à classe D. Enquanto as classes A deram 82% de promoções, as classes D deram somente 16%.

O mesmo fato se observa em proporção um pouco diferente, considerando-se o critério, mais objetivo, do número dos pontos obtidos em nosso teste E.A. Vimos que era necessário obter mais de 30 pontos no teste E.A. para ter uma base suficiente à promoção. Assim, este critério nos dará 71,2% de promoções para as classes A, 56% para as classes B, 35% para as C e somente 9,8% para as classes D.

Vejamos ainda a percentagem dos pontos do teste E.A. para as classes A, B, C e D.

Tabela 11

Nº de pontos	Classe A (681 cr.)	B (539)	C (428)	D (175 cr.)
Máximo obtido	52	50	52	45
Quartil superior	42	39	34	22
Mediano	37	33	24	14
Quartil inferior	29	24	17	10
Mínimo	4	7	0	2
Crianças com mais de 30 pontos	485 (71,2%)	302 (56%)	149 (35%)	20 (9,8%)

Os medianos e os quartis inferiores e superiores diminuem muito nitidamente de um tipo a outro, mas não são ainda bastante diferenciados; vê-se por toda parte um amontoamento *(overlap)* de um tipo para outro que mostra que as classes fracas e mesmo muito fracas tem crianças bastante fortes que poderiam estar nas classes fortes e estas tem crianças fracas que deveriam achar-se nas classes fracas.

Este fato é posto em evidência pelos casos extremos: vemos por exemplo uma criança na classe A com quatro pontos somente, e uma outra com 45 pontos na classe D ou ainda outra com 52 pontos na classe C. Evidentemente as crianças não tem todas a mesma idade; uma criança muito nova com poucos pontos pode ser muito mais inteligente que outra mais velha, com maior número de pontos. Somente, quando examinamos as crianças no fim do ano escolar, e como o teste E.A. contém uma parte de provas escolares, vê-se que a criança da classe C com seus 52 pontos aproveitou muito mais o ensino que a criança da classe A com seus quatro pontos somente.

7 – Relação entre a idade mental no início do ano e progresso escolar

Qual deve ser a idade mental mínima das crianças no começo de seus estudos, a fim de que possam ter a probabilidade de ser promovidas no fim do ano ao 2º grau?

Eis aí uma questão bem interessante e que tentaremos resolver servindo-nos dos resultados de nossos testes de inteligência.

Como foi dito no princípio, as crianças principiantes foram submetidas, no mês de fevereiro de 1931, aos testes do Dr. Simon (Inteligência e Vocabulário – Revisão de Belo Horizonte) e as crianças repetentes, ao teste coletivo de Dearborn (*Games and Pictures Puzzles*, 1ª parte). Os resultados expressos em quocientes intelectuais desses testes serviram de base para a classificação dos alunos em classes homogêneas.

Como a idade real das crianças só foi reconhecida de maneira muito defeituosa e errônea para bom número de crianças, a apreciação do desenvolvimento mental por meio dos Q.I. também não pode ser senão problemática e freqüentemente errônea. No decorrer do ano, a maior parte das diretoras corrigiram os defeitos de classificação pela apreciação dos progressos escolares das crianças e da sua adaptação a tal ou tal tipo de classes.

Os quocientes intelectuais, como o mostraram diversas pesquisas, são mais eficazes no julgamento acerca da inteligência das crianças do que das suas idades mentais. Seu prognóstico igualmente é mais seguro quanto aos progressos escolares das crianças. Mas, como a idade dessas não pode ser verificada por meio de documentos oficiais no momento em que aplicávamos às crianças o teste E.A. no mês de outubro último, não tendo nós querido basear-nos em dados incertos e falsos, deixamos completamente de lado a idade real das crianças e fizemos todos os nossos cálculos sem levar em conta absolutamente a diferença da idade real dos alunos.

Tendo podido computar os resultados das 673 crianças que fizeram o teste Simon em fevereiro e o Teste E.A. em outubro, podemos concluir que, entre esses dois resultados, há uma certa relação assaz íntima. Sem mostrar por um cálculo matemático de correlação, ponhamo-la em evidência pelo quadro seguinte: na coluna da esquerda, acham-se alinhadas as idades mentais do teste do Dr. Simon; à direita, a freqüência das crianças que obtiveram, em média, menor ou igual a 25 pontos do Teste E.A., e de outra parte, as crianças que obtiveram mais de 25 pontos (tomamos 25 pontos como limite e não 30, como fizemos até agora, para estar de acordo com a média obtida pelas crianças novatas). Indicamos os porcentos de crianças que obtiveram mais de 25 pontos, isso é, o mínimo necessário aos novatos para a sua promoção ao 2º ano.

Tabela 12

Idade mental fevereiro no teste em Simon	Nº de crianças que tiveram em outubro menos ou igual a 25 pontos no teste E. A.	Nº de crianças que tiveram mais de 25 E. A. em outubro	% de crianças que tem probabilidade de passar para o 2º ano
3;3 – 3;9	10	0	0
4;0 – 4;9	15	0	0
5;0 – 5;9	47	6	11,3
6;0 – 6;9	82	34	29,3
7;0 – 7;9	81	90	52,6
9;0 – 8;9	40	100	71,4
9;0 – 9;9	20	98	83,1
10;0 – 10;9	6	42	87,5

Desta forma tem-se uma idéia acerca da relação da idade mental inicial das crianças, no começo dos seus estudos, com os resultados do fim do ano escolar, revelados por um teste que faz apelo ao desenvolvimento mental geral e ao conhecimento das técnicas escolares, e que, vimos, está em relação assaz íntima com os progressos escolares, para permitir o prognóstico das promoções.

Podemos interpretar os dados obtidos da maneira seguinte: as crianças que, ao entrar para a escola, tem idade mental inferior a 5 anos, não tem, a bem dizer, nenhum ensejo de aprender a ler e a escrever; as crianças que tiveram a idade mental de 5 anos deram aproximadamente 10%, para passarem para o 2º ano escolar; essa percentagem se eleva a cerca de 30, para a idade mental de 6 anos. Isto significa que mais ou menos um terço das crianças é capaz de ser promovido com a idade mental inicial de 6 anos. É preciso ter atingido a idade mental de 7 anos para que a metade das crianças desse nível passem, e a idade mental de 8 anos para os três quartos, aproximadamente. A partir da idade mental de 9 anos é isto o caso para a grande maioria das crianças.

Resumindo, diremos que, para as crianças novatas de Belo Horizonte, cumpre ter (no teste do Dr. Simon, revisão de Belo Horizonte) a idade mental pelo menos de oito anos para que a maioria dessas crianças tenha a sorte de adquirir os conhecimentos necessários que lhes permitam passar ao 2º ano no fim do primeiro ano de estudos.

Mais ou menos à mesma conclusão chegaremos se considerarmos a idade mental das crianças e as promoções efetuadas nos grupos, em 586 casos tomados entre os alunos dos Grupos de dois turnos. Sobre 586 casos tomados entre os alunos dos Grupos de dois turnos, temos o quadro seguinte:

Tabela 13

Idade mental inicial Test Simon	Número de alunos não promovidos	Número de alunos promovidos	% dos promovidos
3;3 – 3;9	4	0	0
4;0 – 4;9	11	0	0
5;0 – 5;9	36	11	23
6;0 – 6;9	59	32	35
7;0 – 7;9	93	67	42
8;0 – 8;9	52	87	62
9;0 – 9;9	28	78	77

Vê-se bem que o número de promoções aumenta com o aumento da idade mental das crianças tomada no princípio do ano. A maioria das crianças são promovidas, como no quadro precedente, a partir de 8 anos da idade mental no teste do Dr. Simon (estalonagem de Belo Horizonte).

Pudemos também recolher cerca de trezentas (296) observações sobre as crianças repetentes que fizeram no começo do ano o teste de Dearborn (estalonagem de Belo Horizonte) e comparamo-las com o número de pontos do teste E.A. do fim do ano.

Tabela 13

Idade mental no teste Dearborn em fevereiro	Nº de alunos com 30 ou menos pontos E.A. outubro	Nº de alunos mais de 30 pontos E.A. outubro	% de promoções
5 anos	14	0	0
6 anos	40	8	11,6
7 anos	45	17	27,4
8 anos	39	22	36,1
9 anos	16	42	70,6
10 anos	2	23	92
11 anos ou mais	1	27	99,8

Como se trata aqui de crianças repetentes sobretudo, em lugar de 25 pontos adotamos os trinta pontos – limite para a promoção das crianças que fazem o primeiro ano escolar mais de uma vez.

Aqui a idade mental inicial de 9 anos dá para o fim do ano o máximo relativo das promoções sobre as crianças desta idade.

Para estabelecer com mais evidência a relação entre os resultados dos testes iniciais e os resultados finais do 1º ano escolar organizamos um gráfico, escrevendo as três verificações cotadas mais baixo: teste Simon para os principiantes e o teste E.A.; testes de Dearborn para os repetentes e o teste E.A.; teste Simon e as promoções efetivas.

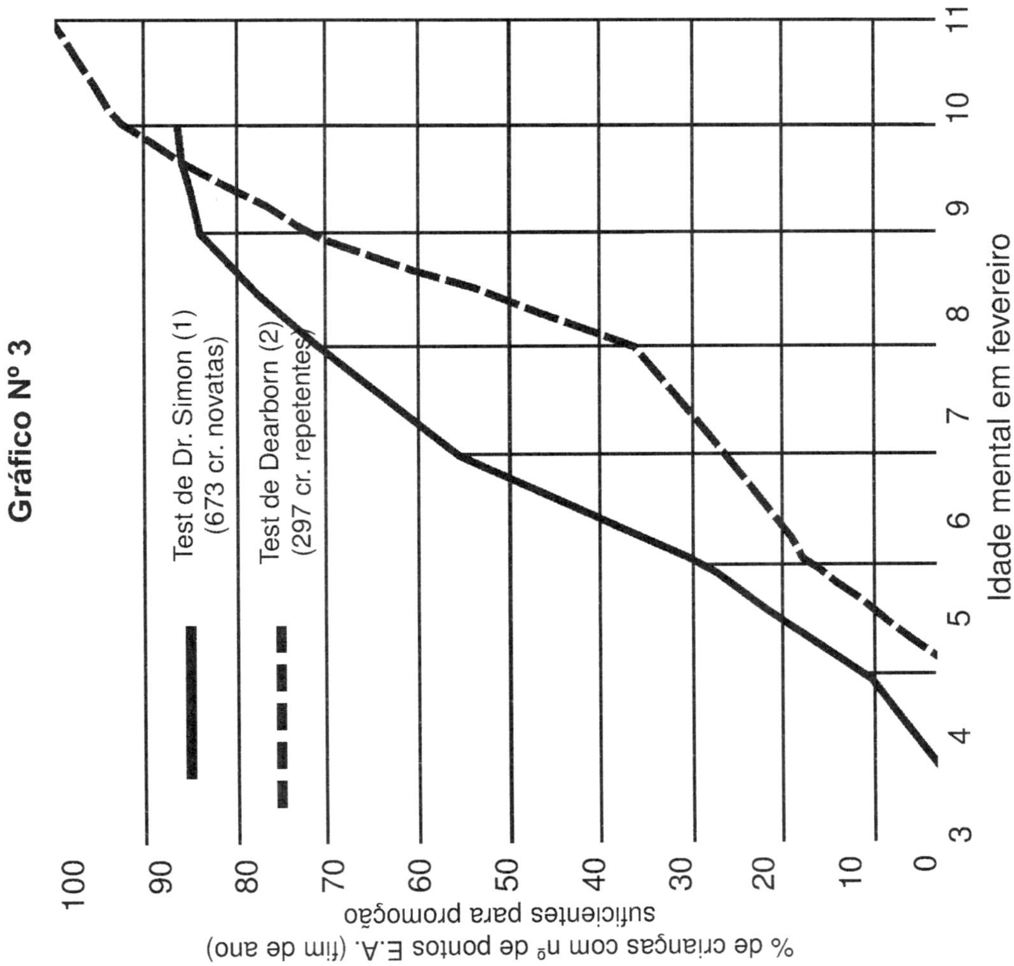

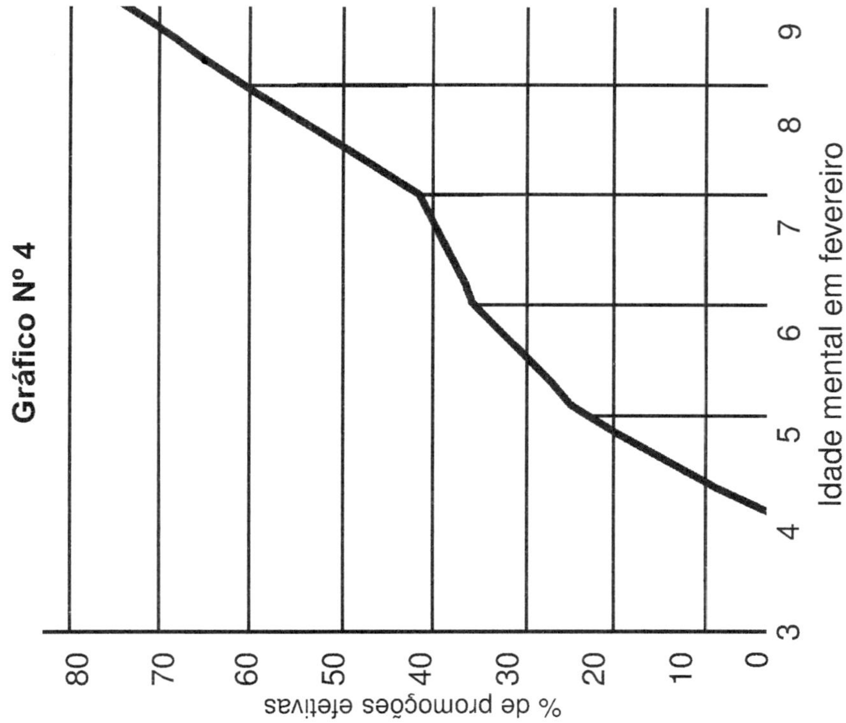

Relação entre a idade mental no começo do ano escolar e as promoções no fim do ano

Das classes homogêneas[1]

1935

A tentativa de grupar as crianças em classes homogêneas, e que acaba de ser realizada nos primeiros anos dos Grupos Escolares de Belo Horizonte, nada mais faz que obedecer a um princípio fecundo, encontrado na ordem do dia nos estabelecimentos industriais. Esse princípio é o da organização racional do trabalho, posto em evidência por W. F. Taylor, desde o fim do último século.

No trabalho de Mr. Léon Walther "Tecno-Psicologia do trabalho industrial", editado pela Comp. de Melhoramentos de S. Paulo, obra muito sugestiva e que especialmente recomendamos aos diretores dos estabelecimentos pedagógicos, lemos as seguintes linhas, do próprio Taylor: "A organização científica não comporta necessariamente grande invenção, nem descoberta de novos fatos extraordinários; consiste numa determinada combinação de elementos... Esta combinação que constitui a organização científica pode resumir-se da seguinte forma: ciência ao invés de empirismo; harmonia ao invés de discórdia; cooperação ao invés de individualismo; rendimento máximo ao invés de produção reduzida; formação de cada homem de modo a obter o máximo de rendimento e de prosperidade".

Conquanto estas palavras se refiram ao trabalho nas oficinas, não são menos judiciosas no terreno escolar. Se no primeiro caso se trata principalmente do rendimento material, em pedagogia visarão o rendimento mental. Assim, sem despesas extraordinárias, sem introduzir elementos novos, porém, unicamente com os próprios recursos, tanto espirituais como materiais, a arte de combinar os meios disponíveis dará ao diretor da escola a possibilidade de melhorar consideravelmente a educação das crianças que lhe foram confiadas.

O grupamento dos alunos em classes homogêneas, segundo seu desenvolvimento mental, é, neste sentido, uma das combinações de organização racional do trabalho pedagógico.

Se a esse grupamento de crianças acrescentarmos ainda a preocupação da escolha de professores adequados a cada tipo de classe, poderemos esperar que o fato de haver colocado o "right man on the right place"[2] assegurará ainda mais o êxito de tal organização.

Esperamos que a classificação das crianças segundo o grau de seu desenvolvimento mental traga bons resultados. Existem provas desse sucesso nos países onde a homogeneização das classes foi introduzida. Quais sejam os resultados desta organização no Brasil é o que a experiência deverá, porém, nos ensinar.

Por isto, é preciso que estejamos bem atentos às conseqüências da nova medida, e que acompanhemos passo a passo os efeitos que irá produzir. Pois é o único caminho ou, pelo menos o caminho mais eficaz e o que garante o progresso: o método experimental.

Todo novo empreendimento, toda modificação nas condições anteriores deve ser imediatamente estudada em suas diversas repercussões, a fim de que possamos conhecer exatamente o valor de tal medida, saber com precisão quais os efeitos que ela traz, e quais os lados fortes e fracos. Se a prova fornece um resultado positivo, resta ainda procurar em que sentido podemos melhorá-la e dar-lhe ainda mais segurança. Se, pelo contrário, sua influência é nefasta, e não dá os resultados que dela esperávamos, é preciso abandoná-la com lealdade.

---

[1] Publicado originalmente na *Revista do Ensino*, Belo Horizonte, 1935; reeditado na *Coletânea das Obras Escritas de Helena Antipoff*, Belo Horizonte, MG: Imprensa Oficial, 1992 (vol. 2).

[2] O homem certo no lugar certo (nota do editor).

A fim de sistematizar a verificação de cada nova medida pedagógica, seria para se desejar que as escolas tivessem seus arquivos pedagógicos para recolher metodicamente os documentos em questão.

A percentagem das promoções, o número de repetentes, os resultados das provas mensais ou das provas do fim do ano, os testes psicológicos e o rendimento de uma certa classe que adotou tal método novo, toda essa documentação, estudada durante alguns anos, poderá prestar apreciáveis serviços ao julgamento objetivo do trabalho executado.

Sem essa verificação constante, que é alfa e ômega do método experimental, o trabalho escolar torna-se facilmente rotineiro, e a obediência cega aos parágrafos dos regulamentos acaba por transformar o pedagogo em um autômato de uma tarefa enfadonha.

A verificação não é somente necessária para se saber se da homogeneização das classes decorrem bons resultados pedagógicos, mas é também indispensável verificar se esta ou aquela criança foi bem classificada pelo critério estabelecido. Quando examinamos uma criança por meio dos testes, à sua entrada para a escola, e quando lhe designamos seu lugar na classe A, B, C, ou D, de conformidade com seu resultado, é evidente que a essa primeira prova é preciso acrescentar ainda a observação da criança durante um tempo mais ou menos longo e ver se realmente a classificação foi exata e se continua a sê-lo. Pois a classificação psicológica é coisa completamente diferente de uma classificação de botânica, por exemplo. Em botânica, tendo sido reconhecido o espécime, o naturalista o coloca em um dos escaninhos do herbário, e a planta aí permanecerá imóvel, esperando que um outro Linneu venha rever as bases de uma nova classificação, que vai removê-la de seu lugar. Em nossas classificações, o critério permanecendo o mesmo, o espécime, que é o indivíduo, pode mudar e evolver a tal ponto que o escaninho onde há tempos foi colocado, no fim de certo prazo, lhe será demasiadamente estreito ou largo.

Os testes de inteligência geral somente revelam um dos lados da personalidade. É certo que o desenvolvimento intelectual é, na maioria das vezes, acompanhado em nível igual, ou quase dos outros aspectos físicos ou psíquicos. Mas, numerosos são os casos em que a criança bem-dotada em relação às suas disposições intelectuais, é nula quanto à facilidade de desprender esforço, principalmente esforço prolongado. A criança classificada a princípio muito boa, quanto a sua inteligência, poderá ser apenas um aluno medíocre, merecendo somente uma classe comum, porque seu interesse pelo estudo e curiosidade intelectual estão abaixo dos de seus companheiros; pelo contrário, uma criança que, no teste inicial, apenas deu um resultado médio, poderá perfeitamente merecer uma classe adiantada, pois o desejo de saber, o esforço pessoal que a criança emprega para vencer as dificuldades a colocam no nível superior que as crianças de inteligência brilhante.

É, pois, rigorosamente necessário controlar periodicamente tanto o conhecimento como as aptidões das crianças que evolvem e amadurecem o espírito de um modo individual. E deste modo evita-se o perigo das classificações rígidas e inalteráveis, feitas no princípio da vida escolar das crianças. As classes fortes e médias, como as fracas e as de educação individual, não possuem muros incomunicáveis, mas, pelo contrário, devem deixar filtrar de um grupo a outro as crianças, cujos caracteres estejam mais de acordo com as particularidades de cada grupo.

Para evitar um vaivém constante de uma classe à outra, os trimestres, e mais ainda os semestres, podem servir de datas para a revisão desses casos bem como para as transferências. Permite-se mesmo prever que essas transferências tenham um caráter de promoção, pois da classe D à classe A existe perfeitamente uma escala graduada, dando às crianças oportunidade de se elevarem segundo seus méritos e seu desenvolvimento, sem haver necessidade de esperar-se um ano inteiro para galgar os graus superiores.

As classes homogêneas e a possibilidade das promoções individuais são meios que asseguram aos alunos uma educação e instrução sob medida, reclamada pela pedagogia moderna, e evitam o ensino "em série", estereotipado e mecânico, que não toma em consideração o fator educativo, tão importante, que é o respeito à personalidade da criança.

O educador em face da criança[1]

1939

Palestra proferida por Helena Antipoff, por ocasião da reabertura das aulas, na Escola de Aperfeiçoamento – 1939

Agradecendo a honra que me foi conferida pela gentil Diretora desta Escola para dirigir-vos a palavra nesta reabertura de aulas, faço-o com tanto mais prazer, quanto mais me sinto irmanada com a nossa querida Escola de Aperfeiçoamento. Completa ela neste ano de 1939 os seus dez primeiros anos de vida. Merece consideração pelo que já fez e pelo que está fazendo, pelos trabalhos que realizou e pelos frutos que vêm aparecendo em múltiplos ramos da pedagogia.

Quero dizer antes de mais nada que a Escola de Aperfeiçoamento de Minas é uma escola única no seu gênero. Não foi moldada em nenhum modelo de fora, não reproduziu servilmente estatutos de nenhum estabelecimento conhecido, mas, idealizada pelo cérebro de um ilustre mineiro, Dr. Francisco Campos – elaborou pouco a pouco seus modos de trabalho, seu programa, visando este um fim concreto: melhorar a escola primária de Minas, tornando a estada nela da criança brasileira, mais proveitosa para o futuro do País.

Como conseguir esta melhora? O governo compreendeu perfeitamente quão pouco valem decretos e disposições oficiais sobre o ensino, sem que haja um pessoal apto a realizá-los, sem que haja um corpo de educadores competentes e orientado para esta obra em progresso.

Dez anos se foram desde a fundação da Escola de Aperfeiçoamento. Passou ela despercebida no horizonte social do país? Penso que não.

Ela figura em anais de todo e qualquer acontecimento pedagógico de relevo; nos congressos, nas conferências de ensino, nas reuniões preparatórias do Plano Nacional de Educação, nas exposições, nas embaixadas que levam para outros Estados o entusiasmo e opiniões seguras em matéria de educação.

A Escola, de modo geral, merece este nome quando é capaz de imprimir nos seus alunos, e nas obras destes, um cunho espiritual *sui generis*. Penso não me enganar dizendo que em toda parte onde trabalham, agrupadas, professoras diplomadas pela Escola de Aperfeiçoamento, pode-se notar neste trabalho um cunho particular de seriedade e de boa qualidade pedagógica. Vejamos as classes anexas desta mesma Escola. Transformada em grande grupo, dariam um estabelecimento primoroso; na Escola Normal Modelo percebe-se nitidamente a influência das ex-alunas da Escola de Aperfeiçoamento, no que diz respeito ao preparo profissional das normalistas e à disciplina que ali reina; o Instituto Pestalozzi, constituído inteiramente por um corpo docente de ex-alunas – representa um estabelecimento de especialidade pedagógica e de competência tal, que de longe vêm educadores procurar ali luzes e informações; o Abrigo de Menores mudou completamente o seu feitio com a vinda de uma diretora, diplomada pela mesma Escola, transformando-se, da noite para o dia em estabelecimento pedagógico; no Departamento de Educação muitos trabalhos podem ser realizados graças à presença de auxiliares formadas pela Escola de Aperfeiçoamento; na Rádio Inconfidência, na hora educativa e recreativa para crianças, a influência da Escola está bastante patente;

[1] Publicado originalmente na *Revista do Ensino*, Belo Horizonte, 1939, p. 13-22.

[2] Finalmente mas não menos importante (nota do editor).

enfim, *last but not least*[2], em muitos grupos escolares, onde com dedicação operam as ex-alunas, há uma nítida transformação de objetivos e processos educativos, refletindo assim os ensinamentos desta *Alma Mater* comum, desta Escola de Aperfeiçoamento, que agora, festeja a sua primeira década.

A arte de ensinar, ou melhor, a arte de educar é a mais delicada no mundo. Não basta, como em outras artes, vestir de forma a idéia, escolhendo à vontade a matéria prima. Aqui o artista não tem escolha: recebe quantos meninos nasceram no município. A grande arte consistirá em adaptar a sua idéia ao feitio particular do educando, e no universo psicológico da criança fazer ressoar o seu próprio universo. Explícita ou implicitamente, deve haver entre os dois, entendimentos. Senão, na melhor das hipóteses, os feitos educativos serão transitórios, não passando de um verniz muito superficial; na pior, criará rebeldia e revoltas.

Quem não conhece as "Memórias de um menino de Escola", deste menino do norte brasileiro que Viriato Correia descreve com tanto sentimento no seu "Cazuza"? Que desilusão profunda não experimenta este garoto, ao primeiro contato com a Escola, de que fazia um sonho dourado. "Nada, nada havia lá que me despertasse o interesse ou me tocasse o coração. Ao contrário: como que tudo fora feito para me meter medo. A sala feia, o ar de tristeza, o ar de prisão, a cara feroz do professor... Nunca lhe vi um sorriso no rosto. Vivia sempre zangado, com ar de quem está a ralhar com o mundo, cara amarrada, rugas na testa. Para as criancinhas do meu tamanho representava o papel de lobisomem. Tínhamo-lhes um medo louco. Se estávamos a brincar num terreiro e o percebíamos ao longe, ficávamos silenciosos e quem podia esconder-se – escondia-se; quem podia fugir – fugia. Só depois que ele passava e quando já não lhe víamos mais a sombra, é que o brinquedo recomeçava".

Eis o retrato de João Ricardo, professor de primeiras letras, lembrado por Viriato Correia. Não, francamente os João Ricardo não podem ser professores nem de Cazuza nem dos seus pequenos companheiros. Os professores "João Ricardo" não têm o direito de ensinar às crianças desta tenra idade, para não lhes meter medo no coração, para não lhes tirar, às vezes, toda ilusão na vida.

O caráter do professor deve ser ajeitado ao do aluno. E o problema se apresenta de dois modos: ou selecionar o mestre desejado pelos dons inatos que apresenta, ou formar no futuro educador a compreensão, a índole, as atitudes compatíveis com a infância.

Se não for possível afirmar a personalidade do educador para cada aluno em particular – pelo menos que haja mestres capazes de lidar com crianças de determinada idade. A criança não conhece ainda senão o mundo familiar em que todos se submetem às ordens de um ser poderoso e querido ao mesmo tempo. Mas, nem o pai pode zangar-se com o pequenino quando este, de 2-3 anos, não cumpre as ordens dadas meia hora antes. Não pode. Não está ainda ao nível da criança esta obediência na ausência da autoridade da qual partiu a ordem.

Fracassam na disciplina da escola infantil os educadores que esperam da criança pequena mais do eu ela pode dar, isto é, as deliberações próprias de sua conduta. Mesmo Montessori, que se distinguiu na teoria pedagógica pela tese da liberdade, não pratica esta, senão em forma bem limitada. Os limites do que pode e não pode ser feito são estabelecidos de antemão, formam um regimento interno que logo será imposto à criança: saber conduzir-se de tal maneira que não prejudique o trabalho do vizinho, usar o material didático desta e não daquela forma, etc. As lindas cadeirinhas de uma "Casa dei Bambini" de Monterossi jamais poderão ser usadas como vagões de um trem de ferro, embora a criança tenha uma propensão enorme a dar-lhes este destino. O educador, com discrição infinita, vigia o regime; a ordem guia a criança, que aprende a respeitá-la, vendo na mesma emanação de uma autoridade sagrada para ela.

Nos primeiros dois anos do grupo escolar – a criança, entre 7 e 9 anos, suporta facilmente a disciplina externa. A "força moral", "a ascendência" é o que mais vale ainda. Crianças agitadíssimas, nervosas, insubordinadas, caóticas, sórdidas, tornam-se equilibradas, obedientes, transformam-se em crianças normais e boas, sob a influência de um mestre possuidor desta "força moral", que é o maior dom do educador. É difícil decompor esta qualidade em elementos psicológicos. A força moral é antes o equilíbrio perfeito, a serenidade, a constância, a benevolência ativa do mestre para com seu aluno. É o conjunto harmonioso de uma personalidade que se constituiu, às vezes, pelo próprio esforço. Temos observado vários casos destes:

mestres no início de sua carreira, descontrolados, suportando uma carga estafante, bem acima de suas forças, depois de lutas intensas, de fracassos, depois de terem profundamente sofrido com sua inaptidão – pouco a pouco adquirem hábitos melhores e no fim de alguns anos de sacrifícios, sacrificando crianças também, depois da aprendizagem do ofício, duro e delicado, de educador, conseguem obter resultados surpreendentes. É que eles possuem afora a "força moral"; por isso, não receiam turmas de alunos mais difíceis para a sua classe.

Se a criança do jardim de infância suporta a ordem imperativa, naturalmente dada com suavidade, os escolares de 7-8 anos merecem formas de cortesia mais delicadas, por que assim se habituam a usar as mesmas para com o próximo. Não pediremos ainda a opinião da criança para assuntos de disciplina e de ordem da classe: esta ainda será levada de maneira unilateral, pelo lado da autoridade única do mestre; mas ouviremos a criança com atenção sobre assuntos em que ela está amadurecendo, em assuntos de observação de fatos, por exemplo. Não é que a criança saiba observar melhor que o adulto, mas nesta idade os olhos infantis, abertos para o mundo exterior, enxergam coisas ou aspectos de coisas, que o seu espírito em evolução reclama. Nem sempre o adulto sabe descobrir exatamente o que interessa a criança pequena e é melhor deixá-la procurar por si mesma.

Perguntai aos vossos alunos o que viram nas ruas antes de chegar à Escola. Ouvireis respostas inéditas, como ouvi eu, quando tinha uma classezinha de crianças de 5/6 anos. O que elas contavam aos companheiros era muito mais importante do que aquilo que podia eu, adulto, contar-lhes, pois seu espírito ainda ingênuo descobria detalhes pitorescos, contrastes humorísticos, semelhanças inesperadas, cores muito vivas, pormenores por completo desapercebidos por nós. O papel do mestre consiste, neste caso, apenas em estimular a criança e oferecer-lhe oportunidades para alargar suas experiências.

Também a imaginação é, nesta idade, muito fértil em representar com nitidez as coisas. Cada palavra ressoa de maneira concreta e dramática. Vede este caso: um dia prometemos a um grupo de meninos daqui levá-los em excursão à "Cidade Ozanam", há pouco fundada pela Sociedade São Vicente de Paula, para recolher pobres e mendigos de Belo Horizonte. Fomos. Andamos muito tempo. Visitamos as casas, as dependências, assistimos a uma refeição de internos, e já íamos deixar a "Cidade Ozanam" quando um menino, meio desapontado, disse: "Eu não vi anão nenhum? Onde estão os anões?". A palavra, nova para ele, não entrou no seu espírito apenas com seu feitio verbal, mas suscitou imediatamente a imagem apropriada, e a criança foi para esta "Cidade Ozanam", movida por uma curiosidade toda particular, porque a imaginava, povoada de "Anões".

Entre 4 e 8 anos, e, para crianças de meios mais rústicos, até 12 a 13 anos, os contos de fadas, os de Grimm, Anderson, Perrault, os contos indígenas, têm um atrativo todo especial, porque encontram na vida representativa da criança uma ressonância que nunca será maior. Nesta idade, idade de "contos de fada", como foi designada por Bühler, a "Marchenalter", todo menino é poeta pela vivacidade de sua imaginação reprodutiva.

Em assuntos de observação dos fatos, em assuntos de imaginação podemos deixar uma grande margem à liberdade individual da criança dos primeiros anos escolares. Guardemo-nos bem de introduzir noções abstratas, conceitos lógicos, antes do tempo, porque assim queimaremos as etapas e mataremos o espírito vivo do menino, aleijando a sua inteligência de homem.

Penso que a partir de 10/12 anos, isto é, nos dois últimos anos da escola primária, a atitude do mestre para com o aluno deverá modificar-lhe bastante.

O convívio social dos dois anos anteriores, na coletividade escolar, a concentração mental, cultivada pela escola, juntando-se ao crescimento interno, colocam as crianças desta idade num nível lógico superior. Raciocinam de maneira diferente. Enquanto antes viviam num mundo absoluto, muito ligado a sua própria pessoa, agora são capazes de manejar simultaneamente fatos múltiplos e discriminar as suas relações mútuas.

Um exemplo esclarecerá talvez a diferença. Damos à criança de 7 anos o seguinte problema "de vida" para resolver: "que é que se deve fazer se um companheiro lhe der um empurrão sem querer?" Ouviremos várias respostas, entre as quais as mais freqüentes: "dar nele também". Isto acontece porque a criança reagiu apenas a um dos fatos, não incluindo o outro; reagiu ao "empurrão", sem levar em conta que foi "sem querer". A criança maior já não fará mais este erro.

Nos jogos e brinquedos livres, os meninos de 10/12 anos se conduzem de modo também diferente dos pequenos: enquanto estes, incansavelmente, reproduzem sempre os mesmos jogos, os maiores inventam novos, estabelecem novas formas, decretam regras inéditas, elaborando-as em discussões, cooperando de maneira estreita uns com os outros. As discussões não degeneram em brigas, ou se há briga, há entre dois companheiros, o resto auxiliará a solucionar o conflito com argumentos pacíficos.

Crescidos, são capazes de dispor melhor de sua liberdade; menos pueris, são menos egoístas, menos mesquinhos; mais desprendidos, são capazes de um sacrifício em prol de outrem, em benefício da classe.

O mestre terá todas as vantagens, utilizando este surto no desenvolvimento da consciência social de um lado, da lógica do outro, admitindo os alunos cada vez mais ao governo de si mesmos. Serão doravante colaboradores mais eficientes da disciplina e da própria educação e isto na medida em que o mestre, confiante neles, vigilante ao mesmo tempo, lhes conceda uma responsabilidade cada vez maior.

Através de grêmios, clubes, associações esportivas, culturais, agrícolas, etc., através de um trabalho feito em grupos, com tarefas bem repartidas – o pensamento com as virtudes cívicas se desenvolverá sob o controle da coletividade. O aparecimento oportuno de crianças bem-dotadas, com aptidões para a liderança, dará mais vida e originalidade a todas as formas de trabalho pedagógico.

Mas a tarefa do mestre torna-se cada vez mais difícil. Cedendo uma parte de sua autoridade aos alunos, deve ele próprio possuir maior dom de organização, afim de observar a articulação entre os grupos de indivíduos mais fortes de sua classe. Atacando o valor dos mais dotados, não se deixará subjugar por eles, continuando discretamente o seu papel de guia e de árbitro.

Não é sempre fácil ao mestre desprender-se dessa autoridade única, que possuía de maneira absoluta nas classes inferiores. Nem todos são capazes de reconhecer no aluno o seu justo valor. Mesmo tratando-se de aptidões especiais: para pintura, música, matemática, literatura, etc., alguns preferem ignorar estes dons, para não se julgarem inferiores ao aluno. Vejamos este caso da biografia de Grieg, insigne compositor nórdico, que na idade de 63 anos lembrava os seus anos de escola. Era, como muitos talentos e gênios, aluno medíocre. A sua estréia como compositor merece ser transcrita inteirinha: "Um dia, eu tinha de 12 a 13 anos, trouxe para a escola um caderno de música, em que havia escrito em letras grandes, na primeira página: "Variações de piano sobre uma melodia alemã, por Eduardo Grieg, op. I". Pretendia mostrá-lo a um colega que se interessava por mim.

Que me aconteceu então? Durante a aula de alemão, o menino pôs-se a murmurar palavras ininteligíveis, até que o professor gritou: "Que há? Que queres dizer?". Novos murmúrios, novos gritos de impaciência do mestre, seguidos enfim de uma frase tímida do aluno: "Grieg trouxe alguma coisa". "Que quer dizer: Grieg trouxe alguma cousa?" "Grieg compôs alguma cousa." O homem, que não tinha grande simpatia por mim, chegou-se, viu o caderno e disse ironicamente: "Ah! Ah! Então o garoto é músico, o garoto compõe? Curioso!".

Abrindo a porta da classe vizinha chamou o seu colega e disse: "Venha ver, este maroto é compositor". E puseram-se a folhear o meu caderno com algum interesse. Todos estavam de pé nas duas classes. Foi um acontecimento sensacional, e eu tive a impressão de uma grande vitória. Mas assim que o outro professor fechou a porta, o meu mudou de tática; agarrou-me tão brutalmente pelos cabelos, que fiquei tonto; gritou-me: "Daqui por diante, contente-se em trazer o seu livro de alemão como deve ser, e deixe em casa estas coisas idiotas!".

A atitude ciumenta, sem benevolência perante o aluno mais bem dotado, é incompatível com a profissão do mestre. É altamente condenável. Infelizmente, não é tão rara, principalmente nas escolas superiores, onde, às vezes, entre professores e alunos, armam-se verdadeiras intrigas pela supremacia de opinião.

Neste caso mostra o professor não estar, ele próprio, suficientemente amadurecido, não ter expurgado a atitude pueril, egocêntrica, personalista, que caracteriza os seres inferiores, não evoluídos, não ter desenvolvido bastante esta atitude de desprendimento pessoal em benefício da *verdade* e da *justiça*.

Caras alunas, a arte de educar é a mais delicada de todas as artes.

Não a aprendemos apenas nas bibliotecas, nas aulas, nos laboratórios, nem nas próprias escolas, mas no mais íntimo de nós, nas meditações profundas, no aperfeiçoamento espiritual. Sem este complemento pouco ou nada valerá o mestre ou educador. Aprender coisas novas, técnicas mais aperfeiçoadas é fácil, mas serão nulos os seus efeitos se não forem realizados com espírito também renovado. Assemelhar-se-á o mestre ao virtuose-autómata que, dispondo de todos os recursos do mais perfeito violino, não tocará o coração dos ouvintes e sim, depois de ter despertado uma admiração momentânea, cansará os ouvidos.

Cada vez que o cérebro humano inventa uma coisa nova e, como um dom precioso, leva-a para o mundo, este deve recebê-la com o mesmo cuidado e com máximo critério lançá-la no turbilhão da vida. Nunca será demasiado o cuidado de saber com que fim esta coisa nova e aperfeiçoada entra na sociedade, que uso se fará dela.

A oitava maravilha do mundo – o rádio – que não fizera dele? Transmissor de músicas carnavalescas – contribui para corromper o gosto musical e agitar mais ainda a agitadíssima sociedade moderna. Cinema, livros, jornais, todos são armas de dois gumes.

Não me canso de lembrar a observação do pensador penetrante que é Bergson, a respeito da desproporção enorme que existe no mundo atual entre o homem tão extraordinariamente crescido no seu poder material e técnico e tão pequeno, tão mesquinho quanto ao seu poder espiritual.

"O corpo hipertrofiado, diz o filósofo, espera um suplemento para a alma. Sem este suplemento indispensável, a alma é demasiadamente pequena para enche-lo, demasiadamente pequena para dirigi-lo."

Podemos recear o mesmo perigo de discordância na carreira pedagógica. Muita ciência nova, muitos instrumentos novos de trabalho (móveis, manuais, material didático, testes, instituições extra-escolares, jornais, etc.) pouco serão para a verdadeira reforma do ensino e da educação do povo, se não forem os educadores, eles próprios, crescendo, à medida que aumentam todos esses recursos profissionais. Também eles podem ser elementos de desarmonia se não forem meditados e compreendidos no seu conjunto visceral com a obra educativa.

Caras alunas, ao iniciar este ano de 1939, em que a Escola de Aperfeiçoamento está completando os seus primeiros dez anos de vida, procuremos nela uma renovação mais profunda de todos os nossos dons. Demos-lhe uma participação mais ativa, mais generosa de nós mesmos, levemos com entusiasmo a reforma de ensino à escola primária de Minas, a fim de melhor servir ao País e à Humanidade.

Como pode a escola contribuir para a formação de atitudes democráticas?[1]

1944

A escola pública, em alguns lugares a única escola para o ciclo primário, é certamente o meio eficiente de aproximação entre futuros cidadãos da mesma geração. Dos contatos da infância, cada um retira o conhecimento intuitivo, diariamente experimentado, do valor de cada um dos companheiros; e estes, pertencentes a meios diferentes, refletem, assim, no espírito de cada qual, atitudes e modos de agir de seus respectivos meios.

Mas a democracia requer mais que oportunidades e contatos fortuitos entre meios sociais. Ela exige treino organizado para formar no homem adulto sua segunda natureza, tecida de atitudes e de hábitos de agir *democraticamente*, de acordo com um *ideal democrático*.

Muitos são os critérios do ideal e da ação democrática. Entre eles destacamos dois que, já na Escola Primária, podem ser visados sob a forma de *virtude a praticar*, e de *regime de trabalho a realizar*.

O nome do primeiro é *lealdade;* o segundo chama-se *cooperação*. Todo regime, onde ambas vigoram, se democratiza e se apura no sentido democrático. Ao contrário, com o desprezo de uma ou de outra, ele degenera em regime de autoritarismo e de exploração social.

No interessante parágrafo dedicado à lealdade, Wells e Huxley ressaltam o valor dessa virtude e seu papel no progresso moral de nossos dias. Admiram que ficasse omitida nas tábuas dos dez mandamentos ainda esta lei: "Não oculteis nada. Dizei a verdade".

O século XIX, com seu movimento de ciência experimental, abriu caminho para o conhecimento real do mundo. Freud, em nosso século, com a sua psicanálise, inicia os homens no hábito de serem leais consigo mesmos.

É preciso que se dê mais um passo para que o homem pratique essa lealdade em relação aos outros homens. Notam os autores que esse aspecto, apenas iniciado, está se avolumando dia a dia, à medida que a ciência nos vem trazendo benefícios, e à proporção que as duras experiências da vida política internacional (onde, diria Claparède, "a probidade acha-se freqüentemente em férias") trazem à humanidade incrível soma de sofrimentos e de desilusões.

Esse movimento em prol da lealdade, fruto de uma confiança maior na realidade, merece por parte dos educadores treino não menos sistemático do que o exigido pelo vigor dos músculos nos estádios de atletismo.

Que faz a escola para insuflar na criança o respeito à lealdade? De que processos pedagógicos lança mãos para incutir no seu espírito o amor à verdade, o interesse pelo real? Como ajuda à criança a distinguir o falso do errado, e a discriminar o imaginário do real?... Não sei se haverá nas escolas esta preocupação de aproximar a criança diretamente dos fatos para acostumar seus sentidos, suas mãos, sua inteligência a refletir com fidelidade a natureza, tal como ela é, nas suas aparências palpáveis; de formar-lhe hábitos de ver com seus *próprios olhos* e verificar os conhecimentos com o manejo, cada vez mais ativo, das coisas e dos fenômenos. Haverá no ensino das ciências naturais, por exemplo, esta intenção de pôr a criança em contato com os fatos, como Jesus Cristo o fez quando convidou o apóstolo Tomé a resolver, com as *próprias mãos,* as dúvidas que o assaltavam?

---

[1] Publicado originalmente na *Revista Brasileira de Estudos Pedagógicos* 1(1), 1944, p. 26-45.

Infelizmente as ciências naturais nas escolas ainda estão cheias de "pontos" a decorar, aqueles miseráveis pontos que veiculam grande quantidade de verdades anquilosadas nos manuais portáteis, sempre mais inclinados a resumir idéias gerais que a trazer fatos concretos a observar, ou métodos a usar. E o pobre do aluno, ainda hoje, mesmo o do curso primário, recita como um gentil papagaio tanta sabedoria que ficamos admirados de todas as falangetas, falanginhas de que se lembra ao falar da mão, por exemplo. Mas, ficamos também com pena dele, ao ver os desenhos dos dedos destas mesmas mãos, esticados, cada um, como rijos fios de aço. Nada revela seu desenho daquilo que lhe ensinou a professora a respeito da mão, pela simples razão de que ela raramente se lembra de *mostrar-lhe* a mão, e de *fazê-la mover-se* para sua observação, e de confirmar com fatos as afirmações verbais.

Ensinou palavras mas se esqueceu de enchê-las dum conteúdo vivo, concreto, que tanto atrai a criança pequena, o aluno do curso primário. A falta é grave. Grave porque "cada interesse tem seu tempo". Passada a época dos interesses perceptivos, o interesse pelo concreto caduca e o verbalismo invade o espírito oco do aluno, agora já do curso secundário.

São lamentáveis, na sua maioria, as *composições* que, a título de experiência - para ver até onde existe o interesse pelo real – recolhemos entre centenas de alunos do curso ginasial e colegial, precisamente sobre o tema: "As minhas mãos". Predominam, nas séries inferiores, os tipos "eruditos", com a recitação da sabedoria adquirida na escola (refiro-me a "carpos", "metacarpos", "falangetas" e, "falanginhas"). Isto tanto mais nos surpreende porquanto a composição foi dada na aula de português, como redação literária. Pobres cérebros e pobres olhos que, nestas mãos maravilhosas, que condensam tantos fatos e tantas leis, somente refletem o psitacismo pedagógico das escolas!

Em cursos secundários, perdura, mais tempo que normalmente deveria perdurar, o tipo *utilitarista:* "a mão serve para isto, para aquilo", "para pegar os objetos", "escrever", "comer"... Perdura a forma em que os objetos são tratados, não em si, e sim na sua finalidade antropomórfica, ao serviço dum dono universal.

O ponto de vista egocêntrico, ainda comum na criança pequena, denota nos ginasianos retardamento de atitudes espirituais. Alguns dirão que o tipo utilitarista reflete o homem moderno. Talvez, mas, nos colégios, nos limiares dos cursos superiores, em escolas onde os mestres são guias para ascensão mais alta, o tipo utilitarista normalmente cede lugar a outros tipos e tendências.

Em algumas classes, em alguns colégios mesmo, os adolescentes atravessam geralmente sua crise de consciência e as "Mãos" da nossa composição o revelam bastante. As aspirações mais elevadas, as dúvidas filosóficas, os "mea-culpa", crivam as composições de muitos deles. Como se terá feito o desenvolvimento anterior destes alunos? Certamente que em pequenos, teriam tido algum interesse espontâneo pelas coisas da natureza. Não seriam eles os "caçadores" de ninhos e descobridores de mistérios da mata? Talvez o tenham sido, a contragosto dos pais e sem apoio, sozinhos nessas pesquisas. O fato é que se nota neles uma maturidade psíquica, uma capacidade de observar e de relacionar domínios diversos, de aproximar esquemas de pensamento concreto e lógico, de raciocinar, de verificar as dúvidas; e, sempre que necessário – como Anteu para aumentar a resistência das forças fraquejantes – de voltar para a terra, para o concreto, para o real...

O desenho poderia também refletir cabalmente o quanto o aluno procura se aproximar da verdade e o que já possui do realismo visual dos objetos que representa. O desenho, onde o pude observar, aqui ou na Europa, no curso primário ou secundário, salvo raras exceções, continua sem eficiência. Continuamos mestres em desenhar cabeças de Minerva ou de Apolo, a folha de acanto ou as colunas, as mais floridas. Mas ao servir-nos da mão e do lápis, para concretizar nosso pensamento, para ressaltar um elemento de um mecanismo complexo, para provar, enfim, sob a forma tangível dum traço ou de um matiz, o verdadeiro da nossa observação, então o lápis fica inerte na mão, nas mais das vezes inábil, perante a irmã mais velha e aparentemente mais sabida: a boca, com seu instrumento dificilmente verificável, a palavra.

Entretanto, não é tão difícil o ensino do desenho. Não é tão difícil conseguir que crianças sem aptidões especiais, e mesmo sem dotes inferiores de inteligência comum, se acostumem a manejar o lápis, quase que como a palavra: refiro-me a uma experiência feita com um grupo de alunos retardados na Escola Granja, pouco tempo depois de ter sido iniciado um método mais ativo de desenho. Ensinando elementos necessários, que as crianças sozinhas não descobrem, a não ser as especialmente dotadas, "treinando a observação da forma", exercitando imagens mentais e manejando constantemente a expressão da mesma em ilustrações diversas, conseguem-se resultados deveras surpreendentes, resultando disso um conhecimento melhor das coisas reais: plantas, animais, movimentos variados, contornos dos leitos dos rios, máquinas, etc. Tudo se torna mais compreensível e familiar ao espírito da criança. O ensino do desenho merece, já de há muito, um congresso pedagógico a ele especialmente dedicado.

❖ ❖ ❖

Vejamos mais um aspecto da questão. Como na Escola se educa o amor à verdade e quais os meios de corrigir as faltas contra ela? As mentiras infantis possuem uma ampla bibliografia, e as pesquisas permitem compreender o porquê dessas mentiras. São poucas, porém, as indicações sobre os processos educativos especiais, em relação ao que, muito justamente, é indicado: saneamento geral do meio em que vive a criança.

Procurando, na minha prática pedagógica, uma lembrança pessoal, evoco com satisfação, um caso que, se não foi resolvido, pelo menos deixou um pequeno mentiroso bastante perplexo para não mentir automaticamente, como o fazia antes da nossa intervenção. Trata-se dum pequeno de 6 anos que tive como aluno, num Jardim de Infância, em B. Começamos o dia letivo com a narração das coisas que cada um dos pequenos observava na rua ou em casa, antes de vir para o Jardim. Quanta coisa interessante não colhemos em nosso caderno, onde registramos, cuidadosamente, as próprias expressões das crianças... No início eram coisas banais, repetindo-se dias a fio as mesmas observações. Depois foi se fazendo a devida seleção de assuntos e apareceram coisas mais significativas. Ao lado de descrições referentes à natureza, em constante mudança, davam as crianças também muita atenção a tudo que parecia fora de comum: um anão de tamanho minúsculo; um par de chinesinhos, com olhos entortados; uma nova marca de automóvel; bandeiras enfeitando, em certos dias, os prédios; o corpo de bombeiros paralisando o tráfego nas ruas, etc.

Ao passo que algumas crianças nos traziam observações *prováveis*, outras, cada dia, iam carregando as tintas com as novidades mais inverossímeis... Suspeitei de que um dos narradores descrevia puras fantasias. Ora, nós pedíamos observações. Mas o menino jurava ser tudo verdade pura. Já os companheiros o taxavam abertamente de mentiroso.

Resolvi então usar do seguinte estratagema: propus ter, desde então, dois cadernos, um destinado ao registro das coisas verdadeiras e o outro, para coisas inventadas. Os homens não escrevem contos de fada? Não inventam histórias bonitas? Porque nós também não poderíamos descrever coisas que nunca vimos, falar dos passeios nas florestas onde nunca fomos, e fazer falar os bichos que nunca ouvimos falar? Dito e feito. No dia seguinte, já eram dois cadernos a receber as narrações das crianças. A cada narrador, perguntava em que caderno deveria escrever o que ia dizer: se fosse verdade, seria no Caderno de Verdade, se fosse inventado, no Caderno das Invenções.

Que rica seara não foi a nossa, tanto num como noutro caderno, e quantas crianças artistas não se revelaram, graças ao nosso pequeno mentiroso. Apareceram poesias de ritmos leves, desenhos de composição fantástica, esquemas de máquinas curiosas, historietas cômicas... Com algum estímulo, a *folle du logis*[2] começou a se exteriorizar e a crescer e se disciplinar, sob a influência discreta do educador. Também no Caderno da Verdade as observações tornavam-se mais sutis e dava gosto ver com que exatidão certas crianças se esforçavam em reproduzir as coisas vistas. Lembro-me duma menina ao descrever o modo com que foram penduradas, numa cerca de jardim, o paletó e o chapéu dum operário, que trabalhava em manga de camisa e de macacão, consertando as lajes da rua. Parecia-se refletir o interesse dum Flaubert, dum Maupassant, em face da realidade individual e inconfundível das coisas.

[2] Expressão que, na língua francesa, significa "imaginação" (*Petit Larrousse Illustré*. Paris, Librarie Larrousse, 1908, p. 403).

E o nosso pequeno herói? Viu-se em apuros. Continuando a contar "enormidades" teimava em que eram verdadeiras. Sob a pressão dos companheiros, ia concedendo, e muito a contragosto, que fossem registradas no Caderno das Invenções. Passando-se dias e notando que as invenções dos colegas eram bem mais interessantes que as suas, o nosso Tartarin começou a diminuir o diapasão do irreal, do grotesco e aproximar suas observações do real, tornando-as mais verídicas. O interessante é que sempre preferiu o Caderno da Verdade. Assim, parece-nos, ajudamos a criança mitomaníaca a discriminar o real do imaginário, acostumando-o a prezar cada vez mais o primeiro, depois de tê-lo cultivado melhor em suas observações.

❖❖❖

Numa outra ocasião, pudemos ver a que ponto as crianças são sinceras nas suas declarações. Desta vez tratava-se duma experiência que organizamos em classes do 4º ano escolar primário. Consistia em chamar a professora da classe para um trabalho no Gabinete da Diretora do Grupo, deixando os alunos da classe inteiramente sozinhos, durante 15 minutos. A classe era prevenida disto e recebia ainda a sugestão de que os alunos podiam ocupar-se do que quisessem, não devendo apenas fazer barulho para não perturbar o trabalho das outras classes.

Ao terminar o prazo, entrávamos na classe e, distribuindo papéis, pedíamos escrever tudo o que se havia passado na classe, com a maior minúcia possível. Cerca de 40 classes foram assim experimentadas, sendo colhidos dados sobre cerca de 1.500 crianças. Que fizeram na ausência da professora, os alunos? Continuaram a estudar, a ler, a escrever, a trabalhar? Eis a relação duma das classes, com 29 alunos presentes:

brigar – 16 indicações;
fazer travessura – 11 indicações (jogar pastas, jogar pano sujo nos companheiros, empurrar carteiras, rabiscar cadernos dos colegas, apagar problemas escritos na pedra, passar rasteira);
namorar – 2 indicações;
chorar – 2 indicações;
estudar – 9 indicações;
ficar quietos – 4 indicações;
tentar tomar a direção da classe – 2 indicações.

Dois fatos não deixaram de surpreender-nos: o primeiro é a candura das crianças. São francas. Apesar de recear uma sanção durante o recreio, pelas suas travessuras e mau comportamento, a quase unanimidade mostrou-se verídica, assumindo a responsabilidade de sua conduta e revelando assim a sua *lealdade*.

Segundo fatos menos positivos – é que tendo o aluno à mão todo o necessário – livros, cadernos, lápis e o resto – e ainda, continuando a permanecer no ambiente comum do trabalho escolar, o hábito de estudar estava diretamente ligado à presença da professora em classe, a seu policiamento, à sua iniciativa. Sem ela, a classe se transforma em brinquedo anárquico.

Desta observação, passamos a um estudo mais direto da *cooperação* e da autonomia dos nossos escolares. Para que haja cooperação e autonomia, é preciso que o grupo social tenha o sentimento de ser livre e responsável pelas suas atividades. E precisa ainda deixar de ser um "rebanho" e apresentar a coletividade uma certa estrutura social.

Isto se consegue, quando cada um dos membros do grupo, refletindo sua individualidade, concorre no esforço coletivo para fins determinados. Devemos perguntar a nós mesmos: a classe, como um todo, apresenta uma multidão amorfa, ou possui uma coletividade organizada, com estruturas mais ou menos definidas? Eis, para cada uma, o ponto a elucidar.

No 4º ano escolar primário, os meninos já formam, *no recreio,* grupos de 7 a 10 elementos, geralmente, e se entregam a uma variedade de jogos compatíveis com o ambiente do pátio e as regras da escola. Nesses grupos, espontaneamente constituídos, pode-se geralmente perceber um ou outro menino, de ascendência maior sobre a "turminha". Ele é que dita as regras de jogo, revela maior iniciativa em propor novos jogos, distribui ordens, etc. Os agrupamentos são espécies de núcleos com suas centro-forças, já bastante estáveis e que se encontram de semana em semana, quase sempre com a mesma constelação, durante vários meses a fio, ocupando-se perfeitamente durante os vinte minutos de recreio.

Se este é o estado comum das coisas, nas *ocupações livres* de meninos, porque a estrutura social muda quando passam do pátio para a sala de aula; porque, do nível superior de desenvolvimento social, passam as crianças aos níveis inferiores, de rebanho apenas, não estruturado? Há uma visível regressão, embora os meninos mostrem a maturidade já suficiente para agir em níveis superiores. A resposta se prende diretamente à orientação pedagógica, ou melhor às atitudes e talvez à ideologia dos mestres que não compreendam ainda todo o valor dos regimes democráticos, e tudo que a escola pública deve fazer para educar democraticamente as novas gerações.

Até que ponto os alunos não estão ainda conscientes (embora já maduros no plano da ação) das virtudes e atributos necessários a uma boa cooperação e a seus líderes, mostram-nos outras experiências, instituídas, nas classes primárias, com o fim de eleger meninos capazes de uma eventual substituição da professora, na sua ausência, fato freqüente nos grupos escolares.

A experiência foi iniciada com a seguinte questão: "Que fariam vocês se a professora realmente tivesse de falhar alguns dias e se nenhuma outra professora estivesse disponível para substituí-la?". A questão foi lançada em "discussão coletiva", como costumamos chamar. Este método se assemelha um tanto ao "método clínico" de Piaget, com a diferença de se fazer com um grupo inteiro de crianças, e não *en tête à tête*[3]. As respostas dos meninos são variadas, entre as quais se destacam geralmente as seguintes: "Ficar quietos", "escrever uma carta à professora dizendo que estamos sozinhos", "ir visitá-la". Estas respostas denotam boas intenções, passividade e a esperança implícita de que as coisas se arranjarão por si. Outro tipo de respostas revela mais compreensão da realidade: "mandar para a casa", "repartir os meninos pelas outras classes", "pedir à diretora ficar com os alunos", "chamar um aluno de classe superior para tomar conta", "chamar a servente".

Enfim, um ou outro aluno vem lembrando que a classe pode ser entregue a um "aluno da própria classe". Também, geralmente, a esta proposta surgem críticas, como esta: "o aluno da classe não pode tomar conta, porque não serve...".

Aproveitando estas sugestões, orientamos a pesquisa no sentido da análise dos atributos necessários a um menino que poderia substituir a professora, e dos que o poderiam impedir de fazê-lo. As virtudes se apresentam, na maioria das vezes, sob as seguintes rubricas: "Deve ser obediente", "educado", "adiantado", "estudioso", "ter boa letra", "saber as contas de dividir", "ter boa ortografia"... Ao contrário, não podem exercer o papel da professora "os meninos desobedientes", "os meninos que pintam", "os meninos que têm má letra"...

Uma vez ventilado o assunto e debatido em maior número de opiniões possíveis pede-se às crianças a indicação de nomes dos meninos da classe mais aptos para o fim almejado. Distribuem-se papéis e os alunos são convidados a escrever três nomes, cada um, os quais logo depois são submetidos à apuração, no quadro negro da classe. Terminada a apuração, o experimentador convida o menino mais votado a assumir a direção da classe, sugerindo-lhe, por exemplo, uma aula de leitura, fácil de realizar sem maior preparo prévio.

Em quase a totalidade das classes observadas, com raras exceções, as crianças indicadas pelos companheiros não servem para o cargo. São acanhadas, desnorteadas, e muitas não aceitam a honra. Entre meninas não rara vez a experiência termina em lágrimas, retribuída desta maneira a liderança proposta. Não são, de fato, líderes, a grande maioria de meninos votados pelos companheiros: seus nomes figuram, porque são crianças preferidas pelos mestres, são estudiosas, obedientes, adiantadas em estudos e com boas notas em

[3] Entre duas pessoas (nota do editor).

comportamento. Geralmente são crianças medíocres, tímidas e passivas. O que ficou provado, quando a experiência se estendeu por outra semana, dando assim a possibilidade de preparar melhor a aula e evitar o elemento de surpresa. Mesmo assim não foi melhor o resultado: muitas dessas crianças solucionaram a situação, deixando de vir no dia determinado. Outros tentaram desempenhar-se, mas sem a devida ascendência sobre os companheiros e sem a necessária inteligência para resolver os casos de indisciplina, logo abandonaram a aula e retomaram seu lugar de aluno, na sua carteira.

Alguns meninos votados, entretanto, foram verdadeiras revelações. Demonstraram um tino pedagógico extraordinário e capacidade de liderança admiráveis como, por exemplo: uma menina de 11 anos, e um menino de 12 anos, alunos ambos do 4º ano escolar. Soubemos depois que estes alunos pertenciam a duas classes, onde as professoras tinham hábito de apelar para o auxílio dos meninos; onde as professoras, confiantes nas aptidões de seus alunos e no desenvolvimento social da classe, deixavam, freqüentemente, sobre os ombros infantis uma parte de sua carga e de sua responsabilidade, acostumando-os assim à prática da autonomia e da cooperação, exercitando-os constantemente em atividades dirigidas pelas próprias crianças.

❖ ❖ ❖

Para terminar, desejo evocar o caso da classe nº 187, de segundo ano repetente e constituída na maioria de alunos de 10 a 12 anos de idade. Um menino, ao constatar que seu nome não figurava entre os candidatos para a substituição da professora, senão pelo único voto que ele mesmo se tinha reservado, pediu retirá-lo do quadro negro. Os meninos riram-se da falta de modéstia do colega indicar seu próprio nome, ao que o nosso Eugênio replicou serenamente: "Estes meninos são esquisitos. Não sabem em quem devem votar". Poucos minutos depois a sua profecia se verificava: o menino com 17 votos dentre 29, e que obteve a maioria dos votos, fracassava lamentavelmente, porque, envergonhado e tímido, nem queria levantar-se da carteira.

A situação tornava-se um tanto desagradável, porque se deu o mesmo com o segundo na votação. Então o Eugênio, em que ninguém votara, levantou-se e, não sem uma pontinha de arrogância, propôs-se tomar conta da classe. Perguntou à professora se podia ocupar a aula, contando uma história. Como é do programa escolar, indagando qual seria a história, a professora deu autorização. Produziu-se então uma coisa bem curiosa: num fechar e abrir dos olhos todos os alunos se precipitaram para frente, sentando-se três por carteira, e o silêncio muito rapidamente se estabeleceu, sem que ninguém o pedisse. Era apenas o Eugênio, as mãos nos bolsos, e clareando a voz, que esperava naturalmente, para começar a história! "Era uma vez um homem que possuía, num buraco, milhões de riquezas..." E assim, durante cerca de vinte minutos, o Eugênio prendeu a atenção das crianças, e a nossa, ali presente. Desembaraçado, modulava a voz nos diálogos, gesticulava, ilustrando melhor a situação e acompanhando o desenrolar da história, contada em termos um tanto hiperbólicos de contos de fada, mas coloridos, vivos, cheios de significação para os seus companheiros de 2º ano.

Terminada a história, um menino levantou-se espontaneamente e declarou: "Eugênio daria um ótimo professor". A experimentadora aproveitando a boa oportunidade perguntou: "Que falta a Eugênio para ser um ótimo professor?" e a classe em coro respondeu: "Não *pintar* nas aulas. Ser obediente".

Nas mãos dum mestre verdadeiro, dedicado com sinceridade à causa da democracia, o Eugênio continuaria a *pintar* nas aulas? Devidamente orientado e integrado no trabalho, o que não daria este menino mais tarde, como catalisador duma coletividade, que desde a infância se tivesse exercitado na arte difícil duma boa cooperação?...

Dos perfis caracterológicos como elemento de educação democrática[1]

1945

Na procura de meios que levem os homens a viver numa atmosfera de confiança, propícia a atividades verdadeiramente produtivas e úteis à coletividade, nada mais salutar, parece-nos, que acostumar os homens ao conhecimento exato e sereno de si mesmos. Não é fácil, porém, realizá-lo. "Cada indivíduo é um universo", e este universo é tão dificilmente penetrável aos olhos dos demais como à sua própria consciência. O julgamento humano, como as percepções da criança, são cheios daquela visão confusa que, por assinalarem vago contorno das coisas, ou apenas algumas de suas minúcias, o tornam irreal. Impregnado de pensamento afetivo, fortemente egocêntrico e precipitado, esse julgamento elabora, ao invés de retratos fiéis de nós mesmos e dos outros, caricaturas tendenciosas, crivadas de erros, e, por isso, nefastas ao entendimento mútuo.

Não se compenetrou ainda a escola de nossos dias de seu papel de formadora de "opiniões judiciosas". Não tomou bastante a sério o valor do método experimental na educação do pensamento. Os alunos continuam diplomar-se sem treinar seus olhos na observação direta do mundo físico ou social.

Ao estudo psicológico, nas escolas, é dado pouco tempo; e é ele feito de forma tão abstrata, tão fora do contexto real da vida, que os alunos continuam a lhe dar a mesma importância que dariam ao estudo duma distante nebulosa. Entretanto, bem necessário é que o homem tenha esclarecimentos sobre os meios psíquicos de que disponha, que conheça os limites de suas capacidades, e, ao mesmo tempo, saiba melhor interpretar aquilo que seus sentidos, sua memória, suas emoções e seus desejos lhe forneçam, interpondo-se entre ele e o mundo. Aliás, nada mais interessante que uma experiência sobre a ilusão dos sentidos, os erros do testemunho, as quedas da atenção num trabalho mental, ou o estudo dos conflitos psíquicos, para que todos se convençam de que a psicologia merece outro horário nas escolas, e, principalmente, outros métodos de ensino. É ela uma disciplina viva, que, em cada um, tem amostras inesgotáveis, e às quais se poderá aplicar o método direto de estudo.

Entre inúmeros cursos facultativos que, nos Estados Unidos, existem para mestres e educadores, segundo nos disse uma autoridade na matéria, o Dr. Charles Stewart, de passagem pelo Rio de Janeiro, as inscrições para os cursos de *higiene mental* costumam atingir altos índices. Essa preferência demonstra a necessidade que todos sentem de se familiarizar objetivamente com os problemas do mundo psíquico.

Pensamos que este estudo prático da psicologia humana, ou do comportamento *em situações reais,* para melhor compreensão de nós mesmos, poderá ser iniciado nos últimos anos da escola primária, e prosseguir através de todo o curso secundário, ou do curso normal. Neste último, será ele do maior alcance, e deverá tomar caráter mais direto e "catártico", de maneira a influir seriamente na formação profissional do educador.

Por assim pensar é que, em nosso curso de psicologia para professores, que durante quinze anos realizamos na Escola de Aperfeiçoamento, em Belo Horizonte, demos larga parte do tempo à observação das próprias alunas, estudando-as sob vários aspectos mentais, ou experimentando a veracidade do preceito já formulado por Schiller: "Se queres compreender os outros, olha teu próprio coração; se desejas compreender a ti mesmo, vê como agem os outros".

---

[1] Publicado originalmente na *Revista Brasileira de Estudos Pedagógicos* 5(14), ago. 1945, p. 245-258.

Um exercício prático

Entre diversos exercícios práticos, eis um que apresento a título de exemplo. Seus resultados evidenciam quantas ilusões andam pelo mundo e como é difícil entenderem-se os seres humanos, uns aos outros.

Consiste este exercício na elaboração de *perfis caracterológicos,* na base de julgamentos subjetivos, mas fundamentados em juízos múltiplos. Para isto, escolhem-se: a) alguns aspectos da personalidade, aptidões ou caraterísticas pessoais mais complexas, de ordem intelectual, afetiva, social ou moral; b) definem-se os termos, ilustrando-os com exemplos concretos, a fim de tornar mais homogênea a compreensão; c) pode-se caraterizar cada um dos presentes, dando uma nota, na escala de cinco, a cada um dos atributos escolhidos, sendo que esta nota máxima não deve ser considerada nota absoluta, apenas atingida pelos gênios e excepcionais, e sim, nota que poderá ser atribuída, no meio comum dos educadores, aos que apresentarem esse caráter em grau muito elevado; igualmente, a nota mínima, ou *péssima;* a nota 2, *fraca;* a nota 3, *regular;* a nota 4, *forte.*

Para estimular o esforço, mostra-se que o interesse em semelhante exercício e seu valor aumenta quando todos igualmente se preocupem em refletir fielmente suas opiniões, tanto em relação aos outros como em relação a si mesmo. Garante-se o anonimato e a maior discrição quanto aos resultados obtidos, os quais zelosamente devem ser assim guardados.

Orientamos a experiência para os seguintes problemas gerais: 1) quais os caracteres, entre os escolhidos, mais fáceis ou mais difíceis de revelar e refletir; 2) como se reflete a personalidade no autojulgamento e no heterojulgamento; 3) como se apresentam os tipos individuais.

Realizávamos a experiência no quarto semestre de estudos, após quase dois anos de convivência com as alunas, em contatos freqüentes e bastante diversos, de estudos, discussões, trabalhos práticos, atividades recreativas, excursões e reuniões sociais. A esse tempo, as professoras-alunas já se conheciam bastante umas às outras para que se pronunciassem sobre a maior parte dos atributos escolhidos.

O material era apresentado em fichas individuais, com cinco colunas, para que nelas se marcassem, com uma cruz, o grau na escala de cinco pontos. Cada aluna recebia, num envelope, tantas fichas quantas fossem as alunas da turma. Mais tarde as fichas foram substituídas por uma folha de papel almaço, com o nome de todas as alunas, uma em cada linha, em ordem alfabética. Após a coluna dos nomes vinham colunas de mais ou menos, 1 cm de largura, para cada um dos atributos a avaliar. Ali, tinham as alunas, em vez de marcar o sinal convencionado, que escrever a nota correspondente ao julgamento dos diversos caracteres de cada uma das colegas. Dentre esses nomes, achava-se também o da julgadora.

O preenchimento das fichas, ou folhas, poderia durar alguns dias; uma semana seria o prazo máximo para que se entregasse o trabalho e se iniciasse a apuração. Esta era confiada à assistente do Laboratório, que tinha o auxílio de outras pessoas, na parte do cálculo, quando necessário.

MODELO DA FOLHA INDIVIDUAL DE JULGAMENTO

NOMES	1 Capacidade intelectual	2 Cultura	3 Iniciativa	4 Confiança em si	5 Poder de organização	6 Pontualidade	7 Capacidade para o trabalho	8 Devotamento ao trabalho	9 Interesse pelo progresso	10 Cooperação	11 Sociabilidade	12 Tato	13 Autocontrole	14 Lealdade	15 Resistência física	16 Emotividade	17 Confiança nos outros	18 Constância nos empreendimentos
1. Adélia																		
2. Beatriz...........................																		
3. Carlota																		
4.																		

Após o cálculo de médias aritméticas, para o julgamento parcial de cada uma das professoras-alunas, e, ainda para a média da turma, em relação a cada um dos traços julgados, procedia-se ao traçado de perfis-estrelas, do tipo de Lazursky.

O conjunto dos gráficos era apresentado, depois, numa espécie de *quadro de formatura,* com os perfis caraterológicos, em vez de fotografias, de cada uma das diplomadas e com esta particularidade: a de serem todos os perfis anônimos, apenas numerados. Somente o chefe do Laboratório de Psicologia e as assistentes que tomavam parte na apuração poderiam usar da "chave" para identificação; era permitido a cada uma das retratadas, se quisesse, pedir o número de *seu próprio perfil, mas apenas do seu.* Cada um, de duplo traçado, mostra no mesmo gráfico os dois julgamentos: *o autojulgamento,* resultado da avaliação dos caracteres pela própria pessoa, e o *heterojulgamento,* média aritmética dos julgamentos de todas as companheiras da turma, que se houvessem pronunciado.

Num dos últimos anos foram escolhidos dezoito caracteres, que reproduzimos (Quadro I) acompanhados dos resultados, ou médias de julgamento realizados. Na primeira coluna está indicada a freqüência das respostas dadas, sobre 47 respostas máximas, correspondente a 47 professoras-alunas da turma. A segunda coluna representa a média de *heterojulgamento* enquanto a terceira – a média para cada caráter de *autojulgamentos.* Enfim, a última coluna reproduz a diferença entre ambos julgamentos, sendo que o sinal positivo corresponde ao excesso da nota do autojulgamento sobre a do heterojulgamento.

QUADRO I

Resultados Gerais: Média dos Heterojulgamentos em Confronto com o Autojulgamento (Escola de Aperfeiçoamento)

TRAÇOS CARACTEROLÓGICOS	Nº Médio de Respostas	Nota no Heterojulgamento	Nota no Autojulgamento	Diferença entre as Duas Notas
1. Capacidade intelectual	45,2	3,43	3,28	- 0,15
2. Cultura geral	44,7	3,28	2,90	- 0,38
3. Iniciativa	44,9	3,30	3,58	+0,28
4. Confiança em si	44,4	3,70	3,67	- 0,03
5. Poder de organização	44,3	3,52	3,56	+0,04
6. Pontualidade	44,7	3,85	3,91	+0,06
7. Capacidade de trabalho	44,5	3,77	3,80	+0,03
8. Devotamento	44,7	3,80	4,10	+0,30
9. Interesse pelo progresso	44,3	3,86	4,38	+0,52
10. Cooperação	44,4	3,54	3,93	+0,39
11. Sociabilidade	45,3	3,66	3,65	- 0,01
12. Tato	45,3	3,63	3,48	- 0,15
13. Controle de si	45,0	3,69	3,51	+0,52
14. Lealdade	42,7	3,39	4,23	+0,84
15. Resistência física	45,3	3,86	3,78	- 0,12
16. Emotividade	44,9	3,26	4,60	+0,74
17. Confiança nos outros	42,4	3,09	3,13	+0,04
18. Constância nos empreendimentos	43,9	3,89	4,21	+0,32

Que interpretação será lícito dar a esses resultados?

Foram relativamente poucas as abstenções. Supomos que os traços mais difíceis, já porque pouco manifestos, ou porque de julgamento mais delicado, foram deixados em branco. Infelizmente, ignoremos ou não, temos a tendência de opinar sempre sobre os outros.

Embora pequenas as diferenças na freqüência dos julgamentos, vejamos se elas foram significativas. Houve menor abstenção para os seguintes traços: *Resistência à fadiga, Sociabilidade, Tato e Capacidade Intelectual,* todos com menos de duas abstenções. Ao contrário, o maior número de abstenções, encontramos em relação à *Confiança nos outros e à Lealdade.*

E isso é natural. Enquanto os quatro primeiros revelam caracteres de natureza social, intelectual ou mesmo física, que se externam com mais facilidade, os dois últimos *(confiança nos outros* e a *lealdade)* são sentimentos de fundo moral e de exteriorização menos evidente.

Vejamos um segundo aspecto, relativo não à simples freqüência, mas à apreciação quantitativa de cada um dos caracteres julgados. Por outras palavras: como se julga a turma, opinando cada um dos participantes sobre todos os demais?

Alcançaram notas mais altas a *Constância dos empreendimentos* (3,89); *a Resistência física e interesse pelo progresso* (com 3,86 cada uma); *a Pontualidade* (3,85); *o Devotamento* (3,80); *a Capacidade de trabalho* (3,77). As mais baixas notas foram dadas à *Confiança nos outros* (3,09), *Emotividade* (3,26), *Cultura geral* (3,28).

Aparece de novo *Resistência física* com média elevada; e ainda, ao contrário, com resultado inferior, *a Confiança nos outros.* Isto nos leva a supor que talvez a expressão seja de sentido ambíguo. A falta de *confiança nos outros* pode revelar a desconfiança; mas também poderá levar-nos a pensar que indivíduos que não confiem em outros não o fazem por não merecerem a confiança dos outros, porque, mais independentes, resolvem as coisas por si, tomando a responsabilidade sobre os próprios ombros. Mas, para contrabalançar essa *desconfiança* deveria ser o coeficiente de *Confiança em si* (3,70) mais elevado; também deveria ser muito alto o coeficiente de *Iniciativa* e de *Lealdade* o que não ocorreu (3,30 e 3,39, respectivamente). Assim, parece que a *desconfiança,* de fato, existe no meio de um grupo de colegas, entre as quais, também, o índice de *Cooperação* não se revelou alto, como deveria ser, dado que inúmeros trabalhos do curso levavam a trabalhar em conjunto. Aliás, foram altas as notas sobre *Capacidade de trabalho (3,77), Interesse pelo progresso e Devotamento,* como já vimos anteriormente (3,80).

Que nos revela o quadro dos autojulgamentos?

Com as notas elevadas aparecem: *Interesse pelo progresso* (4,38); *Lealdade* (4,23); *Constância nos empreendimentos* (4,21); e *Devotamento* (4,10).

Ao contrário, alcançam média baixa: *Cultura Geral* (2,90); Con*fiança nos outros* (3,13); e mesmo *Capacidade intelectual* (3,28). Desta vez, parece que a pouca confiança nos outros significa mesmo desconfiança, pois a *Lealdade* aparece com apreciação muito alta enquanto a de *Confiança nos outros* é baixíssima. O fato de que as professoras, para fazerem o curso da Escola, deixavam suas famílias e permaneciam em esforços durante dois anos, denotava, de certo, interesse pelo progresso, constância e mesmo devotamento; e tanto maior poderia parecer esse sacrifício quanto se julgavam possuidoras de poucos recursos intelectuais e de pequena cultura geral, modéstia à parte.

Vejamos, agora, comparando ambos os julgamentos, o alheio e o próprio, quais os caracteres mais semelhantes em ambos. Aparentemente, menos divergência apresentavam: *Sociabilidade* (0,01); *Confiança em si* (0,03); *Capacidade de trabalho* (0,03); *Controle em* si (0,02); *Confiança nos outros* (0,04), todas com menos de meio ponto entre os dois julgamentos.

A diferença torna-se acentuada em *Lealdade* (0,83); *Emotividade* (0,74) e *Interesse pelo progresso* (0,54), com mais de meio ponto de diferença e, sempre, com excesso de julgamento próprio sobre o alheio. De modo geral, este é o caraterístico do autojulgamento: mais exaltado. Apesar da nota em cultura geral (2.90) ser mais baixa, em quadros, a nota média de todas as apreciações era 3,74, enquanto a do heterojulgamento era de 3,59. Pouca diferença, sem dúvida, e por isso todos estes dados não podem ser considerados senão sob forma de sugestões para outras pesquisas, ou simplesmente como exercícios práticos em matéria de avaliação psicológica subjetiva, com tendência à objetividade.

Perfis caracterológicos na prática escolar

Não queremos terminar sem referir-nos a um trabalho que espontaneamente fizeram duas ex-alunas da Escola de Aperfeiçoamento, Professoras Elza Tristão e Dulce Botelho Junqueira, Diretora Técnica de Grupo Escolar e Assistente Técnica Regional, em Juiz de Fora. Aplicando os mesmos processos, conseguiram a elaboração de 19 perfis, entre professoras do grupo escolar, dirigido, nessa época, pela primeira.

Numa reunião de professoras, no dia 5 de setembro de 1935, por proposta das referidas técnicas, foram dadas as explicações, distribuídas as fichas, e deixada plena liberdade a cada uma para o julgamento; o exercício era facultativo. Todas as professoras presentes, no entanto, o fizeram no mesmo dia, sem qualquer constrangimento.

A apuração se fez não apenas pelos dois aspectos já referidos, mas, por três: aos dois, já expostos, foi acrescentado ainda o julgamento da diretora. A superposição dos três perfis mostra maior aproximação entre si, que os da Escola de Aperfeiçoamento. Parecem eles indicar maior conhecimento mútuo das pessoas. *Devotamento* e *Lealdade* aparecem com diferença positiva máxima; também *Interesse pelo progresso, Cooperação* e o *Tato,* com notas muito altas. Foram julgadas mais baixas, no autojulgamento médio, *Poder de organização e Cultura geral.* O julgamento da diretora, bastante congruente com o julgamento das professoras, coloca-se, em média, em julgamentos intermediários entre *o auto* e o *heterojulgamento.*

Os motivos de ordem moral, ou intenções da conduta moral, são mais altamente cotados no íntimo de cada um, que no julgamento alheio. No seu próprio conceito, as pessoas se julgam superiores aos outros, neste particular. Existem porém exceções.

ALGUNS PERFIS INDIVIDUAIS

A comprovação disso encontramos nos perfis individuais, verdadeiramente curiosos, às vezes.

Nalguns, encontramos perfeita harmonia entre os diversos traços do caráter; em outros, vemos flagrantes desarmonias – um caráter otimamente desenvolvido com falhas graves, por exemplo. Em uns, a personalidade aparece insignificante: todos seus caracteres se limitam aos graus médios; outros há que abrangem campos maiores, e se expandem amplamente para graus superiores, em múltiplas atividades, capacidades e sentimentos. Há também seres diminuídos, pobres personalidades, reduzidas a pequenas superfícies e com caraterísticos, antes negativos que positivos.

O mais curioso e interessante para o educador é o confronto entre o julgamento que o indivíduo faz de si mesmo, com a reputação que tem e o conceito que dele fazem os colegas (Quadro II).

QUADRO II

Confronto dos Resultados de Autojulgamento e Heterojulgamento em Quadro Indivíduos

TRAÇOS CARACTEROLÓGICOS	INDIVÍDUO A		INDIVÍDUO B		INDIVÍDUO C		INDIVÍDUO D	
	Hetero-julgamento	Auto-julgamento	Hetero-julgamento	Auto-julgamento	Hetero-julgamento	Auto-julgamento	Hetero-julgamento	Auto-julgamento
1. Capacidade intelectual	2,9	4	4,4	5	4,5	3	4,5	3
2. Cultura geral	2,8	4	3,9	3	4,5	3	4,4	3
3. Iniciativa	3,0	5	4,3	5	4,5	4	4,2	2
4. Confiança em si	3,3	4	3,7	5	4,7	4	4,4	2
5. Poder de organização	2,9	4	3,6	4	4,5	4	4,4	3
6. Pontualidade	3,3	5	3,6	4	4,5	4	4,2	5
7. Capacidade de trabalho	3,3	4	4,3	5	3,7	2	4,2	2
8. Devotamento	3,3	5	4,0	5	4,3	4	4,0	3
9. Interesse pelo progresso	3,6	5	4,3	5	4,0	5	4,4	4
10. Cooperação	3,3	3	4,3	5	4,3	3	3,8	3
11. Sociabilidade	3,6	2	4,1	5	4,6	4	4,1	3
12. Tato	3,6	4	2,9	4	4,2	3	4,3	4
13. Controle de si	3,1	4	2,5	4	4,6	4	4,3	3
14. Lealdade	3,1	5	3,4	5	4,1	3	4,0	5
15. Resistência física	3,4	2,5	3,5	4	4,2	3	3,4	2
16. Emotividade	3,6	5	4,2	5	2,5	3	2,8	5
17. Confiança nos outros	3,6	0	2,8	3	2,8	3	2,6	3
18. Constância nos empreendimentos	3,6	5	3,9	5	4,1	4	4,1	3

Reproduzimos neste trabalho quatro perfis, como exemplos. O primeiro perfil, segundo o julgamento da turma, referia-se a pessoa medíocre, com inteligência e cultura geral muito fracas. Já a mesma pessoa tinha de si opinião completamente diferente; em mais dum ponto atinge o grau máximo, como em *iniciativa, pontualidade, devotamento, interesse pelo progresso, lealdade, constância nos empreendimentos e emotividade.* Não tinha confiança nenhuma nas companheiras: marcou com zero este traço, o único zero que apareceu no decurso de muitas experiências deste gênero. Declarava possuir pouquíssima *sociabilidade e cooperação.* Sentia-se cansada, com a saúde abalada, mas nem tanto assim parecia às colegas...

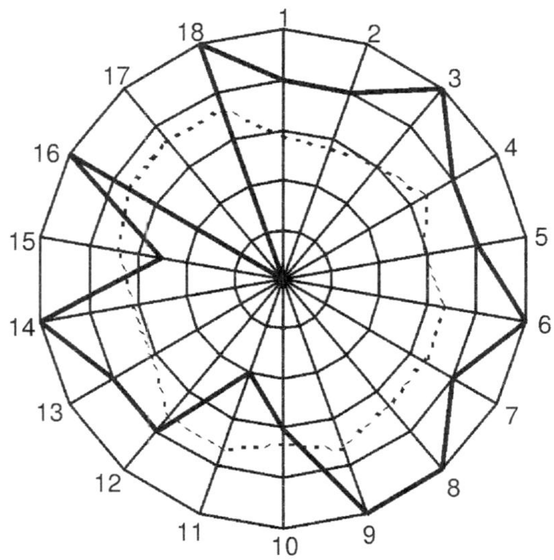

Indivíduo A: A linha cheia representa o autojulgamento, a linha interrompida representa o heterojulgamento.

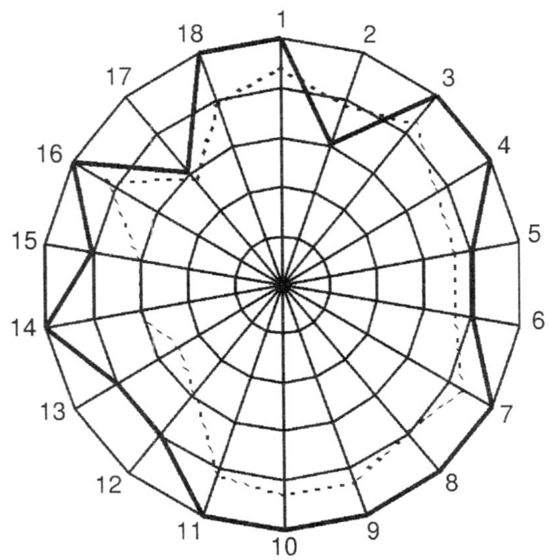

Indivíduo B: A linha cheia representa o autojulgamento, a linha interrompida representa o heterojulgamento.

Como essa pessoa poderia sentir-se feliz no meio da turma? Ela se sentia incompreendida, diminuída, lesada em seus privilégios. Em virtude da desconfiança, ia-se abrindo entre ela e a turma uma cisão que fatalmente a levaria a conflitos. Que tenha tido a sorte de achar outros ambientes, para mudar suas atitudes de desconfiança e diminuir sua tendência de tornar-se hipocondríaca e anti-social...

No perfil B, vemos maiores recursos intelectuais. Refere-se ele, segundo a opinião das colegas, a pessoa empreendedora, com muita iniciativa, com grande capacidade de trabalho, interesse pelo progresso, devotamento e senso de cooperação. Acusavam-na, porém, de *falta de tato,* de ser *demasiadamente impulsiva,* e de não ter bastante confiança nos outros. Algumas punham em dúvida a sua *lealdade.*

Segundo seu próprio julgamento, ela estaria acima da turma. Deu notas máximas em muitas qualidades. Havia evidente otimismo para consigo mesma. Julgava-se medíocre apenas em *cultura geral. A* sua *lealdade* lhe parecia acima de toda prova. Também não dava muito crédito aos demais. Tudo isto faz que uma pessoa, mesmo de grandes dons, com capacidades dinâmicas para liderança, não desempenhe senão parte de seu potencial psíquico. Sem *a confiança* e o reconhecimento irrestrito da *lealdade,* não há homem ou mulher que possa realizar o papel de chefe, e de realizar seus sonhos, por mais lúcidos que sejam.

Nos perfis C e D, os papéis se invertiam. Quase todas as qualidades de ordem intelectual e capacidades realizadoras, os autojulgamentos apresentavam pontos inferiores ao julgamento médio das companheiras de trabalho. A escala de autojulgamento aí era mais severa. As pessoas a que se referem esses perfis eram temperamentos mais controlados, de pouca emotividade. Bastante céticas. Realizavam, entretanto, e atuavam na coletividade com eficiência. Ambas tinham excesso de reserva, que as companheiras interpretavam como falta de confiança nos outros. A pessoa do perfil C poderia fazer mais, parece-nos, pois era bem conceituada no meio das companheiras. Diminuída a sua reserva, mais bem seria aceita, e mais alta seria a nota de lealdade, por parte de suas colegas.

No último perfil, há uma visível depressão. Não obstante as excelentes qualidades intelectuais e também as provas objetivas do bom trabalho que fornecia, tato e boa sociabilidade, esta pessoa parecia desconfiada. Talvez isso se desse também pelas suas qualidades de reserva emotiva e de controle de si. Podemos acreditar que a falta de forças físicas e de resistência, que ela mesma julgava ser tão grande, e de que apenas algumas desconfiavam, constituíam elementos suficientes de depressão e de sentimento de inferioridade, com que ela se julgava em face dos outros.

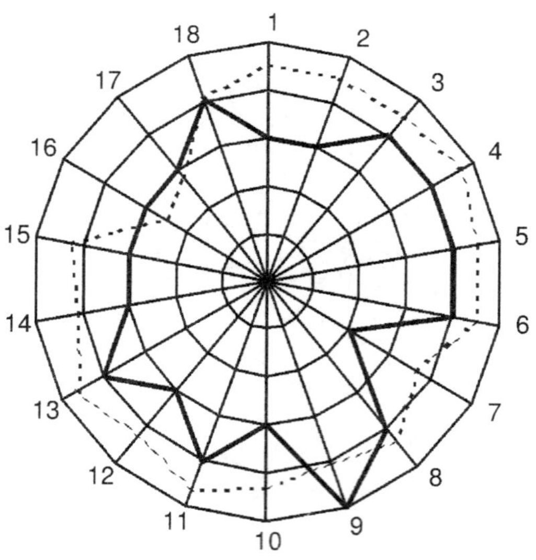

Indivíduo C: A linha cheia representa o autojulgamento, a linha interrompida representa o heterojulgamento.

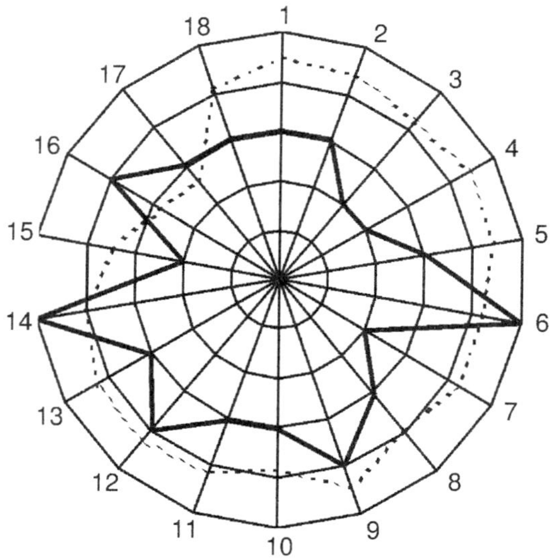

Indivíduo D: A linha cheia representa o autojulgamento, a linha interrompida representa o heterojulgamento.

A TÍTULO DE CONCLUSÕES

Terminando a exposição da técnica proposta no treino da observação e do julgamento das qualidades psíquicas, de caráter intelectual, afetivo, social, moral, etc., em pessoas com convivência bastante estreita, devemos dizer que ele serve, a nosso ver, de recurso, entre muitos outros, para a formação de atitudes *democráticas*.

O pronunciamento sobre os membros duma mesma coletividade, feito em atmosfera calma de trabalho científico, isento de qualquer interesse, alheio ao problema proposto – *estudo da personalidade* – mostra como podem ser ventiladas estas questões, a fim de levar pessoas do mesmo grupo a melhor se conhecerem e interpretarem as manifestações alheias mais serenamente, com menos desconfiança, porque nada é mais agressivo que a desconfiança mútua. Ela é que gera muitos conflitos e leva-nos à maior parte das catástrofes. Muitas vezes, um gesto fortuito é interpretado como gesto intencional. Um outro gesto acanhado, porque tolhido por forte sentimento de inferioridade pessoal, é considerado como gesto pouco sincero...

Precisamos introduzir em nossas escolas a atmosfera de franqueza. Ela ajudará a criar a confiança mútua, e com ela será muito mais fácil distinguir as pessoas leais, daquelas que não o sejam. A atmosfera de franqueza, melhor que qualquer outra, poderá desmascarar os lobos em pele de cordeiros, indivíduos perigosos, cuja presença na coletividade deve ser assinalada quanto antes, seja para modificá-los a tempo, seja para condená-los a ostracismo salutar à coletividade.

Precisamos de nos conhecer mais, a fim de socorrer os fracos, que precisam do apoio coletivo; os deprimidos, cujas ótimas qualidades muitas vezes se esterilizam em isolamento mórbido; os convencidos, a fim de que se rebata seu excesso de euforia e de orgulho, capaz de produzir contaminação coletiva, com valores ilusórios, expressos por indivíduo muitas vezes medíocre. Conhecimento mais sereno dos homens, que atuem no nosso meio, evitará exaltações perigosas e de todo antidemocráticas.

A democracia, psicologicamente falando, é a atmosfera que, na vida de uma coletividade organizada, permite a cada um realizar o máximo de suas capacidades em benefício de todos. É, sem dúvida nenhuma, problema psicológico, que se resolverá com maior possibilidade de êxito, quando, nas escolas de todos os graus, for considerada a formação das atitudes das novas gerações; quando as escolas, desde o jardim de infância até a universidade, compreenderem que a democracia é regime de governo que se realizará com possível êxito; quando a coletividade estiver apta a discriminar nos seus membros as qualidades necessárias aos chefes e dirigentes e praticar as virtudes do regime de responsabilidade e de lealdade autêntica.

Para garantir um bom regime democrático na sociedade adulta, a escola tem obrigação de exercitá-lo ampla e sistematicamente no seu seio, acostumando desde cedo a criança à prática cotidiana de *atitudes democráticas.*

Iniciação à orientação profissional[1]

Quando, em 1929, iniciamos as nossas pesquisas junto aos alunos do 4º ano escolar de Belo Horizonte, colhemos então a resposta de 750 crianças (prestes a deixar o curso primário), da seguinte questão: "Quando você for grande, que deseja ser?".

Grande maioria dos alunos pronunciou-se pelas ocupações mais altas da escala social. Os meninos indicaram as profissões de engenheiro, médico e advogado, as meninas – a de professora e de pianista. Seguiam-se depois, para meninos, o trabalho de mecânico e de guarda-livros, e para meninas, o de costureira e datilógrafa.

A impressão que tivemos desse inquérito é que tanto meninos como meninas, atendendo-se à homogeneidade relativa a sua indicação, parecem estar insuficientemente instruídos acerca das categorias do trabalho e das atividades sociais possíveis. Respostas, por vezes demasiado gerais, denunciam que as crianças só têm delas uma noção muito vaga. Não se observa que a escola as houvesse esclarecido acerca dessas questões: não se percebe que, à véspera de deixá-las partir, o professor lhes tivesse dito o que pode esperá-las no mundo, que ele as tivesse conduzido a oficinas, usinas, fábricas, fazendas, etc., a fim de alargar o horizonte desses jovens candidatos à vida: não se observa tampouco que ele os tivesse feito refletir sobre as suas inclinações, enfim, nessas respostas, não se percebe bastante a personalidade da criança.

Pesquisas realizadas posteriormente, de cinco em cinco anos, mostraram, no que diz respeito à futura profissão, que os escolares do último ano de estudo, na escola primária, são constantes em suas manifestações.

Agrupadas as profissões em liberais, manuais e intermediárias, eis a sua distribuição através das três pesquisas entre 1929 e 1939:

	1929	1934	1939
Liberais	51,3%	52,7%	51,9%
Intermediárias	22,3%	23,5%	22,5%
Manuais	18,9%	18,5%	17,2%
Outras	7,4%	3,8%	8,3%

Como antes, continuam nossos escolares a nutrir ambições altas, mostrando, com isto, aliás uma tendência normal na humanidade: dominar a situação, crescer, ou, como dizia Goethe, "ver o vértice da pirâmide da sua existência elevar-se cada vez mais alto".

Entretanto, são apenas sonhos de grandeza, sonhos, porque, ao completar estes desejos com a situação real da criança, quanto ao seu meio social, e isto através das ocupações dos pais, veremos grandes contrastes.

Em 1937, o Laboratório de Psicologia colheu a informação acerca do meio social de 13.500 crianças dos grupos escolares de Belo Horizonte. Agrupando-as em quatro categorias, segundo a profissão dos pais, ei-las do meio mais privilegiado ao mais humilde, tendo ao lado as aspirações dos meninos do 4º ano, cujas indicações foram avaliadas pela mesma escala que as profissões dos pais:

[1] Publicado na *Coletânea das obras escritas de Helena Antipoff*, v. 1, Belo Horizonte: Imprensa Ofical, 1992, p. 265-278.

	Meio social	Profissões ambicionadas
1º grupo social	10%	59%
2º grupo social	20%	13%
3º grupo social	36%	19%
4º grupo social	34%	8%

O contraste é bem grande: nas aspirações infantis, o primeiro e mais privilegiado grupo corresponde ao grupo menos numeroso quanto à situação real das crianças. Pequena maioria deseja as ocupações humildes. Entretanto, mais da terça parte dos pais ocupam-se delas. Será falta de vitalidade e de progresso, os filhos desejarem ocupar situações sociais inferiores às dos progenitores? Mas, também é ilusória a marcha forçada que queima etapas intermediárias: o progresso de uma geração a outra não se opera tão rapidamente. Para poder ocupar dignamente os postos de direção é preciso que a elite se forme paulatinamente, através de várias gerações: filhos de humildes lavradores ou manobreiros serão operários qualificados, filhos desses, por sua vez, levantar-se-ão alguns degraus na escala social, enquanto os bisnetos alcançarão, naturalmente, posições de maior destaque.

Quanto aos bem-dotados, estes não precisam esperar séculos para merecer a atenção dos contemporâneos e a possibilidade de servi-los. Quantos filhos de escravos não foram líderes da coletividade a que pertenceram?... Mas a questão da elite é uma questão à parte.

Como poderá a escola primária contribuir para a. orientação profissional de seus alunos? Como poderá ela ajudar o indivíduo nesta questão que filósofos, como Pascal ou Platão, julgaram com tamanha nitidez? O primeiro não hesitou em declarar que "a coisa mais importante para a vida toda é a escolha do ofício". O segundo, pela boca de Sócrates, dizia: "as coisas se fazem melhor e mais facilmente quando cada um faz aquela para a qual é mais apropriado".

Na época da escola primária, os meninos, normalmente, não ultrapassam a idade de 12 anos. Nesta idade, o grau de desenvolvimento físico e mental não permite a realização de orientação profissional tal como o poderá mais tarde, na escola secundária ou superior. Entretanto, seria bastante útil iniciá-la desde já, e eis os caminhos que poderão ser abertos neste terreno ainda pouco explorado entre nós:

1 – Alargar as vistas da criança, mostrando-lhe o vasto horizonte que representa o campo do trabalho humano, com a sua infinidade de atividades, ocupações, misteres e profissões.

2 – Torná-la consciente de que, ao lado deste mundo de atividades, existe um mundo de aptidões e capacidades, de extrema variedade também, que se estende do mais humilde débil mental até o gênio mais poderoso; e, que cada um, segundo a Parábola dos Talentos, tem que desempenhar seu papel na vida e na sociedade, a fim de poder, mais tarde, prestar contas do que lhe foi confiado.

3 – Incutir desde cedo, em seu espírito, a idéia de que o equilíbrio e a prosperidade de um povo dependem da boa distribuição do trabalho e de obrigações mútuas. Acostumar a criança a considerar acima de tudo a boa cooperação, baseada na divisão do trabalho e no respeito e consideração mútuos (questão dos empregados, serventes, operários, donos, etc., ventilada na escola, como matéria de educação cívica).

4 – Mostrar que cada atividade, cada profissão, requer determinadas aptidões, assim como esforços prévios para sua aprendizagem e competência.

5 – Levar a criança ao hábito precoce de se observar. Isto lhe servirá para conhecer seus lados fortes e fracos, suas aptidões especiais, seu caráter; a fim de menos sofrer depois com a ilusão da falsa superioridade, e, melhor adaptado, evitar o desastre do sentimento de inferioridade imerecida.

A escola primária poderá desenvolver esses tópicos no 4º ano, caso a própria professora tenha do problema da orientação e da seleção profissional alguma noção e ela mesma se interesse pelas questões do trabalho humano. Seria de grande proveito, sob este último ponto, rever a história antiga, compreender o que era trabalho no Egito, na Grécia, como se entendiam Esparta de um lado e Atenas do outro, qual era o seu caráter na Idade Média, e como na Revolução Francesa se modificou bruscamente o seu sentido com a supressão de castas e corporações fixas: como, com as vantagens da livre escolha, apareceram também graves inconvenientes, criando dificuldades para o indivíduo e para a coletividade. Rever também a história do trabalho no Brasil e procurar compreender as reformas importantes que o Ministério do Trabalho vem realizando no Estado Novo.

Dois fenômenos anormais devem chamar a sua atenção no trabalho profissional de nossos dias: o fenômeno do "nomadismo profissional" de um lado, pelos "acidentes" do outro. Chamamos de nomadismo este vaivém que se observa entre empregados de uma empresa e mudanças freqüentes no trabalho. As pesquisas norte-americanas de Kitson, em particular, mostram como grande é o desperdício material e moral, proveniente desta instabilidade profissional que por sua vez é conseqüência de má escolha da profissão. Numa empresa de mil operários, por exemplo, pode-se observar, durante o ano, mais do dobro de trabalhadores passar pela empresa. Não conhecendo o trabalho de antemão, não satisfeitos com este gênero de trabalho, operários e empregados, depois de algum tempo, o abandonam. Descontentes, preocupados em acharem um outro melhor, prestam pouca atenção ao presente; desperdiçam o material por incompetência e por negligência, causando danos consideráveis.

Sobre a questão de acidentes, falaremos, em breve.

Para prevenir este fenômeno de "nomadismo", de desperdício e descontentamento no terreno do trabalho de ganha-pão, existem em países mais industrializados, instituições próprias a este fim: seleção e orientação profissional. São os Serviços de Orientação, de um lado e os Serviços de Seleção Profissional, de outro.

Os primeiros, convém notá-lo, surgiram num gesto de simpatia para com os garotos semi-abandonados que, sem ocupação determinada, vagabundavam pelas ruas de Nova York. Interessando-se pela sua sorte Frank Parsons, professor da Universidade de Boston, procurou conhecê-los melhor. Para isto indagava dos seus interesses e inclinações, fazia mesmo pequenas experiências, dava-lhes livros para ler. Isto ajudava Parsons a melhor colocar os meninos, achando a cada qual o emprego que melhor correspondia às suas aptidões. O primeiro serviço de orientação profissional surgiu em 1908, em Boston, sob a inspiração de Parsons. Assim foi inaugurado o movimento de Vocational Guidance, bastante desenvolvido em nossos dias.

Sua função consiste em dar conselhos a jovens candidatos, no que diz respeito à escolha do trabalho profissional. Com o aparecimento assustador do desemprego, estes centros prestaram também serviços consideráveis aos "sem-trabalho" adultos.

Paralelamente ao movimento de orientação profissional, cuja preocupação máxima é o indivíduo, desenvolveu-se outro serviço, tendo em vista o interesse principal da empresa. A Grande Guerra exerceu, neste ponto influência decisiva: foram os testes de inteligência geral, aplicados a mais de um milhão de norte-americanos que determinaram a seleção de homens aptos para o comando de suas tropas na Europa. No seio de grandes indústrias, de serviços públicos, ferroviários e outros, surgem órgãos de seleção profissional, a fim de garantir melhor rendimento de trabalho com empregados mais apropriados a determinadas atividades. Esta seleção consiste geralmente em exame clínico, antropológico, psicológico e pedagógico.

Seus efeitos benfazejos se mostram, não somente no rendimento melhor, mas também na diminuição de acidentes de toda espécie, nas fábricas, no tráfego por terra, ar e mar.

No Brasil, a Estrada de Ferro Sorocabana possui há vários anos um serviço desta natureza bem organizado. Os inúmeros concursos que o Departamento de Administração dos Serviços Públicos (DASP) vem organizando pelo Brasil inteiro mostram também como a seleção profissional está na ordem do dia, como ela está se tornando um dos importantes fatores da prosperidade econômica do País.

Variedade e classificação das profissões

É quase impossível avaliar com exatidão o número de profissões existentes: cada dia novos ramos industriais abrem novas especializações, aumentando consideravelmente a lista. Já contaram cerca de vinte mil ofícios diferentes, agrupados em mais de duzentas famílias e mais de vinte gêneros.

Para ter uma noção da variedade de empregos, ofícios e trabalhos, convém apresentá-los numa classificação mais ou menos feliz. Não é tão fácil entretanto a escolha, pois existem classificações várias, obedecendo a critérios múltiplos. Daremos algumas delas.

A de Sollier e Drabs, da Bélgica, agrupa o trabalho profissional em seguintes categorias: l. Carreiras e profissões liberais. 2. Empregos (funcionário oficial, bancário, ferroviário, industrial, etc.). 3. Ofícios e artefatos. As primeiras ocupam-se da vida cultural e intelectual do país; os segundos regem da vida política e econômica; enfim, os últimos se ocupam da vida material.

Outra classificação considera as profissões nas suas funções, como, por exemplo, esta que as divide em trabalhos: l. Criação e elaboração. 2. Comando e direção. 3. Controle e coordenação. 4. Execução, fabricação.

Todas as atividades podem assim ser caracterizadas segundo o critério agora mencionado. Na educação, em Minas, veremos o seguinte quadro:

1. Departamento de Educação – elaboração.
2. Diretorias de Grupos Escolares – direção.
3. Professoras técnicas – coordenação.
4. Regentes de classes – execução.

A hierarquia indispensável ao trabalho bem organizado determina que se dê atenção cuidadosa à questão da "liderança", da cooperação, da obediência. A empresa lucrará grandemente, quando forem tomadas em consideração as aptidões individuais, umas apropriadas ao comando, à coordenação, outras, à execução; e terceiras, à realização, em conjunto, de uma obra previamente projetada, com máxima disciplina, harmonia, sem atritos e desperdícios de energias.

Outras classificações se baseiam em inclinações que derivam de interesses individuais. Pessoas do mesmo nível de inteligência, de aptidões iguais, se diferenciam por exemplo, pelos interesses mais pronunciados pelo lucro ou em auxiliarem os outros, ou em galgarem posições mais altas na escala social, ou pelo próprio trabalho (interesse intrínseco). Na maioria das vezes, as quatro inclinações se encontram nos mesmos indivíduos. O importante é a predominância, maior ou menor de cada um destes interesses.

Outra classificação ainda, dirigindo-se especialmente às ocupações ditas liberais ou intelectuais, é a de Lipmann. Baseia-se no duplo critério:

a) a atitude que assume o espírito em frente do mundo;

b) a natureza do objeto trabalhado.

Assim discrimina Lipmann as profissões que exercem a atitude cognitiva, isto é, aquela que leva o indivíduo de preferência, a conhecer ou compreender o mundo; outras, é a atitude técnica que o leva a manejar ou modificar o mundo. Quanto à natureza do objeto do trabalho, divide-se ele em: 1. Coisas, 2. Homens, 3. Idéias. Esta dupla base permite traçar o seguinte quadro, ilustrado com algumas profissões liberais.

Atitude	Coisas	Homens	Idéias
Cognitiva	Naturalista	Juiz de Direito	Filósofo
Técnica	Engenheiro	Educador	Literato

Às vezes, aparecem, desde cedo, na criança, esta ou aquela tendência, este ou aquele interesse. Mesmo na escola primária, a professora pode observá-lo entre alguns dos seus alunos e, acentuando-se mais tarde, deverão estes saber aproveitar-se de suas inclinações naturais para a sua carreira profissional.

Outra classificação das profissões ainda é aquela que toma como critério a aprendizagem e a formação prévia para determinado trabalho. Discriminaremos a este respeito quatro grupos: l. as carreiras liberais; 2. os empregos; 3. os ofícios qualificados; 4. ofícios não-qualificados.

Assim, o trabalhador braçal (aterrador, servente de pedreiro, capinador, tijoleiro, varredor, etc.), poderá se satisfazer, no que diz respeito ao preparo escolar, de um mínimo de três anos, de ensino rural. Os operários qualificados (mecânico, marceneiro, topógrafo, alfaiate, eletricista, etc.), além de ter o curso completo do ensino primário (4/5 anos no Brasil) cursarão alguns anos da escola profissional. Na ausência desta, ficarão, como aprendizes, nas respectivas oficinas, 3/4 anos, antes de poder ganhar inteiramente a sua vida.

Os empregados de serviços administrativos, bancários, etc., os funcionários públicos de categoria média, além, do curso primário, geralmente devem possuir conhecimentos correspondentes ao curso secundário, de 5 anos de duração, no Brasil.

Quanto aos empregos de mais altas categorias e às profissões ditas liberais, seu preparo escolar se estende numa escala de 15 a 17 anos de estudos seguidos, na idade entre 7 e 24 anos. Geralmente, o exercício livre da profissão exige também um ou dois anos de estágio, e só depois deste o indivíduo é capaz de manter a sua existência com a sua profissão.

Duas palavras quero ainda acrescentar no que diz respeito ao trabalho de menores. Este, como todo o problema do trabalho profissional, é assunto de estudos intensos, tanto no seio do Bureau Internacional do Trabalho, em Genebra, como nos órgãos competentes, no Brasil. Segundo o Código Brasileiro de Menores (1927) existem as seguintes disposições jurídicas:

"Art. 101. É proibido em todo o território da República o trabalho aos menores de 12 anos.

Art. 103 – § 3º – Todavia, os menores providos de estudos primários, pelo menos do curso elementar, podem ser empregados a partir de 12 anos.

Art. 102 – Igualmente não pode ocupar menores desta idade que contem menos de 14 anos, e que não tenham completado sua instrução primária. Todavia a autoridade competente poderá autorizar o trabalho destes menores, quando o considere indispensável para subsistência dos mesmos, ou de seus pais e irmãos, contanto que recebam a instrução escolar que lhes seja possível".

Cito estes artigos por serem eles todos ligados à questão da escolaridade de jovens trabalhadores.

As classificações são ilimitadas como o são os critérios, segundo os quais lembraremos agrupar a variedade infinita de trabalhos de ganha-pão. No quadro abaixo apresentamos as "famílias" profissionais, relativas ao material, o gênero de produção. Freqüentemente encontramos estes agrupamentos reunidos debaixo de um sindicato:

1. Agricultura
2. Mineração
3. Extração de pedras
4. Siderurgia
5. Construção mecânica
6. Terra plástica
7. Vidro
8. Madeira
9. Livro
10. Indústrias têxteis
11. Vestuário
12. Couro

13. Construção
14. Comércio
15. Transportes
16. Comunicações
17. Alimentação
18. Artes decorativas e de luxo
19. Ensino
20. Serviços administrativos
21. Carreiras liberais
22. Exército
23. Marinha
24. Aviação

A orientação profissional pode prestar serviços eficientes, quando possuir, ao lado do conhecimento do indivíduo, o conhecimento detalhado e exato das profissões e das exigências que cada uma apresenta ao trabalhador, do ponto de vista de saúde, de aptidões e de caráter.

Em 1923 Dr. Th. Simon, de Paris, no intuito de introduzir junto aos educadores a questão de orientação profissional, fez uma tentativa bastante útil, valendo-se do trabalho do Dr. Mauvezin, diretor da Câmara do Trabalho num Departamento francês. Este publicou uma resenha de Monografias profissionais, relativamente a 250 ofícios e empregos, cada uma contendo uma análise de aptidões requeridas e de contra-indicações, de caráter físico, fisiológico e psicológico.

Examinando as Monografias de Mauvezin, o Dr. Th. Simon reparou que grande número delas se referem à vista, exigindo boa vista de ambos os olhos, resistência à fadiga em esforços prolongados, visão nítida na escuridão, visão perfeita de cores.

Quais são os trabalhos que reclamam, mais que os outros, a perfeição da vista? Em primeiro lugar são os ofícios de transporte (pilotos, maquinistas, chauffeurs, etc.), que a exigem íntegra e perfeita.

O 3º Congresso Brasileiro de Oftalmologia tem patenteado bastante quanto a deficiência da vista tem causado desastres e acidentes ferroviários. Reclamou com energia exames de vista de todos os empregados da estrada de ferro. Não se limitando ao exame da entrada para o serviço, tornou-o obrigatório também para todos os casos onde houver mudança de empregos, dentro da mesma empresa. O pavoroso desastre de Lagny, na França, que custou a vida de 201 pessoas, além de inúmeros feridos, foi ocasionado (e isto foi provado no inquérito) pela incapacidade do maquinista em discriminar as cores e por ter deixado passar o sinal. O memorável e tétrico desastre de João Aires, na E.F.C.B., no seu inquérito, aludia à vista fraca, hemeralópica, de um dos funcionários.

O daltonismo não é tampouco tolerado na horticultura. Não discriminando bem o vermelho do verde, o daltônico, muitas vezes colherá frutas imperfeitamente amadurecidas.

Os ofícios de alimentação caixeiros, vendedores de fazendas, os ofícios femininos (bordados), encadernadores, todos exigem do trabalhador uma vista boa e uma discriminação cromática segura.

Quanto à audição, esta é reclamada com insistência pelos ofícios de telefonista, de "chauffeurs", no comércio, e, de modo geral, em toda a parte, onde houver contato com o público, com outras pessoas.

Mãos secas, são necessárias nos ofícios femininos (costuras, bordados), na encadernação, no trabalho de eletricista, etc. Varizes são incompatíveis com ofícios que se efetuam geralmente em pé.

Hérnias são contra-indicadas nos serviços marítimos, nos de carregadores.

Vertigens podem ser fatais em ofícios de eletricista, bombeiro, pedreiro...

Uma boa altura, acima da média, é desejada no manejo de máquinas de impressão, na carpintaria...

A força muscular favorece o trabalho no serviço marítimo, na forja...

Estes defeitos ou insuficiências físicas em certos casos impedem o exercício de uma profissão, ou, ao contrário, dão ao trabalhador um relevo fora do comum. Haja vista casos extraordinários como aquele, bem conhecido, de Demóstenes, que, possuindo um defeito de articulação, o compensou pelo esforço próprio, tornando-se um orador dos mais notáveis nas antigüidade.

Haja vista pessoas com pronúncia deficiente, chegando também pelo esforço a desempenhar admiravelmente o papel de locutor no rádio.

Conheci uma pessoa com o braço amputado, desde a infância que fazia trabalhos manuais de maneira muito habilidosa. A lei da compensação, que é uma das leis básicas da conduta humana, mobiliza forças poderosas no indivíduo e torna o deficiente quanto à natureza, igual ao normal, senão melhor às vezes.

Quanto às qualidades intelectuais e aptidões no trabalho profissional, sabemos, desde as pesquisas que Goddard fez com débeis mentais de Vineland, quanto o êxito em diferentes ofícios depende do nível mental geral. Assim muitos ofícios são proibitivos àqueles cujo nível intelectual não alcançou o mínimo de 12 anos de idade mental, idade limite inferior para o desempenho de trabalhos de ganha-pão, garantindo uma vida mais ou menos independente na cidade.

A maioria dos ofícios exige um preparo escolar. Esse, por sua vez, acha-se intimamente ligado ao nível mental geral. As nossas pesquisas junto aos alunos do Instituto Pestalozzi mostram que crianças que não atingirem o nível intelectual de 6-7 anos, não conseguem aprender a ler e escrever; crianças que não alcançaram a idade mental de 9-10 anos são incapazes de cursar com proveito o 4º ano da escola, e somente acima deste nível é que poderão concluir o curso primário.

Hoje em dia o diploma do ensino primário é o "Sésamo, abre-te" para todo o trabalho remunerado. Essa justa medida de proteção à infância deverá ser considerada sob um ângulo especial para certos indivíduos, capazes de fazer algum trabalho de ganha-pão, sem ter a possibilidade, pelo atraso mental que apresentam, de fornecer o requerido documento escolar.

Os dados de Fryer nos informam que é preciso atingir o nível mental de 14-15 anos para conseguir fazer o curso secundário, e não inferior a 16-18 para concluir o superior.

Segundo as pesquisas inglesas, é de grande importância a inteligência geral do trabalho liberal e administrativo. Calcula-se que, homens que desempenham com êxito os seus cargos de responsabilidade deviam acusar na infância, durante o curso primário e secundário, quocientes intelectuais entre 140-150 aproximadamente. Para não se fracassar em profissões liberais, de categoria menos elevada, é mister ter alcançado, na adolescência, um quociente intelectual não inferior a 115. Isto quer dizer que, no primeiro caso, o menino de 12 anos, por exemplo, devia ter o desenvolvimento mental de 18 anos, e, no segundo, o mesmo devia ter cerca de 14 anos.

Entre outros aspectos psíquicos, a atenção desempenha um papel importante na orientação profissional. Aos indivíduos incapazes de uma concentração prolongada num determinado objeto, são vedadas inúmeras profissões, como a do piloto aviador, maquinista... Na seleção profissional desses, o exame da atenção ocupa um lugar de destaque. Certas companhias de aviação exigem dos seus pilotos uma vida muito regular, a fim de prevenir desvios da atenção, distrações que podem ser fatais.

Além de outras qualidades físicas e mentais, inúmeras profissões exigem certas virtudes de caráter social. Assim a cortesia, a paciência são indispensáveis no trabalho de caixeiro, de vendedor. Em outras são imprescindíveis a cautela e a prudência.

O doloroso capítulo de acidentes e desastres seria reduzido a proporções insignificantes se o "fator humano" fosse devidamente considerado. Uma das funções da orientação e seleção profissional consiste precisamente em prevenir desastres, evitando que homens "causadores de desastres" ocupassem cargos susceptíveis de perigos.

Está provado que os acidentes de tráfego dependem muito menos da parte material de veículos, como se podia supor. O estado de fadiga de "chauffeurs", motoristas ou maquinistas não apresenta, também, influência decisiva. O que importa, antes de mais nada, é a constituição biopsíquica dos trabalhadores.

Foi verificado que certos indivíduos possuem uma natureza *sui generis* que os predispõe ao desastre. O mais curioso é que desde a sua infância, já manifestam esta tendência: "causar desastres". São crianças que se machucam mais que as outras, que quebram com maior freqüência objetos, causam prejuízos materiais, ocasionam acidentes, envolvendo ou não outras vítimas.

Os trabalhos de Marbe, na Alemanha, demonstram e evidenciam estes fatos, pondo em relevo, precisamente, este fator humano específico. Bastante complexo, é um composto biopsíquico, de temperamento mais vivo, de motricidade um tanto descoordenada de inteligência incapaz de resolver, em momentos críticos, a situação; enfim, trata-se de indivíduos de caráter menos escrupuloso, com o sentido da responsabilidade pessoal um tanto diminuto. As vezes, os causadores de desastres revelam uma tendência sádica pronunciada. Em vez de evitar os desastres, eles os procuram, senão consciente, pelos menos inconscientemente. Estes indivíduos desastrosos, perigosos, de natureza um tanto tarada, devem ser despistados mais cedo possível, desde a escola, a fim de serem submetidos a uma reeducação radical do caráter. Quanto aos refratários a esta medida, serão eles levados ao "index" profissional a fim de garantir a sociedade contra misérias eventuais.

Compreende-se que para chegar a este ponto de "defesa social", o serviço de orientação profissional não pode limitar-se a exames esporádicos no momento de se candidatarem as pessoas para o trabalho de ganha-pão. Estes exames, sob forma de registros metódicos, devem acompanhar o desenvolvimento individual desde a escola primária, secundária ou profissional. As escolas devem achar-se em estreita relação com estes centros de orientação e seleção profissional, fornecendo sobre seus ex-alunos, em fichas oportunamente organizadas informações necessárias. Se as escolas têm por fim o preparo do indivíduo para a vida, para uma vida em harmonia com a coletividade e para o progresso desta última, a questão do trabalho de ganha-pão dos ex-alunos não pode ficar à margem dos seus interesses.

Quanto aos indivíduos mediocremente dotados, o papel da escola é prevenir os futuros fracassos, aconselhando os pais, os próprios adolescentes a não visarem carreiras altas demais para a sua inteligência e aptidões. Convém acostumá-los a considerar, de maneira objetiva, seus dotes, sem entretanto criar neles o sentimento maléfico de inferioridade. Educar o caráter, insinuar virtudes tais como a modéstia, a prudência, a paciência aos pais como aos filhos, é prestar grandes serviços no seu futuro campo profissional. A regra para com estes alunos sem brilho e vigor intelectual é não procurar caminhos que levam para lugares altos demais. De modo geral, a regra de Mauvezin deve ser sempre lembrada pelos pais e educadores: "O que é de suma gravidade não é ser demasiadamente inteligente para um ofício, mas não sê-lo bastante".

Quanto aos bem-dotados, as escolas farão bem em acompanhar, com maior atenção, a sorte destes alunos. Que sejam inteligências fora do comum, que sejam aptidões especiais para tal ou outra arte, que sejam dotes de caráter que fazem prever neles futuros homens de pensamento original e robusto, artistas talentosos, técnicos excepcionais, ou homens-chefes, todos eles já revelados na maioria das vezes durante a sua estada na escola, devem ser seguidos nos seus primeiros contatos com a vida.

Assim é que estes tesouros, descobertos muitas vezes pelos mestres-escola, protegidos e encaminhados para o seu proveito ótimo, enriquecerão o cabedal cultural do País. Lembro-me que o papel de inspetores escolares na França, não se limitando ao controle dos métodos de ensino e do trabalho de professores, presta, neste particular, um serviço de grande relevo. Assistindo aos exames, nas escolas do interior, os inspetores freqüentemente descobrem aquelas inteligências que devem receber uma cultura mais esmerada. Com conselhos e auxílios, levam estas à Escola Normal Superior em Paris, fonte inesgotável na formação de elite francesa.

No Brasil, do sertão longínquo ao centro da cultura intelectual, o caminho é áspero e ainda pouco trilhado. Mas é certo que não está longe o dia em que os concursos de Maratona ou outros ajudarão os adolescentes de inteligência superior a tomarem consciência de suas capacidades e a levá-los ao aperfeiçoamento e aproveitamento que merecem.

PARTE 4

Psicologia do Excepcional e Educação Especial

Os textos reunidos nesta parte, escritos entre 1946 e 1974, evidenciam a preocupação da autora com a orientação de instituições voltadas para a educação dos excepcionais. No início dos anos de 1930, Antipoff introduziu no léxico educacional brasileiro o conceito de "excepcional" para se referir aos indivíduos que se diferenciavam dos "normais" através de medidas psicológicas, seguindo sugestão de Alice Descoeudres de evitar o estigma produzido pela denominação de "anormal". Nos anos de 1940 e 1950, envolvida com a gestão do Complexo Educacional da Fazenda do Rosário, Antipoff volta-se para o planejamento de atividades adequadas ao desenvolvimento das crianças de menor potencial ou desajustadas. No fim da vida, nos anos de 1970, trata especialmente da educação dos chamados "bem-dotados", crianças e adolescentes que apresentassem vocação para as profissões científicas ou artísticas, ou para atividades de liderança social. Os últimos trabalhos são sugestões ainda incipientes, escritos por ocasião da criação da Associação Milton Campos para o Desenvolvimento de Vocações (ADAV), em Ibirité, a última instituição a integrar o complexo do Rosário.

A função social da assistência às crianças excepcionais[1]

1946

Neste dia em que parentes, discípulos e admiradores de Ulysses Pernambucano se reúnem em torno do seu nome com a vontade firme de concluir a obra deste homem extraordinário, sinto-me honrada de poder também juntar a minha fraca voz para que a Fundação Ulysses Pernambucano seja a realização póstuma de projetos do seu patrono.

Tive a felicidade de me encontrar com Dr. Ulysses Pernambucano no primeiro ano de minha estada no Brasil, e de saber que nesta ocasião, em 1929-30, havia no Norte do País, orientado por um mestre tão sábio como criterioso, um intenso movimento de pesquisa psicológica. Bem antes de que Minas Gerais, com seu laboratório de psicologia da Escola de Aperfeiçoamento pedagógico, tivesse realizado as suas pesquisas, aqui no Recife fazia-se uma abundante colheita de dados sobre a criança, revisão de escalas psicológicas, estandardização de um sem número de testes mentais, para o uso quotidiano da escola, da clínica psiquiátrica, do serviço de orientação profissional. Várias formas adaptadas, traduzidas, estalonadas em Recife foram também por nós adotadas, como os Testes Alfa, Ballard, etc.

Tem razão Gilberto Freyre afirmando que os trabalhos de Ulysses Pernambucano e dos seus colaboradores colocam Pernambuco em situação de pioneiro no Brasil em iniciativas e organizações esta ordem, pelo fato de se ter feito no Recife, há quinze anos, muita coisa que só agora o Rio está tentando fazer para o Brasil inteiro...

Pois bem, após este trabalho tão intenso como valioso houve uma brusca parada; um silêncio imposto pela força maior e durante mais de 5 anos, nós de fora, deixamos de receber publicações que divulgassem como antes através dos Arquivos da Assistência a Psicopatas de Pernambuco os frutos da experimentação psicológica.

Sentimos uma grande falta e respiramos quando chegaram às nossas mãos os primeiros números de *Neurobiologia*. Em torno do mestre, percebia-se outra vez atividade científica dirigida para o estudo do homem.

Encontrei-me novamente com Dr. Pernambucano em julho de 1943 no Rio de Janeiro, durante as primeiras Jornadas Psicológicas, organizadas então por um grupo de psicólogos, entre os quais Dr. Ombredanne, seu animador principal. Para as segundas jornadas convidamos intensamente Dr. Ulysses Pernambucano e seu grupo. Infelizmente não conseguimos o comparecimento de nenhum deles, em outubro de 1943, em Belo Horizonte. Sabíamos entretanto que Dr. Pernambucano ia realizar talvez as quartas ou quintas jornadas em Recife, para reunir os interessados pela psicologia no Brasil, de tal forma a sua atuação dinâmica se impunha a todos. Mas um novo silêncio se fez... e de força maior ainda. E agora em homenagem ao desaparecido ressurgem novamente as vozes amigas para reunir os esforços e colocar de pé nos alicerces da Fundação Ulysses Pernambucano, a psicologia, as pesquisas sociais, a pedagogia da infância anormal.

Erguem-se já sólidas ao mesmo tempo que graciosas as colunadas arquitetônicas da Fundação, a espera da última carga a receber: telhados, revestimentos, aparelhamento interno. E são sólidas as esperanças dos amigos de Ulysses Pernambucano entre os quais me orgulho de participar, fazendo com que a Fundação realize seus fins sociais e científicos em prazo mais breve possível.

---

[1] Conferência realizada na Reunião da Liga de Higiene Mental de Pernambuco em homenagem à memória do Prof. Ulysses Pernambucano, em 5 de dezembro de 1946, terceiro aniversário de sua morte. Publicada originalmente na revista *Neurobiologia*, 9(4), Recife, dez. 1946, p. 280-285.

❖❖❖

A assistência ao ser humano infranormal, fraco e desajustado na coletividade civilizada, não é somente um prova moral de solidariedade, em que o homem são e forte presta seu auxílio em nome dos princípios perenes de respeito à pessoa humana; é também fruto da convicção de que, servindo à criança mesmo que consideravelmente diminuída no seu potencial psíquico por fatores hereditários ou pela ocorrência de acidentes da primeira infância, se realiza uma obra eficiente ao serviço da sociedade.

A existência de classes especiais que recolhem alunos sem proveito escolar, com isto diminuindo o peso morto do trabalho pedagógico, contribui bastante para intensificar o ritmo dos processos educativos da massa de crianças comuns.

Temos algumas provas disto com o Instituto Pestalozzi de Belo Horizonte que, recolhendo cerca de 200 crianças dos grupos vizinhos, facilitou seu trabalho.

A existência de internatos para crianças excepcionais e desajustadas, permitindo o afastamento às vezes indispensável do meio familiar, de indivíduos com manifestações mórbidas, como vêm a ser convulsões, sestros intempestivos, distúrbios não menos graves de caráter, alivia os ambientes, e com isto protege dezenas de crianças normais, prejudicadas pelo exemplo indesejável, lá onde a mãe sozinha, absorvida pelos cuidados ao filho anormal, está na impossibilidade de prestar atenção aos demais filhos.

Enquanto para pouca coisa servem os métodos comuns de educação e de ensino, para os excepcionais, os resultados, ao contrário, se tornam promissores, quando recebem eles ensinamentos e tratamento especializados. Estes sempre mais concretos com grande emprego de trabalhos manuais e outras atividades extra-escolares, alcançam efeitos positivos, como consta da verificação do rendimento social efetuado sobre um período de 20 anos, por exemplo, na escola de Graf, na Suíça, em Basiléia – em que dos 2.258 ex-alunos das classes especiais cerca de 60% de indivíduos se mostraram inteiramente capazes de ganhar a sua vida, e 30% capazes de ganhá-la parcialmente, enquanto apenas 10% eram incapazes. Outras pesquisas entre as quais a importante da Associação dos Mestres dos Retardados da Alemanha, relativa a 40.000 crianças que deixaram as classes especiais entre 1918 e 1925 mostraram que 90,8% de homens e 93% de mulheres conseguiam manter a sua existência inteiramente ou em parte, encontrando-se os ex-alunos em todos os ramos de trabalho humano, na indústria e comércio e serviços públicos e domésticos, perfeitamente ajustados à sua profissão e aos cargos. Nossa experiência nos mostrou igualmente a grande adaptação após o curso feito mais devagar, na vida profissional.

Alice Descoeudres cita ainda os dados da associação patrocinadora dos ex-alunos das classes especiais de Frankfurt, notando-se um fato interessante a favor da formação moral dos mesmos; comparecem perante os tribunais judiciários em proporção muito menor do que os seus companheiros de classe, porém que deixaram a escola no meio do curso, no fim de 3-4 anos de estudos apenas.

Permito-me agora sugerir uma ligeira modificação de termos na designação dos alunos, que virão procurar a Escola especializada da Fundação Ulysses Pernambucano. Precisamente Alice Descoeudres, há pouco citada, professora do Instituto J. J. Rousseau, de Genebra e autora de obras de psicologia e pedagogia, tendo usado do termo *anormais*, viu-se moralmente obrigada a mudar a terminologia achando-a, como muitos outros, imprópria, vexatória. O termo acentua o sentimento de inferioridade do aluno, e principalmente choca os pais do mesmo, geralmente hiper-sensíveis em relação aos seus filhos menos dotados. Na terceira edição do seu livro, dedicado à pedagogia especial, com uma "mea-culpa" Alice Descoeudres substitui o vocábulo anormais pelo de retardados, já anteriormente introduzido por Alfred Binet. O termo – anormal – soa de maneira humilhante, encerrando ao mesmo tempo idéia de definitivo, de irremediável. Ora, muitos dos alunos terão anomalias parciais, insuficiências locais, dentre um conjunto de normalidade psíquica, ou com desvios ligeiros, não chegando a constituir verdadeiramente anormalidade definitiva.

Sugeria assim para a Fundação Ulysses Pernambucano que não usasse a palavra anormais na designação da sua Escola. Preferíamos que escolhessem um termo neutro como seria por exemplo: Escola médico-pedagógica, ou Instituto de Educação Individual, focalizando menos a espécie de alunos a educar, que a qualidade de tratamento a que os submeterá. Haverá entre eles, presumo, não rara vez, crianças vivas e inteligentes, porém com distúrbios psico-motores, ou de linguagem ou de caráter, e que serão sanados inteiramente ou pelo menos terão melhoras sensíveis, após tratamento adequado; e não ficaria agradável nem a eles, nem aos pais, a menção da *Escola de Anormais* no seu *curriculum* escolar.

Vejamos os benefícios que o tratamento da criança excepcional deficiente ou com distúrbios diversos, *pari passu*, pode trazer à comunidade. Precisamos argumentar bem o nosso propósito de servir à criança excepcional, porque existem pessoas que condenam a preocupação com estes seres, considerando que sua assistência é mais dispendiosa, exige um pessoal especializado com preparo pedagógico mais longo e esmerado; exige classes menos numerosas 15 a 20 alunos no máximo, material didático rico, aparelhamento para trabalhos manuais, matéria-prima abundante para os mesmos.

Um dos partidos a tirar é permitir e favorecer estágios de normalistas educadores nas classes de crianças excepcionais, afim de aperfeiçoar com trabalhos práticos junto a essas crianças, seu preparo psicopedagógico.

Édouard Claparède, mestre insigne, taxando o preparo pedagógico em geral de muito verbal e livresco, preconizava toda espécie de exercícios práticos para futuros educadores, inclusive a "dressagem" animal. Sugeria que cada candidata ao magistério deveria previamente exercitar sua habilidade em seres menos evoluídos que a criança da idade escolar, afim de poder verificar quanto esforço, paciência, perspicácia, encorajamento não devia despender para conseguir do animal a aprendizagem de qualquer espécie de novo hábito. Assim, obrigava Claparède seus alunos e assistentes a experiências com galinhas, por exemplo, repetindo com eles as célebres experiências de Gatz, na discriminação de formas, cores, números etc.; com ratos – estudava a aprendizagem de labirintos, ou em frente de um cinocéfalo, impaciente e irritado – mandava verificar suas atitudes e reações na gaiola, trancada por tramelas e assim por diante, servindo estes exercícios e outros, de Hachet-Souplet, por exemplo, de interessantes estudos para compreensão dos processos educativos.

Pois bem, nada é tão útil à prática do educador como a compreensão exata dos mecanismos de conduta, em seus detalhes e no contexto da personalidade total do educando. São extremamente valiosos estágios em serviços de distúrbios motores, em que crianças espásticas, atáxicas, ou com seqüelas de paralisia infantil, são reeducadas na sua marcha, no manejo dos instrumentos e utensílios simples; como também são instrutivos os exercícios de reeducação da palavra, dos seus defeitos de articulação. Reeducar um gago seria uma das tarefas mais proveitosas para o educador. A criança normal, muita coisa aprende espontaneamente ou em contato com o meio, iludindo assim o mestre sobre o valor de sua atuação. Com os deficientes, no caso dos distúrbios citados, grande parte do êxito dependerá do educador, e de sua habilidade em por os conhecimentos em prática.

Lembraria ainda como é necessário ao futuro mestre-escola o contato prévio com crianças nervosas, histéricas ou acometidas de convulsões. Não rara vez, na própria classe encontrando-se pela primeira vez com tais crianças fica o mestre completamente desnorteado, agravando com o seu desequilíbrio o estado nervoso da classe.

Estágios no meio de alunos que apresentam formas mais ou menos graves de distúrbios de caráter, entre crianças agressivas, insubordinadas, impulsivas, mentirosas, tristonhas e inibidas ou irrequietas e excitadas, auxiliarão ao futuro educador, orientado por um guia competente e talentoso a evitar mais tarde, na sua carreira de mestre, muitos erros, abusos e injustiças.

Especialmente se devem recomendar tais estágios em estabelecimentos para crianças nervosas, deficientes e com distúrbios de caráter – há pessoas que se dedicam à educação da criança desamparada, nos ditos orfanatos e educandários de assistência social. Até hoje não existe ainda que saiba, estabelecimento nenhum de preparo pedagógico para inspetores de alunos e para qualquer dos cargos que exigem o comércio direto com a criança asilada. Mais necessária se torna ainda a organização destes estágios psicopedagógicos para educadores que lidam com adolescentes delinqüentes.

A Fundação Ulysses Pernambucano admitindo tais estagiários ao mesmo tempo promovendo cursos de orientação médico-psicológica aos dirigentes dos mesmos, contribuirá certamente para a melhor eficiência desses estabelecimentos, hoje ainda tão pouco adaptados ao seu cliente.

Montessori na sua genialidade soube aplicar à criança normal porém de idade menor, aos pré-escolares; nas suas Casas dei Bambini, e mais tarde aos escolares comuns, um material partindo do Séguin, rico, variado, adaptado à criança pequena, permitindo dispensar uma grande parte da intervenção direta do mestre e, ao contrário, um aumento considerável de atividades livres e espontaneamente realizadas pela criança.

Prova disto ainda o exemplo de Decroly, que preocupado em facilitar o ensino da leitura ao surdo-mudo introduz o método globalizado, tão mais atraente, mais natural e eficiente em relação à criança normal de 7 anos.

Foram os erros de leitura e de cálculo, cometidos muitas vezes por crianças menos inteligentes e capazes que permitiram a Judd e Buswell realizar seus estudos detalhados sobre as dificuldades seriadas nestas matérias de ensino.

Abre-se agora para nossa época o vasto campo de pesquisas em torno da vida afetiva e a formação de personalidade. Pouca coisa ainda saberemos se o trabalho com os desajustados, com as personalidades psicopáticas, as nervosas infantis e de adolescentes não vierem encaminhar a nossa compreensão de tudo que constitui matéria de inibição ou desvio do seu desenvolvimento.

Quando a Fundação dispuser dos seus laboratórios e arquivos para registros minuciosos de todo trabalho realizado com os alunos de sua Escola, e de todos os recursos de que lançaram mão os educadores para solucionar esse ou aquele caso individual, a Escola tornar-se-á utilíssima na elaboração de métodos psico-pedagógicos frente à criança deficiente ou anti-social. Estes métodos inventados especialmente para os anormais revertem também, quase sempre, em benefício de uma pedagogia do normal.

Prova disto o trabalho do velho Pestalozzi, que descobrindo ambientes e processos didáticos que necessitavam seus alunos débeis mentais, vadios e depauperados recolhidos por ele em Neuhof ou Stanz, introduzia ao mesmo tempo, para a criança normal, métodos mais ativos, vida no campo e ensino profissional.

Provam ainda os esforços de Itard e Séguin, dirigidos todos para a educação dos débeis mentais e imbecis, e os de Maria Montessori, médica e antropóloga que iniciou seus serviços com crianças anormais.

Os processos psicoterápicos que hoje experimentam Melanie Klein ou Ana Freud, através de brinquedos e desenhos, Madeleine Rambert através dos fantoches, Moreno através dos "psicodramas", a técnica lúdica que emprega Frederic Allen na reeducação dos distúrbios de conduta, na sua clínica psiquiátrica de Filadélfia, tudo isto são documentos que constituem material cada vez mais rico para compreender a psicologia humana nos seus aspectos ainda misteriosos, desconhecidos da vida afetiva da criança, normal ou desajustada, ou nos limites entre ambos, no meio da constelação familiar, cuja chave a escola individual de Adler pretende nos dar.

Quando Slawson levar mais adiante seus estudos acerca da "Psicoterapia de Grupo", aplicada a indivíduos desajustados, estes estudos permitirão penetrar mais um domínio de onde a conduta coletiva humana acha-se fortemente impregnada pelas formas variadas da estruturação grupal, e pela influência da maturidade social dos seus componentes.

Pouco a pouco psicólogos e educadores terão um pouco mais de segurança que hoje nos seus diagnósticos ainda tão vacilantes e nos processos educacionais onde reina ainda tanto empirismo.

Os intensos trabalhos que está realizando a psicologia ocupacional para excepcionais de várias espécies, com distúrbios motores apenas, para débeis mentais de níveis diferentes, para temperamentos e caracteres, para alienados de várias classes, parecem-nos sumamente interessantes para nos orientar nos trabalhos e "hobbies" para adolescentes normais.

Lembramos ainda que a música, o emprego sistemático de discos musicais com crianças excepcionais ou psicopatas nos ajudará a compreender melhor a influência que ela exerce na massa de crianças e de adultos que hoje ainda vivem em pleno caos de ondas com que as estações radiofônicas inundam o espaço. Amanhã provavelmente tal coisa, após estudos feitos, será tida como impossível de ser tolerada.

Enfim são estes os poucos argumentos, que tomei bastante por alto, por quanto nosso trabalho pessoal com os excepcionais, não permitiu ainda entrar na fase mesmo suficientemente objetiva e científica para trazer-vos resultados comprovados próprios.

Esperamos que o grupo que trabalha na Fundação Ulysses Pernambucano com suas classes, seu internato, com laboratórios e estágios para futuras normalistas e estudiosos, dará ao Brasil um excelente centro médico-pedagógico para a pesquisa e o preparo de especialistas em vários ramos de tratamento de distúrbios e deficiências mentais.

Faço votos para que nada venha impedir seu mais breve funcionamento. A Fundação Ulysses Pernambucano deve servir à infância excepcional e desajustada.

Educação dos excepcionais[1]

1955

A anormalidade mental, como certas formas de alienação mental, não são conceitos absolutos e, sim, relativos. O que torna o indivíduo anormal é, por mais das vezes, que ele não se ajeita às condições de sua família, de sua escola, de seu emprego, enfim, da sociedade em que está vivendo.

E não se ajeita porque a sua inteligência, o seu caráter, as suas aptidões ficam aquém ou além das exigências que o dado meio lhe apresenta. O resultado é uma desadaptação permanente e que se traduz ora por uma passividade deprimente, ora por uma agitação perturbadora, pelas atitudes anti-sociais, de brutalidade ou de revolta surda, ora por outras manifestações doentias. No trabalho o seu rendimento é nulo; na economia de um país, é um parasita.

Sua característica mental é a predominância dos instintos sobre os processos racionais. Ao ímpeto da natureza impulsiva, a razão lógica é impotente para opor freios que conduzam o indivíduo em equilíbrio com o ambiente em que vive. Mas quantos delinqüentes de hoje não seriam heróis no meio de tribos nômades, no meio de povos que vivem pelas e para as guerrilhas!

A educação será uma tentativa de oferecer aos excepcionais, indivíduos tachados de débeis, nervosos, impulsivos, com tendência à delinqüência, um ambiente, um regime de vida, um trabalho que torne sua anormalidade inoperante.

Quais são os meios para o reajustamento do excepcional!

Não resta dúvida em que a vida trepidante, artificial de grandes cidades, vida complexa de uma civilização adiantada, não serve para os excepcionais. A natureza desses é, de modo geral, primitiva, pueril, comparada com as dos indivíduos comuns de nossos dias. Ela se assemelha mais com o que os povos eram 12-15 séculos antes, com o que são hoje certas povoações semi-civilizadas.

Campo, ambiente natural

Escolas para excepcionais devem ser localizadas fora das cidades. O local natural é o campo. Espaços mais largos permitem movimentos mais amplos. Os ritmos da vida são ali mais regulares: o sol, melhor que o relógio, e os sinos marcam as horas, convidando ao trabalho e ao sono.

Além da serenidade, a natureza dá margem a um elemento que julgo de suma importância na educação dos excepcionais: a beleza. É muito mais fácil deixar a criança ver o que é belo, o que é feio, do que fazê-la compreender o que é bom e o eu é mau. A estética do ambiente é o fundo no qual se perfilarão as ações dos adolescente. Esses, rapidamente, eles mesmos, ou com auxílio de educadores, procurarão a harmonia, fugindo do chocante visível e da cacofonia das discordâncias. E assim, paulatinamente, se aproximam das regras da vida social e moral.

---

[1] Publicado originalmente no *Boletim da Sociedade Pestalozzi do Brasil* 29, Rio de Janeiro, 1955, p. 29-34. Reeditado na *Revista Brasileira de Estudos Pedagógicos* 25(61), Rio de Janeiro, 1956, p. 222-227.

Vida em núcleos familiares

O excepcional, por mais das vezes, é um indivíduo cuja personalidade carece de organização interna harmoniosa. Esta não se elaborará, senão num ambiente onde ele é considerado como um "todo", como uma pessoa, e como tal, sempre digna de consideração e carinho. Somente a família unida, com seus laços sentimentais e hierárquicos, dá à criança a plenitude da vida pessoal. Na ausência desta família, o lar pedagógico fará tudo para insuflar o "clima" de confiança, a fim de que possam desabrochar, sem constrangimento, as aspirações e as capacidades de cada um dos seus membros ligados por laços de respeito mútuo.

Assim, nunca educaremos os excepcionais em altos falanstérios e sim em casas pequenas, de moradias comuns. Cada morado responsabilizar-se-á pelo asseio, pela ordem, beleza e hospitalidade para com os estranhos.

Trabalho

Apropriando à índole e às aptidões de cada um os gêneros de trabalho diferentes, teremos com os excepcionais a tríplice intenção: primeiro, *o exercício de aptidões*; segundo, *pesquisas no terreno vocacional*, enfim, *aprendizagem em vista de ocupações lucrativas* para o indivíduo e a coletividade da qual faz parte.

O trabalho bem escolhido é um estímulo forte para o desenvolvimento mental e o reajustamento social. Será o trabalho objeto de um estudo acurado e de esforços perseverantes por parte dos dirigentes.

Estabelecimento agro-industrial, será a Escola para excepcionais um conjunto de serviços realizados na casa, no campo, nas oficinas, no escritório e nas fábricas. Cada aluno será cooperador da empresa, ao mesmo tempo que aprendiz na Escola. Terá por guia a mão segura de um diretor competente em matérias agrícolas e industriais.

Não serão propícios ao nosso excepcional trabalhos de técnica muito perfeita, com maquinismos e processos e automáticos. Ao contrário, conviriam melhor aqueles que possam ser servidos com instrumentos simples, instrumentos que a humanidade empregava antes da era da eletricidade e do vapor. Assim, mais ativa poderá ser a participação do organismo humano em sua musculatura, em seus sentidos. A inteligência terá também maiores oportunidades em compreender, assimilar e resolver situações novas.

Os trabalhos poderão dividir-se em:

1. *Serviços domésticos.*

2. *Cultura agrícola,* principalmente para o uso próprio da escola, podendo ser o excesso vendido fora. Além das hortaliças, frutas, flores, poderá a Escola cultivar viveiros de mudas, de plantas decorativas, arvoredos, etc.

3. *Criação de animais:* aves, suínos, bovinos, peixes, abelhas, também para uso próprio, principalmente.

4. *Trabalho de consertos:* tudo que a Escola exigir neste ponto particular poderá ser realizado nas oficinas de consertos:

   a) carpintaria e marcenaria;

   b) mecânica e eletricidade;

   c) alfaiataria, sapataria.

5. *Serviço de escritório:* contabilidade, datilografia, correspondência comercial.

6. *Serviços comerciais,* na loja, em representação de produtos da casa.

Os trabalhos agrícolas, de criação, de consertos e de escritório, considerados como meio de aprendizagem técnica e para a economia da Escola, serão também aproveitados para ensinar aos alunos da Escola noções de história natural, desenho, língua pátria e cálculo.

7. *Indústrias*. Estas, visando principalmente lucros para a manutenção da escola e seu desenvolvimento, serão determinadas pelas condições regionais e suas necessidades. Como não poderão ser senão indústrias modestas, tanto pela qualidade como pela quantidade, procurarão dar-lhe um cunho original, evitando assim a concorrência com as indústrias da região. Temos a impressão que as indústrias mais adequadas para tais estabelecimentos serão as que cultivarem as "artes regionais".

As "artes regionais", tão desenvolvidas em alguns países europeus e mais ainda em certas colônias, permitem, sem grande aparelhamento, a produção de artigos originais bem apreciáveis. Prova disso a indústria de tapetes, rendas, brinquedos de crianças, trabalhos de madeira e de couro, de metal, cerâmica, objetos decorativos, ou de uso, mas com cunho sempre estético, em que artistas humildes, anônimos, realizam os seus talentos e aptidões. No Brasil, que eu conheça, estas "artes regionais" não receberam ainda toda a atenção que merecem. Excetua-se o Norte, que, estimulado pelas secas e ausência de outros lucros, já tem mostrado, em suas famosas rendas, em seus trabalhos de couro, o que a arte popular pode produzir de belo a habilidoso.

Se as condições climatéricas e econômicas em outros lugares não são tão pungentes como no Norte flagelado pela seca, não quer dizer que as populações dessas regiões não lucrariam também bastante, com trabalhos auxiliares, suplementares ao ganha-pão principal. Para isto bastaria o desenvolvimento de alguns núcleos que tomariam a iniciativa dessas artes, quanto à distribuição do material e de alguns modelos, assim como o escoamento comercial dos artigos confeccionados.

Tenho a impressão que poderão estas "artes regionais" ser exploradas, em parte, nas Escolas para excepcionais, e que tomariam a si precisamente a iniciativa e a distribuição de que falamos acima. (Os mosteiros da Rússia antiga mantinham ao redor de si núcleos de colaboradores, simples camponeses, trabalhando em suas próprias casas.)

Tecelagem de panos rústicos, cobertores, tapetes, cortinas, toalhas; cerâmica de vasos, pratos, travessas; trabalhos de ferro forjado e outros metais; trabalhos de couro e chifre (Madagascar tem feito coisas maravilhosas com este material) – sempre com a preocupação máxima de produzir modelos originais e sempre belos.

Para que esta parte possa impor-se ao público, é preciso acostumar o povo a apreciá-la. Isto far-se-á por meio de exposições, concursos, palestras e conferências sobre suas origens e valores. Para isso também haverá a máxima preocupação em cercar-se de artistas com gosto e de crianças e adolescentes talentosos. Entre os excepcionais de caráter, encontram-se não rara vez aptidões fortes para desenho, escultura e pintura. Nada será melhor que aproveitar suas aptidões nessas realizações industriais.

Não cabe a um artigo sumário sobre a educação, entrar em pormenores deste trabalho que merece uma atenção especial. Consagramos estas linhas apenas no intuito de mostrar desde já quanto a questão do trabalho poderá ser desenvolvida e amplamente tratada no seio de uma escola para excepcionais.

Outro aspecto do trabalho com os excepcionais

Formação de educadores – Elaboração de métodos pedagógicos

Escola para excepcionais terá como finalidade maior a formação do caráter dos seus alunos. Caráter e educação representam ainda termos bem misteriosos para os conhecedores mais competentes do assunto. A obra de Freud, que sondou o terreno mais profundo da personalidade, que descobriu alguns mecanismos escondidos de sua dinâmica, mesmo ela deixa na sombra a maior parte de fatos psíquicos. De maneira que a educação continua a ser uma arte de intuição, uma prática empírica. E, mais que tudo isto, uma osmose inconsciente entre a personalidade do educador e do educando.

Sendo assim, será de uma importância fundamental achar, para o trabalho com excepcionais, educadores natos, com cultura pedagógica mais sólida possível. Indivíduos desprovidos de "complexos" otimistas e entusiastas no que diz respeito à sua profissão. Devem ser bastante idealistas e possuir uma faísca de espiritualidade que os transforme, quando preciso, em verdadeiros apóstolos do bem.

Aos educadores, principalmente aos que terão a responsabilidade de um pavilhão, ou de um lar (cada um com 15 a 20 adolescentes) compete:

1. Criar um ambiente propício para a educação, "o clima" mais favorável ao tipo de alunos que receberá;

2. Imaginar e realizar processos e técnicas educativas apropriadas a cada caso e fato ocorrido;

3. Compreender a experiência, registrar, como cientista, fatos objetivos, a fim de construir, pouco a pouco, a pedagogia, como arte baseada na experiência.

O último tópico é importante. Escolas para excepcionais não são simples escolas. São estabelecimentos onde se educam crianças, onde se estudam problemas e processos educativos e onde se formam educadores.

Assim também a Escola-Granja, projetada pela Sociedade Pestalozzi para excepcionais, visa simultaneamente os dois fins: ser um laboratório de pesquisas médico-pedagógicas e também uma clínica para estágios dirigidos para jovens educadores, aqueles, principalmente, que se dedicarão a instituições especiais, como são as classes de retardados, escolas para excepcionais, reformatórios para perversos e delinqüentes, casas para crianças nervosas, e, por que não dizer?, pois as leis e a técnica são as mesmas, também instituições congêneres para adultos, porque do que mais precisa um nervoso, um alienado, um delinqüente, qualquer que seja a sua idade, e de educadores, para guiar o seu reajustamento social e a sua readaptação mental.

Ora, dizia ainda há pouco Alfred Binet, a pedagogia é uma pseudociência, que afirma sempre sem nada verificar. Com esta pedagogia não iremos longe. Para tê-la como arte segura, teremos que dedicar-lhe estudos e práticas cuidadosas. Nas escolas para excepcionais, este ramo terá uma aplicação de enorme proveito.

O problema do bem-dotado no meio rural[1]

1971

O século XX é uma época de grandes transformações, diferente portanto de épocas passadas, elas também testemunhas de grandes transformações. É que, no passado, as mudanças se processavam lentamente, os estágios ou fases se conservando em nível por longos períodos; as de hoje, no entanto, ocorrem numa sucessão contínua, de incomensurável rapidez, graças ao avanço tecnológico e científico, que tanto repercute nos meios de comunicação.

Serão, porém, positivas todas estas mutações atuais? A par da tecnologia, da ciência, do vertiginoso progresso das comunicações, atendem elas ao bem-estar, à felicidade do homem, desse homem que não é um robô, mas que pensa, que anseia, que busca algo mais do que lhe é oferecido? Que rejeita, ou sente repulsa por regimes capazes de atingi-lo para derrotá-lo, para levá-lo a condições indignas da pessoa humana?

Não cremos. Há transformações que trazem mensagens de sangue, mergulhando em tristeza e confusão o panorama mundial. Aperfeiçoam-se ou criam-se máquinas de morte, esquecida a tecnologia de seu dever de construir para o bem, para a paz. Ante os absurdos a que se vê conduzido pela civilização e pelo progresso, o homem se assusta e se rebela, e então congregam-se grupos diversos de jovens e, sejam suas qualidades boas ou más, são eles os responsáveis mais diretos pelas constantes mutações do mundo atual.

Por que estas rápidas considerações sobre o assunto já tão debatido, tão claro, tão evidente? Estamos num seminário que procura soluções para o problema, diremos, do bem-dotado. Esquivamo-nos de dizer superdotados porque estes são em número muitíssimo raro em todo o mundo. Sentimos que nos cabe, a nós educadores, grande responsabilidade no atendimento de indivíduos colocados nessa classificação, atendimento que, individualmente, lhes é devido por direito natural e, coletivamente, por dever social.

De uma orientação, de um equipamento harmonioso de sua personalidade depende venham eles a ser os futuros líderes positivos das grandes transformações técnicas, científicas, sociais e morais que se estenderão pelo fim do século e atingirão o ano 2000. Hoje, mais do que nunca, temos que descobrir os indivíduos bem-dotados desde a primeira infância, para que possamos levá-los a uma educação adequada, em que sejam tratados como pessoas, sem o perigo de serem considerados minigênios e, em conseqüência, expostos à admiração de parentes, amigos, colegas e autoridades, o que os faz se sentirem, cada um, como uma *avis rara*, colocando-os geralmente em posição esquiva, de defesa ou de agressividade, quando não em atitudes de exagerada concentração interior, buscando o isolamento social.

Bem-educados intelectual, técnica, social, moral e espiritualmente, os grupos de bem-dotados constituir-se-ão em força positiva do progresso, de uma filosofia, inevitável nas mudanças de civilização, criando condições de vida e não de morte, de alegria e não de lágrimas, de amor e não de ódio.

Se isso não acontecer, os bem-dotados serão ou permanecerão como joguetes de espertalhões, de egoístas, de exploradores da sociedade em benefício próprio, atuando com as forças do mal, sem qualquer proveito material ou moral para a humanidade.

Temos fé num futuro em que haja uma verdadeira liderança de elite, pela educação proporcionada aos bem-dotados, que já trazem em sua constituição, a semente fecunda do poder criador e renovador.

[1] Seminário sobre superdotados, promovido pelo Depto. de Educação Complementar (MEC), coordenado pela Sra. Sarah Couto César e pelo Prof. Amadeu Teixeira da Mota, realizado em Brasília, em outubro de 1971.

O problema do bem-dotado no meio rural

Por que a escolha do tema?

1. Porque estamos há anos dedicados à educação no meio rural e nos interessamos de perto pelo atendimento educativo ao bem-dotado dessa parte do território brasileiro.
2. Porque não há prova contrária à existência de meninos bem-dotados no meio rural.
3. Porque, assim, achamos injusto que lhes seja negada a oportunidade de demonstrarem sua capacidade mental sob qualquer de suas manifestações, de mostrarem suas aptidões especiais e de receberem educação adequada.

Dividimos o assunto em treze itens:

I – Necessidade de atendimento dos bem-dotados no meio rural.
II – Sua identificação. Características.
III – Quem pode e deve descobri-los em seu meio ambiente.
IV – Mensuração e seleção.
V – Forma de atendimento.
VI – Etapas progressivas na obra educativa.
VII – Filosofia educacional.
VIII – Criação do Serviço ou Fundação Pró Bem-Dotados.
IX – Recursos financeiros.
X – Recursos humanos.
XI – Recursos técnicos.
XII – Conclusões do Seminário realizado na Fazenda do Rosário(antigo ISER), em 1967.
XIII – Experiências já realizadas.

I – Necessidade de Atendimento dos Bem-Dotados no Meio Rural

Que resultará dessa omissão, sem a devida assistência, ao bem-dotado? Ficará no meio rural, sem possibilidade de aproveitamento, sem meios de sair da rotina ali existente. Descambará, como ocorre efetivamente na maioria das vezes, para o alcoolismo, as desordens, até mesmo para o assassinato e suicídio.

Não será elemento de progresso, pois o meio ambiente o sufoca com seu atraso, em vista da falta de estímulo que encontra na comunidade ou na escola.

Numa segunda hipótese, o bem-dotado consegue ir para a cidade grande, mas sem orientação nem assistência perde-se no torvelinho da vida urbana e raramente consegue progredir até atingir o nível que sua capacidade lhe permitiria. Geralmente desajusta-se, marginalizando-se.

Que advirá de nossa preocupação com os bem-dotados?

1. Receberão no próprio meio rural a primeira assistência educativa, sob a qual se revelarão suas potencialidades.
2. Serão orientados de acordo com sua capacidade intelectual e suas aptidões. Serão elementos de progresso na comunidade rural ou em qualquer outro lugar em que venham a se estabelecer.

II – Sua Identificação. Características

Não é fácil como pode parecer a identificação dos bem-dotados. Raymund de Graecher, no capítulo IV de seu livro *As Crianças Intelectualmente Bem-Dotadas*, diz: "O que sabemos presentemente sobre a natureza da inteligência e sobre aptidões especiais nos impede de dar ao problema dos superdotados, e especialmente ao problema de sua seleção, qualquer solução que não seja pragmática". Os testes de inteligência foram considerados como um meio certo para a identificação da criança bem-dotada. Dava-se ao Q.I. obtido um valor de dogma, hoje já não considerado dessa forma, porque demonstra exteriorizações parciais da inteligência geral. A inteligência, assim encarada em seu todo, não se pode separar da personalidade total.

Ainda que fosse bem diagnosticada num determinado período da vida da criança a superioridade de sua inteligência, não se poderia prever o uso que futuramente faria dela. É preciso, pois, que os bem-dotados se identifiquem também por realizações, por obras. Isso demonstrará o grau de inteligência e as aptidões especiais, que são, na realidade, dois fatores capazes de caracterizá-los, partindo-se daí para um atendimento educativo correto.

Os testes de inteligência deverão ser repetidos algumas vezes, a intervalos mais ou menos regulares. As emoções do momento, a idade, a mudança de ambiente poderão modificar os resultados anteriormente obtidos. O atendimento à criança deverá obedecer aos resultados dos testes de inteligência, de personalidade, àquilo que realiza no grupo escolar, à sua integração ou marginalização dentro de equipes de trabalho ou lazer, etc.

Nem sempre o Q.I. 130/140 conserva a criança no ritmo de aprendizagem esperado, por lhe faltarem outras qualidades, como perseverança, atenção dirigida, etc. Ao contrário, crianças de Q.I. mais baixo progridem à medida que recebem boa orientação, que faz desabrocharem suas aptidões especiais.

Há, pois, ainda bastante que pesquisar quanto à definição do que seja um bem-dotado.

Onde e como identificar mais objetivamente os bem-dotados, assim denominados pelos resultados obtidos nos testes de inteligência? Nos grupos de trabalho ou lazer, nos acampamentos escoteiros, nos grêmios, nas festas escolares, nos teatros de estudantes, nos jogos de baralho, xadrez e damas, no gosto por palavras cruzadas, charadas, logogrifos: nas redações de revistas juvenis, nas bibliotecas, na escolha de leituras, nos concursos escolares e outros, na participação ativa em feiras ou exposições de arte, ciências ou outras; na curiosidade permanente por fenômenos de qualquer natureza, à procura das causas que os motivam ou modificam.

Constituem características dos bem-dotados, segundo dados colhidos em experiências feitas com 100 indivíduos assim considerados, conforme artigo de Catherine Cox Milles, publicado no *Manual de Psicologia Infantil*[2].

1. Intelectuais

Trabalho mental consagrado aos estudos de rotina.
Independência de pensamento.
Observação sensível.
Capacidade de memória.
Rapidez de compreensão.
Originalidade, capacidade criadora.
Profundeza de compreensão.
Trabalho mental para fins especiais.

2. Sociais

Inspiram confiança.
São escrupulosos.
Têm grande influência pessoal.
Exercem intensa influência sobre a família ou amizades íntimas.

[2] *Manual de Psicologia Infantil*, de L. Carmichael, p. 1165, Barcelona, 1964.

3. Características do Eu e Motivação

Desejo de dirigir e impor sua vontade.
Justeza de autocrítica.
Justeza na apreciação de seus talentos especiais.
Fé em seus próprios poderes.
Energia de caráter em conjunto.
Perseverança no esforço para alcançar objetivos remotos.
Força de vontade e perseverança.
Constância frente a obstáculos.
Constância no esforço.
Desejo de sobressair no esforço.

Outras experiências, anotadas na mesma página da citada obra, mostram que existem ainda outras características, dentre as quais citaremos: bondade consciente, desejo de ser amado, sentimento de justiça, sentimento de responsabilidade no grupo, pensamento dependente da razão, atenção a detalhes, rapidez e profundeza de compreensão, etc.

– interesse pela religião
– pureza moral
– energia física
– ausência de sugestionabilidade
– pensamento dependente da razão

III – Quem Pode e Deve Descobrir os Bem-Dotados no Meio Rural?

a) Dentro da vida escolar, os elementos ligados são: o regente da classe, o inspetor de ensino (que deve ter essa pesquisa como uma de suas funções especiais), os próprios colegas que em convívio mais íntimo com eles notam as diferenças em relação aos outros, suas aptidões especiais, suas habilidades, seu comportamento moral, social, etc.
b) Fora da vida escolar: os membros de associações militantes na comunidade e o sacerdote poderão apontá-los, pois naturalmente se distinguirão em tarefas, em liderança, etc.
Haverá, em ambos os casos, a revelação autêntica da criança.

IV – Mensuração e Seleção

a) Testes de medida de inteligência – necessários, mas insuficientes sozinhos – determinarão se a criança é ou não bem-dotada; ao lado da inteligência, há que considerar as aptidões especiais. Além disso, fatores diversos poderão influir no resultado dos testes, que não apresentarão, assim, efetivo resultado: emoção de momento, timidez, pouco contato com pessoas de meio diferente da língua portuguesa, em razão de recente mudança para o Brasil, crianças de meio social restrito, no qual lhes faltam condições para conhecer o vocabulário usado nos testes e aplicá-lo devidamente.
b) Outros processos deverão ser empregados para identificação dos bem-dotados. Entre eles estão citados no item anterior; observação pelo regente de classe, por colegas e membros de associações.
Ao lado dos resultados intelectuais, é preciso valorizar os sucessos superiores nos múltiplos campos da vida individual e social.
c) Deverá ser evitado o caráter traumatizante de provas para a seleção dos bem-dotados no meio rural. Como o ambiente em que vivem é restrito, qualquer coisa diferente, apresentada sem preparação, causa

espantos e inibição. Assim, a aplicação de testes deverá ser procedida de contatos com as crianças, contatos informais, em que, aos poucos, se irão revelando.

d) É preciso lembrar que a seleção não pode ser um conhecimento esporádico e sim permanente, que será repetido várias vezes, seguindo a evolução da criança desde o maternal, passando pelo primário, o secundário e o superior, medindo desse modo o crescimento dessa evolução ou permitindo verificar a sua paralisação, em idades diferentes e em diferentes graus de escolaridade.

V – Forma de Atendimento

a) Escolas comuns?
b) Escolas especiais só para bem-dotados?
c) Escolas comuns com atividades diferenciadas, com métodos dinâmicos e expansão das aptidões especiais e o desenvolvimento do espírito científico dos bem-dotados?

Esse item parece-nos de alta importância, por conter elementos sutis quanto à formação da personalidade dos bem-dotados. No meio de crianças de menor capacidade, estarão sujeitos à perda de oportunidade para o seu desenvolvimento?

Em escolas especiais, com pequeno grupo de outros bem-dotados, estarão perdendo oportunidade quanto a seu desenvolvimento social e moral, correndo o risco de se sentirem isolados ou, ao contrário, supervalorizando-se, constituindo um "quisto" e não um grupo dinamizador?

No terceiro tipo de atendimento, acima citado, encontrariam eles recursos para a expansão de sua inteligência e de suas aptidões especiais, permitindo-lhes melhor desenvolvimento social e moral, sem correrem o risco de uma exagerada autovalorização, mas, ao contrário, sentindo que podem empregar sua capacidade total na elevação do grupo que com eles convive?

Tudo isso nos leva a deixar em aberto o presente item para debate nos grupos de estudo do Seminário.

VI – Etapas Progressivas na Obra Educativa

"Toda obra de educação é um laboratório."

Considerando que, no Brasil, estamos praticamente partindo agora para o trabalho educativo dos bem-dotados, sugerimos seja ele iniciado e continuado por etapas sucessivas, até que se atinja o máximo esperado e desejado.

1 – Reuniões – em fins de semana ou recesso, de grupos de bem-dotados de diversas escolas, em ambiente educacional ou familiar, assessorados por um estudante ou professor, escolhido por seu alto gabarito de criatividade e realização. Os bem-dotados teriam um período de atividades culturais e aprendizagem de *hobbies* de sua preferência, segundo escolha individual. Pode acontecer que alguns meninos escolham igual atividade, formando-se então grupos de trabalho, o que é ideal, pequenos grupos para realizar pequenos projetos. Fica bem claro que as atividades ligadas a ofícios e *hobbies* não excluem o estudo e serão considerados como atividades de preparo geral.

Exemplificando: para fazer-se uma flautinha de bambu algumas áreas de estudo serão atingidas: botânica, matemática, acústica, capacidade respiratória, etc., consistindo a atividade na aquisição de conhecimentos através de esforço próprio, respondendo a necessidades sucessivas dentro de um interesse concreto.

Temos um exemplo vivido de reuniões semanais com os bem-dotados, realizado no Instituto Pestalozzi de Belo Horizonte. O objetivo era retirar dos excepcionais deficientes a marca que os acompanhava por freqüentarem tal Instituto. A vizinhança os olhava com piedade e zombaria de mau gosto e todos os conheciam por "os Pestalozzi". Combinamos, então, convidar grupos de bem-dotados, escolhendo-se dois alunos de várias escolas primárias que aos sábados ali iam, sendo-lhes apresentada, de modo vivo e atraente, a vida de um grande vulto da humanidade, sua obra, suas lutas e suas vitórias.

O resultado foi bom, tanto para um dos objetivos, que era de mostrar que nem todas as crianças do Instituto eram deficientes, como para o outro, que era dar novos horizontes aos bem-dotados.

2 – Colônias de Férias – que permitem, num período mais longo, observar melhor as reações individuais dentro dos grupos.

Nessas colônias destinadas aos bem-dotados, encontrariam eles as mais variadas oportunidades para alimentar sua inteligência, suas habilidades, sua personalidade. Haveria muito boa biblioteca, aparelhos para estudo experimental de física, de química, de mecânica, de eletricidade e hidráulica, de marcenaria, material para artesanato, etc., bem como os indispensáveis assessores.

No setor de esporte, deveriam ter oportunidade para escolher entre o futebol, voleibol, basquete, pingue-pongue, etc.

Nas artes haveria estudo de cinema e teatro, produção e encenação de peças teatrais, *ballet* clássico e moderno, modelagem, escultura.

A natureza lhes seria uma escola viva quanto ao estudo do solo, das plantas, das aves e outros animais, e ponto de partida para a organização do museu da colônia.

O céu estará à disposição para o estudo das estrelas, das constelações, dos planetas, da orientação dos astros.

Próximo a pequenas comunidades interioranas, haveria oportunidade para o entrosamento das colônias com aquelas, dando origem e uma série de empreendimentos civilizadores, principalmente dirigidos à zona rural. Tudo isso seria oportunidade para se organizarem projetos que trouxessem algo de novo e útil, e que pudessem ser iniciados e terminados dentro do período de férias. Que imensa oportunidade para estudos cada um traria!

Parece-nos que uma colônia de férias assim, além de não ser uma ilusão, poderia transformar-se num grande campo para o conhecimento mais real dos bem-dotados e seu posterior atendimento.

3 – Institutos – criados para atendimento ao bem-dotado dos 12 aos 16 anos, faixa etária que nos parece suficiente para que a orientação lhes seja proveitosa e possam, a partir dos 16 anos, procurar a escola que preferirem.

Tratando-se dos bem-dotados, acredita-se estarem, nessa idade, já prontos para o ingresso em cursos superiores ou em ofício especializado, à sua escolha.

Para a civilização do meio rural, será de grande alcance que parte deles – os mais ligados ao meio – se dedique à área educacional do povo que ali vive, porque com o equipamento humano e cultural-prático que possuem seriam, em verdade, os mais capazes de transformar a vida de nosso rurícola.

Dever-se-ia dar-lhes, entretanto, boas condições quanto a escolas e remuneração.

VII – Filosofia Educacional

É necessário firmar-se a filosofia da educação dos bem-dotados, mormente em nossa época, quando se caminha para uma nova civilização, que exige uma elite de alto gabarito intelectual e moral. A eles deverão caber as bases da transição, opondo-se aos grupos de jovens guiados e explorados por pessoas inescrupulosas e egoístas, concentradas nas riquezas, ou por extremistas desesperados, sem liderança de bom senso, nem de justiça. A educação não acompanhou o progresso da tecnologia e isso é um dos grandes males que hoje perturbam o bem-estar e a tranqüilidade dos povos. Quando a sociedade se vê no caos, a responsabilidade maior repousa nas escolas, que não estão cumprindo a missão que lhes cabe, estão divorciadas da realidade presente e ignorantes das realidades futuras.

A filosofia da educação deve, pois visar ao engajamento dentro das realidades presentes, não para apoiá-las ou nelas submergir, mas para afastar erros e introduzir acertos.

Se toda educação deve partir da busca, partindo de um problema, isso é tanto mais verdade quando se trata dos bem-dotados, que não se contentam em receber lições dogmáticas. Sua curiosidade intelectual leva-os a pesquisar, descobrir, deduzir e abstrair.

Não se pode programar coisa alguma de caráter definitivo, mas sim na base das experiências e realizações. Cada um terá seu programa, pois o atendimento deverá ser individual, partindo das aptidões e necessidades reais de cada indivíduo. O agrupamento surgirá, sem dúvida, mas sob forma de livre escolha dos companheiros, que se aglutinarão ao encontrarem pontos comuns de interesses e necessidades. De outra maneira, determinado pelo assessor (pois haverá assessor e não professor), não terá nenhuma consistência e nenhum proveito: será um conjunto de indivíduos e não um grupo de trabalho. Logicamente, haverá necessidade de assessores cuja idade não deve ser muito distanciada da dos educandos, estudantes ou já diplomados e mestres de qualquer ofício.

Além desses elementos, a presença de pessoas mais idosas, ou de pessoas física, sensorial e mesmo mentalmente inferiores que servirão como "moderadores", é também de utilidade; materialmente fracas ou subdesenvolvidas, essas pessoas muitas vezes, quando bem estruturadas moral e espiritualmente, constituem-se em força moral inestimável. Baseamo-nos em observação de fatos. Por exemplo: a presença de uma octogenária lúcida e operosa, porém sem agilidade motora, mãe de uma professora, deu ao lar de meninos excepcionais um toque de alto benefício para as crianças, que a procuram para ouvi-la contar fatos de sua vida, estórias, etc. Outro fato a citar: a presença de uma educadora cega, supervisionando, em regime de internato, rapazes de um Ginásio Normal Rural, onde tudo corria num ambiente cordial e disciplinado, sendo ela alvo de carinhosa atenção por parte de todos.

Toda escola deverá, a nosso ver, começar com um grupo reduzido de elementos humanos, que crescerá na medida de suas capacidades e do vigor dinâmico e construtivo em geral. Partindo de um núcleo coeso de pessoas, terá que desenvolver suas próprias potencialidades e seus próprios recursos para, então, assimilar novos elementos e recursos para o crescimento da obra. Esses elementos todos terão que evidenciar não só aptidões fora do comum na área da inteligência, mas também na área social, técnica, produtiva, moral e espiritual.

Uma filosofia educativa deve, forçosamente, valorizar a criatividade, pois é obra altamente criativa, antes de mais nada. E, em matéria de criação, o mais importante é oferecer ambiente onde ela se expanda em cada um dos elementos e se transfira, por eles, ao conjunto social e comunitário. Seria a filosofia do estímulo ao desenvolvimento dos valores através de atividades adequadas, livremente escolhidas.

Programas

Dentro de tal filosofia, não haveria "programa de ensino", mas sim programação, planejamento e realização de "projetos", alguns deles miniprojetos, que comecem e terminem em curto prazo, e outros maiores, estendo-se por dias, semanas, meses e até anos.

Qual ou onde a novidade?

Há um século atrás, Sanderson já a instituíra em moldes assim, na escola de Oundle, na Inglaterra, não sem alguma preocupação, aliás, quando lhe foi entregue a direção da escola. Aos 35 anos, Sanderson era conhecido como uma personalidade extravagante e o corpo docente hesitava em quebrar a monotonia cômoda e sonolenta em que ali transcorriam os trabalhos.

"Foi recebido friamente pelos que trabalhavam na escola e pela comunidade. Preferiam alguém versado em línguas e literatura clássica, capaz de comportar-se com a dignidade fria e severa de um clérigo. A idéia de que iria dirigir o colégio um professor de física, com suas pilhas e balanças, suas audácias científicas e, possivelmente, uma absoluta falta de boas maneiras, era-lhes de todo insuportável. Logo, todos tácita ou expressamente combinaram tornar-lhe dura a vida."

Foi, porém, Sanderson quem lhes tornou a vida dura... Atirou-se ao combate com uma fúria e um impulso de animal generoso; não perdia tempo em contornar obstáculos: demolia-os de qualquer maneira.

Foi uma luta em que poderia ter perdido tudo. Mas Sanderson sabia que o caminho certo era aquele, se quisesse tirar a escola do comodismo e do marasmo. Sabia que, dobrando-se às pequenas renúncias e às grandes mentiras, todo o seu poder criador desapareceria em pouco tempo e para sempre. E é o poder criador que deve ser resguardado, em todos os indivíduos, através de tudo, como o mais belo dos tesouros.

"Em pouco tempo, a física era a área preferida, o professor estimulando as atividades com experiências nunca tentadas e com uma constante ligação com o mundo real. Decoravam-se poucas fórmulas, mas conheciam-se as aplicações industriais, as instalações fabris, as condições de trabalho. Era como se tivessem sido abertas grandes janelas para o mundo e o mundo viesse envolvê-los num turbilhão de vida; sentiam-se ligados ao progresso trabalhando naquilo em que podiam a fim de que ele se firmasse e aumentasse."

"Laboratórios foram modernizados e montadas oficinas onde se construíam máquinas que, durante a grande guerra, puderam ser adaptadas em fábricas de munições; os campos de jogos foram alargados e, no parque, instalaram-se estufas e jardins botânicos."

"Sanderson sentia que um educador não poderia sê-lo se não se tornasse clara sua concepção do mundo e sem que seu trabalho de mestre se encontrasse em íntima ligação com seus deveres humanos."

Sanderson era um homem engajado na ação: não era um homem de "ter idéia", mas era, ele próprio, um "homem-idéia".

Também Claparède era um indisciplinado opositor a regras e programas de ensino. Na Maison des Petits, no belo parque de Champel, em Genebra, as atividades é que motivavam a aprendizagem. E era ao ar livre, às quintas-feiras, que o grande mestre transmitia aos meninos o entusiasmo pelas descobertas e o sentido do progresso delas decorrente, relatando-lhes a vida dos primeiros homens, suas lutas e inventos, que lhes possibilitaram a sobrevivência e criaram a civilização.

Na filosofia educacional dos bem-dotados, regras, regulamentos e programas pré-fabricados não têm vez. É necessário dar-lhes oportunidade para descobertas, experiências e confrontações, e haverá então o inverso daquilo que se faz até hoje: serão eles que mostrarão, através de suas manifestações, aquilo que devemos oferecer-lhes. *Discat a puero magister*[3].

VIII – Criação do Serviço ou Fundação Pró Bem-Dotados

Dentro do próprio MEC, como um dos setores da CADEME.

IX – Recursos Financeiros

Sugestões:

a) criação do Fundo de Educação dos Bem-Dotados, que subvencionará sua educação até o final do curso fundamental;
b) fundo universitário, que concederá financiamento para estudantes de nível universitário;
c) verbas orçamentárias anuais;
d) verbas extraordinárias;
e) outros recursos.

X – Recursos Humanos

Recrutamento de pessoal técnico e administrativo:

1. Seleção
2. Orientação
3. Estágio probatório

[3] Expressão em latim que significa "o professor aprende com a criança", utilizada como divisa do Instituto Jean-Jacques Rousseau, em Genebra.

4. Aprendizagem permanente e treinamento orientado dentro do serviço, após o estágio probatório.

Esses critérios abrangem todas as categorias de pessoal afeito ao trabalho com os bem-dotados, desde o diretor da obra até o mais humilde servidor da casa. Isto em virtude de um princípio fundamental na pedagogia dos bem-dotados: oferecer o meio social adequado para o desenvolvimento dos educandos num ambiente apropriado. Já se falou desse ambiente *sine qua non*, que é o campo, com espaço livre em profusão e a liberdade de se movimentarem, criando e erigindo algo de concreto.

O pessoal deverá constituir, em seu conjunto, o meio humano em que os educandos encontrem coesão, harmonia, cooperação, devotamento e entusiasmo pelo trabalho criador. Não haverá professores, mas sim assessores e mestres de ofício, pois, se no campo tudo falta, é o campo, entretanto, que oferece tudo de que necessita o bem-dotado para seu correto desenvolvimento. É a riqueza na pobreza.

O estágio probatório é indispensável, e um resultado negativo, ainda que o professor apresente bom nível cultural, deve ser motivo de desligamento da obra, onde não se justificará, em hipótese alguma, a intromissão de pressões políticas. Ali só se terá em vista o interesse dos alunos, futuros líderes de elites, capazes de transformar a civilização ou de colaborar no aparecimento de outra em moldes humanos de amor, fonte de todas as virtudes.

Algumas experiências relatadas

1. Relato de uma experiência realizada em 1926, na organização Pour l'Avenir, em Genebra, na Suíça

O objetivo era de se organizarem classes de 7ª série para alunos adiantados e capazes, pertencentes às 6ªs séries de várias escolas públicas.

A seleção obedeceu a uma bateria de provas escolares, testes de inteligência e de personalidade, feitos no Instituto J. J. Rousseau, na Escola de Ciências de Educação, junto à tradicional Universidade de Genebra. Revelou pequeno número desses elementos bem-dotados, visto que os alunos da 5ª e 6ª séries, de meios mais abastados, geralmente deixavam a escola pública primária para cursar os primeiros anos de ensino secundário, ficando, pois, nessas últimas séries, alunos bem-dotados de classes sociais menos privilegiadas.

A primeira coisa verificada foi esta: o reduzido número de alunos merecedores da classificação de bem-dotados necessitando de ensino especial. Essa experiência trouxe decepção. Ao fim de um ano de estudos, a referida classe não só não obteve melhores resultados, na aprendizagem escolar, do que as outras classes não selecionadas, como se comprovou pelas notas obtidas, mas, em algumas matérias, os resultados ficaram mesmo um pouco mais abaixo que os das classes não homogeneizadas.

Uma das explicações desse aparente insucesso na medida do rendimento escolar, feito apenas através de notas escolares, é que o professor que recebeu o grupo selecionado, ele próprio também escolhido por ser considerado homem muito inteligente, estudioso e interessado na pesquisa de assuntos históricos, parece não haver correspondido à escolha. Embora inteligente e culto, poderia não ter aptidão nem vocação especial para transmitir ensinamentos.

Um professor com menos cultura, mas com mais vocação e espírito voltado para esse tipo de pesquisa talvez fosse o mais indicado para essa turma de jovens adolescentes de 12-14 anos.

Daí insistirmos na seleção de bons assessores e sugerirmos o estágio probatório, além dessa seleção.

2. Outras experiências datam

a) Uma de 1945, na Sociedade Pestalozzi do Brasil (Rio de Janeiro), onde se reuniam pequenos grupos de bem-dotados de 16-18 anos, dos colégios da zona sul. Com eles se faziam estudos por métodos dinâmicos, abordando literatura, teatro, marionetes, etc. O reduzido tempo de sua duração não permitiu opiniões definitivas a respeito, a não ser a verificação de bastante interesse da parte dos que compareceram a essas reuniões.

Podemos, no entanto, assinalar outro fato positivo delas decorrente: alguns jovens se prontificaram a ministrar graciosamente aulas noturnas aos adultos do Morro do Leme, que formaram uma classe de ensino primário e de alfabetização. Os jovens mantiveram seu compromisso de colaboração até o fim do ano letivo, demonstrando altruísmo e capacidade de cooperação.

b) Outra, na Fazenda do Rosário, em Minas. Em 1962 foi feita a primeira tentativa de reunir um grupo de adolescentes bem-dotados no meio rural, no antigo ISER, na Granja Escolar Gustavo Lessa. Foi-lhes oferecido estudo gratuito, no internato, nas duas séries complementares, e posteriormente no Ginásio Normal Rural Caio Martins, de cinco anos de estudos. Essa turma de adolescentes teve seu atendimento de modo a produzir frutos: realizou projetos no campo agrícola, construiu seus próprios dormitórios (de madeira sobre base de concreto) e, orientada por um jovem, teve boa influência moral e social sobre outros jovens da comunidade rosariana e vizinhos.

A grosso modo, a experiência foi bastante positiva, pois bom número desses jovens, ao terminar os cursos, procurou continuar os estudos de nível superior, ao mesmo tempo que iniciava carreira no magistério primário.

c) Já estamos agora iniciando nova tentativa nesse sentido, ao solicitar às senhoras Delegadas Regionais de Ensino a indicação mais rigorosa dos bem-dotados de suas circunscrições, visando à seleção dos adolescentes para a experiência de 1972, caso não surjam maiores obstáculos à realização desse projeto.

Os heróis e o heroísmo[1]

1974

Uma das primeiras pesquisas empreendidas pela Associação Milton Campos para o Desenvolvimento e Assistência a Vocações de Bem-Dotados (ADAV) – desde 1973 – teve por tema "O MEU HERÓI". Primeiro, quase a título de uma brincadeira, abordando os colaboradores mais chegados à ADAV, com a indiscreta pergunta: "Qual é o seu herói"? – e observando as reações de espanto, de barragem ou de sorriso mascarando a estupefação de não poder responder logo. No entanto, alguns, com tranqüilidade e firmeza, declaravam como coisa mais natural do mundo aquele que tomaram por modelos: "Cristo, Pasteur", ou eu mesma: "Fritjov Nansen" – quando a questão me foi lançada... Outros, ainda: "São Francisco de Assis". E ao por quê? – "Porque, dizia, quando me levanto, a primeira coisa, vendo o luxo e as preocupações materiais, me lembro do Poverello de Assis, tão despreocupado...".

Essa "brincadeira", pela variedade das respostas e dos motivos de escolha, pareceu-nos de tal modo caracterizar e diferenciar as pessoas conhecidas e já bem realizadas na vida social, política, cultural, que dali veio a idéia de aproveitá-la seriamente, primeiro, no estudo da nossa juventude moderna, cursando diversas instituições e graus de ensino de Belo Horizonte e de outras cidades universitárias.

Dr. Hélio Durães de Alkmim, psiquiatra e psicólogo, com estudos sérios com os melhores representantes científicos dessas áreas, na Universidade de Chicago, entre outras, aceitou o convite de um de nós, iniciando a pesquisa em diversas escolas de nível secundários e superior.

A pesquisa era introduzida como um dos modos de se definir a vocação – pois nada mais sintetiza a nossa ânsia de nos realizar que a figura de HERÓI de cada um... Muitas vezes o HERÓI é realmente aquele que encarna ideais. Outras vezes ele reúne aquilo que nos falta e que nos ajuda a sermos aquilo que desejamos ser.

As figuras divinas – Deus, Jesus Cristo – de um lado: do outro os grandes representantes da arte – Beethoven, Leonardo Da Vinci, Picasso – ou da ciência, como Pasteur, Curie, ou Newton, ou ainda os exploradores dos novos continentes ou dos novos astros, ou os reformadores políticos e sociais – Lincoln, Gandhi, Tiradentes – ou ainda, por muitas vezes, os grandes guerreiros e estrategistas – Júlio César, Napoleão – enfim, desses modelos aos quais se identificam os nossos inquiridos – porque lhes seguem o destino, respondendo positivamente àquelas propriedades que os distinguem dos simples mortais, ou porque a pessoa lamenta não possuí-las, invejando alguns e admirando outros, com toda a objetividade, como se pode admirar o produto desses gênios, pois nunca passaria pela cabeça de um amador de música de Bach invejar seu divino Dom...

Aplicados os questionários no fim de 1973 – primeiro por Dr. Hélio de Alkmim, depois por César Quintão Fróes, professor de Comunicação e Expressão do Colégio São Marcos –, conseguiu-se reunir uma amostra de 200 casos, nos estabelecimentos de ensino de 1º e 2º Graus, dos quais 100 masculinos e 100 femininos, das seguintes entidades:

Colégio Arnaldo – Belo Horizonte;

Escola Normal Sandoval Soares de Azevedo – Fazendo do Rosário, Ibirité/MG;

Ginásio Cristo Redentor – Barreiros de Cima, BH;

---

[1] Transcrito de ANTIPOFF, Helena (1992). Os heróis e o heroísmo. In: Centro de Documentação e Pesquisa Helena Antipoff. A educação do bem-dotado. Rio de Janeiro: SENAI, p. 95-98 (*Coletânea das obras escritas de Helena Antipoff*, v. 5).

Escola Estadual de 1º Grau – Serra, BH;

Colégio São Marcos – Cachoeirinha, BH.

A apuração do inquérito foi feita pelo professor Fróes, acima mencionado, com o auxílio da psicóloga Maria Laura Corrêa de Oliveira, e ajudando na classificação dos tipos de respostas a ex-diretora do Instituto de Educação de Pelotas (RS), a professora Jurema Lopes.

Aqui publicamos os primeiros resultados obtidos dos estudos dos primeiros 200 casos. O número de estudantes inquiridos é maior e aumentará ainda com aplicações nalguns outros estabelecimentos logo no início do ano letivo e reabertura dos estudos sujeitos à orientação do estado e, na maioria, de caráter público.

A amostragem é pequena e não muito homogênea quanto ao pessoal de ambos os sexos – mas também não é tão heterogênea para não se pode tirar algumas conclusões. Assim, as respostas de 1929 entre os dois sexos são bem mais divergentes que as de agora. Dependeria da idade? Dependeria da época em que a menina tem se aproximado muito em seus comportamentos dos do menino? O menino pode-se afirmar do sexo masculino, ao ponto de se vestirem e se pentearem uns e outros com bastante semelhança? Encontraremos esta tendência para o "unissex" nas respostas dos nossos inquiridos?

Quase idênticas as porcentagens para com alguns personagens. Assim, sendo bem aproximadas as escolhas de Jesus Cristo (18% e 20%), de Tiradentes (8% e 8%) e Kennedy (6% e 6%) para ambos os sexos. Maior divergência notamos na escolha do nome Pelé – com 7% e 0% – para o sexo masculino e feminino respectivamente.

Agrupando as respostas, um fato chama a nossa atenção: o de os rapazes indicarem pais e parentes em número maior que as moças – com 9% e 4%, respectivamente. E, de modo geral, os moços indicam mais os cientistas (8% contra 2%), bem como os desbravadores e desportistas, enquanto as moças sufragam os artistas – 16% – enquanto os rapazes somente 5%.

O que nos sugerem esses dados? Apesar da diferença da faixa etária, agora muito mais ampla, com aqueles que colhemos em 1929 e foram publicados com comentários no Brasil (Boletim nº 6 da Secretaria de Estado da Educação, e em *Archives de Psychologie*, em língua francesa, na Suíça francesa).

Entre os mais cotados artistas (escritores, escultores, músicos e pintores) figuram apenas Leonardo Da Vinci e Beethoven, com dois votos, apenas, cada um.

Fato ainda a assinalar: que não apareceram quase as estrelas do cinema, cantores de rádio e da TV.

Entre os cientistas, foi curiosos que no ano do centenário de Copérnico esse nome não apareceu nenhuma vez – e o nosso heróico Santos Dumont apenas com 4% e 1% para meninos e meninas, respectivamente.

As moças sufragaram mais para Psicologia e Pedagogia – com Claparède à frente, com 4 indicações... Nenhuma mencionou o nome de Pestalozzi – embora seja o nome desse autêntico Herói patrono da Instituição que funciona na vizinhança dum dos cursos inquiridos...

Indicar um único "herói" foi tido por alguns como difícil, pois tinham vários em grau igual – preferimos nos limitar nessa primeira sondagem apenas a um único.

Na próxima estenderemos com o questionário para as respostas em cada uma das dez áreas que o inquérito chegou a discriminar. Assim, poder-se-á julgar sobre a extensão de seus conhecimentos, simpatias e idéias culturais e outros.

Agrupando as razões que levaram os jovens, tivemos os seguintes resultados:

	M	F
Papel que os "heróis" exerceram no mundo, na humanidade (reformadores)	61%	52%
Virtudes pessoais ou éticas	16%	24%
Habilidades e talentos	21%	19%
Outros	02%	05%
Total	100%	100%

PARTE 5

Psicologia e Comunidade

Esta parte contém textos publicados por Helena Antipoff entre 1953 e 1956, relatando os princípios educativos adotados na Fazenda do Rosário e a expansão da instituição com a inclusão de programa de formação de educadores rurais e a criação do Instituto Superior de Educação Rural (ISER), que passou a integrar o Complexo Educacional do Rosário a partir de 1955. A criação dos cursos de formação para o magistério rural veio possibilitar maior integração entre a Fazenda e a comunidade rural adjacente, dando lugar à rica experiência educativa que pode ser considerada uma das primeiras, no Brasil, que utiliza práticas preconizadas pela psicologia comunitária contemporânea. Em termos psicossociais, a ênfase é colocada na formação democrática e na inclusão social tanto de crianças e adolescentes excepcionais quanto da população rural.

Aula inaugural do VI Curso de Treinamento de Educadores de Base da CNER[1]

1957

Concatenando as idéias para esta palestra que o Sr. Coordenador da Campanha Nacional de Educação Rural, prof. Oscar Machado, teve a generosidade de me confiar para a sessão inaugural do VI Curso de Treinamento de Educadores de Base, veio-me a lembrança de tempos remotos e terras longínquas – uma aula inaugural de um ano letivo na Faculdade de Medicina de Leningrado, proferida pelo fisiologista de renome universal: Ivan Pavlov. Autor da famosa teoria de reflexos condicionados, seu laboratório realizava grandes descobertas acerca do sistema nervoso e, dele decorrente, as leis do comportamento animal, em bases de reação mecânica.

Era Pavlov por isso mesmo a "persona grata" na Rússia soviética e tratado de um modo todo excepcional: na época de fome extrema, os cães de seu biotério não deixavam de receber a ração normal de carne. Mais ainda: era Pavlov a única pessoa no país à qual a Tcheca concedia a liberdade da palavra.

E cada ano, ao iniciar suas sábias aulas sobre a fisiologia do sistema nervoso, perante estudantes e docentes da Faculdade, Pavlov dizia o que pensava, apontando as iniqüidades do sistema de opressão, os erros cometidos e os abusos contra a natureza humana, pois que a liberdade era uma necessidade da própria vida, figurando entre os instintos fundamentais de todo ser vivo, e do homem, principalmente.

Na severa e franca crítica que fazia ao regime de servidão a voz do sábio, ouvida por centenas de ouvidos, não passava de "voz clamando no deserto". Era vedado aos outros todo e qualquer direito de se manifestar e exprimir sentimento próprio ou qualquer idéia outra que não fosse preestabelecida pelos sovietes. Assim, a liberdade de pensamento e de sentimento concedida apenas ao orador servia para manter o público numa atmosfera psicológica paradoxal, de unilateralidade taxativa, reforçando, com essa emancipação de um só membro, o constrangimento emocional e o estado de servidão mental do grupo social.

Os regimes democráticos, apesar de graves falhas que toleram, infelizmente, concedem ao cidadão uma série de privilégios morais, entre os quais o uso livre da palavra. Animal social por excelência, possuindo o dom único entre os demais animais, o dom da palavra – o homem tem a ventura de se fazer compreender e compreender o que é "útil ou prejudicial e, em conseqüência, o que é justo ou injusto" – assim se exprime o filósofo grego em sua política.

A palavra humana é uma mensagem. É a idéia-força que se move e, propagando-se no ambiente social, dinamiza a corrente espiritual, levando o pensamento e o sentimento a uma ação. Daí a responsabilidade do orador. Suas palavras devem ter consistência, possuírem um fundo, como um bom cheque de banco financeiro. E para agirem como forças sociais, as palavras devem ser intimamente incorporadas à realidade. Do contrário, a sua inconsistência poderá colocar as palavras no grupo de fenômenos delirantes, aos quais Pierre Janet consagrou ensinamentos de grande penetração psicológica no estudo da realidade.

A realidade, aliás, é de difícil definição, e temos sobre ela noções tão vagas que nem sempre saberemos discriminar o real do não real. Mesmo porque essa realidade possui coeficientes diferentes no quadro progressivo de estados mentais relativos às coisas presentes, como estes móveis, a paisagem que se descortina a nossos olhos, ou as coisas já passadas, tais como a viagem que acabamos de fazer para vir até aqui, ou as

[1] Extraído da Campanha Nacional de Educação Rural (Revista nº 1 – 1957), reeditado na *Coletânea das obras escritas de Helena Antipoff*, v. IV (Educação Rural), Belo Horizonte: Imprensa Oficial, 1992, p. 105-112.

coisas futuras como a nossa intenção de, daqui a pouco, descer a escada pela qual subimos para este salão, ou ainda os planos que nos animam a agir numa definida direção até atingir o alvo. Tudo isso é realidade.

Segundo um ou outro grau de realidade, ajustamos a ela nossa conduta. As nossas atitudes variam segundo seja uma história contada, com um fundo imaginário, por exemplo. Nesse caso devemos declarar que se trata de história inventada, de uma ficção. Se falamos de um projeto, temos também a especificar o grau de sua realidade: teremos atitudes diferentes sabendo que se trata apenas de um esboço, em seus primeiros andaimes mentais de um castelo aéreo, ou, se temos um solo firme a pisar, com realizações perfeitamente exeqüíveis e para qual projeto podemos aderir com todo nosso esforço pessoal, e incondicionalmente.

No dia como este em que mais um curso reúne novas equipes de trabalhadores sociais para seu treinamento em técnicas de educação de base da Campanha Nacional de Educação Rural, quisera eu dizer-vos palavras necessárias, consistentes e capazes de fortalecer o sentido da realidade que essa campanha está se propondo a lançar pelo Brasil para solucionar os problemas do campo e vencer os inúmeros obstáculos – inércia, negligência, ignorância, injustiça mesmo, – com planos novos de trabalho no meio rural e sempre pela educação do povo.

Dizia em 1949, no encerramento do 5º Curso de Aperfeiçoamento para Professores Rurais, na Fazenda do Rosário, o então secretário de Educação, o professor Abgar Renault: "É incompreensível não se tenha logrado criar ainda no Brasil estado de espírito nacional disposto a uma ação intensa, vivaz, ininterrupta e sistemática em prol do mais terrível dos nossos problemas de base. Somos rurais, dizia ele, geográfica, histórica, espiritual, econômica, social e politicamente. Não temos mais de 10% de nossa população em zonas realmente urbanas. Entretanto, dos 35.769 quilômetros de vias férreas brasileiras (dos quais Minas possui 8.450 km e São Paulo 7.519, isto é, 45,2% do total), praticamente nem um metro está em zona rural. Seguindo tal exemplo, nem 7% dos habitantes da mesma zona são servidos de luz elétrica e energia, nem dispõem de médicos, pois dos 18.000 que existem no país 62% estão nas capitais e 38% nas cidades do interior, devendo-se assinalar que no Rio de Janeiro e na Capital de São Paulo, onde estão localizados apenas 8% de nossa população, residem mais de 40% dos nossos médicos, e que em São Paulo, em cujo interior está o maior número, há regiões onde se conta com um só médico para cada grupo de 60.000 habitantes. Além disto, não existe uma fossa ao menos por quilômetro quadrado de zona rural".

"O tom da rude paisagem", continua Abgar Renault em sua magnífica oração, "não se altera: verifica-se não estar em zona rural nenhum dos 2.490 hospitais, centros médicos ou enfermaria, nos quais em 1942 foram socorridas 8.743.925 pessoas. A nossa política imigratória revela a mesma tendência: de 1940 a 1944 entraram no Brasil 33.713 imigrantes, e deste número ficaram no Rio de Janeiro e em São Paulo 88,69%".

"No campo de Educação o que vemos é o mesmo quadro aflito... Das 6.700.000 crianças que compunham em 1945 a nossa população escolar, 3.500.000 não tinham escolas a freqüentar... Ora, daquelas 6.700.000 crianças apenas 1.956.969 habitam cidades; 4.800.574 moram em zonas rurais, e destas somente 1.587.358 freqüentam escolas, e, ao passo que nas zonas urbanas as percentagens daquelas a quem se deixa de ministrar ensino não vai além de 15,63%, nas zonas rurais o número se eleva a 66,93%..."

Eis, em algarismos frios, o panorama evidente de dois sistemas de pesos e medidas na solução dos problemas vitais em duas zonas brasileiras: urbana, a privilegiada, e a rural – prejudicada, apesar do valor que encerra essa na economia do País e na sobrevivência da raça.

Não disponho no momento de dados mais recentes para confrontá-los com os que o professor Abgar Renault obteve para a década anterior a fim de verificar se o fenômeno de abandono por parte de assistência pública ou privada tem-se modificado e em que sentido exatamente.

Devemos, desde já apontar que, reagindo ao lamentável estado de coisas e no intuito de restabelecer o equilíbrio entre as duas zonas, o Governo da União promoveu algumas medidas, entre as quais precisamente a Campanha Nacional de Educação Rural. Nascida em 9 de maio de 1952, com menos de dois anos de existência portanto, está ela com um vasto programa de atuação social e econômica e, em sua fase inicial, realiza duas espécies de atividades culturais: de um lado, a pesquisa das condições do meio rural; do outro, o treinamento de elementos humanos capazes de funcionar nela como agentes educacionais de uma civilização redentora dos males que afligem a nossa sociedade.

Creio sinceramente que profundas modificações podem advir na vida das populações rurais brasileiras e com repercussões benéficas sobre a vida das cidades se a Campanha Nacional de Educação Rural acertar perfeitamente seus métodos de trabalho por meio de grupos cada vez mais numerosos de colaboradores, perfeitamente selecionados e treinados para sua missão.

Senhores alunos e professores do VI Curso de Treinamento de Educadores de Base, perspectivas amplas se descortinam perante vossos olhos: com a vossa participação ativa podereis imprimir rumos verdadeiramente necessários ao País, pois ser-vos-á dada a possibilidade de agir nele como líderes esclarecidos de uma causa justa e em condições privilegiadas de conhecer, após estudos feitos, a situação real das necessidades e recursos disponíveis ou a serem necessariamente criados na solução de inúmeros problemas do meio rural.

Grande responsabilidade assume a Campanha Nacional de Educação Rural perante o povo brasileiro e grande responsabilidade pesa sobre vossos ombros, senhores alunos e professores dos Cursos de Treinamento dessa campanha, como agentes de uma renovação fundamental das formas de vida e processos de trabalho no meio rural.

Por longos anos, ficou a população rural fora da cogitação administrativa e privada de assistência cultural e social. Houve e ainda há obstáculos de toda espécie: ao lado de simples esquecimento ou negligência passiva encontrareis não rara vez uma abstenção deliberada em não tratar dos problemas do campo e, quiçá mesmo, atitudes abertamente negativas em tocar em assuntos considerados perigosos, facilmente inflamáveis, como as reivindicações do trabalhador rural.

Os obstáculos ao progresso social podem se originar dos motivos egoístas dos potentados que desejam manter o *status quo* favorável a seus interesses. Tanto os sábios estudiosos da realidade brasileira, como o Dr. Josué de Castro, quanto o clero católico, em seus certames ruralistas, têm ventilado corajosamente a questão, mostrando o que representa a política latifundiária de monocultura e de servidão exclusiva nela do camponês para o progresso do povo.

Os obstáculos, bem sabeis, podem provir da ignorância das próprias massas rurais e do apego irracional ás formas tradicionais de vida, de trabalho, de maneiras de pensar impermeáveis à experiência, como em toda sociedade de civilização primitiva. O século XVIII conheceu tremendas explosões de ira popular contra as inovações de Parmentier, agrônomo francês, quando introduzia nos campos europeus de cultura a inocente batata americana.

Foram violentas as reações na Europa contra as medidas sanitárias e contra as pessoas dos médicos e enfermeiros que se sacrificavam na luta contra as epidemias de tifo, cólera, etc. Mesmo num nível bem mais elevado, no meio dos próprios médicos foram registradas curiosas revoltas na era pasteuriana, já tão perto de nossos tempos. A simples exigência do Dr. Semmelweiss dirigida aos colegas e subordinados, de lavar as mãos antes de proceder a qualquer manipulação local das clientes da maternidade, levantava nos hospitais de Viena no fim do século XIX uma nuvem de poeiras e de desfeitas mais humilhantes contra as medidas sanitárias e contra o abnegado chefe de clínica.

A aceitação de qualquer medida social pode ser comprometida e manter-se em retrocesso por longos anos, uma vez que, na sua fase inicial, foram cometidos, na aplicação de novos princípios ou processos, alguns erros. Os remédios, físicos como sociais, malcuidados em sua técnica, com detalhes sacrificados e de significação importante nas suas conseqüências, podem comprometer todo o sistema e receber a condenação pública por longos anos. Assim foi provavelmente o caso com a vacina BCG. Até hoje as mães evocam, na recusa do BCG para seus filhos, a tragédia de Hamburgo, com o sacrifício de tantas crianças, vitimas dos erros cometidos.

O assunto do progresso social tem outros capítulos, bem curiosos, à sua conta. A inovação de qualquer medida perfeitamente aceitável e de inteiro bom senso pode acarretar, pelos efeitos não previstos, conseqüências das mais graves e negativas. Quantos inventores de engenhos mais úteis à nossa civilização não foram, eles mesmos, chocados e profundamente combalidos, com os desastrosos efeitos decorridos do uso desses engenhos? Não foi esse o caso de Santos Dumont perante os efeitos da aviação? Massacres bélicos ou desastres individuais dos pilotos e passageiros?

Quando os legisladores brasileiros determinaram abrir as grandes vias de comunicação no plano nacional, rasgando as rodovias, como a Rio-Bahia, por exemplo, quantos tiveram desde o início do projeto a visão clara que esta medida de civilização por excelência podia criar fenômenos negativos, como o do nomadismo desenfreado dos "paus-de-arara", ou outra mais grave – o desaparecimento das matas; favorecido pelo transporte do maquinário e do veículo motorizado, arrasando a paisagem e agravando a seca nordestina que hoje se estende progressiva e rapidamente para o centro do Pais, à medida que se devastam as florestas e se carregam suas toras centenárias para serrarias devoradoras dos centros industriais do Vale do Rio Doce?

Um fato digno de nota tivemos ocasião de observar aqui em Minas num distrito, onde funciona um dos nossos Centros de Treinamento para professores rurais. Beneficiado com um motor de luz elétrica, o centro, colaborando com a comunidade local, obteve, em abaixo-assinado de todos, um gerador mais possante, permitindo que a luz elétrica beneficiasse todo o povoado e ficou deveras satisfeito em constatar o conforto obtido. Ficou no entanto bastante preocupado com um fenômeno, deveras inesperado, e decorrente da medida introduzida. É que, antes da era da luz elétrica, o pacato povo do referido distrito, na falta de boa luz artificial, deitava-se cedo recolhendo-se cada um a seu lar. Às 8-9 horas o povoado mergulhava no silêncio da noite e seus habitantes tranqüilamente restauravam as energias gastas durante o dia que começava cedo. Com a introdução da energia elétrica e a iluminação do povoado até 11 horas da noite, aumentaram, *pari passu*, as horas noturnas de vigia e de lazeres a 2-3 horas por noite. O número de botequins de 2 passou a 3 e talvez mais ainda, aumentando bastante a freqüência neles da população masculina à qual tendem a se juntar elementos femininos mais levianos. Aumentou o consumo de bebidas alcoólicas, multiplicaram-se cenas de brigas e agressões. As irradiações das canções carnavalescas, histórias tolas e dramas cheios de histerismo difundidos pelas estações das metrópoles, vieram interferir nas modinhas, cantigas populares e serenatas ainda tradicionais por ali. Como na enxurrada benfazeja de uma chuva de verão aparecem destroços é sujeiras carregadas de coisas estranhas. Quem de nós seria bastante perspicaz em prever tais conseqüências de uma medida altamente civilizadora – luz elétrica – com seu cortejo, inesperado, de distúrbios e inconveniências, tanto de ordem cultural quanto de higiene mental e de boa ordem social, no pacato rincão de Minas Gerais?

Assim, lembremo-nos que toda medida nova é uma arma de dois gumes e toda técnica de progresso material nunca pode ser introduzida no ambiente social sem um esforço paralelo na elevação cultural da comunidade e da educação integral de seus membros.

Dali se compreende perfeitamente o postulado máximo da Campanha Nacional de Educação Rural – o de Educação – antes de mais nada e por cima de tudo. Visando a elevação do nível de vida para as populações rurais do Brasil, compatível com a dignidade humana e com os ideais da democracia, a campanha estabelece uma educação fundamental, com conhecimentos teóricos e técnicos indispensáveis porque, sem essa educação, as atividades dos serviços especializados médicos, sociais, agrícolas, etc. não estariam plenamente eficazes.

Na escolha desses conhecimentos e dessas técnicas, bem como na escolha das localidades, regiões ou zonas de sua aplicação, na seleção cuidadosa do pessoal que atuará no meio rural – haverá ainda a vantagem de se estudar, com toda a sabedoria e clarividência, as possíveis e prováveis repercussões no bem-estar social e no progresso real das populações rurais.

É de grande interesse acrescentar que, ao lado do programa de atividades e de técnicas do trabalho perfeitamente apropriadas ao meio rural, deve-se ainda encarar com maior atenção possível o fator pessoal dos líderes, focalizando, claramente, o papel de personalidade, de seus hábitos de vida, seu modo de se trajar e de falar, suas maneiras de se comportar com os companheiros, com os auxiliares, com crianças, pessoas de outro sexo, pessoas idosas, inválidos, etc. Nada mais concreto para o rurícola que o exemplo pessoal. Atitudes e hábitos pessoais encerram maior número de ensinamentos para o homem da roça que aulas e preceitos cujas palavras ele custa a compreender e assimilar. O exemplo próprio mais que a palavra, a prática mais que ensinamentos verbais, atuam com maior força a favor ou contra as inovações que o líder se propõe a introduzir na comunidade rural, gente hermética, cheia de preconceitos e cheia de críticas para o intruso. Precisa-se de uma fé e de propósitos verdadeiramente apostolares e de amor infinito à obra e aos que dela necessitam para vencer a desconfiança e não rara vez a hostilidade do meio.

A tudo que vão aprender nestes dois meses de esforço árduo, aos novos hábitos de trabalho e de lazeres que irão formando, não deixem de lembrar que a educação é o instrumento por excelência de reforma social, o único meio de se evitarem lutas sangrentas e alcançar níveis superiores de vida.

Terminaremos com a evocação do filósofo francês Henri Bergson, que, espantado pela obra agigantada do progresso técnico da civilização de nossos dias, reclamava para este corpo material demasiadamente crescido um suplemento de alma. Este suplemento espiritual a Campanha Nacional de Educação Rural não deixará de cultivar, com toda atenção e carinho, para a garantia da imensa obra que se propõe a fazer frutificar no Brasil.

A Fazenda do Rosário como experiência social e pedagógica no meio rural[1]

1952

Em complemento às páginas precedentes, que relatam a vida da Fazenda do Rosário em seus vários aspectos e serviços, julguei oportuno juntar algumas considerações, de ordem mais geral, fruto de meditações, acerca do valor do empreendimento em seu conjunto e de alguns dos princípios que tacitamente presidiram ao seu desenvolvimento.

Seguindo a trama cronológica da Fazenda do Rosário, verifica-se como uma instituição pedagógica de modestas proporções pode alcançar objetivos de ordem social mais geral, à medida que se desenvolve seu trabalho quotidiano.

Convém frisar ainda como é possível a um grupo de educadores bem-intencionados interessar à opinião pública e conseguir ampla colaboração de elementos valiosos da sociedade, da imprensa, de órgãos públicos e privados, colaboração essa capaz de levar uma singela obra de iniciativa particular num empreendimento de vulto, culminando um dia talvez numa "cidade" *sui generis*. Não certamente numa "cidade de meninos", o que seria *nonsense* sociológico, e sim uma *cidade rural*, em que seus moradores, sem especificação profissional, sectária ou partidária, se transformem em cidadãos de um padrão mais apurado, do ponto de vista cívico, econômico e cultural.

É interessante constatar como, partido de uma obra de ensino ou de amparo à infância, é possível contribuir-se com o "aldeamento" da população rural, Localizada a escola em um ambiente natural e conveniente, pode-se esperar que chegará, dentro de algumas décadas, a formar uma população mais concentrada em torno dela, servindo esse aldeamento em zonas rurais de freio para o nefasto êxito do campo para centros urbanos.

Se a experiência da Fazenda do Rosário surtir bons efeitos seria uma espécie de "bandeira", transportada para o nosso século, em que aos educadores caberia o papel social, o de edificar formas produtivas e mais eqüitativas de vida coletiva.

Convém apontar alguns princípios que sirvam de guia aos trabalhos em marcha:

1 – Convém cultivar em todo indivíduo a consciência da liberdade e criar algo de melhor, em matéria de utilidade pública. Ao constatar a existência de fenômenos nefastos para o bem-estar social, julgar-se com direito e dever cívico de intervir no decurso da vida social, opondo-lhes uma ação corretiva. Longe de se deixar incluir no grupo de espectadores e de indiferentes, assumir atitudes ativas, alimentando-as com a fé ilimitada no possível progresso da humanidade.

2 – Nutrir confiança nos homens e no valor do elemento humano, por mais humilde que seja. Procurar na criança débil ou deficiente, no adolescente desajustado, ou no indivíduo adulto, sem cultura, sem preparo profissional, "leigo", pela força das circunstâncias que não lhe deram oportunidades escolares "de aprendizagem", a colaboração, pois pode se encontrar no meio de todos eles indivíduos de invulgar inteligência, de fortes aptidões especiais e de virtudes morais de grande valor para a coletividade.

3 – Manter viva a confiança na democracia e esperar da cooperação, franca e organizada de todos, efeitos substanciais para a sociedade em evolução.

4 – Persistir na idéia de que o verdadeiro progresso social, econômico, político e espiritual não se opera senão através da *educação*, da educação esmerada das novas gerações, principalmente, cabendo assim

---

[1] Extraído do "Histórico" da Fazenda do Rosário, publicado por D. Helena Antipoff em setembro de 1952. Publicado no Boletim da Sociedade Pestalozzi do Brasil, Rio de Janeiro, 1953.

aos educadores a máxima responsabilidade tanto pelos males que afligem os povos quanto pelo bem-estar alcançado.

Juntarei ainda as seguintes considerações:

1ª – Na administração de qualquer espécie de empreendimento social, os dirigentes, eleitos ou designados, devem ter permanente o sentimento vivo de sua responsabilidade e consciência de que pesa sobre seus ombros a imensa carga de deveres a cumprir: planejamentos e vigilância das realizações que se devem desenrolar na linha diretriz dos projetados empreendimentos.

Ao lado disso, deve haver em cada indivíduo da coletividade organizada presente ao espírito a idéia de que ele é um membro ativo, cingindo do direito e da obrigação de colaborar, dar sugestões e fazer a crítica, construtiva e útil ao progresso da obra social.

Não havendo a crítica e sendo fracas as sugestões, cabe aos dirigentes provocá-las, solicitando sistematicamente e por processo diversos que tal colaboração se faça intensamente. É necessário que todos se sintam responsáveis pelo andamento de uma obra social e colaborem com esforços e iniciativa.

É surpreendente a quantidade de "descobertas" que podem surgir no campo de atividades e relações sociais, como na ciência e na arte, o poder criador do homem é inesgotável também nesse domínio que, estimulado, poderá levar valiosas contribuições para o progresso social.

E para terminar: considerando que a zona rural é a habitada pela maioria da população brasileira: considerando que a zona rural no Brasil representa no atual momento uma importância capital para o desenvolvimento integral na nação, é de inadiável necessidade: civilizar os ambientes rurais, elevando-lhes o nível cultural e econômico, de modo a permitir a seus habitantes ali permanecerem em condições que satisfaçam os justos anseios de conforto, higiene, ensino, trabalho, recreação e vida social desenvolvida.

Considerando a educação um dos mais incisivos fatores na transformação radical do meio físico e espiritual, à formação e ao aperfeiçoamento de educadores deve se dar um forte incremento para que neles a sociedade possa encontrar guias seguros para a população infantil e para os milhões de seres adultos, porém imaturos, abandonados no campo à sua própria sorte.

Notemos que a educação, permanecendo no plano empírico, não terá a eficiência esperada. Os órgãos de ensino rural, a escola primária e normal e cursos para professores em exercício merecem uma especial atenção: os ambientes escolares, os internatos, o pessoal dirigente e docente como o corpo discente e os meios de realizar sua educação integral são fatores tão importantes no êxito do empreendimento social que tudo nele deve ser objeto de maiores cuidados possível, e de amplos recursos materiais e culturais.

Por isso pensamos que ao lado dessas escolas e cursos seja criado um órgão de pesquisa pedagógica e de sociologia educacional onde estudiosos de alto padrão científico possam, sem pressa e afobação, estudar os problemas e planejar realizações atinentes à educação em ambientes de níveis diversos de cultura e civilização. Caberá ainda a esse órgão o preparo e especialização de líderes da educação rural e professores dos cursos normais e de aperfeiçoamento pedagógico. Sem o complemento dessa pesquisa e de especialização, a educação em meios rurais não passará de um tratamento empírico, por mais dispendiosos que sejam os esforços dos governos e particulares no campo da educação rural.

Ao concluir essas longas considerações, todas elas derivadas da experiência da Fazenda do Rosário, cuja história acabamos de relatar, voltamos nossas esperanças para o futuro não mui remoto, quando, ao lado das instituições pedagógicas e serviços à comunidade, já existentes na Fazenda do Rosário, surgirá o que chamamos de Instituto Superior de Educação Rural. Caberá a ele a orientação geral do centro rural. Estudando ampla e profundamente todos os fatores, todos os instrumentos da ação pedagógica, formando os líderes do movimento ruralista, fará da educação a força social capaz de transformar o meio rural brasileiro numa realidade auspiciosa para a Nação.

O Instituto Superior de Educação Rural há de aparecer na Fazenda do Rosário, como tem aparecido nela outros órgãos de utilidade pública, com a colaboração de pessoas de boa vontade.

Aqui fica nosso apelo a todas elas.

De lustro em lustro
Os jubileus das três instituições para excepcionais[1]

1965

Helena Antipoff

Instituto Pestalozzi de Belo Horizonte
30 Anos – 5 abril 1935
Fazenda do Rosário – Ibirité – Minas Gerais
25 Anos – 2 janeiro 1940.
Sociedade Pestalozzi do Brasil – Rio
20 Anos – 4 julho 1945

As obras vencem, realmente, graças a: 1) a pureza das intenções em criá-las; 2) a organização; 3) a coesão do seu pessoal; 4) a qualidade de seus métodos de trabalho; 5) os resultados alcançados.

Creio que em todas as três obras a concepção procedeu dos mais puros desejos de criar algo para os "irmãos menores", para que progredissem na medida de sua natureza e suas capacidades. Isso exigia ambientes mais amplos, numerosos estímulos, oportunidades para cada tipo, cada indivíduo. Necessitavam de tratamentos médico-pedagógicos com base na ciência, no estudo individual. Mas, sobretudo, de um pessoal selecionado, preparado, compreensivo, solícito, paciente e progressista.

Em todas as três instituições reinava grande entusiasmo e as "luas-de-mel", apesar das dificuldades materiais, da crítica, às vezes, hostilidades, da falta de segurança técnica, decorreram a contento de todos. Moviam-nos o élan inicial e a fé no poder da Ciência e do Amor ao próximo – para remover da inércia as inteligências adormecidas, suscitar interesses vitais, equilibrar a agitação dos irrequietos, e amansar a agressividade com exemplos de pessoas de autêntica santidade. Quanto heroísmo não revelou o paciente trabalho das primeiras educadoras dessas obras!...

INSTITUTO PESTALOZZI – O primeiro estabelecimento a festejar seus primeiros seis lustros é o INSTITUTO PESTALOZZI de Belo Horizonte, órgãos oficial da Secretaria da Educação do Estado de Minas. Nasceu há XXX anos atrás pelo decreto de 5 de abril de 1935.

Auxiliado material e tecnicamente pela Sociedade Pestalozzi associação particular de assistência a excepcionais, o Instituto localizado na Rua Ouro Preto, 624, no Barro Preto, serviu de externato para escolares que nada ou pouco progrediam nos grupos escolares da capital.

Para minorar a miséria moral em que se achavam, naquela época, os clientes do antigo ABRIGO DE MENORES, resolveu a diretoria matricular cerca de 50 desses em regime de semi-internato, entre seus primeiros alunos. Bastante inteligentes, porém filhos da rua, ofereciam, em sua maioria, condutas anti-sociais de extrema agressividade, representando perigo muitas vezes para seus colegas e educadores.

Com tal corpo discente, variando seu nível mental desde o estado de idiotia e imbecilidade, até graus de inteligência superior, dotados, alguns, de apreciáveis aptidões especiais (mecânica, pintura, poesia, liderança, sociabilidade) o grupo de professoras encontrava sérios problemas em seu trabalho de iniciação ao ensino especializado. Todas eram novatas nesse setor. Umas possuidoras, em sua maioria de diploma da famosa Escola de Aperfeiçoamento Pedagógico, criada por Francisco Campos em cumprimento de sua Reforma de Ensino do Estado de Minas Gerais, em 1929.

[1] Transcrito do Boletim da Sociedade Pestalozzi do Brasil, nº 29, Estado da Guanabara, 1965.

A primeira turma dessa extinta Escola (substituída pelo Curso de Administração) formou-se em 1930, após dois anos de estudos pós-normais. Aproveitamos a data para assinalar mais um "lustro", o de XXXV anos – desde que as primeiras professoras, com nova mentalidade da ESCOLA NOVA e EDUCAÇÃO FUNCIONAL, começaram espalhar a semente pelas escolas do vasto Estado. Entre elas encontramos o nome de ESTER ASSUNÇÃO, talentosa educadora e diretora do INSTITUTO PESTALOZZI de Belo Horizonte, desde a sua fundação até a presente data.

Junto, temos de citar as demais pioneiras que dedicaram seus melhores anos à educação dos excepcionais: Cora Faria Duarte, hoje diretora do LAR Pestalozzi de Volta Redonda; Iolanda Barbosa, diretora do internato da Fazenda do Rosário; Leopoldina Neto, orientadora de suas classes especiais; Cristina Dias, hoje diretora da Escola Montessori, de Belo Horizonte; Francisca Otoni, de Teófilo Otoni; Esther França e Silva, do ISOP e da Sociedade Pestalozzi do Brasil, GB; Imene Guimarães; NAYTRES MARIA DE REZENDE – esta, infelizmente deixou cedo a vida e uma inesquecível imagem em nossa alma. – Também da turma de 1930 da Escola de Aperfeiçoamento, foi Naytres que tomou a si a primeira experiência com a classezinha de retardados, em anexo à Escola. Esta tentativa de reeducar foi bem dura: o grupo muito heterogêneo e casos de extrema gravidade quanto à saúde mental e conduta social, constituíam constante preocupação e angustiante problema para todos nós que orientávamos a classe e principalmente para a jovem educadora que era Naytres Maria de Rezende. A ela apresentamos nesta comemoração de ensino especializado a nossa profunda homenagem póstuma.

Seria unilateral deixarmos de nos referir com reconhecimento à plêiade de distintos médicos que acompanharam o trabalho do Consultório Médico-pedagógico, o Laboratório de pesquisas Clínicas e de investigações científicas. Seguindo a ordem cronológica, devemo-nos lembrar dos Drs. Aureliano Tavares Bastos, Fernando Magalhães Gomes, Teófilo Santos, Milton Gomes, Clovis Salgado, Clovis Alvim, Santiago Americano Freire.

Uma lembrança toda especial merece o Professor Henrique Marques Lisboa, da cadeira de Bacteriologia e Parasitologia da Escola de Medicina, constante estímulo para a realização dos princípios da Escola Ativa e escola para a vida.

Lembremo-nos ainda do Reverendo Pe. Álvaro Negromonte, vice-presidente da Sociedade Pestalozzi; durante 12 anos seguidos muito ajudou, com seu prestígio pessoal, a obra do INSTITUTO, em boa hora fundado pelo Secretário da Educação, do Estado, Dr. Noraldino Lima, que mandou construir o primeiro pavilhão do referido estabelecimento. Ambos repousam em paz e a eles também nossos sentimentos de gratidão.

Em todas essas figuras de educadores, médicos mestres e em muitos outros que mereciam ser citados, via-se a mais tocante dedicação à causa da infância anormal, como era então denominada.

Como testemunha ocular, até 1940, no primeiro lustro, portanto, da fundação do Instituto Pestalozzi, sob a direção da professora Ester Assunção, pude observar, em todos, grande desejo de estudar, de compreender os estados de anormalidade, suas causas, seus efeitos sobre as mais variadas modalidades de distúrbios mentais, psicomotores, emocionais e sociais. A Sociedade Pestalozzi acompanhava de perto o trabalho, ajudando o órgão oficial a melhorar as condições do ambiente, o equipamento dos laboratórios, e das oficinas, etc.

A Sociedade realizou cursos de esclarecimento sobre problemas atinentes aos aspectos biológicos da infância excepcional, alertando as famílias e as escolas a dar assistência, o mais cedo possível enquanto o organismo é mais plástico para a formação de hábitos sociais, de vida, de comunicação pela linguagem, de percepção discriminada e das noções fundamentais com as quais o ser humano deve se ajustar ao ambiente físico e social.

Faltam-nos documentos objetivos para responder às demais situações que enumeramos no começo quanto aos característicos dos métodos e processos e dos progressos realizados pelos alunos do Instituto Pestalozzi, entre milhares de casos que por ali passaram, no Consultório Médico-pedagógico, nas classes especiais e oficinas. Isso, aliás, vai faltar nos outros estabelecimentos, pois nenhum dos três foi bastante aparelhado e dotado de um pessoal para acompanhar, com medidas objetivas e observações seguidas, o desenvolvimento da obra e sua repercussão na sociedade, bem como o ajustamento dos ex-alunos na vida pós-escolar.

FAZENDA DO ROSÁRIO – Uma das finalidades destas comemorações consiste exatamente nessa possibilidade de verificação dos resultados obtidos. Qual o valor da Fazenda da Rosário e qual a sua repercussão, nos meios pedagógicos e econômico-social, dos esforços incessantes dos XXV anos? Um grupo de jovens sociólogos, orientado por reconhecida autoridade, realizou, nos anos de 1959/60 uma pesquisa abrangendo a comunidade da Fazenda do Rosário numa área de 65 Km2 de superfície de 4,5 km. de raio em torno do ISER. Visitaram 80 moradias (excetuando-se as das instituições escolares) com cerca de 500 moradores. Naquele tempo, os resultados, longe de serem positivos, evidenciaram, segundo a pesquisa feita, uma influência bem superficial e precária. Ficamos até desapontados com os resultados, publicados pelo Centro Regional de Pesquisas Educacionais de Belo Horizonte, com o prefácio de seu diretor e ex-ministro de Educação, Dr. Abgar Renault. Sem perder a esperança de que a Fazenda do Rosário e suas instituições, bem como seu espírito e perseverança ainda venham a se manifestar na progressiva transformação do nosso meio rural, pela escola, continuamos firmes no propósito, lembrando o pronunciamento do mesmo Dr. Abgar Renault, então Secretário de Educação, ao inaugurar o 2º Curso para Professores Rurais na Fazenda do Rosário, em abril de 1949. Dizia ele: "A tarefa da educação é semear frutos de tardia colheita". Talvez esses frutos se farão sentir em gerações que ainda não nasceram...

A FAZENDA DO ROSÁRIO estende-se numa superfície de cerca de 250 hectares. A maior parte pertence à Sociedade Pestalozzi de Minas Gerais, e adquirida, em compras sucessivas, a partir de 30 de dezembro de 1939, com auxílio financeiro da Campanha dos Diários Associados. Seu Diretor, Dr. Assis Chateaubriand, foi ao Rio entregar pessoalmente o cheque na importância de 80 contos de réis, aproximadamente nas mãos da Presidente da Sociedade Pestalozzi. Vale a pena lembrar que um dos primeiros subscritores desse donativo foi Josefina Baker, a famosa bailarina francesa negra que, naquela época, dançava no Casino da Urca.

Distante 26 km de Belo Horizonte, a Fazenda do Rosário, localizada no Município de Ibirité, representa hoje um centro educacional de bastante importância. No entanto, seus começos foram bem modestos: Duas professoras – Dona Cora de Faria Duarte e D. Iolanda Barbosa, com seis meninos do Abrigo de Menores e do Instituto Pestalozzi de Belo Horizonte e mais os primeiros apetrechos domésticos – tudo isso transportado num caminhão – entravam na modestíssima casa de adobes, de chão batido. Sem água encanada, sem luz elétrica, sem instalações higiênicas, a vida dos pioneiros da Fazenda do Rosário era dura e sem conforto. Precisou de muita coragem e devotamento infinito à causa da infância desamparada para agüentar esses difíceis inícios. Felizmente não faltou ânimo a nenhum dos primeiros habitantes, entre os quais precisamos mencionar o nome de Dona Nina Stavrovietzki, de D. Ana Bandeira de Melo, Wanda Andrade, Lúcia Leite, – as primeiras professoras e educadoras da Escola Granja da Sociedade Pestalozzi, instalada em 1940.

Tudo que se fazia em matéria de assistência à infância excepcional que, dia a dia, aumentava os quadros do internato da Fazenda ao Rosário, distribuindo-se em casebres da rústica propriedade e, mais tarde, em prédios edificados pela própria Sociedade, com auxílio do Departamento Nacional da Criança – tudo, escola, assistência médica e dentária, assistência religiosa, recreação, festas cívicas e tradicionais – , tudo isso se destinava, indistintamente, à criança internada pela Sociedade, abandonada, desajustada, anormal, como à infância e juventude da própria população, da comunidade adjacente. E isso, constituindo um notável benefício para o ambiente social que recebia os forasteiros mais civilizados, representava também uma grande vantagem para os menores internados porque eram recebidos, apesar de todas as suas limitações e defeitos, de braços abertos, com franca amizade. Era tocante constatar como as famílias rurícolas convidavam os meninos para, em suas casas, participarem dos festejos familiares, aniversários, casamentos, etc. Não havia, inicialmente, quase nenhuma barreira entre uns e outros e muito menos se podia falar num enquistamento estranho ao meio. Houve, mais tarde, com o desenvolvimento das instituições escolares e aumento da população de camadas econômico-sociais e culturais mais elevadas, principalmente por parte do professorado e da administração, um certo afastamento dos moradores locais adultos, embora seus filhos e netos freqüentassem os diversos níveis de escolas em funcionamento na Fazenda do Rosário. Hoje, muitos deles já se acham integrados nas obras educacionais, na função de educadores, mestres de ofícios, regentes de classes e auxiliares vários.

Aqui vai a lista das instituições em pleno funcionamento na Fazenda do Rosário:

1 – Internato para menores excepcionais "Sandoval Soares de Azevedo" do sexo masculino.
2 – Internato "Santa Terezinha" para meninas excepcionais.
3 – Escolas Reunidas "Dom Silvério" e Clube Agrícola "João Pinheiro".
4 – Instituto de Educação Emendativa.
5 – Posto de Puericultura com Serviço médico, dentário e laboratório de pesquisas clínicas.
6 – Centro Social Rural.
7 – Hospitalzinho "Galba Velloso".
8 – Casa de Repouso (em remodelação).
9 – Curso Complementar industrial e agrícola "Dr. Gustavo Lessa".
10 – Cerâmica da Fazenda do Rosário.
11 – Ginásio Normal Oficial Rural "Sandoval S. Azevedo", com internato para moças.
12 – Ginásio Normal Oficial Rural "Caio Martins" com internato para moços.
13 – Inst. Sup. de Educação Rural – ISER (mantém Cursos de Supervisão de Ensino, Curso de Treinamento de Professores Rurais – Museu de Ciências – Posto de Meteorologia – Laboratório de Psicologia e de pesquisas sociopedagógicas – Classes anexas, pré-primárias e primárias – Clube Agrícola "Fausto Teixeira", com lavouras, hortas, pomares, jardins, criação de aves e de porcos Curso de extensão de economia doméstica).
14 – Capela Nossa Senhora do Rosário, com serviço religioso regular ministrado pelos frades franciscanos.

Em projeto acham–se os seguintes estabelecimentos de ensino e educação:

– Colégio de Economia Doméstica e Curso Superior de Educação Familiar, em convênio, ambos, com o Ministério de Agricultura.

O Colégio de Economia Doméstica está funcionando no ISER (1966) – Colégio Rural Oficial para candidatos de ambos os sexos, com seções diferenciadas.

– Escola do Serviço Social Rural, no nível superior de ensino (4 anos de curso seriado).
– Instituto Rural "Édouard Claparède" para menores com problemas de conduta e pré-delinqüentes.

Os primeiros 8 anos (1940-47) foram inteiramente consagrados à educação de menores desamparados, retardados mentais, nervosos, com distúrbios emocionais, antisociais, etc. Quase todos indigentes, recebiam integral assistência, pesando bastante a sua manutenção para a Sociedade Pestalozzi, visto que o número de internos elevou-se até mais de cem (100) alunos.

A partir de 1948, outro problema veio inquietar a Sociedade – a criança do campo, cujas lamentáveis condições de vida faziam dela também, um ser desamparado: sem escola, sem assistência médica, dentária, ou religiosa, vivendo em estado de higiene precaríssima, mal alimentada e doente, verminótica, anêmica, associal, com linguagem pouco desenvolvida, acanhada e triste, recebia pouco da família a qual, desde cedo, prestava seus serviços de criança. Eram-lhe desconhecidos os brinquedos e raramente se referia a qualquer espécie de jogo infantil entre companheiros ou parentes, em casa.

A Escola, por sua vez, não oferecia melhores oportunidades, pois da escola só existia o nome: sem prédio apropriado, sem mobiliário e material didático, dirigida por uma "professora leiga" – muitas vezes apenas com um curso de 3 anos de escola rural –, esta escola devia ser modificada e melhorada em seu ensino.

Foi então que a Sociedade Pestalozzi, mais uma vez, veio em auxílio do Governo de Minas, com oferecimento de suas acomodações em sítios e chácaras de sua propriedade para, sem demora, iniciar o treinamento do professorado para escolas em zonas rurais. Assim passaram em cursos intensivos de 3 a 4 meses de estudos cerca de 1.000 professores rurais. Mais tarde, a Secretaria da Educação promoveu, em instalações próprias, e em outras localidades, esse tipo de cursos, com bastante repercussão na zona rural, felizmente.

Com a Escola Normal deu-se a mesma coisa: inicialmente, ao curso foi oferecido, pela Sociedade Pestalozzi, um dos seus sítios, bem como as instalações ainda não utilizadas pelas crianças. Dois anos e meio após e a Escola Normal já entrava em seu próprio prédio, construído numa gleba de 35 hectares, adquiridos pelo governo nas adjacências das terras da Sociedade. Assim, a formação de regentes rurais ganhava tempo e em 1954 diplomava-se a primeira turma.

Surgiram outros cursos oficiais, em 1955, instalou-se o primeiro Curso de Supervisão de Ensino no Instituto Superior de Educação Rural, devendo este órgão representar a cúpula para o ensino em zonas rurais; em 1956, durante um semestre, o Professor André Rey, da Universidade de Genebra, veio ministrar um curso de Psicologia experimental, de pós-graduação.

Diversos Seminários de Educação Rural, como de Excepcionais, Mesas Redondas e Mutirões têm sido realizados na Fazenda do Rosário, com a participação de pessoas as mais acreditadas nesses assuntos, no Brasil.

Em 1964, um convênio do Estado de Minas com a Sociedade Pestalozzi criou o Instituto de Educação Emendativa (IEEM) em virtude do qual a assistência à infância excepcional pôde se desenvolver material e tecnicamente em melhores condições com maior número de alunos. A Secretaria de Educação vem ajudando tanto o internato como o semi-internato com o professorado oficial, mestres de oficinas e, o mais substancial ainda, com a alimentação, fornecendo os mantimentos através de seu Departamento de Compras. Tudo isso veio aliviar bastante a preocupação da Sociedade Pestalozzi a encarar com maior otimismo o futuro da assistência a excepcionais na Fazenda.

Todavia, falta ainda o mais importante, talvez: pessoal suficientemente preparado e selecionado para a completa tarefa. Espera-se que cursos e estágios pouco a pouco irão diminuir essas dificuldades. Esperam-se auxílios para contrato de técnicos estrangeiros a fim de sanar as faltas em pessoal especializado em educação dos excepcionais. A escassez de acomodação para esse pessoal, em condições de conforto, e a ausência de acomodações para alunos impede a aceitação de novos candidatos, embora mais de 200 casos já se achem inteiramente estudados pelo serviço social da Sociedade Pestalozzi para internamento, entre mais de quinhentos que desesperadamente esperam a sua admissão na Fazenda do Rosário. Os auxílios financeiros são indispensáveis para construções, visto que não falta espaço para abertura de novas "chacrinhas" para internatos.

Julgando o internamento da criança excepcional (a bastante inteligente para compreender que a família, ao internar o filho, comete um ato de rejeição, o qual não rara vez culmina ao abandono definitivo do excepcional ao estabelecimento), iniciou-se em 1964 o sistema de semi-internato, trazendo diariamente menores de Belo Horizonte em ônibus, às 8 horas da manhã e devolvendo-os às famílias às 5 horas da tarde. O problema do transporte, neste caso, deveria ser solucionado através de auxílios mais significativos para poder receber maior número de alunos.

Para afastar os males do internato coletivo está sendo estudada a possibilidade do regime de colocação familiar. Certos países (Uruguai, por exemplo) preconizam sobremaneira esta modalidade de assistência. Todavia, para que a colocação beneficie realmente a criança, deve ser tomada uma série de medidas quanto à escolha e o preparo de *lares adotivos* para assistência mais ou menos prolongada e, quiçá definitiva, em se tratando de crianças órfãs ou abandonadas.

Ainda são poucas as famílias, na comunidade, que possam desempenhar satisfatoriamente o complexo papel de educadores de excepcionais em seus lares. Talvez precisará ainda mais uma geração para conseguir famílias numerosas entre os rurícolas, capazes de aceitar essa incumbência de maneira higiênica, pedagógica, sem preocupações de exploração e de ganância. Acreditamos firmemente que um dia a Fazenda do Rosário possa ser uma espécie de "Colônia de Gheel" para excepcionais, ao exemplo do que se faz na Bélgica para os alienados. Essa modalidade solucionaria pari passu o problema da *egresso* que tanto preocupa a Sociedade Pestalozzi. A mantença dos crescidos no meio dos novos de menor idade, chega um dia a seu limite. Cortar o cordão umbilical que os prende por longos anos ao internato, em se tratando de órfãos e de rejeitados, constitui um problema de angustiante afetividade. Onde irão os egressos? Para onde encaminhar os menos ajustados? O remédio seria de criar, ao lado, nas proximidades da Fazenda do Rosário, uma *Colônia de Lares para egressos,* como se tem, há muito tempo deliberado. Existe mesmo um terreno doado pelas nossas amigas do Rio de Janeiro, Dona Renata Silveira e Dona Isar Lins, já todo medido e com planta loteada. Precisar-se-iam outros donativos e elevada monta para construção dos prédios de residência e demais benfeitorias para a exploração do sitio em atividades agropecuárias e industriais. Isso exigiria, ao lado de um planejamento competente, consideráveis capitais. Não faltarão, um dia, esses recursos indispensáveis, não somente à solução do problema dos egressos da Fazenda do Rosário, como ainda de egressos de outras instituições excepcionais, pois a doação do terreno especifica essa condição, para maiores de 18 anos.

Educação dos excepcionais e sua integração na comunidade rural[1]

1966

Partindo dos princípios modernos de Pedagogia e adaptando-os às necessidades e recursos de cada indivíduo excepcional – quer do retardado mental, do particularmente bem dotado, do sensorialmente deficitário, do defeituoso físico ou, ainda, do que sofre desequilíbrios emocionais e desajustes sociais – quase todos exigem uma suplementação de tratamento de modo a constituir uma formação mais completa e harmoniosa possível, que os integre na sociedade.

Nessa educação integral e integrativa, convém distinguir os seguintes aspectos, cujo conjunto deve-se levar sempre à consideração do pessoal que trata dos excepcionais:

1 – Educação física e conservação da saúde, formação dos hábitos de higiene.

2 – Formação de hábitos de vida e de relativa independência (no vestir, nas refeições, na aquisição de certa autonomia, etc.).

3 – Educação perceptiva e de inteligência prática.

4 – Educação intelectual e da linguagem como meios de comunicação e formação dos conceitos.

5 – Escolarização no sentido dos estudos servirem para a aquisição de instrumentos úteis de cultura e de comunicação na sociedade. Do contrário, nos retardados não se justificam esforços excessivos e contínuas frustrações; sua energia deve ter outras aplicações, mais condizentes com os interesses e capacidades de excepcionais. Tornar este item bem patente, tanto para os pais como para os regentes de classes.

6 – Educação social, em suas variadas modalidades de relações humanas: no lar, na escola, na comunidade, nos brinquedos, nas ocupações, no trabalho, na recreação...

7 – Educação Econômica – para zonas rurais: estudo e aproveitamento usual dos recursos naturais e materiais; sempre que possível, com a produção de valores ou rendimentos em atividades agrícolas, artesanais, industriais, caseiras, seriadas em gradativa progressão de dificuldades e esforços, permitem a participação dos mal como dos bem-dotados.

8 – Educação artística – nos variados setores de aplicação. Tanto na vivência estética, na contemplação da natureza, como na música, dança, teatro, nas artes plásticas... despertando no excepcional sentimento de beleza e exercitando aptidões, não raro de apreciável valor. O indivíduo sentir-se-á mais feliz com a utilização do patrimônio cultural que o aproxime dos demais membros da sociedade. Os critérios de beleza, precedendo os critérios éticos – constituem elementos valiosos na educação do excepcional.

9 – Educação cívica e moral – com a participação do excepcional nas manifestações da vida cívica, nas comemorações de datas de cunho familiar, regional, de acontecimentos dignos de exaltar o amor filial, o valor moral na localidade, no país; praticando "boas ações", auxílio aos fracos, doentes, necessitados. A sensibilidade afetiva para com as alegrias, a infelicidade, o sofrimento dos outros; a bondade patente em muitos excepcionais, bem como o desejo e a capacidade de serem úteis ao próximo podem ser desenvolvidos nessas criaturas limitadas intelectualmente e aproveitadas em atividades sociais de auxiliar de educadores, nos serviços hospitalares, na recepção de alunos novatos, visitas, etc.

---

[1] ANTIPOFF, Helena. Educação dos excepcionais e sua integração na comunidade rural. *Boletim da Sociedade Pestalozzi do Brasil*, Rio de Janeiro, nº 30, p. 7-19, 1966.

10 – Educação religiosa – Esta, na medida da compreensão e do desejo do próprio excepcional, não pode ser descuidada. O excepcional não deverá ser deixado fora da vida religiosa da família, da escola ou da comunidade, pois seu afastamento compulsório pode criar nele o sentimento de rejeição e de inferioridade, reprimido ou pronto a se voltar contra seus pais ou educadores.

Fatores de primordial importância na realização da Educação Integral.

I – Do Pessoal – Seleção, preparo, estágios do educador e auxiliares na educação do excepcional.

Os cursos de formação e preparo do pessoal devem ser seguidos de um período de estágios probatórios bastante prolongado para fazer sentir ao candidato o grau de adequação ao tipo de trabalho exigido por esse ramo de assistência, a fim de evitar fracassos pedagógicos, e preservar a sua própria saúde do esgotamento nervoso, não rara vez observado entre educadores de excepcionais.

São eles chamados a exercer a função de educadores de excepcionais mentalmente retardados, de crianças com defeitos sensoriais e motores, nervosas, irrequietas e instáveis, social e emocionalmente desajustadas, etc. Devem ser indivíduos desprovidos de "complexos"; pessoas pacientes que gostem verdadeiramente dessas crianças como seres humanos; otimistas e com fé na educação. Estudiosas, e possuidoras de bastante cultura pedagógica especializada e geral, devem ter mãos habilidosas e capazes de estimular a aprendizagem da criança sem perda da serenidade. Devem ter bastante idealismo e possuir uma faísca de espiritualidade para acender nela, quando preciso, verdadeiros atos de heroísmo e de humildade.

Aos educadores compete:

1 – Criar ambiente propício para a educação e o "clima" mais favorável ao tipo de alunos que terá sob a sua responsabilidade, sempre, porém, numa atmosfera de confiança e de simpatia.

2 – Aplicar técnicas educativas e apropriá-las devidamente para cada caso e fato ocorrido; imaginar novos processos, aproveitando as ocorrências e os recursos disponíveis. Controlar seu efeito no aluno.

3 – Observar os fatos da conduta humana; interessar-se por eles e registrar, como cientista, a fim de compreendê-los e contribuir, paulatinamente, para o advento da pedagogia especializada, como arte sutil baseada na paciente experiência.

NB – O último tópico é bastante importante: escolas para excepcionais não são simples escolas. São estabelecimentos privilegiados onde se educam as crianças, onde se estudam problemas e processos de educação e de tratamento e onde se formam educadores e demais auxiliares.

II – Ambiente – Escolas para excepcionais devem, ao nosso ver, funcionar fora das cidades. O local natural é o campo. Espaços abertos favorecem movimentos livres, mais amplos, harmoniosos. Os ritmos da vida são ali melhor percebidos; melhor que os relógios e os sinais, o sol dita os horários convidando os homens para se levantar, para o trabalho, o sono...

Longe do tumulto da cidade, dos perigos do trânsito, da apertura espacial, a vida no campo oferece à criança infinitas oportunidades para seus jogos ao ar livre, o cultivo da imaginação, por mais limitada que seja a criança. Ela gosta desta vida campestre, das árvores, dos animais, da paisagem e sabe apreciar a beleza através de uma espécie de sentimento cósmico que se pode observar nos olhares de crianças, por vezes, profundamente retardadas.

III – Atividades de orientação para o trabalho – A vida rural oferece ainda ao excepcional ricas possibilidades para o trabalho e a sua participação nas atividades lucrativas do campo.

Os variados recursos naturais em matéria prima e as ocupações de caráter utilitário praticadas pelos deficientes mentais contribuem grandemente para a educação e preparo dos adolescentes para a vida adulta do egresso, mais ou menos livre, ou asilado. Em ambos os casos, será menos parasitária a sua existência e sentir-se-á mais feliz na comunidade.

A cuidadosa procura de ocupações para cada indivíduo deficiente por meio de rodízios nos diversos serviços de estabelecimento rural para excepcionais, tal como a Fazenda do Rosário da Sociedade Pestalozzi de Minas Gerais, poderia desempenhar uma tríplice finalidade:

a) Educativa – com o exercício das funções biopsíquicas e sociais do adolescente em diversos ambientes de trabalho, com materiais e ferramentas variadas utilizadas para fins de aprendizagem;
b) Científica – pelo método de experimentação natural e outros métodos de pesquisas vocacionais em torno de ocupações e sua compatibilidade com os níveis de desenvolvimento mental e de aptidões, tipo de deficientes, anomalias, distúrbios nervosos e emocionais, bem como de suas condições econômica-sociais;
c) Econômica – por mais novo e/ou limitado que seja o excepcional, sua participação adequada nos trabalhos e serviços da Fazenda do Rosário, como instituto rural de educação emendativa, pode resultar numa apreciável ajuda econômica para o estabelecimento, ao mesmo tempo que salutar para o bem-estar moral do adolescente.

Há uma infinidade de trabalhos no campo, onde a mão de obra infantil, quando dosada em seus esforços e horários, representa uma valiosa contribuição na economia rurícola, sem prejuízo da saúde e da escolaridade da criança. Na apanha de frutas e sementes; no trato dos animais de pequeno porte, tais como aves, coelhos; na floricultura, por exemplo, a mão da criança melhor do que a do adulto pode conseguir transplantio de delicadas mudinhas.

O adolescente do campo se enquadra perfeitamente em muitos trabalhos, agradáveis para sua idade.

Temos encontrado, entre deficientes mentais, meninos de grande responsabilidade no trato de animais, muitas vezes superior aquela que, nas mesmas condições, se pedia aos meninos normais de inteligência e de conduta, geralmente mais brincalhonas e menos atentas aos serviços obrigatórios.

Além de atividades agrícolas, o meio rural favorece toda espécie de trabalhos manuais, de artesanatos e de indústrias rurais. É a opinião comum que a riqueza vegetal do Brasil não foi, até hoje, bastante aproveitada nem na indústria, nem no comércio interno, nem na exportação.

É também a nossa opinião, ao constatar o pouco interesse que lhe consagram educadores brasileiros, e a ignorância com que tratam do assunto quando chamados a utilizá-la nas atividades pedagógicas. Felizmente, despertada a atenção e treinadas as técnicas de aplicações didáticas para concretização do ensino, os professores, nos Cursos de Especialização em educação rural ou nos da Educação Emendativa, revelam rápida aprendizagem e boa qualidade, desde os primeiros ensaios, dos artigos artesanais confeccionados nessas aulas. Testemunho dessa habilidade natural são as já famosas exposições do artesanato rural nas Feiras do Milho e da Colheita, cujos produtos se vendem com facilidade, por preços comerciais. O mesmo pode-se observar do mostruário artesanal das crianças, deficientes mentais e desajustadas, que se esmeram nos trabalhos de bambu, cipós, na cestaria, nos artigos de fibras vegetais, de milho, de bananeira, nos "mosaicos" com grãos e sementes, etc.

Eis aqui uma prova cabal da imensa possibilidade de aprendizagem e de criação livre graças aos recursos naturais, muitos dos quais, nativos, oferecem aos educandários de excepcionais, do ponto de vista pedagógico-econômico e de equipamento técnico, condições excepcionalmente vantajosos.

A matéria prima animal, também de fácil encontro no meio rural, permite trabalhos de bastante utilidade em couro, peles, chifres, ossos, penas, etc.

Talvez a mais valiosa para nossa zona seja a matéria prima mineral e muito especialmente o **barro**, visto serem argilosas as baixadas, e de excelente qualidade para a cerâmica. A presença de um ceramista que veio, como um dom preciso, de Pernambuco, da Usina de Catende, à Fazenda do Rosário, polarizou a atenção dos educadores e artistas visitantes, nos bonecos de barro que saiam profusamente das mãos criadoras dos meninos débeis mentais "bem-comportados", ou dos garotos inteligentes porém de péssima conduta; todos se sentiam à vontade atraídos pelo barro e pelo incomparável mestre Jether Peixoto. Sua arte consistia em deixar a criança livre para exprimir o que lhe passava n'alma. A orientação discreta na aprendizagem técnica de cerâmica popular não tolhia a criança, pois, geralmente, era usada a pedido da própria criança quando a reclamava na solução de uma dificuldade nova.

Os "bonecos" que representavam, à maneira de Vitalino, coisas vistas, cenas observadas com especial e espontâneo interesse pelas crianças, lembranças de seu passado familiar, de miséria material, mas cheias de afeto filial, repercutiam no trabalho criador da criança e se integravam em sua formação.

Para alguns adolescentes, entre os mais difíceis e anti-sociais, a cerâmica funcionou como uma verdadeira tábua de salvação na modificação brusca de sua conduta, e, quiçá, do próprio caráter.

Fator de não pouca importância eram as exposições (permanentes e esporádicas) desses trabalhos que, além de provocarem apreço e admiração, constituem em também oportunidades de renda. Há quinze anos atrás, os "bonecos" de barro da Fazenda do Rosário, procurados pelos colecionadores de arte popular se vendiam a preço alto, a duzentos, quinhentos e mais cruzeiros, no tempo da moeda ainda alta no Brasil.

Não havia maior prazer para os nossos meninos que o de "comerciar" seus produtos nas feiras da Fazenda do Rosário ou nos povoados vizinhos, para onde levavam, aos domingos, de caminhão, seus produtos: tigelas, alguidares, moringas, habilmente torneadas no torno rústico por alguns meninos especializados.

A Pedra-sabão – ou esteatite, é outra excelente matéria-prima regional, pois as suas jazidas se encontram em Congonhas do Campo, a menos de 3 horas de viagem da Fazenda do Rosário. É de fácil encomenda e transporte. Por ser macia, a pedra-sabão deixa-se esculpir com simples canivete. Haja visto os meninos de 10 a 12 anos trabalhando e produzindo coisas de utilidade, artigos de religião ou objetos de ornamentação, com relativa facilidade e resultado.

O Ferro – é outra matéria-prima profusamente encontrada na zona metalúrgica de Minas Gerais. Infelizmente, ainda se faz dele relativamente pouco uso artesanal; no entanto, os trabalhos de "ferro forjado" seriam de grande alcance na educação de excepcionais, sobretudo dos que necessitam de trabalhos de força para a descarga de suas energias explosivas, em atividades construtivas.

A Construção – só para o **sexo masculino.** Uma vez tentamos introduzir elementos de construção rústica no Curso de Treinamento de Professores rurais. Não encontramos mestres que quisessem ensinar a mulheres, pois declararam que é o "ofício do homem". A construção pode ser com facilidade introduzida no meio rural, visto a presença de material necessário para a construção de abrigos, para a guarda de ferramentas agrícolas, de caramanchões, de barracas para exposição ou venda de comestíveis nas festas ao ar livre, e mesmo para a confecção de rústicas moradias. Nessas construções, a mão de obra dos adolescentes deficientes mentais pode ser bem útil, uma vez que haja bom mestre pedreiro que os oriente nos serviços de ajudantes. Tivemos oportunidade de ver retardados mentais desempenhar esses trabalhos com bastante interesse e êxito. Na falta freqüente da mão de obra profissional, na zona rural, esses rapazes são procurados pela população e não lhes faltam encomendas.

Indústrias Rurais – estas beneficiam principalmente adolescentes do sexo feminino. Não faltam produtos vegetais e animais como matéria prima para isso. Exigem educadores competentes e algum aparelhamento, além da higiene do ambiente em que tais indústrias possam ser praticadas.

É-nos agradável constatar que o Ministério da Agricultura acha-se fortemente empenhado na formação técnica do elemento feminino para ministrar economia doméstica rural nos Cursos primários complementares, nos Ginásios orientados para o trabalho e nos Colégios e Ginásios normais (em cursos vocacionais). Na própria Fazenda do Rosário, desde 1966, funciona, com esta finalidade, o Colégio Técnico de Economia Doméstica Rural, cujas diplomadas, depois de três anos de estudos seriados, poderão ser aproveitadas nas Escolas e Institutos de Educação Emendativa no setor feminino, nos cursos para "donas de casa", de auxiliares de educação e atendentes, entre as quais poderão figurar, como alunas também, as mocinhas com retardo mental de grau leve. Custa a crer como essas aulas transformam as moças. Mesmo com "déficit" mental, aparentemente profundo, nas aulas "acadêmicas", nas quais demonstram absoluto desinteresse, atitudes grosseiras e preguiça, sua aparência e comportamento mudam radicalmente nas atividades domésticas e nas aulas práticas de costura, culinária, jardinagem, horticultura, etc. Suas fisionomias animam-se de uma expressão mais bonita e simpática, os movimentos tornam-se mais ágeis, no contato com pessoas, ficam mais confiantes. Recebem as visitas, servem à mesa, oferecem seus préstimos com atitudes sociais agradáveis de boas "donas de casa", convidam a visitar suas "granjinhas", etc.

Não é nossa intenção enumerar todas as espécies de ocupações e aprendizados para adolescentes, condizentes com a vida do campo, que tanto preconizamos para deficientes e desajustados. Tivemos oportunidades de observar na Fazenda do Rosário, através de variados exemplos o seu comportamento nas múltiplas atividades que lhes foram proporcionadas. Nem tudo foi bem sucedido: houve casos admiráveis de êxito e de recuperação de indivíduos gravemente atingidos em seu "déficit" mental ou desvios de conduta. Mas houve também bastante desperdício na maneira como foram levados, por mestres incompetentes, ou educadores improvisados nessas atividades.

Graças ao zelo e imaginação da primeira Diretora Técnica Dona Yolanda Barbosa (já hoje aposentada) que tanta importância dava ao trabalho da criança internada na Fazenda do Rosário e tantas oportunidades descobria para atender às diferenças individuais de cada uma, foram experimentadas e observadas várias dezenas dessas atividades.

Em continuação aos trabalhos estudados em Belo Horizonte, no Instituto Pestalozzi, entre 1935-40, no setor de trabalhos manuais e domésticos, principalmente feitos pelos alunos do sexo masculino, os estudos de atividades agrícolas, sobretudo, chamaram nossa atenção, através do método de Lazurski. Seus primeiros resultados foram publicados a título de ilustração, apenas.

Até hoje faltaram aqui pessoal e meios para a pesquisa sistemática do trabalho agropecuário, artesanal, praticado pela população rural e, mais especialmente, pela sua infância e adolescência. A isto seria acrescentado o estudo do deficiente mental e desajustado de diversas idades, culminando a pesquisa no levantamento de escalas de trabalho para diversas idades e tipos de trabalhadores, normais e deficientes.

Como sabemos, a pesquisa exige pessoal preparado e disciplinado e não poucas despesas para sua remuneração, transporte, documentação fotográfica, apuração estatística, trabalhos de datilografia, etc. Não perdemos a esperança de que, um dia, se consigam auxílios através do Conselho Nacional de Pesquisa e orientação técnica por órgãos competentes.

Afortunadamente, cada dia mais sente-se, por parte da sociedade e dos poderes públicos, maior compreensão da importância da zona rural e de sua população, tanto tempo deixada sem assistência e educação. Acreditamos que as atividades horti-granjeiras e artesanatos executados em condições de melhor higiene (problema de esquistossomose e de verminose, em geral, para as primeiras) e de maior conforto e equipamento das moradias rurais (para as segundas), trariam para as localidades vizinhas dos grandes centros urbanos (como é o caso da Fazenda do Rosário) oportunidades econômicas bastantes significativas para seu bem-estar material e social.

Colocação familiar de deficientes mentais na zona rural

A implantação de educandários para excepcionais na zona rural não só facilita a educação integral e a integração na comunidade dos deficientes mentais e desajustados. Isso exigiria um sério planejamento e uma sólida organização de aproveitamento da população rural vizinha dos estabelecimentos para excepcionais. Mas seria uma maneira de solucionar o problema espinhoso de educação, assistência e garantia no futuro na idade adulta de maior número de deficientes mentais.

O plano de colocação familiar, na Fazenda do Rosário, surgiu da constatação que o crescente número de pedidos de internamento em seu estabelecimento não poderá ser jamais liquidado por seus próprios recursos e a palavra DESCENTRALIZAÇÃO se implantou como palavra de ordem: descentralização regional e descentralização local. Cada região administrativa do Estado (através de suas Delegacias de Ensino, de Saúde, dos Juizados, Núcleos da LBA, Associações religiosas e assistenciais, etc.) deve promover algo em favor de sua infância excepcional evitando que massas de candidatos ao tratamento médico-pedagógico e social se acumulem, desesperadamente à espera de uma vaga em consultórios, internatos, clínicas especializadas, etc. As sedes dessas entidades administrativas devem se interessar pela sorte desses seres e tentar solucionar suas necessidades com seus próprios meios, deixando para a capital do Estado e quiçá, do País, os casos que exigem assistência extraordinária. Esse descongestionamento dos serviços centrais por processos de descentralização regional ajudaria aos centros a fazer um melhor trabalho, de maior competência técnica, preparando o pessoal, estudando, pesquisando e descobrindo processos mais adequados de tratamento e de assistência à Infância Excepcional.

Outra modalidade de descentralização – seria a comunal. Os estabelecimentos de assistência médico-psico-pedagógica e social para o excepcional como o Instituto de Educação Emendativa do Rosário, da Sociedade Pestalozzi de Minas Gerais, está abarrotada: faltam acomodações para o internato, faltam salas e equipamentos para suas atividades escolares e artesanais para alunos internos e semi-internos (que duas Kombis transportam diariamente de Belo Horizonte, distante 26 km por uma estrada ainda não asfaltada...). Não é fácil a uma sociedade privada atender devidamente, esses 200 alunos matriculados. O problema é maior ainda em dar providências par a que mais 600 pedidos, dos quais bom número com exame de serviço social, médico, psicológico já prontos para receberem os novos clientes, sejam atendidos a tempo, isto é, em menos de um semestre, ou um ano, no máximo. No entanto esses clientes esperam, alguns, mais tempo ainda e quando, por ventura, abre-se uma vaga, o candidato já se acha com idade fora do limite de 12 anos estipulada como máxima para o internamento.

Como aliviar a esse acúmulo de pedidos nas capitais e amenizar o drama do excepcional na entrada para o estabelecimento, como na saída. Pois o problema do egresso do internato é dos mais complexos e dolorosos, sobretudo quando se trata de órfãos verdadeiros "órfãos de pais vivos", ou "filhos de vento"... O internamento em estabelecimentos é sobremaneira dispendioso e a criança não encontra nele o ambiente propício para sua educação integral. Aí que vem à tona a solução pela colocação familiar nos lares rurais circunvizinhos. Sabemos que o assunto é dos mais delicados e que necessitaria talvez de muitos anos de organização do sistema e do preparo de lares para seu normal e frutuoso andamento.

Tudo o que se fizer em favor da criança excepcional reverterá em benefício de massas de crianças comuns e do bem-estar da comunidade

Este lema que tão acertadamente se verificou no terreno pedagógico, de Higiene mental, de tratamentos específicos, etc., não deixará de se verificar também nesse serviço de colocação familiar rural. De colocação familiar temos experiência com crianças comuns, observando o seu sistema na França (1953), no Uruguai (1945) e aqui no Brasil, na Bahia (1946). Embora em menor extensão, mas a experiência brasileira orientada pelo Departamento Nacional da Criança e o pranteado Dr. Álvaro Bahia, pareceu-nos mais humano e de melhor alcance, em alguns casos.

O projeto da Fazenda do Rosário com relação à colocação de deficientes mentais nos lares rurais tem duplo objetivo: a educação da criança e sua integração na comunidade, de um lado; do outro, a orientação da família rural e sua progressiva civilização dentro do ambiente mais higiênico, mais próspero, econômico e socialmente. Portanto, a família mais habilitada para a educação dos filhos deficientes dos outros, como dos **próprios filhos.**

Orientados nos cuidados de um ou dois deficientes mentais, *pari passu* saberão melhor tratar dos 4-5 filhos carnais, da família rural.

Caberia ao setor do Serviço Social do Instituto Superior de Educação Rural (ISER) juntamente com órgãos disponíveis na região (ACAR, Circunscrição Agrícola do M.A., etc.) assumir a responsabilidade dessa transformação do lar rural para prosperidade e com a orientação do Instituto Emendativo da Fazenda do Rosário, orientar a família para adequados cuidados dos meninos excepcionais colocados. Tarefa complexa, repetimos, pois visa à boa seleção, sistemática orientação e controle dos resultados. Acreditamos que será esta medida (internamento em lares rurais), que permitirá resolver melhor os problemas de educação da criança deficiente ou defeituosa que, até a idade de 16 anos terá a assistência direta nas classes escolares, nas oficinas, nas atividades hortigranjeiras bem como nas atividades recreativas, religiosas, etc., do Instituto Emendativo, em regime de semi-internato ou de externato, segundo a natureza do aluno. Terminado seu estágio e aprendizado no Instituto, passará a ficar sob a orientação do IEEFAR na família rural e ainda, fato importante, a gozar de todos os serviços e privilégios que a Fazenda do Rosário com Comunidade organizada deve a seus moradores e componentes.

Corporações artesanais e hortigranjeiras organizadas cooperativamente

Do ponto de vista econômico e do trabalho lucrativo para os ex-alunos do IEEFAR e outros egressos das instituições para excepcionais, das diversas associações em convênio com a Sociedade Pestalozzi de Minas Gerais, o sistema de lares adotivos para colocação familiar, haverá certamente benefícios marcantes com a condição, todavia de que o projeto obedeça a um estudo e planejamento de técnicos e pessoas competentes em assuntos educacionais, econômicos e sociais.

Este projeto sobre o assunto de trabalho artesanal e cooperativismo que preconizamos durante mais de 20 anos em conferências, publicações, mesas redondas, para seu uso com excepcionais deverá constituir em breve um dos temas do futuro Seminário das Sociedade Pestalozzi, no Brasil. Talvez sejam necessários assessores de organizações latino americanas, ou internacionais, visto que o problema é universal e urge dar-lhe maior atenção. Somente o sistema de cooperativismo poderia ser adotado. Para isso alguns estudos já estão sendo promovidos nos cursos de ISER, com a colaboração dos serviços do Ministério da Agricultura que pôs à disposição da Fazenda do Rosário seus técnicos, agrônomos, professores de economia, e meios materiais para estudos e na execução de alguns programas parciais ainda com professores primários, cursos normais complementares e de especialidade de economia doméstica, etc.

Que este artigo sirva de apelo aos interessados e que mais breve possível pudessem se encontrar em torno do problema de assistência aos excepcionais, mas que ao mesmo tempo, de grande alcance geral, possa beneficiar as comunidades rurais vizinhas de estabelecimentos educacionais de vulto que incluem em seus programas a assistência a excepcionais, seu estudo e preparo do pessoal.

PARTE 6

Métodos de Pesquisa e de Exame Psicológico

Nesta parte são reproduzidos textos em que Antipoff apresenta seus métodos de pesquisa e exame psicológico preferidos: a experimentação natural, aprendida com Lazursky na Rússia, e o teste "Minhas Mãos", de sua própria autoria. Podemos observar o entusiasmo da autora com as possibilidades que os dois tipos de instrumento apresentam para a observação do funcionamento das diversas funções psicológicas. Nota-se a preferência da autora pela análise qualitativa, pelo acompanhamento sistemático do desenvolvimento do sujeito, de suas formas próprias de ser e de agir sobre o mundo exterior. E a sua curiosidade extraordinária pelas manifestações mais simples do espírito humano e o apreço pela ciência psicológica, que lhe parecia a via de acesso ao seu significado para o sujeito.

Estudo da personalidade pelo método de Lazursky[1]

1926

I

A psicologia individual, nós o sabemos, não é ainda uma ciência bem sólida, os métodos que ela utiliza não lhe convém sempre e os resultados que estes métodos lhe fornecem não são sempre confiáveis.

Um psicólogo e psiquiatra russo, Alexandre Lazursky, morto prematuramente em 1917, antes de concluir uma obra de grande envergadura, consagrou sua vida ao estudo psicológico da personalidade e à pesquisa dos métodos particularmente adaptados a este assunto.

Para ele, como para outros, as duas grandes vias da pesquisa científica, a observação pura e a experimentação, tem ambas graves defeitos. Na observação, é a passividade do investigador que é o ponto fraco, a excessiva complexidade dos fatos observados e a conseqüente falta de precisão, o tempo que ela demanda... Quanto ao método psicológico experimental, ele exige condições nas quais a personalidade humana se sente aprisionada em um ambiente artificial que desnaturaliza seu verdadeiro caráter; a experiência inspirada na preocupação da precisão não se volta para o conjunto dos fenômenos, tal como eles se apresentam na vida psíquica, na realidade, mas, decompondo-os e fracionando-os, ela cria estruturas falsas e altera o caráter autêntico da personalidade.

Buscando aperfeiçoar esse método caracterológico, Lazursky empreendeu, desde 1908, com seus colaboradores e alunos da Academia pedagógica de Petersburgo, um estudo muito detalhado de um número considerável de crianças em idade escolar. Instalou-se em uma escola privada e, com a ajuda de seus colaboradores e dos mestres da referida escola, aplicou ali todos os métodos então em uso. Ao fim de longas semanas de trabalho, Lazursky obteve ricas monografias de crianças, baseadas em uma enquete abordando a hereditariedade e o meio junto aos pais, a observação das crianças em casa e na escola, informando sobre seus interesses, seus jogos, seus passatempos, seu trabalho, seus sentimentos, suas aptidões especiais, seu nível mental, etc. Essas monografias serviram, como veremos mais tarde, de documentos de controle para a elaboração do método Lazursky.

Ao manipular diferentes métodos, ele acrescentava, ao longo do caminho, certos aperfeiçoamentos: por exemplo, ele tornou mais específica a observação, nela introduzindo o que chamou de *anotações contínuas*. Ao lado das observações pedagógicas, conhecidas sob a forma de diários cotidianos, onde o professor inscrevia os fatos salientes na conduta desta ou daquela criança, foi registrada *toda a conduta* da criança,, observada ao longo de algumas horas seguidas (nos internatos pode-se levar a observação até um ou dois dias seguidos). Este procedimento, por não admitir da parte do observador nenhuma escolha, exige, ao contrário, o registro o mais estrito de todas as manifestações da criança. Tudo nele é igualmente importante, tanto os fatos extraordinários quanto os mais costumeiros e pequenos. Este método objetivo por excelência é de grande ajuda para o estudo da criança muito pequena, do animal, dos seres anormais. Na monografia de uma criança normal algumas páginas de *anotações contínuas* fazem aparecer a personalidade com uma clareza extraordinária. Este método é delicado e demanda muito tato da parte do observador, pois o sujeito observado não deve ter a menor suspeita de estar sendo observado. Na psicologia sonhamos com um chapéu mágico, citado nos contos orientais, que permitiria àqueles que o usassem sobre a cabeça tornarem-se inteiramente invisíveis.

---

[1] ANTIPOFF, Helena. Étude de la personnalité par lá méthode Lazoursky. *L'educateur,* Genève, nª 62, p. 285-292, 1926.

II

Observando as crianças na escola, durante as aulas de diferentes matérias, Lazursky percebeu que cada assunto, cada ocupação escolar, tinha a vantagem de salientar alguns traços psíquicos mais que outros. Assim, durante as lições de cálculo poder-se-ia melhor observar a compreensão, o julgamento, os processos lógicos, a atenção, a rapidez do trabalho mental; as lições de leitura e ortografia colocariam em evidência a linguagem, a memória; as lições de história natural, a observação, a acuidade perceptiva; o desenho, o lado estético, etc.

Esta descoberta levou Lazursky a *sistematizar as observações*.

Para isso, e com o apoio muito decidido dos professores, Lazursky preparou um plano de lições chamadas *experimentais* para cada matéria escolar, de forma a condensar o material típico para cada assunto e apto a provocar nas crianças o maior número de manifestações psíquicas, podendo servir verdadeiramente de campo de observação psicológica.

Essas lições preparadas com antecedência eram executadas na presença dos psicólogos que deviam com cuidado anotar toda a atividade das crianças, sua maneira de se comportar, as nuanças na execução das tarefas... Assim, por exemplo, durante as lições de leitura, notava-se se a criança lia depressa ou devagar, se fazia pausas lógicas, se a expressão era apropriada ao texto, se pronunciava as palavras corretamente ou não. Ao resumir o que havia lido, uma criança contava com desembaraço, as frases se encadeando facilmente, com expressão literária, riqueza de detalhes. Uma outra, ao contrário, resumia secamente, de maneira pobre; outra ainda introduzia detalhes falsos na estória. Quando se pedia à criança que resumisse a idéia principal da narrativa, ela se perdia em detalhes; uma outra, ao contrário, com algumas palavras precisas, distinguia rapidamente o essencial do secundário...

Depois de haver recolhido as listas dessas observações relacionadas às diferentes matérias, Lazursky empreendeu sua análise psicológica. Para cada manifestação exterior, cada atividade minuciosamente discutida e analisada, encontrava-se seu equivalente psicológico expresso em funções psíquicas e traços caracterológicos. Para retomar o exemplo anterior, a aula de leitura, essas observações forneceram informações sobre a fonética da criança, sua linguagem, sua facilidade de combinar as imagens verbais, sua memória bruta ou lógica, sua fidelidade, sua faculdade de compreensão, de abstração, a intropatia, etc.

A importância desse trabalho revela-se ainda do fato de que a análise não foi efetuada de maneira puramente lógica e abstrata, mas realmente psicológica e concreta, com o auxílio das monografias de crianças anteriormente mencionadas. Os investigadores conheciam bem as crianças, portanto era-lhes fácil interpretar psicologicamente suas reações e delas extrair conclusões caracterológicas. Uma vez de posse de esquemas de manifestações com seu respectivo significado psicológico, pode-se facilmente utilizá-los como quadro, um guia seguro para a observação de outras crianças.

III

Mas Lazursky não parou aí. Ele procurou dar a suas pesquisas o máximo de precisão adicionando a elas o caráter experimental. No inventário detalhado e variado apresentado pela totalidade dos exercícios escolares, Lazursky escolheu um número bastante restrito, uma dúzia dos mais interessantes do ponto de vista caracterológico. Ei-los aqui: 1 – Aprender de cor uma fábula; 2 – Fazer uma composição a partir de três palavras dadas (órfão, laranja, floresta); 3 – Fazer por escrito a descrição de um objeto (pássaro empalhado); 4 – Resolver um problema de aritmética; 5 – Analisar uma pequena experiência de física; 6 – Desenhar a partir de um modelo de um pequeno elefante colocado à frente da criança, para o qual ele deve imaginar o ambiente mais conveniente, uma paisagem, por exemplo; 7 – Leitura e análise do conteúdo de uma narrativa; 8 – Questões relacionadas à história natural; 9 – Alguns exercícios de ginástica e jogo ao ar livre; 10 – Um exercício de trabalho manual e, para terminar, 11 – Reprodução da fábula aprendida no início.

Estes dez exercícios constituem a série da *experiência natural* aplicada aos escolares de 10 a 12 anos.

Chegamos assim ao ponto culminante do método de Lazursky, o *método da experimentação natural.*

Não me estenderei sobre os detalhes da técnica dessas experiências, nem sobre a apreciação dos resultados. Ficarei somente sobre as funções psicológicas e traços de caráter que essas experiências, seguidas de observação, revelam, e as esclarecerei com alguns exemplos:

I. Movimentos:

1. Quantidade de movimentos (observação geral);
2. Coordenação de movimentos (ginástica, trabalho manual);
3. Força muscular (ginástica, trabalho manual).

II. Sentimentos:

4. Afetividade exterior (observação geral);
5. Excitabilidade e força do sentimento (observação geral; análise da narrativa);
6. Segurança de si (observação geral);
7. Sentimento estético (observação geral);

III. Imaginação:

8. Imaginação criadora concreta (desenho);
9. Imaginação criadora verbal (composição);
10. Riqueza de imaginação (número de imagens e de detalhes na composição e no desenho);
11. Facilidade de combinar imagens verbais (composição, análise da leitura);

IV. Percepção e memória:

12. Observação (descrição de objeto, questões sobre história natural);
13. Precisão das percepções (descrição de objeto e desenho);
14. Fixação (memorização da fábula);
15. Conservação (reprodução da fábula);

V. Pensamento:

16. Compreensão (dos fenômenos da natureza);
17. Compreensão (das relações humanas, análise da narrativa);
18. Pensamento consecutivo e sistemático (problema de aritmética).

VI. Vontade:

19. Presença de idéias diretoras no pensamento (presença de uma ordem na descrição, de um plano geral na composição);
20. Sistematização de atos complicados (trabalhos manuais, observação geral);
21. Atenção (observação geral).

O leitor terá reparado que certos traços caracterológicos são diretamente retirados dos resultados da experiência mesma, outros resultam de observações feitas durante toda a série de experiências. Alguns exemplos ajudarão a compreender a diferença: a memória se mede pelos resultados da memorização de uma fábula (uma fábula de 8 linhas é dada às crianças; durante 10 minutos eles devem aprendê-la de cor; em seguida, o texto retirado, as crianças devem reproduzi-lo por escrito). O grau de fixação e de conservação (será pedida a reprodução da fábula ao final de todos os exercícios) será avaliado como superior se a criança (de 10 a 13 anos) pode reproduzi-la inteiramente, quase sem erros (1 ou 2 são tolerados); o grau será médio se os erros são freqüentes (3-5), o grau inferior quando a criança só se lembra da metade da fábula e se os erros são muito freqüentes (a cada linha). Enfim, a memória será defectiva se a criança não apreendeu nenhuma linha.

Um outro exemplo: a lógica do pensamento será estudada através da solução de um problema de aritmética como este: "Um caldeireiro comprou seis caçarolas velhas, cada uma pesando 13 libras; por cada caçarola ele pagou 4 francos. Com todo o metal ele fez marmitas pesando cada uma 39 libras e vendeu cada uma por 18 francos. Quanto dinheiro restará ao caldeireiro por seu trabalho?". O sujeito deve resolver o problema diante do experimentador, que anotará todas as suas questões, todos os seus raciocínios. Se a criança o faz corretamente, o experimentador lhe pergunta porque ele o fez; se ela se engana, o experimentador lhe diz: "Pense bem no que você fez (ou no que você disse)". Se a criança não consegue se sair bem, o experimentador a ajuda com questões indutoras sobre as condições do problema, com exemplos análogos; se isto não a ajuda, o experimentador dá a explicação necessária com material concreto. Este teste é avaliado a partir da quantidade de ajuda dada pelo experimentador ao sujeito:

1º grau – a criança encontra a solução sozinha;

2º grau – algumas questões indutoras são suficientes para a criança encontrar a solução;

3º grau – é preciso dar as explicações pela via da analogia, dos exemplos;

4º grau – é preciso dar explicações concretas (desenhos, esquemas, objetos, etc.).

Quanto às características que resultam de observações, vejamos como se procede para a avaliação. Tomemos o exemplo da atenção. A atenção se manifesta sobretudo durante a memorização da fábula, a composição, durante as explicações dadas por ocasião do trabalho manual. Como durante toda a experimentação, espera-se que o experimentador faça as observações mais detalhadas sobre a conduta da criança, os dados sobre a atenção serão registrados de forma particular. Os três graus são compreendidos da seguinte forma:

1. No protocolo se verá inúmeras vezes os sintomas da atenção concentrada: imobilidade, mímica correspondente, etc.;
2. Não se observam sinais especiais de atenção, de vez em quando a criança se distrai de seu trabalho, e, finalmente,
3. Freqüentemente distraído, escuta mal as explicações, conversa, se ocupa com outra coisa.

Com relação à quantidade de movimentos, ler-se-á nas notas:

1. Mesmo durante as ocupações, as lições, a criança não fica tranqüila: mexe-se, se vira, fala, toca nos colegas, salta sobre seu banco, fica a cavalo sobre a carteira, etc., fazendo-o apesar das advertências do experimentador;
2. Manifesta mobilidade intensa durante as recreações, a ginástica, os jogos; durante o trabalho move-se pouco, pode conservar-se tranqüila depois da menor advertência;
3. Mesmo durante as recreações move-se pouco, preferindo ficar assentada em seu lugar, as mãos cruzadas e imóveis.

Penso que estes exemplos são suficientes para colocar em evidência o caráter geral, a técnica da experiência e de avaliação dos resultados. No método de Lazursky, como vimos, a observação não tem apenas um papel auxiliar, para revelar os resultados da experiência, mas tem também um valor independente.

Para terminar a exposição da técnica, é preciso acrescentar que o experimento dura 4 horas, com duas recreações de 15 minutos cada, e se faz simultaneamente com quatro sujeitos. Tanto os sujeitos podem fazer ao mesmo tempo as mesmas experiências, quanto enquanto um está ocupado com o experimentador os outros três executam juntos um outro exercício. Cada criança demanda do experimentador uma hora em média.

Devo agora precisar os princípios do método de Lazursky, justificar seu título de *experimentação natural* e mostrar suas vantagens para o estudo da personalidade. Em primeiro lugar, trata-se de um método experimental. Com efeito, as condições naquelas são efetuados os exercícios que vimos não diferem das condições experimentais. Todo o material proposto à criança é minuciosamente escolhido e preparado com antecedência, inclusive a forma de apresentação, as instruções e as questões são rigorosamente fixadas. A partir da análise psicológica prévia, o experimentador sabe com antecedência o que vai estudar, que características da vida psicológica ele vai perscrutar; ao propor este ou aquele exercício, o experimentador provoca voluntariamente as reações que lhe interessam. Os resultados das experiências, as próprias observações poderão sempre ser avaliadas tanto quantitativa quanto qualitativamente, em valores típicos, repartidas em três graus: superior, médio, inferior. Esta repartição graduada permite exprimir os resultados da experiência de forma gráfica. Esses gráficos ou *estrelas* de Lazursky permitem representar rapidamente as características essenciais da personalidade da criança estudada.

O método tem também muita afinidade com o método da observação pura. Seu grande mérito é ter conservado as condições naturais, o meio familiar e as ocupações habituais. "Estudamos a personalidade através da própria vida", diz Lazursky, em seu último discurso ao Congresso russo de pedagogia experimental (1916). E para uma criança em idade escolar, sua vida é a escola. É verdade que antes de Lazursky, já Binet, em sua genial escala métrica, havia dado um golpe de mestre ao construí-la com exercícios familiares, problemas de todos os dias. Binet os havia utilizado para o estudo da inteligência, enquanto que Lazursky ampliou o campo e estuda toda a personalidade, nos aspectos afetivo, motor, volitivo... O método não tem portanto o caráter artificial de uma experiência psicológica de laboratório. Ao contrário, quanto às condições exteriores, ele está mais próximo da liberdade do método da observação. A personalidade não é partida, fracionada. As reações são complexas, naturais. Seu título de experimentação natural é suficientemente justificado. Quanto a seu princípio essencial, ele reside na síntese dos princípios dos métodos experimental e da observação pura, tendo guardado as vantagens de ambos e somente alguns poucos de seus defeitos.

É evidente que o método da *observação metódica* e o da *experimentação natural* não se aplicam exclusivamente ao domínio da psicologia individual da criança. São métodos que podem ser também frutíferos em matéria de orientação profissional, e nas clínicas de doenças nervosas e mentais. São preconizados inclusive para a criação artística: um pintor, um escritor que queiram examinar mais de perto esta ou aquela manifestação podem provocá-las intencionalmente.

Mas é na pedagogia, no momento, terreno consideravelmente explorado pelos trabalhos tão fecundos do próprio Lazursky, que é preciso tirar partido dele.

E isto é tanto mais verdadeiro quando se observa que este método cede o lado ativo ao próprio pedagogo. Os resultados de todas as experiências psicológicas são sem dúvida interessantes, mas mais interessante ainda é a própria experiência., o espetáculo das reações do sujeito no momento mesmo da experiência. E isso é também muito instrutivo. Até aqui os experimentos escolares se faziam de preferência pelos psicólogos profissionais, por pessoas estranhas ao ensino da escola.

O método de Lazursky convida o mestre a tornar-se o experimentador (não nos esqueçamos do princípio das "condições habituais"). Desde que o professor seja dotado de espírito observador, e que tenha cultura psicológica suficiente, ele se sairá maravilhosamente da experiência. Ele próprio estudará seus alunos, os conhecerá. Mais ainda: ao manejar esse método de observação metódica, familiarizando-se com o equivalente psicológico que se esconde atrás de cada manifestação da criança, em cada uma de suas ações, o professor adquirirá, digamos, uma dupla visão e se tornará um partidário consciente da pedagogia funcional.

Experimentação natural como método para estudo da personalidade e da educação do caráter[1]

1937

Para quem tem a seu cargo a educação das crianças excepcionais, a obrigação de conhecer a sua personalidade física e mental não se apresenta como um truismo pedagógico, mais se impõe como uma necessidade imperiosa.

O reajustamento da conduta destas crianças em relação às coisas e às pessoas pode ser conseguido com certo êxito quando se tornam conhecidos o estado biológico do seu organismo, suas tendências, suas capacidades físicas e psíquicas, assim como o mecanismo exato do seu funcionamento.

Se a antropologia, com seus ramos endocrinológico e auxanológico fornece métodos objetivos para o estudo da constituição e do crescimento, se a medicina possui uma série de processos metódicos paca o exame dos diversos órgãos e do estado geral da saúde, a psicologia ainda se acha mal aparelhada no que diz respeito ao estudo do comportamento individual. Podem ser pesquisadas com bastante exatidão grande numero de aptidões especiais, tais como sensibilidade, motricidade, linguagem, memória, como ainda a forma do pensamento, o nível do desenvolvimento intelectual, a psicotropia geral, etc., mas são escassos os métodos que permitem um conhecimento sistemático do painel caracterológico, tão importante para a educação.

Existe, é verdade, quantidade de testes de caráter, e os laboratórios norte-americanos, principalmente, tem se esforçado bastante nas pesquisas caracterológicas, mas as suas contribuições não passam de estudos isolados de um ou de outro aspecto parcial do assunto, sem a preocupação de abranger o comportamento no seu conjunto total.

Talvez haja alguns que acreditam que a multiplicação dos testes, ditos de caráter, permitirão, no futuro, este conhecimento completo, bastando para isto reunir, numa soma algébrica, os resultados parciais de grande número de testes aplicados ao mesmo indivíduo, e exprimi-los num perfil geral. Dará este método sem dúvida alguma coisa de interessante, mas não passará de um mosaico mais ou menos curioso de caracteres sem refletir, entretanto, o caráter individual na sua totalidade vital e dinâmica. A pessoa humana não é uma simples unidade, mas unidade na multiplicidade (*unitas multiplex*, de Stern); totalidade da pessoa não é um todo rígido, mas é móvel, contendo potencialidades infinitas.

Tais como os testes de caráter se apresentam atualmente, pecam eles contra a essência mesma do assunto, e duas objeções graves podem ser formuladas a seu respeito: a primeira é não estudar o indivíduo em situações naturais, na realidade em que vive; a segunda é não estudá-lo na continuidade do seu comportamento, e sim – esporadicamente, apenas. Ora, o caráter é antes de tudo uma entidade psicológica, cujo característico é coordenar as tendências instintivas, revelando a constância desta coördenação num campo suficientemente variado de manifestações e num período assaz prolongado. Sem estas duas condições, o resultado da experiência sempre deverá ser suspeitado como uma resposta fortuita e não característica do indivíduo.

Não estimulado pelas necessidades reais, o indivíduo testado não se manifesta com a sua personalidade inteira, mas reage quase sempre de uma maneira parcial. Aquiescendo às solicitações que lhe impõe o experimentador, o indivíduo geralmente toma uma ou outra atitude que lhe parece mais de acordo com a situação artificial em que se acha. A sua conduta dependerá grandemente da personalidade do experimentador e será mais ou menos franca ou hipócrita, mais ou menos livre ou constrangida, mais ou menos

[1] Por Helena Antipoff, em colaboração com Francisca Ottoni e Cora Duarte. *Infância Excepcional* 3, Belo Horizonte, 1937 (*Boletim* 20, Secretaria de Educação e Saúde Pública de Minas Gerais), p. 85-108.

respeitosa ou arrogante, mais ou menos esforçada ou desleixada. Tratando-se de um paciente inteligente, sua perspicácia lhe ditará a resposta que dele "exige" o experimentador. Assim é que dos indivíduos menos escrupulosos na vida obtém-se um perfil caracterológico mais perfeito quanto à moralidade e controle afetivo. A situação artificial do teste reage com uma conduta também artificial, particularmente controlada.

Não sendo repetidos, os testes de caráter atualmente em uso não dão oportunidade de verificar a fidelidade da resposta e a constância das suas reações. Sabemos quanto é variável o resultado dos testes mesmo daqueles aspectos que são os mais estáveis, como a sensibilidade, a memória, a inteligência, a psicotropia, etc. Tratando-se de condutas mais relacionadas com as tendências instintivas, a afetividade, o esforço necessário para satisfazer uma necessidade real, elas se apresentam extremamente inconstantes, e o grau da sua estabilidade ou instabilidade é justamente o que tem mais importância na compreensão do caráter individual.

Assim é que se os testes de caráter poderão talvez, quando aperfeiçoados, fornecer ao educador alguns resultados interessantes, darão mais vezes informações episódicas e de detalhes, que um conhecimento essencial e seguro, isto é, característico, de cada um dos seus alunos.

Resta à psicologia o método de observação. Tendo a seu favor a naturalidade com que se manifesta o indivíduo e a continuidade da conduta, pela possibilidade de repetir as observações durante o tempo necessário para se concluir que esta ou outra forma da conduta é realmente própria ao indivíduo, carece o método da observação comum de precisão, pois são complexas demais as situações em que se manifesta o observado e dificilmente podem ser isolados os elementos que constituem o reativo mais decisivo.

É difícil, senão impossível, ter-se uma apreciação objetiva da conduta individual. Esta só poderá ser feita objetivamente, quando forem possíveis comparações de condutas de muitos indivíduos, reveladas em frente das mesmas situações, constituindo no seu conjunto um padrão definido. Também a observação comum dificulta o estudo pela passividade em que se acha o experimentador; não podendo provocar intencionalmente os fatos que lhe interessem, torna-se vítima da sua passividade; longos dias às vezes se passam sem que tais oportunidades se apresentem espontaneamente.

A EXPERIMENTAÇÃO NATURAL

Os defeitos do método experimental (dos laboratórios e dos testes) assim como os defeitos da observação comum de um lado; do outro, as vantagens do primeiro (possibilidades de provocar e precisão da avaliação) e do segundo (naturalidade da situação e continuidade da observação) devem ser tomadas em conta na elaboração de um método apropriado ao estudo psicológico do caráter.

É o que vemos precisamente no trabalho de Lazursky, psiquiatra e psicólogo russo (falecido em 1917) quando preconizou o seu método ao qual deu a denominação de Experimentação Natural.

Este método elabora-se da seguinte maneira: entre as atividades de um ambiente real determinado, escolhem-se alguns comportamentos que fornecem bastante variedade e riqueza de manifestações caracterológicas. Num estudo minucioso destes comportamentos estabelece-se um quadro relativamente completo de todas as atividades possíveis, descritas de modo concreto. Conhecido este quadro, observam-se nele as reações individuais de um número suficiente de pessoas, anteriormente conhecidas através de observações, exames e testes de toda a espécie. A cada reação típica atribui-se uma significação caracterológica; segundo a intensidade da manifestação avalia-se o grau mais ou menos intenso da reação psicológica.

O quadro de atividades reais, com sua tradução em equivalentes psicológicos, avaliados em três ou cincos graus de intensidade, podem servir doravante de reativo conhecido para a observação da conduta de novos indivíduos.

Lazursky, tendo elaborado o seu método no ambiente escolar, através das atividades escolares comuns, exprimiu-se assim: "Experimentamos com as formas naturais do ambiente externo. Estudamos o indivíduo pela vida mesma, e a criança – pelos objetos do ensino escolar". Em colaboração numerosa com mestres e professores, estudou Lazurski minuciosamente todas as matérias escolares, publicando monografias pormenorizadas e psicologicamente analisadas, da maneira indicada para cada matéria do curso primário: aulas de língua pátria, aritmética, história natural, ginástica e jogos, desenho e trabalhos manuais. Em cada matéria foram salientados os exercícios mais significativos do ponto de vista psicológico.

Como muitos exercícios de diversas matérias revelavam os mesmos caracteres, procederam os pesquisadores do novo método a um selecionamento, entre todos os exercícios escolares, daqueles que mais riqueza e segurança demonstravam no estudo da personalidade da criança, chegando a fixar um mínimo de dez exercícios, a saber:

1. Memorização de uma poesia.
2. Composição sobre três palavras dadas.
3. Descrição de um objeto.
4. Solução de um problema de aritmética.
5. Análise de uma pequena experiência de física.
6. Desenho de um modelo, do natural, imaginando depois um ambiente apropriado.
7. Leitura e análise de um texto.
8. Alguns exercícios de ginástica e jogo ao ar livre.
9. Confecção de um quadro de papelão.

Este material escolar, devidamente escolhido entre os alunos e analisado psicologicamente, deu a Lazurski a oportunidade de conhecer a personalidade da criança, em relação às seguintes características mentais:

I. "Movimentos"

1. quantidade de movimentos
2. coordenação
3. força muscular

II. "Sentimentos"

1. emotividade externa
2. força do sentimento
3. controle pessoal
4. sentimento estético

III. "Imaginação"

1. imaginação criadora concreta (sua originalidade)
2. imaginação criadora verbal (sua originalidade)
3. riqueza da imaginação

IV. "Percepção e memória"

1. observação
2. precisão perceptiva

3. fixação
4. conservação

V. "Pensamento"

1. compreensão dos fenômenos naturais
2. compreensão das relações sociais
3. lógica

VI. "Vontade"

1. presença de idéias diretrizes no pensamento
2. sistematização de atos complicados
3. atenção

Tendo sido possível a avaliação das respostas numa escala de três graus, conseguiu Lazursky representar o estudo de cada criança em perfis-estrelas, individuais, ilustrando concretamente os lados mais ou menos salientes ou deficientes de cada uma.

Esta experimentação natural pode ser aplicada em qualquer ambiente; o método se impõe principalmente onde se tem a necessidade de conhecer de perto, por uma razão ou por outra, o pessoal que nele se acha. Assim, o método torna-se um auxílio precioso nos estabelecimentos para psicopatas, onde é conhecida a dificuldade de se aplicarem os processos da psicologia experimental e onde a necessidade de se ter um conhecimento caracterológico exato é das mais importantes para o diagnóstico e o tratamento. Também será ele de real utilidade numa penitenciária, para estudo exato dos criminosos, tanto para o diagnóstico, como para o controle dos efeitos de uma atuação racional em vista da sua regeneração.

Numa grande empresa industrial, onde há toda vantagem em aproveitar da maneira mais feliz as capacidades intelectuais e morais de cada um dos empregados, colocando-os em ofícios mais apropriados, também a observação metódica e a experimentação natural poderão ser utilmente aplicadas.

Este é o método por excelência nas casas de assistência aos menores, onde a máxima preocupação é o reajustamento da conduta dos menores desamparados, perversos e delinqüentes e a formação do seu caráter social e moral.

A experimentação natural no gênero da de Lazurski, que eu saiba, tem sido pouco empregada até agora. Conheço apenas dois trabalhos no gênero, ambos em serviços de psiquiatria: um da autoria dos Drs. Ballet e Genil-Perrin, na revista "*Encéphale*" (fevereiro 1914) sobre o "Exame clínico do fundo mental nos dementes", outro do Dr. Crocq, no *Jornal de Neurologia e Psiquiatria* (1924) continuando o método sugerido pelos autores anteriormente citados. As manifestações naturais dos doentes, colhidas através do contato comum com os médicos, durante a consulta e a visita clínica, deram margem para o estabelecimento de um quadro de reações relativas às seguintes rubricas:

1. Afetividade.
2. Atenção.
3. Memória.
4. Associação.
5. Atividade.
6. Perversões intelectuais.
7. Sentido moral.

Lembro-me de ter visto numa revista norte-americana de psiquiatria um trabalho semelhante, mais pormenorizado ainda que os citados. Não me ocorre, infelizmente, nem o nome do autor, nem o da revista. Fora destas publicações e algumas outras que os discípulos de Lazursky levaram a efeito depois da morte do autor, na Rússia, não conhecemos coisa alguma neste sentido.

Nós mesmos experimentamos o método, na *Maison des Petits*, em Genebra, estudando demoradamente as crianças desta casa de educação pré-escolar através dos trabalhos manuais variados.

Ficamos satisfeitos com os resultados, pois os trabalhos manuais ofereceram preciosos meios para revelação ampla da personalidade dos pequenos trabalhadores, podendo ser estudados com bastante exatidão e objetividade os mais variados aspectos da personalidade.

Foram os seguintes os caracteres que o estudo, feito em colaboração com dois alunos do Instituto J. J. Rousseau de Genebra, permitiu fixar com maior nitidez através dos trabalhos manuais comuns empregados para crianças entre 6 a 8 anos (tecelagem, marcenaria, modelagem, costura e bordados, desenho nos cadernos e pintura de afrescos, etc.).

1. Interesse pelo trabalho maquinal
2. Interesse pelo trabalho complexo
3. Preocupação com a precisão
4. Preocupação com a ordem
5. Espírito de economia
6. Prudência
7. Perseverança
8. Esforço voluntário
9. Energia
10. Resistência à fadiga
11. Força muscular
12. Rapidez dos movimentos
13. Coordenação visomotora
14. Habilidade manual geral
15. Capacidade de aprender
16. Memória
17. Observação
18. Compreensão
19. Invenção
20. Concepção de um plano
21. Independência
22. Egocentrismo
23. Emotividade
24. Sociabilidade

25. Altruísmo
26. Sentimento estético
27. Honestidade

Todas as modalidades do trabalho bem descritas, e bem conhecidas as reações individuais a cada uma de um grupo de vinte crianças mais ou menos, não foi difícil traçar para cada uma seu perfil psicológico avaliado numa escala de cinco graus. É curioso ver as notáveis diferenças entre crianças pequenas no que diz respeito ao caráter psíquico tão concretamente revelado nestas estrelas do perfil caracterológico. Este método, aplicado às crianças de diversas idades, não somente permitirá o estudo interessantíssimo da tipologia infantil como ainda fornecerá elementos valiosos para a genética do caráter, problema ainda tão pouco estudado e tão mal conhecido.

Sublinhando mais uma vez as vantagens da experimentação natural, devemos frisar que somente pesquisas pacientes no ambiente natural é que poderão dar, no futuro, uma ciência do caráter e determinar entre as inúmeras funções psicológicas aquelas que caracterizam de uma maneira mais significativa as diferenças individuais.

As construções dedutivas por mais interessantes que sejam nunca poderão constituir as bases reais de uma caracterologia científica, mas fornecerão apenas uma interpretação subjetiva e arbitrária.

O ser humano movido pelas tendências instintivas e capacidades vive no meio das coisas, das pessoas e das idéias. Estudando-o mais objetivamente no seu ambiente real, chegarão certamente os caracterólogos a entender-se uns com os outros, para enriquecerem a psicologia e fornecerem a inúmeros campos de psicologia aplicada luzes indispensáveis à melhor compreensão dos homens, para uma educação melhor e um aproveitamento mais eficiente dos seus caracteres[2].

O MÉTODO DA EXPERIMENTAÇÃO NATURAL NO INSTITUTO PESTALOZZI

O conhecimento amplo e mais exato possível dos alunos deste estabelecimento é a base de todo o trabalho pedagógico. Que educar? como educar? até onde pode ser levada a formação destes seres deficientes, retardados, desequilibrados, perturbados? – são questões que podem ser resolvidas depois de ter estudado minuciosamente essas crianças, a sua estrutura e o seu funcionamento bio-psicológico. Não há duas crianças entre a centena de matriculadas que se apresentem harmoniosamente constituídas: cada uma tem seu próprio defeito, combinado com grau maior ou menor de desenvolvimento intelectual, desde o idiota bastante rudimentar até o indivíduo excepcionalmente bem dotado. Cada um representa um universo *sui generis*, que se move pelas leis que lhes são próprias, no meio de uma constelação de elementos endo e exopsíquicos fortemente individuais.

Os excitados e os imóveis, os indivíduos cheios de apetites e de desejos ao lado daqueles que nada desejam e de nada se importam, os retardados inocentes e os pervertidos pelas influências ancestrais ou pela rua, os que tudo aceitam, sem discriminação nenhuma e os que tudo negam... que variedade de aspectos humanos, de formas de vida, de tipos, de níveis se apresentam ao educador, chamado a auxiliar cada um na sua existência, preparando a vida de cada um no meio da sociedade para a qual a adaptação é hoje tão difícil.

A tarefa do mestre é de tal complexidade, que ele se sente completamente desorientado, quando, deixando a escola comum e os alunos normais, vem, com seus métodos habituais, agir no meio destes seres excepcionais. Como ensinar as matérias escolares quando as crianças não sabem nem ouvir, nem olhar, nem falar, nem compreender as coisas mais elementares, nem trabalhar, nem reagir aos estímulos comuns da vida infantil?

---

[2] O trabalho de Lazursky, publicado em russo, foi divulgado, por um dos autores do presente artigo, na revista *L'Éducateur* (out. 1925), "Estudo da personalidade pelo método de Lazurski", assim como no periódico *Nouvelle Éducation* (jun. 1927), "Da experimentação natural".

Como despertar nelas os interesses naturais? E como sublimar as tendências que em algumas são dirigidas para objetivos ilícitos? E como captar as energias para fins construtivos? Devemos confessar que o problema é um verdadeiro quebra-cabeças e que somente um trabalho experimental de longa duração e de uma dedicação infinita poderá trazer esclarecimentos suficientes para não se andar às escuras e não tatear sem direção.

Ao lado de exames minuciosos de clínica médica, de laboratório, bioquímico, de mensurações antropométricas periódicas e polimétricas de testes de inteligência, verbal e prática, do estudo de aptidões especiais e de psicodiagnóstico geral – voltamos as nossas vistas aos métodos mais naturais, de observação metódica durante as variadas atividades do Instituto Pestalozzi, afim de chegarmos mais tarde à elaboração de um método *sui generis*, de experimentação natural capaz de preencher as lacunas dos outros para uma interpretação segura de cada um dos diversos tipos de crianças.

Da observação metódica e da experimentação natural esperamos também obter sugestões para elaboração de processos educativos mais eficientes e econômicos da pedagogia especial.

❖ ❖ ❖

Foram alvo de uma atenção particular as diversas formas do *trabalho manual*, especialmente cuidado no Instituto Pestalozzi. Chegamos a considerá-lo como a matéria educativa de primeira grandeza. Encaramos o trabalho manual não somente como um meio de ensinar aos nossos alunos técnicas úteis para a sua vida de adultos, mas como uma fonte de revelações para o seu mais profundo conhecimento e como um instrumento poderoso para a sua formação intelectual, social e moral.

Desde 1935, isto é, desde o início do funcionamento do Instituto Pestalozzi como externato para crianças excepcionais de Belo Horizonte, elaboramos o nosso programa de atividades educativas, incluindo nelas, ao lado da didática das matérias escolares e da educação especial das funções mentais, através dos processos especiais de ortopedia mental e do uso sistemático do material didático apropriado, de Montessori, Vilas Boas, Asen, etc., ainda o ramo particular do trabalho. Neste último além do ensino comum de trabalhos manuais e do ensino técnico-profissional nas oficinas (sapataria, marcenaria, encadernação) concedemos um papel de destaque ao *trabalho doméstico*. Foi este provocado pela necessidade, pois o Instituto Pestalozzi não contava, entre seu pessoal, nenhum servente para a limpeza da casa e outros serviços caseiros.

Empregamos neste serviço de limpeza os meninos, entre 10 e 18 anos, internos do Abrigo de Menores Afonso de Moraes, que em numero de 30-40 passavam o dia no Instituto Pestalozzi, fazendo nele o curso escolar e técnico.

Como este serviço se fazia, no conjunto, com bastante êxito, era justo que os meninos fossem remunerados pelos seus esforços. Recebiam, em cada semana de trabalho, uma modesta remuneração. No início todos recebiam a mesma quantia de 1$000, que se ia inscrevendo nas cadernetas do Banco do Instituto, e que seus portadores podiam gastar na compra de objetos à venda na própria loja do Instituto (material escolar, frutas, doces, etc.).

Notavam-se no trabalho doméstico de cerca de trinta meninos (cada semana escalavam-se 10 a 12) diferenças bastante grandes, o que era de se esperar, pois variam em idade, em robustez, em inteligência, em habilidade manual, tratos sociais, na índole, etc. Nem todos faziam o trabalho com a mesma rapidez e eficiência. Enquanto uns se esforçavam honestamente, outros passavam o tempo a tagarelar ou brincar. A remuneração igual para todos não se apresentava com a devida justiça. Surgiu então o problema de um controle objetivo da eficiência do trabalho destes meninos. Foi melhor delimitada a função de cada um. No início de cada semana a nova turma recebia da professora, encarregada da vigilância da limpeza, as instruções necessárias e eram fixadas também, de comum acordo com os meninos, as obrigações de cada um.

Aos sábados reunia-se toda a turma com a diretora e na presença dos outros meninos passava-se em revista a eficiência do trabalho de cada um. Notavam-se as falhas no trabalho de uns, assim como ficavam bem patentes as boas qualidades do trabalho dos outros. A remuneração começou a diferenciar-se também: recebiam dez tostões por um trabalho regular, aumentando a quantia quando o trabalho era feito com perfeição e diminuindo quando o trabalho era imperfeito. Geralmente os meninos concordavam bastante com o veredicto do grupo podendo argumentar contra, quando eram injustamente prejudicados nos seus direitos.

A análise do trabalho da semana tornou-se uma parte importante na pedagogia da Casa. Nestas reuniões a diretora procurava mostrar aos meninos negligentes a razão do trabalho defeituoso assim como as razões do trabalho perfeito formulando as críticas em termos caracterológicos.

Tornavam-se cada vez mais sutis as suas observações e, chamando a criança para análise do seu comportamento, deixava ver que é o caráter o maior responsável pelo êxito ou pelo fracasso no trabalho.

Pouco a pouco foram introduzidas as fichas individuais do trabalho, formuladas em termos psicológicos acessíveis à compreensão dos meninos, como por exemplo, rapidez do trabalho, cuidado com o material, responsabilidade, iniciativa, bom humor, etc. Cada menino recebia no sábado a nota para cada um dos caracteres revelados no trabalho durante a semana e a nota média do conjunto. Esta nota servia de critério para a remuneração, recebendo um mil réis para a nota 5, 800 réis para a nota 4 e quinhentos para média 3, nada recebendo para a nota abaixo de 3. Quando o menino revelava alguma cousa particularmente valiosa no seu modo de fazer a limpeza, inventando por exemplo, como se deu uma vez, um esfregador que chegou a fabricar espontaneamente com tábuas e panos velhos, essa sua iniciativa era particularmente apreciada, porque prestava um real serviço à coletividade: a sua nota subia também a um grau extraordinário, a 8 ou 10, e paralelamente aumentava seu salário a 1$500 ou 2 mil réis. Quando a nota média ficava baixa, o menino tinha a possibilidade de verificar exatamente o que lhe faltava para fazer bem o trabalho e porque recebia menos que anteriormente, ou menos que os outros. Os meninos, bem sensíveis a esta espécie de avaliação, porque são geralmente fortemente utilitaristas, compreendiam melhor o que deles se esperava para serem bons trabalhadores, e melhoravam rapidamente não somente seus hábitos técnicos, mas ainda o seu modo de proceder geral. Assim, compreenderam que o trabalho devia ser feito com alegria e desapareceram os resmungadores; que o trabalho devia ser feito numa boa camaradagem e diminuíram as brigas e os desacordos. Ficou particularmente patenteada a capacidade de dirigir o grupo de trabalhadores, responsabilizando-se cada vez o mais capaz, no conjunto dos "limpadores", e formaram-se entre eles verdadeiros líderes, com organização cada vez melhor da cooperação e da disciplina.

As fichas do trabalho serviam assim para mais de um fim: orientavam as professoras e os próprios meninos no melhor conhecimento de cada um, serviam de critério objetivo para a remuneração e também guiavam os meninos no aperfeiçoamento das suas capacidades e do seu caráter.

O mesmo processo foi aplicado a todas as formas do trabalho: os variados trabalhos manuais, na classe e nas oficinas, foram elaborados para todos os alunos do Instituto. Todo o trabalho foi estudado do ponto de vista da sua técnica, numa graduação progressiva das dificuldades, aparecendo nele traços de caráter como os equivalentes psicológicos indispensáveis à boa execução de cada espécie de trabalho.

As modalidades técnicas e os equivalentes psicológicos encontrados no trabalho da limpeza

Transcrevemos abaixo o estudo relativo ao trabalho doméstico, da limpeza da casa, com a indicação das situações em que se acham os trabalhadores, as modalidades da execução, os utensílios empregados e as capacidades físicas e morais, necessárias ao trabalho.

Nesta limpeza destacamos as seguintes modalidades, ordenadas da mais simples e fácil de executar à mais difícil (que nem todos alcançam):

1. Varrer o passeio (cimentado);
2. Varrer o pátio (terra);

3. Limpar o galpão e as sarjetas;
4. Limpar as varandas laterais e da frente;
5. Limpar as sanitárias e pias;
6. Limpar o pó dos móveis;
7. Vasculhar a casa;
8. Encerar os assoalhos (de madeira e de ladrilhos).

1) Varrer os passeios – O prédio do Instituto é circulado por um passeio cimentado. Do asseio desta parte se encarregam os meninos de menor idade física, os débeis e aqueles cuja capacidade mental nada mais permite. (Também estes devem contribuir, na medida de suas capacidades, para a boa ordem do trabalho do grupo. Aliás, eles mesmos não se dispensam de fazer alguma coisa... "Somos pequenos, mas podemos trabalhar também" – É a solidariedade humana em gérmen. Desponta a compreensão da necessidade e utilidade da colaboração, numa obra comum. Além disto, eles tem ambições e querem também ver aumentado o seu pecúlio nas cadernetas.) O material usado nesta primeira etapa é apenas a vassoura que o menino já tem capacidade de manejar. Mas, como será feito esse trabalho tão simples? Entra em apreciação a escala para os valores morais que se podem tirar deste simples trabalho como dos mais complexos. Será necessário que a professora vá lembrar o aluno de que é hora de iniciar o trabalho? Entregar-lhe a vassoura na mão ou admoestá-lo a todo o instante para prosseguir o serviço? Qual o humor de que se reveste o aluno, para consigo mesmo, para com os colegas ou o Instituto enquanto trabalha? Terminada a tarefa, vai cuidadosamente colocar a vassoura ao sol, depois de lavá-la, ou cede-a delicadamente a um colega? Sabe fazer seu trabalho bem feito – ou regular, que seja – e com rapidez porque um outro colega espera pela vassoura?

Os resultados de todos estes hábitos estão registrados na escala competente, pelas mesmas iniciais convencionadas. Uma rápida visão para esta escala, e se verá quão difíceis eram os nossos pequenos ao iniciarmos os trabalhos deste ano e o progresso que tem apresentado.

Vencida a primeira etapa, passam os meninos à segunda, que constitui ponto de partida para outros.

2) Varrer o pátio – O pátio do Instituto não é pequeno. Divide-se em quatro partes distintas, uma ajardinada; nesta, dois ou três meninos trabalham em grupo. O número de instrumentos usados é maior. Eles não varrem apenas o pátio. Muitas vezes tem necessidade da enxada, do ancinho, para aplainar ou revolver a terra. Tem que remover o lixo para o lugar próprio, e precisam da pá, do carrinho ou uma vasilha em que transportar o lixo.

Cresce a dificuldade do trabalho e, enquanto nos passeios dois meninos trabalham isoladamente, no pátio aparece o responsável pelo serviço e se defrontam temperamentos e opiniões às vezes diversas.

3) Limpeza do galpão e sarjetas – Consiste em varrer, lavar e enxugar o galpão e trazer asseadas as sarjetas que o circulam. Há nesta etapa uma certa ordem a seguir para a boa técnica do trabalho.

De início, os meninos eram incapazes de compreender a necessidade de varrer o galpão antes de molhar! Aos poucos foram ganhando experiência e atualmente fazem com ordem e bem feita esta parte do trabalho. É um trabalho em grupo, em que um aluno, naturalmente, assume a direção.

No grupo há sempre um menino escalado propositalmente pela professora, com melhores capacidades que os outros.

Se se dissesse à turma que o tal colega devia constituir-se líder, os meninos se zangariam. Não têm ainda um grau de sociabilidade que os faça compreender as vantagens de um trabalho bem distribuído e dirigido. Cada qual acha que faz perfeitamente a sua tarefa, "sem precisar de fiscal". Mas a professora compõe o grupo com habilidade, de modo que, naturalmente, o que tem ascendência assume a direção e os outros colaboram perfeitamente.

Semelhante a este trabalho é o da etapa que se segue.

4) Limpeza das varandas laterais e da frente do prédio – Está colocado em uma etapa superior, porque é maior a dificuldade e o menino deve ter mais ordem, ser mais caprichoso e mais rápido. É trabalho de colaboração. Deve haver maior harmonia entre os membros do grupo. O grupo compõe-se, sempre, de três meninos, que dividem entre si as tarefas de varrer as varandas, molhar, esfregar os ladrilhos, puxar a água e enxugar as varandas. No ato de molhá-las, os meninos devem dar atenção às paredes do prédio, às salas de aulas, que dão para as varandas e onde as classes funcionam a essa hora. As varandas são passagens e é curioso ver-se como os meninos ficam exigentes e zelam pelo trabalho que fazem. Se acontece passar uma professora, eles se limitam a um olhar de forte protesto. Mas se é uma criança que passa... vão às palavras.

5) Limpeza das sanitárias e pias e varanda anexa – O asseio das sanitárias e pias é feito também pelos meninos. Inegavelmente este tipo de trabalho sobe a uma etapa superior. Bastante deficiente, a princípio, ultimamente alguns meninos o vem fazendo perfeitamente. Não se limitam à limpeza pela manhã. Estão sempre vigilantes, de modo que os vasos se conservam limpos e o chão permaneça enxuto.

6) Limpeza de pó nos móveis – Podemos colocá-lo no sexto lugar da escala porque, chegando a fazê-lo como deve, o menino não aprendeu, apenas a deixar o móvel sem poeira. Ele teve que remover os objetos que encontrou sobre os móveis: jornais, livros, pastas, vasos, porta-retratos, tinteiros e outros objetos bastante frágeis, máquinas, aparelhos... que ficam, de algum modo, sob a sua responsabilidade. Deve manifestar um grau suficiente de memória para recolher cada objeto no seu lugar. Adquiriu um pouco de gosto estético no arranjo dos móveis, na disposição dos objetos que encontrou sobre eles ou que ornamentam as salas.

O trabalho é individual, mas o menino está em contato, deve entrar em combinação com os colegas que à mesma hora enceram as salas, circunstância que exige dele tolerância, respeito ao trabalho de outrem, etc.

7) Vasculhar a casa – Talvez achemos simples este trabalho, no entanto, exige certos hábitos e habilidades, que só vagarosamente vão adquirindo os meninos. É preciso ser cauteloso, porque está sujeito a prejudicar a instalação elétrica, a quebrar lâmpadas ou quadros. Deve evitar o pó, que fatalmente lhe virá aos olhos se não manejar com habilidade o vasculho. Ganhará hábitos de iniciativa como, por exemplo, o de substituir o vasculho pela simples vassoura quando for pequena a altura, utilizar-se de uma escada ou colocar uma cadeira sobre a mesa para alcançar os lugares mais elevados.

Não nos esquecemos do fracasso de um dos alunos no seu primeiro dia de vasculhar a casa. Entrou com o vasculho de modo, por um corredor estreito, que não conseguiu colocá-lo em posição de espanar – se bem que o cabo estivesse para baixo... Foi preciso sair da varanda e voltar, então introduzindo em primeiro lugar o espanador.

8) Enceração – Alguns dos nossos meninos conseguem fazer, já, um trabalho satisfatório nesta etapa. E estão habilitados a encerar tanto o assoalho como o azulejo – cada qual com sua técnica própria. Mostram muito interesse por este trabalho, estão sempre muito bem humorados, cantando em surdina enquanto o executam, mas não deixam de protestar se acontece passar alguém por onde estejam encerando. Atendem a chamados para encerar casas particulares e as gratificações que recebem nessas casas são depositadas nas cadernetas do Instituto. Cogitamos, agora, de iniciá-los no preparo da cera que fabricamos no próprio Instituto.

Como se desse para a primeira etapa do serviço de limpeza do prédio, não cuidamos apenas do desenvolvimento dos alunos na parte mecânica do trabalho. Zelamos para que esse desenvolvimento seja harmônico, de modo que ganhando habilidade e perfeição na técnica do trabalho, os meninos vão adquirindo bons hábitos que lhes dêem a satisfação do aperfeiçoamento próprio e de concorrer para o alevantamento do nível social.

Ultimamente reduzimos a apreciação caracterológica apenas aos seguintes dez itens, embora este trabalho desse margem a uma série muito maior de traços tanto de caráter intelectual como social e moral.

São estes que figuram nas fichas individuais dos meninos:

1. Hábito de iniciar rapidamente o trabalho

2. Método (isto é, seqüência racional de atividades)
3. Perseverança no mesmo trabalho
4. Cuidado com o material
5. Energia e rapidez do trabalho
6. Iniciativa
7. Responsabilidade
8. Humor durante o trabalho
9. Habilidade e capricho
10. Direção do grupo

As professoras encarregadas da orientação e do controle do trabalho (como os próprios meninos, as professoras se revezam nesta tarefa semanalmente, permitindo assim que todas elas conheçam bem os alunos) marcam duas espécies de notas, uma – modalidade do trabalho, a parte de que se encarrega cada menino, no quadro geral do trabalho doméstico, e uma outra – na ficha individual do menor, resultante das observações, feitas durante a semana em cadernos apropriados.

Os valores da escala vão de 1 a 5, correspondendo a: 1 – péssimo, 2 – mau, 3 – regular, 4 – bom e 5 – ótimo. As notas 1 e 5 são dadas excepcionalmente; no primeiro caso evita-se que o menino desanime, e no segundo para guardar um certo estímulo se atingir um resultado já bom e procurar fazê-lo melhor ainda. A nota 4 só será dada ao aluno cujo trabalho é já quase perfeito, e a sua técnica é que tenha já bem sólidos os hábitos constantes da segunda apreciação. Se, ao contrário, o trabalho deixa muito a desejar e nenhum progresso apresentou o aluno quanto à parte moral, ser-lhe-á conferida a nota 2. Resta a nota 3 para a média entre estes dois externos.

Seguem se, a título de exemplo e para melhor compreensão do método, as duas tabelas preenchidas com notas de apreciação para dois períodos do trabalho, no mês de março e no mês de setembro de 1936. Esta comparação é extremamente preciosa, porque revela o progresso individual e coletivo que se tem operado no intervalo de um semestre.

Tabela I

Apreciação do trabalho doméstico, segundo as suas diversas modalidades, executado por um grupo de alunos do Instituto Pestalozzi

Nº de ordem		Varrer os passeios		Varrer o pátio		Limpeza do galpão da sarjeta		Limpeza das varandas		Limpeza das sanitárias e pias		Limpeza dos móveis		Enceração da casa		Vasculhar a casa	
		1	2	1	2	1	2	1	2	1	2	1	2	1	2	1	2
1	Antônio Th.	–	–	–	–	3	4	3	3,5	–	–	–	–	4	4,5	–	–
2	Boaneigis	–	–	2	3	–	–	3	4	3	4	2	3	3	4	–	–
3	Caio	3	4	3	4	–	–	–	–	–	–	–	–	–	–	–	–
4	Claudinor	–	–	–	–	–	–	4	4,5	–	–	–	–	–	–	–	–
5	Edson	–	–	–	–	3	4	–	–	–	–	–	–	–	–	–	–
6	Euclides	–	–	3	4,5	3	4	3	4,5	4	4,5	–	–	4	4,5	–	–
7	Geraldo B.	–	–	–	–	3	4	4	4,5	3	4	–	–	–	–	–	–
8	Jesus B.	–	–	–	–	3	4	3	4	3	4	–	–	–	–	–	–
9	Geraldo C.	3	4	3	4	–	–	–	–	–	–	–	–	–	–	–	–
10	Zefferson	–	–	3	4,5	3	3	3	4	3	4	–	–	3	4,5	–	–
11	José Carlos	–	–	–	–	3	3	3	4	3	4,5	–	–	–	–	–	–
12	José de P.	4	4,5	3	4	3	4	3	4,5	–	–	4	4	3	4	–	–
13	José R.	–	–	–	–	–	–	3	4	–	–	–	–	3	4	–	–
14	José M.	–	–	–	–	–	–	–	–	4	4,5	3	4	–	–	–	–
15	José C.	–	–	–	–	3	4,5	3	4,5	–	–	–	–	4	4,5	–	–
16	José C – a.	–	–	–	–	2	3	3	4	–	–	–	–	–	–	–	–
17	José J.	–	–	–	–	–	–	–	–	–	–	3	4	3	4	2	4
18	José de L.	–	–	–	–	–	–	–	–	4	4,5	–	–	–	–	–	–
19	Joel C.	–	–	–	–	3	4	3	4	3	3	3	3	3	4	–	–
20	Joaquim M.	–	–	–	–	–	–	3	4	4	4,5	–	–	–	–	–	–
21	João V.	3	4	3	4	–	–	–	–	–	–	3	3	–	–	–	–
22	Mário P.	–	–	–	–	–	–	3	3	–	–	–	–	4	4,5	–	–
23	Milton N.	–	–	3	4	–	–	–	–	3	3	–	–	–	–	–	–
24	Olderico	–	–	3	4,5	–	–	–	–	–	–	–	–	–	–	–	–
25	Redelvim	–	–	3	4	–	–	–	–	3	4	3	4	–	–	–	–
26	Sebastião	2	3	3	4	2	3	2	3	3	3	2	3	–	–	–	–
27	Silvino	–	–	–	–	–	–	4	4	–	–	–	–	4	4,5	–	–
Nota média em março de 1936...		**3**		**2,9**		**2,8**		**3,1**		**3,3**		**2,4**		**3,5**			**2 (2,9)**
Nota média em setembro..........			**3,9**		**41**		**3,7**		**4**		**4**		**3,5**		**4,3**		**4 (3,9)**

Tabela II

Apreciação do trabalho da limpeza sob seu aspecto caracterológico

Nº de ordem		Hábito de iniciar o trabalho		Método		Perseverança		Iniciativa		Capricho		Cuidado com o material		Energia geral e rapidez		Responsabilidade		Humor geral		Direção do grupo	
		I	II	I	II	I	II	I	II	I	II	I	II	I	II	I	II	I	II	I	II
1	Antônio Th.	2	3	3	4	3	4	3	4	3	4	3	4	2	3	3	4	1	3	3	4
2	Bráulio	2	4	2	4	3	4	2	4	3	4	2	3	2	3	2	4	3	4		
3	Boanerges	3	4	3	4	3	3	2	3	3	4	3	4	2	2	3	4	4	5		
4	Caio	3	4	3	4	3	4	3	4	3	4	3	4	3	3	3	4	4	4		
5	Claudionor	2	5	3	4	3	4	3	4	4	5	3	5	3	4	3	5	4	5	3	4
6	Edson	2	3	2	3	2	2	2	2	2	3	2	2	2	3	2	2	3	4		
7	Euclydes	3	4	3	4	3	4	3	4	3	4	3	4	3	4	4	5	2	4		
8	Geraldo B.	3	4	3	4	3	4	3	5	3	4	3	4	3	4	3	4	3	4	3	4
9	Geraldo J.	3	5	3	5	2	5	2	4	3	4	2	4	3	4	2	3	3	4		
10	Geraldo C.	2	4	2	4	2	3	2	3	3	4	1	3	2	2	1	2	1	3		
11	Jefferson	3	4	3	4	3	4	3	4	3	4	3	4	3	3	3	4	3	4		
12	José Carlos	3	4	3	4	2	3	3	4	3	3	3	4	3	3	3	4	2	3		
13	José de Paula	3	4	3	4	4	4	3	4	3	4	3	3	3	3	3	4	4	4		
14	José Roque	3	3	3	3	3	3	3	3	3	4	3	3	2	3	3	3	3	4		
15	José Mathias	3	4	3	4	3	4	3	4	3	4	3	4	4	5	3	4	3	3		
16	José Calixto	3	4	3	5	3	5	3	5	3	5	4	5	3	3	4	5	4	4	4	5
17	José C.	2	3	3	4	2	3	2	2	2	3	2	2	3	3	2	2	2	3		
18	José J.	3	4	3	4	3	3	3	3	3	4	3	4	2	2	3	4	4	4		
19	José de L.	3	3	3	5	3	5	3	4	4	4	3	4	3	4	3	4	2	3	3	4
20	Joel Carlos	3	4	3	4	3	4	3	4	3	4	3	4	3	4	3	4	2	5	3	3
21	Joaquim M.	2	4	2	4	2	4	2	2	3	4	3	4	3	3	2	4	2	4	4	4
22	João V.	3	4	3	4	4	5	3	4	3	5	3	4	3	3	3	4	3	5		
23	Mano P.	1	3	3	3	3	3	2	3	3	4	1	2	3	4	1	3	1	3		
24	Milton N.	2	3	3	4	2	3	2	3	3	4	3	4	2	3	2	3	1	3		
25	Olderico	3	4	3	4	3	5	3	3	3	4	3	4	3	3	4	5	4	5	3	4
26	Redelvim A.	2	3	3	3	2	3	2	2	3	4	3	4	3	3	2	2	2	3		
27	Sebastião S.	2	3	3	4	2	3	2	2	3	4	2	3	2	3	2	2	3	4		
28	Silvino	3	4	4	5	4	5	4	5	4	5	4	5	4	5	4	5	4	4	3	4

Obs.: I – nota em março; II – nota em setembro.

Na tabela I fica patente o gênero de trabalho que cada um dos alunos pode executar: uns foram capazes de fazer as tarefas mais simples, enquanto outros faziam o trabalho mais complexo e difícil, exigindo mais força muscular, inteligência e habilidade.

É curioso notar o progresso realizado pelos meninos durante o semestre de trabalho: todas as modalidades melhoraram e as notas subiram sensivelmente. Assim é que a nota para a primeira e mais fácil tarefa aumentou de 0,9, a segunda de 1,2, etc. Transcrevemos para melhor observação todas elas:

Modalidades do trabalho	Nota média em março	Nota média em setembro
1. Varrer o passeio	3	3,9
2. Varrer o pátio	2,9	4,1
3. Limpar o galpão e sarjetas	2,8	3,7
4. Limpar as varandas	3,1	4
5. Limpar as sanitárias e pias	3,3	4
6. Limpar os móveis	2,9	3,5
7. Encerar o assoalho	3,5	4,3
8. Vasculhar a casa (um menino apenas)	2	4

A nota média do primeiro semestre para o total de 27 meninos foi, em março, 2,94; a nota média para o segundo semestre 3,95. Não duvidam nem as professoras, nem os próprios alunos, que com mais um semestre de constante trabalho as notas se levantarão ainda mais de nível, porque os meninos saberão melhor trabalhar e serão trabalhadores mais perfeitos, porque criarão não somente hábitos técnicos, mas formarão na sua conduta diária atitudes sociais e morais de qualidade cada vez melhor.

O progresso, quanto à parte psicológica, pode ser notado na tabela II, em que cada menino está marcado com duas notas igualmente, em março e setembro de 1936. Entre os dez caracteres revelados na conduta durante o trabalho todos estão consignados pelo menos em nove, tendo podido exercitar a direção do grupo, e, correspondendo a este aspecto, as qualidades necessárias, apenas nove meninos, mais capazes.

A confrontação das duas notas, do primeiro à do segundo semestre, marca também aqui um notável progresso dos meninos:

Caracteres revelados	Nota média em março	Nota média em setembro	Lucro em %
1. Hábito de iniciar o trabalho	2,6	3,8	45
2. Método no trabalho	2,9	4,0	38,5
3. Cuidado com o material	2,75	3,7	36,3
4. Capricho	3,0	4,2	37,6
5. Perseverança	2,8	3,8	35,9
6. Iniciativa	2,6	3,5	32,4
7. Responsabilidade	2,7	3,6	35,6
8. Direção do grupo	3,2	4,0	25,0
9. Humor	2,75	3,8	40,3
10. Energia	2,75	3,3	19,5

Nota: *o lucro* foi calculado da seguinte maneira: subtraia se do total das notas do segundo semestre para cada caráter observado a nota correspondente ao primeiro. Esta diferença dividia-se pela soma das notas do primeiro semestre e multiplicava-se por 100.

Terminaremos nossa exposição apresentando perfis individuais de alguns meninos observados no trabalho, assim como o perfil coletivo da turma de 28 meninos, internos no Abrigo de Menores e educados no Instituto Pestalozzi. Cada perfil está representado por dois traçados, um correspondente ao mês de março e outro ao de setembro.

Haverá quem nos critique talvez pelo exagero e minúcia demasiadas nas avaliações de tão medíocre assunto. Diremos que o assunto, ao contrário, nos parece tão importante como qualquer matéria do ensino escolar. De modo geral, não há assuntos medíocres e não medíocres desde que a criança aprenda uma coisa útil à vida (e a limpeza da casa é sem dúvida extremamente útil, tanto para o seu próprio uso, como na possibilidade de ser empregada futuramente em um trabalho semelhante), fazendo-o e desde que esta atividade assim orientada além de dar-lhe os hábitos do trabalho vise a educação do seu caráter. Se existe o princípio do "transfert", os hábitos de asseio, e de trabalho, as atitudes sociais e morais, educados desta maneira minuciosa num qualquer aspecto de vida, deverão, assim formados manifestar-se mais tarde em qualquer aspecto de atividade, acessível ao indivíduo.

Em próxima publicação apresentaremos um estudo semelhante para os trabalhos da horta e jardinagem, da marcenaria, encadernação e demais trabalhos manuais exercitados no Instituto Pestalozzi.

Perfis em Estrela

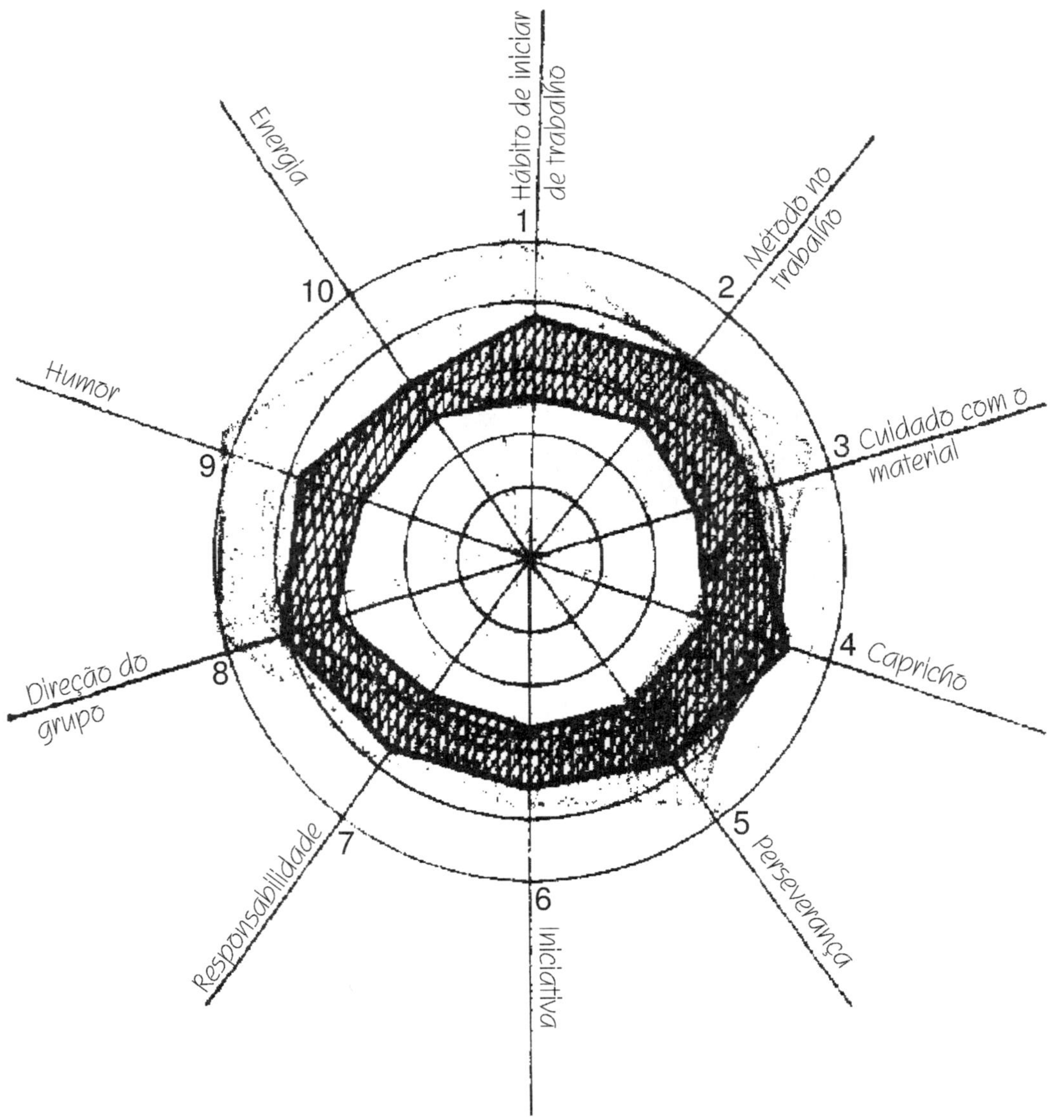

Perfil médio do grupo de 28 meninos
Progresso durante 6 meses

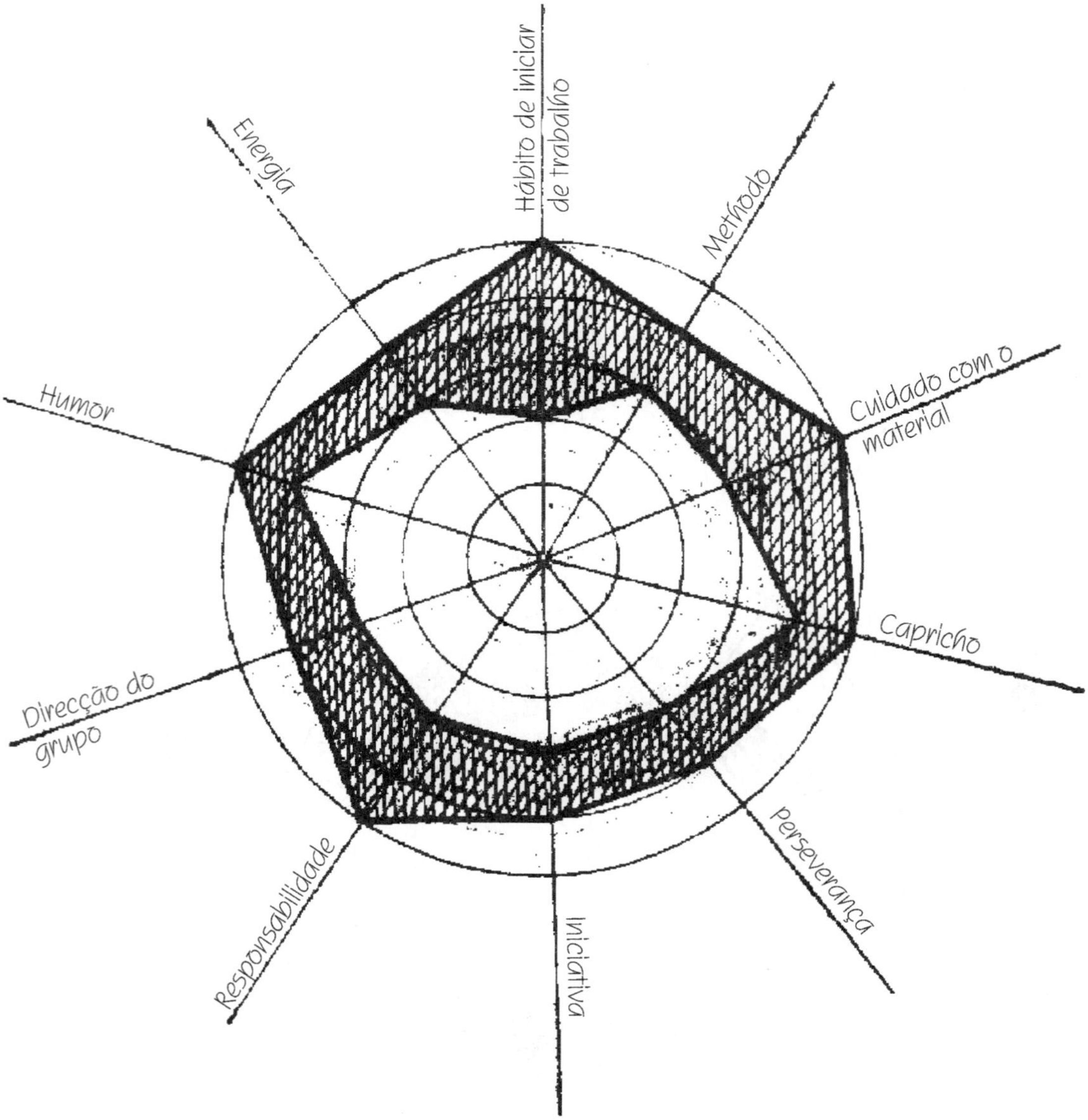

Perfil individual do menor Claudionor
Progresso realizado num semestre

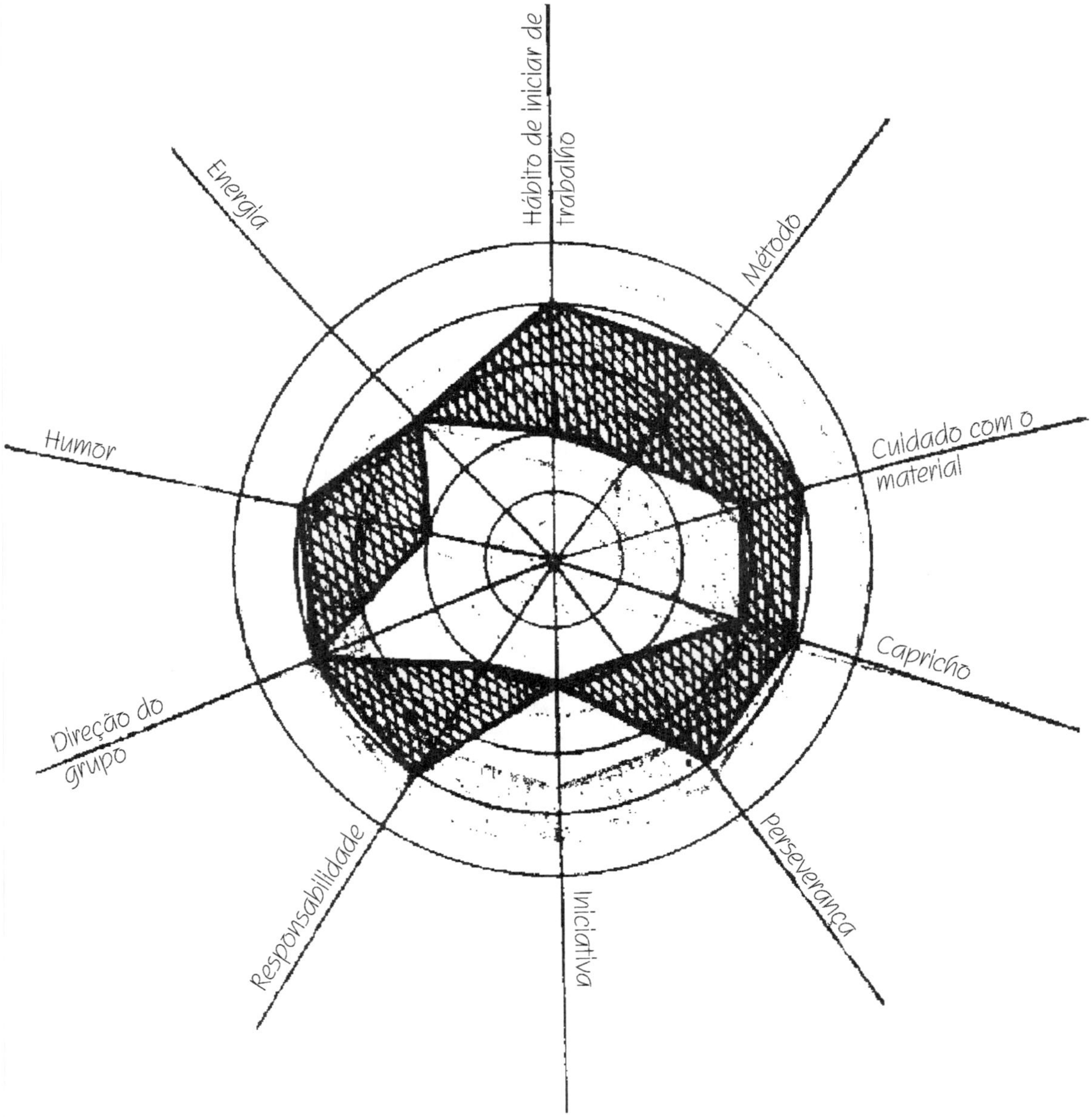

Perfil individual do menor J. Marcilio e o progresso realizado durante um semestre do trabalho

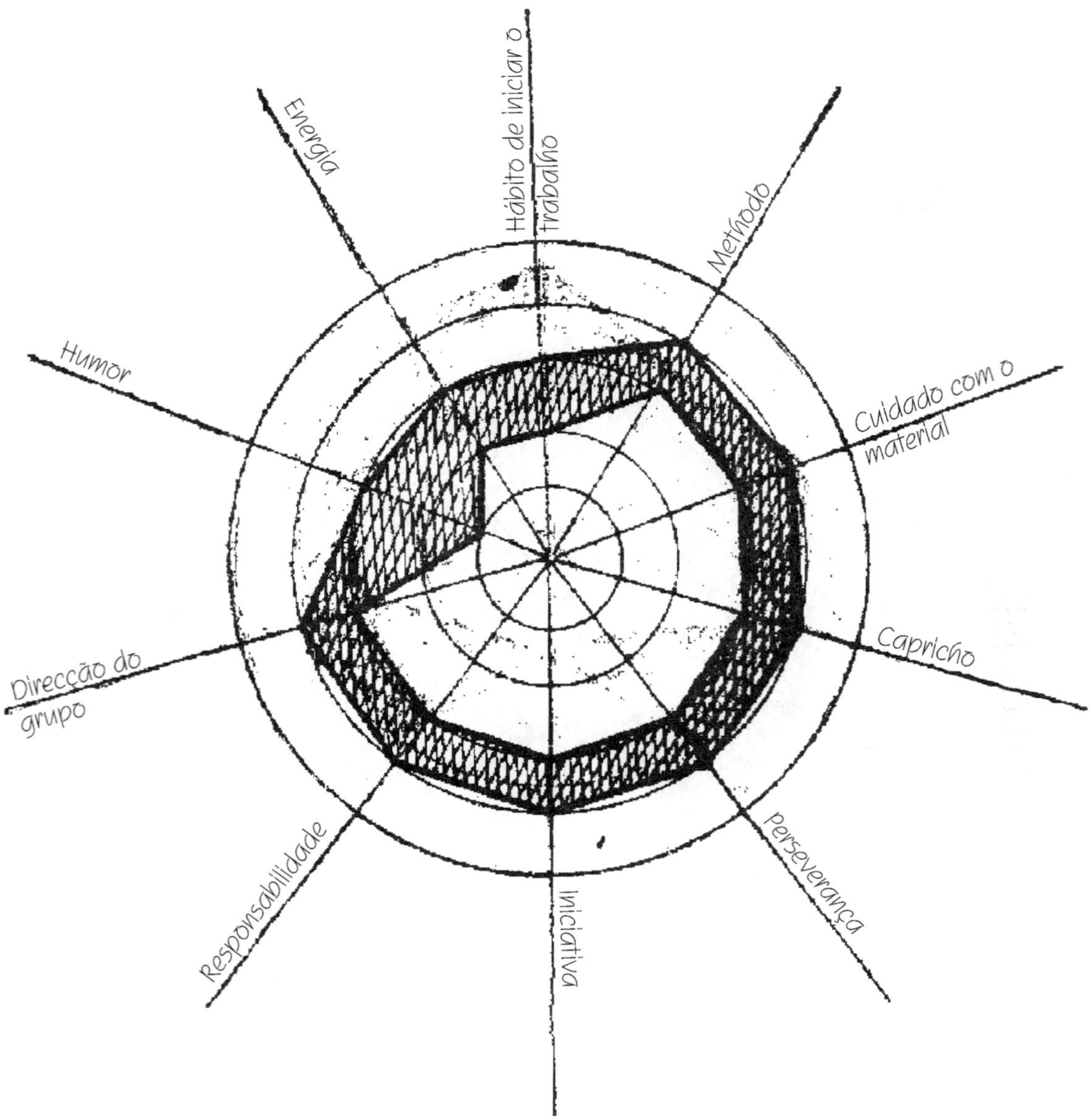

Perfil individual do menor Anthonio
Theodoro e o progresso realizado
durante um semestre

Teste da redação[1]

1948

Helena Antipoff
Do Departamento Nacional da Criança

A redação sobre um tema dado é coisa deveras banal. Ministram-se diariamente pelo mundo milhões de composições escolares. Nos exames finais dos cursos, nos concursos profissionais, figura, muita vez, a redação, como prova básica para se julgar da maturidade do candidato ao fim almejado.

Pois bem, se a redação pode servir de chave para a carreira acadêmica ou de trabalho, deve ela, certamente, possuir valores significativos para refletir além dos conhecimentos da língua, qualidades psíquicas do seu autor.

Para Alfred Binet, de fato, a redação é um dos melhores meios para se pesquisar o indivíduo e conhecer seu "fond d'esprit"[2]. Nas experiências clássicas sobre a inteligência, as diversas espécies de redações de Armande et Marguerite – filhas do psicólogo – foram o ponto de partida na discriminação tão fecunda dos tipos psicológicos e de atitudes mentais.

No ambiente escolar principalmente a redação pode servir de excelente reativo para o estudo da personalidade dos alunos, a condição de saber como ministrá-la. É preciso para isso que a conduta suscitada pelo tema dado seja realizada em condições bem determinadas e possa ser analisada e objetivamente interpretada em suas variações individuais.

A utilização de tais dispositivos da vida quotidiana no estudo da personalidade constitui o fundo do método que Lazursky, psicólogo russo, chamou de *experimentação natural:* "Experimentemos com a própria vida". François Luis Bertrand, discípulo de Binet, dá-nos um interessante exemplo de experimentação natural, feita em escola primária, através da descrição de uma excursão escolar.

O método da experimentação natural, aplicada à redação, repousa num estudo preliminar de condutas individuais, que leva à descoberta de elementos característicos para a análise da prova. O cômputo numérico de seus elementos permite o levantamento de quadros padronizados, relativos a um número suficiente de pessoas. O confronto dos resultados individuais, com as normas obtidas, oferece ao psicólogo meios mais objetivos para o julgamento da redação e, portanto, de seu autor.

É oportuno lembrar aqui as observações de Claparède sobre os tipos psicológicos revelados através de descrições de gravuras: "Duas interpretações são *a priori* possíveis. Pode-se supor que estes tipos de descrição revelem dois tipos diferentes de espírito, isto é, duas classes, duas espécies de indivíduos. Pode-se supor também que estes tipos de descrições indiquem não tipos individuais, sem uma existência permanente cada um, mas somente duas tendências que podem coexistir no mesmo indivíduo e se manifestar ora uma, ora outra, segundo as circunstâncias do momento, do meio, etc. No segundo caso não se trata de tipos individuais, mas somente de *maneiras de ser*".

Esta questão só poderá ser resolvida, quando, multiplicando-se a prova com o mesmo indivíduo, seus resultados se revelarem com a necessária constância.

A vantagem da experimentação natural é precisamente permitir essas espécies do confronto através das experiências facilmente repetidas, em condições quase idênticas às da vida escolar.

Auxilia o educador a melhor conhecer o aluno e a acompanhar a sua formação espiritual.

---

[1] Publicado originalmente na *Revista Brasileira de Estudos Pedagógicos*, 12(34), Rio de Janeiro, set./dez. 1948, p. 148-172.

[2] Fundo da alma (nota do editor).

Nossa experiência

A necessidade de se ter um instrumento psicológico de rápida aplicação para ministrá-la a grandes grupos de estudantes, alunas-professoras da Escola de Aperfeiçoamento Pedagógico de Belo Horizonte, levou-nos a experimentar uma série de testes mentais e de questionários para o estudo da personalidade, e a selecionar aqueles que melhor refletiam a personalidade das candidatas ao curso. Deste confronto, *o Teste da Redação* pareceu-nos um instrumento suficientemente eficaz do psicodiagnóstico individual.

Após experiências preliminares com diversos temas, adotamos a *descrição de objetos*. Entre os objetos estudados nada nos pareceu mais sugestivo que as mãos.

Este tema, por sua vez, foi objeto de estudos detalhados em suas diversas variantes a saber: "*Minha mão esquerda*", "*Meus polegares*". "*As mãos*". "*As minhas mãos*". Cada um dos temas refletindo de preferência um ou outro caráter individual, foi finalmente adotado este último tema, por serem mais ricas e mais variadas as "condutas" individuais por ele suscitadas.

O *Teste das Mãos* foi por nós apresentado em 1943 nas "Jornadas Psicológicas" que então se realizaram em Belo Horizonte. Após múltiplos ensaios e ligeiras modificações de sua técnica, é pela primeira vez que agora o publicamos. Continua a pecar por uma série de imperfeições que deixam perplexo não rara vez seu próprio autor. Entretanto, os serviços que já tem prestado e agora presta no Centro de Orientação Juvenil do Departamento Nacional da Criança, e no Instituto de Seleção e de Orientação Profissional dirigido pelo Professor Mira y Lopes, decidiram-nos a fazer sua divulgação mais ampla.

Instruções para aplicação do teste das mãos

O teste "*As minhas mãos*", como instrumento de psicodiagnóstico, pode ser aplicado individualmente, ou em coletividade, a pessoas que tenham uma escolaridade seguida de uns 6-7 anos, no mínimo, de estudos regulares, isto é, quando o manejo da língua escrita se torna fluente e não entrava o pensamento.

Dirigindo-nos a uma classe inteira, costumamos estimulá-la com as seguintes palavras: "Venho pedir-lhes uma colaboração para um estudo comparativo dos adolescentes brasileiros, de vários Estados e de diversos colégios.

Consiste numa redação que durará menos de meia hora – 20 minutos exatamente – e cujo tema será escrito no quadro negro. Começarão a escrever quando receberem ordem de iniciar a redação.

Assim que cada um de vocês terminar a sua redação – escreverá, no fim, o algarismo que, neste momento, estiver escrito no quadro negro.

O papel sem pauta que vai ser distribuído já está com a margem marcada. Esta margem deve ficar à direita. de quem escreve. Assim (mostrar). Prefiro também que escrevam à tinta. (Tolera-se o lápis, não se tolerando, neste caso, o uso da borracha.)

É preciso guardar silêncio durante toda a duração do trabalho. Portanto não falem nem façam perguntas de qualquer espécie. Estão de acordo?".

Após a distribuição das folhas (de papel liso, sem pauta, do tipo "bloco datilógrafo", com a margem de uns 5 a 6 cm marcada por uma dobra feita no papel), deixando o papel na carteira com a referida margem à direita de quem escreve, pedir que escrevam no alto da folha: *Nome e sobrenome. Nome do estabelecimento. Curso e série escolar. Data do nascimento e idade. Data do dia. Hora. Profissão dos pais e a sua própria, caso já trabalhe.*

Em observação poderá ser indicado seu estado de saúde e a disposição geral.

Terminadas estas indicações – escrever no quadro negro, em letras bem legíveis: ESCREVER SOBRE "AS MINHAS MÃOS".

Esclarecer que devem escrever sobre suas próprias mãos, isto é, as mãos de cada um, para evitar provável confusão com as mãos da pessoa que ministra o teste.

"Vamos começar. Cada um de vocês vai escrever sobre suas próprias mãos."

Marcar o tempo no cronômetro, e, passados 5 minutos, começar a marcar o tempo decorrido no quadro negro, de minuto em minuto, deixando visível apenas o número correspondente aos minutos presentes e apagando cada vez os anteriores (isto permite avaliar a duração das redações terminadas antes do tempo concedido de 20 minutos).

Vigiar pela boa ordem e silêncio. Assumir uma atitude serena quando alguém procurar distrair-se com qualquer observação, não permitindo que falem. Estimular os que ficam demasiadamente parados.

Terminados os 20 minutos, pedir a todos que ainda não concluíram que marquem com um traço a última palavra escrita e continuem até completar a frase.

Recolher as folhas, verificando se os tempos foram marcados.

Apuração do teste das mãos

1. Contar o número de palavras, por período, numerando cada período num registro em coluna vertical. A soma das palavras dará a produção total, ou seja, a *extensão* da redação.

2. Dividindo o total das palavras pelo número de períodos, obtém-se o *comprimento do período.* Em algumas redações, o comprimento mediano é preferível.

3. Dividir o número total das palavras pelo tempo da redação (número de minutos). O quociente obtido dará a média de palavras por minutos, ou seja, a *fluência da redação.*

4. Proceder a análise do texto, marcando as PORÇÕES DE SENTIDO ou idéias, separando cada uma no próprio texto, por uma ligeira linha vertical, a lápis, e numerando cada uma de 1 a n. O número total destas unidades representa a *quantidade de idéias*, sua abundância ou escassez quantitativa.

Idéia ou porção de sentido é toda unidade de pensamento cuja expressão verbal não pode ser diminuída sem comprometer esta unidade, sem sacrificar o sentido.

Ultimamente temos adotado uma técnica diferente, mais demorada: em vez de proceder à separação das porções de sentido no próprio texto da redação, transcrevemo-la toda, em porções de sentido divididas pela análise, uma folha de papel à parte, cada porção de sentido começando numa linha, uma abaixo da outra, da primeira até à última (Ver o modelo).

Este processo permite melhor controle, quando se quer refazer a análise sem que a primeira análise influa na segunda, e principalmente quando mais de uma pessoa analisa a mesma redação. Isto permite maior objetividade na determinação das unidades do TESTE.

5. Proceder *à análise formal das idéias* ou porções de sentido, atribuindo a cada uma equivalência psicológica. Para isto, marcar cada uma com os símbolos respectivos, no próprio texto, ou ao lado de cada uma, quando transcrita no papel à parte.

Os elementos psicológicos da análise formal da redação se dividem em: *Perceptivos, Representativos, Imaginativos, Interpretativos, Afetivos e Lógicos.*

6. Proceder à determinação de caráter pessoal ou extrapessoal, de cada porção de sentido, registrando-os com os símbolos minúsculos ou maiúsculos, respectivamente.

7. Proceder à *análise do conteúdo* de cada porção do sentido, registrando-o com símbolos secundários acrescentados aos símbolos da análise formal acima mencionada.

8. Proceder à determinação da ESTRUTURA MENTAL FORMAL, somando para isto todos os símbolos primários da mesma natureza e calculando a percentagem de cada um dos grupos, sobre o número total das porções de sentido.

9. Estabelecer o *Índice Pessoal*, dividindo o número absoluto de porções de sentido de caráter pessoal, pela soma das porções de sentido de caráter extrapessoal.

10. Percentilar as percentagens dos itens 8 e 9, utilizando para isto as tabelas (provisórias) para cada sexo separadamente, assim como para cada nível cultural à parte.

11. Interpretar o conteúdo da redação pelo cômputo dos assuntos tratados.

12. Valer-se de toda a redação inclusive da escrita, da ortografia, da sintaxe, da organização geral das idéias, dos vocábulos, do estilo, dos temas tratados e do resultado da análise objetiva acima indicada, para pronunciar um julgamento sobre a personalidade do seu autor.

AVALIAÇÃO DOS ELEMENTOS DA ESTRUTURA MENTAL DA REDAÇÃO

"AS MINHAS MÃOS"

Feita a análise de todas as porções de sentido da redação, e somados os elementos semelhantes, calcular as respectivas percentagens.

Proceder em seguida à percentilagem dos elementos, procurando para isto os percentis nas tabelas *ad hoc.*

As tabelas de percentis devem basear-se em análise de, pelo menos, 50 redações (padrões parciais) pertencentes a grupos mais ou menos homogêneos de pessoas, quanto ao sexo, ao meio cultural e, talvez, mesmo profissional.

Serão submetidos à percentilagem os seguintes elementos:

1 – tempo de redação
2 – número total de palavras – extensão
3 – número médio de palavras por minuto – fluência
4 – número de sentenças ou proposições
5 – número de porções de sentido
6 – elementos perceptivos (percentagem)
7 – elementos mnésicos pessoais (percentagem)
8 – elementos mnésicos gerais (percentagem)
9 – elementos imaginativos pessoais (percentagem)
10 – elementos imaginativos gerais (percentagem)
11 – elementos interpretativos pessoais (percentagem)
12 – elementos interpretativos gerais (percentagem)
13 – elementos afetivos (percentagem)
14 – elementos lógicos (percentagem)
15 – elementos índice pessoal (percentagem)

Obtém-se este índice somando, de um lado, os elementos pessoais *(mnésicos, imaginativos, afetivos e interpretativos)* e dividindo a soma obtida pela soma dos elementos gerais *(mnésicos, imaginativos, interpretativos e lógicos).*

P. FUNÇÃO PERCEPTIVA E OS SEUS DIVERSOS ELEMENTOS

Chamamos de função perceptiva aquela que, na redação, reflete de maneira mais objetiva a realidade *presente,* isto é, as mãos do autor, ou as partes destas, expostas à sua observação, por intermédio dos sentidos visual e tátil principalmente.

Embora o fruto das observações seja expresso sob forma de julgamentos, estes são primitivos, de existência e de atribuição, positivos ou negativos. São objetivos e seu conjunto se assemelha a uma *leitura da realidade.*

As percepções refletem vários atributos do objeto, percebidos pelos sentidos: cor, forma, dimensão, temperatura, movimento, etc. Um símbolo, posto ao lado da letra P, que designa a função perceptiva, permitirá estabelecer a *estrutura categórica* da redação, ou seu conteúdo formal, quanto às categorias de observação.

Alguns exemplos para esclarecer: "as minhas mãos são grandes" – Pd, sendo d– dimensão; "os dedos são achatados" – Pf (f – forma); "As unhas são cor de rosa" – Pc (c – cor); "as mãos são trêmulas" – Pquin. (quinestésico); "na base do polegar..." – Pe (e – espaço); "as mãos são quentes" – Pt° (t° – temperatura); "vejo as três articulações dos meus dedos" – Pn (n – número); "penso agora nas minhas mãos" ...esta constatação do pensamento também pode ser considerada como elemento perceptivo, porém de observação interna – e será designada por Ppsi (psi – psicológico). Estes serão sempre contados à parte e figurarão, no conjunto, como um detalhe talvez significativo, do ponto de vista do psicodiagnóstico.

São estas as categorias mais freqüentes que encontramos, reproduzidas com os símbolos respectivos:

d – dimensão
f – forma
e – espaço
c – cor
quin – movimento
din – dinâmico, mostrando a produção
n – número
t° – temperatura
q – outras qualidades

M. FUNÇÃO MNÉSICA OU REPRESENTATIVA (REAL)

Esta, na redação, reflete mais diretamente o *passado*, individual ou social.

Relacionada com as experiências da vida do próprio autor, será a memória *pessoal,* e as porções de sentido analisadas receberão a designação com a letra m (minúsculo).

Relacionada com fatos alheios à pessoa do autor, de seu parentesco, de sua vida, porém conhecidos por ele diretamente ou através de informes de outras pessoas, através de estudos, leituras, cinema, rádio, etc., será a *memória social* e os elementos analisados serão designados com a letra M (maiúscula).

Tanto uma como a outra podem prender-se a infinidade de assuntos evocados, e que serão tomadas em consideração no registro, por meio de símbolos secundários, acrescentados aos principais.

Exemplos: "herdei de meu pai as mãos..." – mh (pai): a lembrança ligada à própria pessoa do autor, evoca um ser humano que é pai.

"Anos atrás, na minha infância ..." – mt: é o tempo, o elemento secundário da evocação (mt-infância).

"As mãos construíram edifícios, levantaram pontos, cavaram túneis..." e cada uma das proposições representa lembranças de caráter impessoal para o autor, e serão registradas com a letra maiúscula M, seguida de ut, que designa ocupações, trabalho e utilidade das mãos (Mut – trabalho).

Abaixo vem a lista dos assuntos mais comuns, ligados à função mnésica ou representativa:

T – tempo
ut – utilidade, trabalho
din – produzem, formam
psi – elementos psíquicos
lit – literários (citações)
cient – termos eruditos
et – éticos
h – pessoa humana, inclusive o próprio autor (eso)
t° – temperatura
q – qualidades não incluídas em outras designações

est – estéticos
v – verbais
n – numéricos
f – forma
c – cor
d – dimensão
fato – acontecimento, ocorrência
obj – objeto

IM. FUNÇÃO IMAGINATIVA

Como sua terminologia o indica, esta função exprimirá o elemento imaginativo do pensamento. Seu símbolo será as letras im, minúsculas, quando a porção de sentido se prende à pessoa que escreve; e maiúsculas ao se tratar de assuntos gerais.

A função imaginativa manifesta-se nas redações por quatro modalidades diferentes, que procuraremos diferenciar, dando a cada uma a designação simbólica própria;

a) ela pode ser nada mais que a ilustração de uma idéia, aparecendo sob forma de imagens mais ou menos pitorescas, ou de metáforas. Caracterizam o estilo literário do seu autor e a forma mais concreta do pensamento.

Serão designadas como símbolo im, simplesmente, por exemplo: "minhas mãos, estas folhas de outono, amareladas pelos anos";

b) a segunda forma evidencia-se com relativa freqüência em proposições condicionais. A função imaginativa aqui aparece a serviço da inteligência, fornecendo-lhe o material concreto para a hipótese. Muito a miúdo aparece nas redações através do esquema: "se... então..." em que a função dialética (que condiciona e infere) aproxima ou afasta proposições imaginadas.

O exemplo banal desta função imaginativa condicional aparece a serviço da hipótese de não-existência das mãos: "se não tivesse as mãos não poderia alistar-se nas fileiras do exército", "se os homens fossem privados de mãos, não teríamos as obras primas de arte desde um Ticiano...".

Empregamos para sua designação o símbolo (im), (IM), entre parêntesis;

c) a terceira forma imaginativa do pensamento se prende ao devaneio; e as imagens têm o caráter de "rêverie"[3], sem caráter real. É fortemente representativa, alimentada geralmente pela sentimentalidade: Ex.: "e então vejo-me num país encantado"...

Designamos esta modalidade com o símbolo (im) ou (IM) com til ou traço em baixo e entre parêntesis;

d) a quarta forma imaginativa revela-se através do pensamento que se projeta para o futuro, sob forma de planos, de projetos imaginados para serem realizados pela ou para a própria pessoa, ou idealizados numa intenção geral, sob forma de desiderata, em vista de um futuro melhor, etc.

Serão designadas com as letras im e IM, acrescentando-se um til em cima.

Exemplo: "Construirei pontes e estradas....", "Ensinaremos matérias mais práticas nas nossas escolas".

J. FUNÇÃO INTERPRETATIVA

Manifesta-se na redação pelo *julgamento de valor*, ético, estético, religioso e, de modo geral, pelas opiniões de caráter subjetivo.

[3] Devaneio (nota do editor).

Quando designam os julgamentos que se prendem à pessoa de seu autor, ou a ela relacionados, as porções de sentido serão marcadas pela letra jota minúscula, – j –; quando tratam de assuntos gerais, não relacionados com a pessoa que escreve, com a letra jota maiúscula – J –.

Ao símbolo da função interpretativa (jota minúsculo ou maiúsculo) serão acrescentados símbolos secundários, relacionados aos assuntos de julgamento.

Exemplo: "sou uma pessoa modesta" – o julgamento de caráter pessoal se prende ao assunto ético. Portanto esta porção de sentido será designada com o símbolo j et.

"Nas mãos do homem está escrita a vontade divina" – J rel (religioso).

Damos a seguir a lista dos assuntos mais freqüentes, e sua simbolização para registro das respectivas porções de sentido:

J psi – julgamentos exprimindo *estados psíquicos*, sentimentos, volições: "O homem deve ser insensível ao frio".
J ut – ligados à questão do *trabalho*, ocupações profissionais, serviços, etc.: "as mãos servem para trabalhar".
J Nor – estabelecendo a *normalidade*: "as minhas mãos são perfeitas, sem nenhum defeito".
J Din – *a produção, o rendimento*: "elas devem construir cidades e jardins".
J est – julgamentos *estéticos*: "nada mais belo como a mão da criança".
J et – julgamentos *morais*, éticos: "fui covarde e deixei de cumprir o meu dever".
J rel – julgamentos *religiosos:* "A Divina Providência deu outro rumo às coisas".
J Hig – relacionados com a questão da saúde (higiene): "as mãos são responsáveis pelas doenças", "devemos lavar nossas mãos antes das refeições".

Havendo julgamentos que não se enquadrem em nenhum destes tópicos, deixaremos apenas o símbolo primário, sem o secundário, relativo ao conteúdo.

S. FUNÇÃO AFETIVA OU SENTIMENTAL

Esta, na redação, se revela através de palavras e expressões como "gosto imensamente", "desejaria tanto que...", "sinto-me feliz", "detesto mãos velhas e gordas", "quero parecer com...", "fico amargurada...". Na análise, estes elementos afetivos são indicados pela letra S.

Quanto aos sinais secundários para caracterizar as diversas categorias de sentimentos ou desejos, de estados eufóricos ou depressivos, o êxtase, e mesmo para evidenciar os diversos tipos de complexos psíquicos – de culpabilidade, narcisismo, apego exagerado a um membro da família, ou de ódio, etc., seu estudo pormenorizado se fará analisando com atenção os elementos afetivos e procurando decifrar sua significação psicológica.

Marcaremos com o sinal + (mais) os estados positivos, agradáveis, eufóricos e com o sinal – (menos) os estados negativos, medo, depressão, desânimo, revolta, censura, etc.

"São maravilhosas as minhas mãos" s narc + (narcisismo)
"Detesto a hipocrisia" S et – (ético)
"Desejo tanto que a paz desça sobre a terra" S Soc + (social)
"Sou imprestável mesmo" S inf – (inferioridade)
"Com mãos postas para orar, implorei a Deus que não deixasse morrer o ferido" S rel + (religioso)
"Tenho medo e pressentimentos negros" S ang – (angústia)

L. FUNÇÃO LÓGICA OU DIALÉTICA

Evidencia-se, na redação, através dos elementos de ligação entre dois ou mais julgamentos, e quando ligados entre si apenas por simples conjunção – e.

A função lógica estabelece relações de analogia ou de oposição, de causa ou de efeito, exprime a finalidade, a causa, ou formula hipótese. Outras vezes serve apenas para reforçar ou atenuar o sentido, ou dar-lhe maior precisão.

Geralmente se revela pela presença das "partículas nobres da linguagem" – como são certas expressões adverbiais como "apesar de", "toda vez que", "portanto", "assim", etc.

Às vezes estas ligações são subentendidas na seqüência de duas proposições dependentes uma da outra, como seria, por exemplo, uma proposição esclarecedora da precedente, a que se seguem dois pontos. As proposições interrogativas terminadas por ponto de interrogação também merecem ser formalmente consideradas como elementos da função lógica.

Eis algumas amostras dos empregos mais freqüentes da função lógica:

L o – oposição: "enquanto a mão direita executa trabalhos de força, a mão esquerda...", entre as duas, no lugar correspondente a vírgula, pode-se registrar o símbolo Lo;

L a – analogia: "as mãos, como dois instrumentos...";

L r – relação: "as minhas mãos são pequenas em *relação* ao tamanho do corpo", além do elemento perceptivo, pd temos que indicar o Lr que restabelece a proporção;

L Ex – explicação ou esclarecimento: "as falanginhas. isto é, as últimas articulações...", ou mesmo prova: "a mão esquerda é maior que a direita, pois entra com dificuldade na luva";

L prescis – de precisão: "é grosseira, principalmente a palma da minha mão";

L condic – condicionamento: "se não tivesse as minhas mãos...";

L restr – restrição: "apesar das rugas".

Apuração do teste "AS MINHAS MÃOS"

"Não são estas as mãos que gostaria de ter. [1] / Minhas mãos são medíocres. [2] / Nunca [3] / dei importância a elas, [4] / embora [5] / saiba o quanto valem [6] / e o quanto sofreria [7] / se [8] / não as tiver. [9] / Minhas mãos são quase iguais [10] / – a direita tem um calo [11] / no terceiro dedo [12] / do modo [13] / de escrever. [14] / Abertas [15] / conseguem uma oitava facilmente. [16] / Um dia [17] / fiz uma imagem a respeito das minhas mãos [18] / : [19] / são duas bandeiras voando... [20] / Preferia que minhas mãos tocassem, [21] / que tivessem mais vida, [22] / que pudessem interpretar Bach. [23] / Adoro mãos de artistas [24] / e mãos de lavrador. [25] / Parece absurdo, [26] / mas [27] / são os dois extremos [28] / : [29] / a fina [30] / e inquieta mão [31] / do artista que pinta, [32] / modela [33] / ou interpreta [34] / ou [35] / a do homem da terra, [36] / rude, áspera, [37] / serena. [38] / Mas [39] / as minhas mãos ficam no meio [40] / : [41] / são comuns. [42] / Sinto que tenho mãos [43] / quando [44] / me agarro [45] / para [46] / evitar um tombo [47] / ([48] / mas [49] / lastimei-as [50] / quando [51] / não pude evitar um perigoso tombo [52] / de uma amiga que fraturou a perna). [53] / Sinto-as [54] / quando [55] / tenho frio [56] / – [57] / elas ficam geladas. [58] / Sinto-as quando as mãos de um homem [59] / (determinado) [60] / as toma entre as suas. [61] / Imagino as minhas mãos [62] / quando eu morrer. [63] / Será que [64] / as veias azuis [65] / que aparecem no seu dorso [66] / sumirão? [67] / Minhas unhas ficarão sem cor. [68] / Não gosto de passar esmalte nas unhas [69] / – [70] / acho horrível a cor artificial. [71] / Algumas crianças perguntam [72] / por que [73] / eu não pinto as unhas. [74] / Já imaginei [75] / as mãos de um homem [76] / que [77] / louco, [78] / todas as noites, [79] / mergulhava-as na terra do cemitério [80] / buscando [81] / as mãos de sua mulher que morrera." [82] /

APURAÇÃO

Nº	Classificação	Conteúdo	Transcrição
1	m S	eu	Não são estas as mãos que gostaria de ter.
2	jet	m/mãos	Minhas mãos são medíocres.
3	mt	tempo	Nunca
4	ppsi	eu	dei importância a elas,
5	lo	oposição	embora
6	jval	eu	saiba o quanto valem
7	(im) psi	eu	e o quanto sofreriam
8	1 cond		se
9	(im) psi	eu	não as tivesse.
10	pa	m/mãos	Minhas mãos são iuais
11	pe	m/direita	a direita tem um calo
12	pe	calo	no terceiro dedo
13	l expl		do modo
14	mdin	eu	de escrever.
15	l cond		Abertas
16	mdin	mãos	conseguem uma oitava facilmente.
17	mt	tempo	Um dia
18	mpsi	eu	fiz uma imagem a respeito
			das minhas mãos
19	l expl		:
20	(im) din	bandeiras	são duas bandeiras voando...
21	- S inf	eu	Preferia que minhas mãos tocassem
22	- S inf	eu	que tivessem mais vida,
23	- S	eu	que pudesse interpretar Bach.
24	+ S est	eu	Adoro mãos de artistas
25	+ S est	eu	e mãos de lavrador.
26	J	(abstração)	Parece absurdo,
27	Lop		Mas
28	J	(abstração)	são dois extremos
29	l expl		:
30	Mf	mão	a fina
31	Mpsi	mão	e inquieta mão
32	Mest	homem	do artista que pinta,
33	Mdin	homem	modela
34	Mpsi	homem	ou interpreta

35	Lop		Ou
36	Mut	homem	a do homem da terra,
37	Mq	homem	rude, áspera,
38	Mpsi	homem	Serena.
39	Lop		Mas
40	j val	m/mãos	as minhas mãos ficam no meio
41	I expl		:
42	jnorm	m/mãos	são comuns.
43	m psi	eu	Sinto que tenho mão
44	icond		Quando
45	mquin	eu	me agarro
46	lfinal de		para
47	mdin	eu	evitar um tombo
48	irestr		( )
49	lrestr		mas
50	- S	eu	lastimei-as
51	icond		quando
52	- S	eu	não pude evitar um perigoso tombo
53	mh	homem	de uma amiga que fraturou a perna.
54	mpsi	eu	Sinto-as
55	lcond		quando
56	mpsi	eu	tenho frio
57	lexpl		
58	mt°	mãos	elas ficam geladas.
59	+ S	eu	Sinto-as quando as mãos de um homem
60	lexpl		(determinado)
61	mh	homem	as toma entre as suas
62	mpsi	eu	Imagino as minhas mãos
63	impsi (morte)	eu	quando eu morrer.
64	lhip		Será que
65	pc	veias	as veias azuis
66	pe	veias	que aparecem no seu dorso
67	imdin	veias	sumirão?
68	imc	unhas	Minhas unhas ficarão sem cor.
69	-S	eu	Não gosto de passar esmalte nas unhas
70	lexpl		

71	-S	eu	Acho horrível a cor artificial.
72	mh	crianças	Algumas crianças perguntam
73	lexpl		por que
74	mdin	eu	eu não pinto as unhas.
75	mpsi	eu	Já imaginei
76	lMh	homem	as mãos de um homem
77	lexpl		que,
78	lMh	homem	louco,
79	lMt	tempo	todas as noites
80	lMdin	homem	mergulhava-as na terra do cemitério
81	lexpl		buscando
82	lMh	mulher	as mãos de sua
			mulher que morrera.

Tempo – 20 min.
Extensão – 244 palavras (perc. 90).
Fluência – 12,2 (perc. 70).
Nº de proposições – 18 (perc. 90).
Porções de sentido – 82 (perc. 95).

Estrutura Mental		**Perc.**	**Méd. pessoais**	**Perc.**	**Perc.**	**Gerais**	**%**	**Perc.**
El. perceptivos	6	40	–	7,2	40	–	–	–
El. mnésicos	25	68	17	20,7	50	8	9,6	85
El. imaginativos	11	83	5	6	70	6	7,2	95
El. interpretativos ..	6	43	4	4,8	20	2	2,4	65
El. afetivos	11	85	11	13,4	85	–	28,1	–
El. lógicos	23	65	–	–	–	23	–	65
	82		37			39		

Grande extensão e fluência, denotando vivacidade intelectual.

A estrutura mental é dilatada, sobressaindo no quadro de funções com particular relevo os elementos da função mnésica, afetiva, e imaginativa, respectivamente com perc. 85, 85 e 95. A combinação dos elementos imaginativos e dos afetivos – constitui a base para um temperamento artístico, criador.

De fato, seu autor foi premiado por uma revista semanária por um conto que escreveu.

A pessoa é de grande sensibilidade artística, criadora, com capacidade de realização e de apreciação.

Tabela I

Resultados da aplicação do teste "As minhas mãos" a 50 pessoas do sexo feminino, adultos cultos

	T	Pal	P/I	Prop	Porç	p%	M%	M%	m%	M%	j%	J%	S%	L%	Pes.G %
100	23	303	20	20	88	83	48	57	44	19	41	21	22	50	5,6
90	20	240	15	17	50	44	40	16	14	2	26	11	14	36	3,6
80	18	180	14	11	39	20	34	7	12	0	22	7	12	32	2,7
75	17	170	13	10	32	18	32	5	10	0	21	5	11	31	2,5
70	16	160	12	9	29	16	28	0	6	0	20	3	10	30	2,4
60	15	140	11	8	27	12	22	0	2	0	18	1	8	26	2,1
50	14	130	10	7	25	10	20	0	1	0	15	0	5	25	1,5
40	13	110	9		24	6	16	0	0	0	12	0	4	22	1,2
30	11	100	8	6	23	4	12	0	0	0	9	0	2	18	1,0
25	10	90	7		22	3	10	0	0	0	7	0	1	17	0,9
20	8	80	6		21	2	8	0	0	0	5	0	0	16	0,8
10	7	70	5	5	20	1	1	0	0	0	1	0	0	14	0,3
0	4	20	1	2	5	0	0	0	0	0	0	0	0	0	0

Índice pessoal 37:39 = 0,92 (perc. 25)

Tabela II

Resultados da aplicação do teste "As minhas mãos" a 50 pessoas do sexo masculino, adultos cultos

	T	Pal.	Fl	Porç	P%	m%	M%	*m%*	*M%*	j%	J%	S%	L%	I.P.
100	23	460	23	108	74	35	50	22	19	33	27	41	45	3,2
95	–	375	20	81	48	29	28	20	10	26	25	19	43	2,4
90		300	19	71	29	27	25	17	8	24	22	17	41	2,0
80		260	15	64	17	21	15	13	3	21	16	13	38	1,8
75		245	14,5	59	14	18	13	11	1	19	17	9	37	1,6
70		230	13	57	10	16	7	8	0	17	11	8	36	1,4
60		200	11	49	6	14	4	5		15	7	6	34	1,2
50	20	180	9	47	4	11	2	3		12	3	5	32	0,8
40	17	160	6	42	3	7	0	1		9	0	3	29	0,6
30	15	140	7	34	0	5		1		7		2	28	0,4
25	13	130		32		3				5			25	
20	12	120	6	31		2				4		1	23	0,2
10	11	110	5	24		2				0		0	20	0,1
5	10	80	4	20									17	0,08
0	9	70	2	27									14	0,02
	Tempo	Total de palavras	Fluência	Porções de sentido	El. perceptivos	El. mnésicos pessoais	El. mnésicos gerais	El. imaginativos pessoais	El. imaginativos gerais	El. interpretativos pessoais	El. interpretativos gerais	El. afetivos	El. lógicos	Índice pessoal

Redação de um Aluno do 5º Ano Primário, no Fim dos Estudos Primários. Idade: 13 anos. Meio Social Médio.

(Mantida a Ortografia)

"As minhas mãos"

As minhas mãos são muitos precisas, na hora do trabalho, na hora do almoço trago-a sempre limpinhas.

As unhas bem tratadinhas, limpas, com elas eu faço a maior parte do meu trabalho, os meus dedos são compostos de: falange, falanginha, falangeta.

Cada mão é composta de cinco dedos, portanto as duas mãos são compostas de dez dedos.

Nela eu ponho o anel na hora que vou sair.

Com elas eu pago os meus castigos (palmatória).

Devemos trazer as mãos bem limpinhas, porque: As mãos limpas garante boa saúde.

Tempo 10 minutos.
Total 90 palavras, em 7 proposições e parágrafos.

m – 9 45% – percentil 85
j – 1 – 5% – percentil 40
M – 5 – 25% – percentil 85
J – 2 – 10% – percentil 70
L – 3 – 15% – percentil 30
Índice Pessoal 1,0 percentil 45.

ANÁLISE DAS REDAÇÕES

Nº	Classificação	Conteúdo Sujeito	Transcrição
1	Ut	m/mãos	As minhas mãos são muito precisas
2	Ut		na hora do trabalho
3	Alim		na hora do almoço
4	Hig	eu	trago-as sempre limpinhas
5	Est	unhas	as unhas bem tratadinhas,
6	Hig	unhas	limpas,
7	Ut	eu	com elas eu faço a maior parte do meu trabalho,
8	Escol		os meus dedos são compostos de: falange,
9	Escol	dedos	falanginha,
10	Escol	dedos	falangeta.
11	Escol	dedos	Cada mão é composta de cinco dedos,
12	Inferência	mão	portanto
13	Escol		as duas mãos são compostas de dez dedos.
14	Est	mãos	Nela ponho o anel
15	T	eu	na hora que vou sair.

16	Et	eu	Com elas eu pago os os meus castigos
17	Expl		(palmatória).
18	Hig	nós	Devemos trazer as mãos bem limpinhas,
19	Expl		porque:
20	Hig		As mãos limpas garante boa saúde.

Tempo: 10 minutos

Palavras – 90 Parágrafos – 5
Proposições – 7 Porções de sentido – 20

Fluência 90:10 = 9,
perc. 80

Estrutura mental:

		% percentil					% perc.	
Elementos mnésicos pessoais	(m)	9	45	65	Mnésicos gerais.......(M)	5	25	65
Elementos interpretativos	(j)	1	5	60	Interpretativos gerais (J)	2	10	70
	10				Lógicos....................(L)	3	15	35
						10		

Índice pessoal: 10/10 = 1 perc. 45

Interpretação

O autor da redação revela nível escolar relativamente comum para sua idade e meio social. Redige com certa facilidade, pois em 10 minutos escreve 90 palavras, o que lhe dá uma fluência alcançando o percentil 80.

Possui certa vivacidade intelectual e procura ordenar seu pensamento, o que se pode inferir da divisão dos parágrafos que faz questão de por bem em evidência, iniciando-os a boa distância da margem esquerda.

Respeita a margem direita, dada pela instrução do teste, não transgredindo uma vez sequer a linha divisória (obediência à regra).

A estrutura mental da redação não é rígida, equilibrando-se bem a parte pessoal e a geral. Entretanto faltam elementos perceptivos, imaginativos e afetivos. Predominam os elementos de memória e de julgamento subjetivos. Os gerais revelariam uma tendência ao pedantismo escolar, enquanto os pessoais denotam espontaneidade. Os elementos lógicos são poucos, apenas 3, ou seja percentil 35, e são de caráter explicativo e de inferência (um pouco de pedantismo).

O egocentrismo da redação é normal para a idade (percentil 45) mas a tendência seria maior se consultássemos o grafismo do escritor: o nome próprio escrito com letras muito maiores que o resto do texto.

Notaremos também tendência narcisística da maneira com que se refere às suas próprias mãos ("limpinhas"), suas unhas ("bem tratadinhas"). Este emprego dos diminutivos relativos à própria pessoa, assim como a menção de usar anel na hora de sair, revelaria talvez (para menino de 13 anos) um caráter afeminado. Deveria ser observado mais perto para receber uma orientação oportuna.

Terceiro exemplo. "Não me parecem distintas de todas as demais, a não ser porque sua base, ou seja, o punho é excessivamente fino, o que as expõe a não poder realizar grande esforço. Com efeito tive várias sub-luxações de punho cada uma relacionada com um esforço brusco (golpe ou queda).

Teria gostado de ter podido usá-las um pouco mais, mas não tive tempo nem habilidade para isto.

Creio que seria sumamente conveniente estimular em todo o mundo especialmente nos meninos de posição desafogada, a educação manual e os trabalhos manuais, tanto rudes como delicados, pois isto equivaleria a combater o excesso de verbalismo e de imaginação que neles se observam."

Nº	Classificação	Conteúdo Sujeito	Transcrição
1	Lv	Eu	Não me parecem
2	j Norma	m. mãos	distintas de todas as demais,
3	Lexpl		a não ser porque
4	pe	base	sua base,
5	Lexpl	punho	ou seja, o punho
6	pd	punho	é excessivamente fino,
7	Lexpl		o que
8	j din	m. mãos	as expõe a não poder realizar grande esforço
9	Lv	eu	com efeito
10	m. pat		tive várias sub-luxações do punho
11	L. prec	sub-luxações	cada uma
12	m dm		relacionada com um esforço brusco
13	Lexpl		( )
14	Lo		Ou
15	m din	golpe, queda	golpe ou queda
16	-S	eu	Teria gostado de ter podido
17	im din	eu	usá-las um pouco mais,
18	Lo		mas
19	mt	eu	não tive tempo
20	-j psi	eu	nem habilidade para isto.
21	L	eu	Creio que
22	J soc	impessoal	Seria sumamente conveniente
23	IM psi	impessoal	estimular em todo mundo,
24	L prec	impessoal	especialmente
25	M soc	impessoal	nos meninos de posição
		impessoal	desafogada,
26	Mesi		a educação manual
27	Mut	impessoal	e os trabalhos manuais
28	Lexpl		tanto (como)
29	Mq	trab. Manuais	rudes como delicados,
30	Lexpl		pois isto equivaleria
31	IM din	impessoal	a combater
32	J psi	impessoal	o excesso de verbalismo
33	J psi	impessoal	e de imaginação
34	Lexpl	excesso	que neles se observam

Tempo – 4 minutos. Total de palavras – 110, distribuídas em 4 proposições e 3 parágrafos. Porções de sentido – 34.

A estrutura mental da redação

	Perc.		**De caráter pessoal**			**Geral**				
Elem. perc.	2	55								
Elem. mnésic.	8	63	m —	4	— 11,8	— 50	M —	4	— 11,8	— 75
Elem. imag.	3	68	im —	1	— 2,9	— 50	IM —	2	— 5,8	— 58
Elem. interp.	6	53	j —	3	— 8,8	— 50	J —	3	— 8,8	— 65
Elem. afetiv.	1	40	s —	1	— 2,9	— 40	——	—		—
Elem. lógicos	14	90					L —	14	— 41,2	— 90
	34			9			23			

Esta redação é interessante sob diversos pontos de vista. É de duração muito curta, de 4 minutos apenas. Tendo produzido 110 palavras, apresentar-se com uma fluência de 27,5 palavras por minuto, ou seja, percentil 100 (!) até o presente momento não atingida ainda e denotando no seu autor uma extrema vivacidade intelectual.

A redação se desenvolve dentro de quatro proposições e de três parágrafos perfeitamente discriminados. Apresenta uma seqüência de idéias que poderemos chamar de ótima. Vejamos porque: iniciada a redação com a observação do fato real (as próprias mãos) obedece com naturalidade ao tema dado; descobre um detalhe significativo (fraqueza do punho) e relaciona a percepção com a função lógica ativa; como ilustração do julgamento traz exemplos do passado individual, consolidando-o com imagens concretas e precisas (elementos mnésicos).

No segundo parágrafo, deixa o aspecto físico da questão e passa ao assunto mais geral – o EU psíquico – que trata rapidamente, apontando discretamente o desejo frustrado, (elemento afetivo) e procurando a causa disto, fornece dum lado um fator objetivo (tempo) do outro lado – subjetivo (falta de habilidade).

O material de caráter pessoal dos parágrafos anteriores se encaminha, no último, para um assunto mais geral ainda. Transferindo seu pensamento para o plano social, o autor procura remédios construtivos aos males associados (excesso de verbalismo e imaginação), imaginando meios práticos (educação, trabalho) e *estimulando* a sua realização, aos que disto mais precisam (jovens do meio privilegiado).

Interessante a notar que esta redação tão curta tratou dos seus diversos temas em três tempos: presente, passado e futuro.

Consultando o quadro da *Estrutura Mental* da redação veremos que é amplamente dilatada, isto é, que não lhe faltam nenhum dos elementos essenciais. Todas as funções, excetuando-se uma, equilibram-se em níveis médios (percentuais 40 a 68). Esta exceção é representada pela função lógica (percentual 90).

A taxa média da função lógica é de um elemento lógico para dois outros elementos (seja 32%) calculados sobre o número total de porções de sentido. Nesta redação a taxa sobe a 41,2%. Esta elevação de elemento lógico, entretanto, não resseca a produção literária, como acontece em algumas redações de pedantes e dialéticos à *outrance* que operam geralmente no vácuo, mas, ao contrário tornam o pensamento mais fértil, propulsionam-no para campos funcionais diversos. Os 13 elementos lógicos mantém os 21 restantes sob seu controle vivo e dinâmico.

Quanto ao índice pessoal, este é normal para o grupo masculino – 0,39, correspondendo ao percentil 40. É verdade que este índice está na dependência inversa da função lógica, tão alta aqui. Mas, mesmo que tirássemos os 13 elementos da nossa equação, veríamos que os assuntos pessoais e os gerais se equilibram perfeitamente num índice – 1,0.

Trata-se aqui duma personalidade privilegiada sob todos os pontos de vista.

ANEXOS

Condecorações Recebidas e Datas Relevantes na Vida de Helena Antipoff[1]

Nascida em Grodno (Rússia), a 25/3/1892.

Concedida a cidadania brasileira, por ato do Presidente Getúlio Vargas, em 26/6/1951.

Contemplada com a medalha de Honra ao Mérito pelo seu "apostolar trabalho na Educação da Criança Anormal", em 1959.

Condecorada com as Medalhas da Inconfidência, em solenidades realizadas em Ouro Preto: como Cavaleiro da Inconfidência, em 1960, e Oficial da Inconfidência, em 1970.

Inscrita no Livro Nacional do Mérito, por proposta da Associação Brasileira de Educação, sendo concedida esta honraria por ato do Presidente Juscelino Kubitschek em 1960.

Aposentada do serviço público, em sua função de professora Catedrática de Psicologia Educacional na Universidade Federal de Minas Gerais, em 28/6/1965.

Recebe a distinção de "Cidadã Honorária de Minas Gerais", por força de lei de 27/11/1962, assinada pelo governador Magalhães Pinto.

Inscrita nos Anais da Câmara Municipal de Belo Horizonte como "Cidadã Honorária de Belo Horizonte", em 1968.

Considerada a Mãe do Ano em 11/5/1969.

Recebe o título de Professora Emérita concedido pela Faculdade de Educação da Universidade Federal de Minas Gerais em 26/8/1972.

Condecorada com a Ordem Cruzeiro do Sul.

Considerada Personalidade Global//1973 – setor Educação.

Condecorada com a "Medalha do Mérito Educativo" em novembro de 1972, em Brasília, pelo Presidente da República.

Inscrita nos Anais da Câmara Municipal de Ibirité, em 1º/3/1974, como "Cidadã Honorária de Ibirité".

Representada em São Paulo, no Palácio do Governo, para receber em 6/8/1974, o "Prêmio Henning Albert Boilesen 1973".

Falece a 9/8/74, em Belo Horizonte.

---

[1] Extraído de ANTIPOFF, Daniel. *Helena Antipoff*: sua vida, sua obra. Belo Horizonte: Itatiaia, 1996.

Publicações de Helena Antipoff

ANTIPOFF, Helena. Plano e técnica do exame psicológico da criança. *J. Trondovaia Schkola*, 1924. Em russo.

__________. O nível mental das crianças em idade pré-escolar. *Revista de Pedologia*, 1924. Publicado em russo e traduzido e reeditado em ANTIPOFF, Helena. Psicologia experimental. Belo Horizonte: Centro de Documentação e Pesquisa Helena Antipoff, 1992. (*Coletânea das obras escolhidas de Helena Antipoff*, v. 1).

__________. Étude de la personnalité par lá méthode Lazoursky. *L'educateur*, Genève, n. 62, p. 285-292, 1926.

__________. De l'experimentation naturelle. *Nouvelle Education*, Paris, v. 6, n. 56, 1927.

__________. Caso de imagem eidética. *Archives de Psychologie*, Genève, v. 20, n. 77, p. 73, 1927.

__________. Étude des aptitudes motrices. *L'educateur*, Genève, v. 63, p. 309-315, 1927.

__________. Contribution à l'étude de la constance des sujets. *Archives de Psychologie*, Genève, v. 20, p. 177-190, 1927.

__________. L'intérêt et usage des tests scolaires. *L'educateur*, Genève, v. 64, p. 121-124, 1928.

__________. Tests collectifs d'intélligence globale. *L'educateur*, Genève, v. 16, n. 125, p. 229-235, ago. 1928.

__________. L'evolution et variabilité des fonctions motrices. *Archives de Psychologie*, Genève, v. 21, p. 1-54, 1928.

__________. Observations sur la compassion et sentiment de justice chez l'enfant. *Archives de Psychologie*, Genève, v. 21, n. 82, p. 209-215, 1928.

__________. *Ideais e interesses das crianças de Belo Horizonte e algumas sugestões pedagógicas*. Belo Horizonte: Secretaria de Educação do Estado de Minas Gerais, 1930 (Boletim 6).

__________. Les ideals et intérêts des enfants de Belo Horizonte. *Archives de Psychologie*, Genève, v. 22, p. 153-186, 1930.

__________. A psicologia na Escola de Aperfeiçoamento de Belo Horizonte. *Arquivos Brasileiros de Higiene Mental*, v. 3, n. 7, p. 226-234, 1930.

__________. *Escolologia* – com a colaboração das alunas-professoras da Escola de Aperfeiçoamento de Belo Horizonte. Belo Horizonte: Imprensa Oficial, 1931.

ANTIPOFF, Helena. *Desenvolvimento mental das crianças de Belo Horizonte.* Belo Horizonte: Secretaria de Educação do Estado de Minas Gerais, 1931 (Boletim 7).

__________. *Organização das classes nos Grupos Escolares de Belo Horizonte e o controle dos tests.* Belo Horizonte: Secretaria de Educação do estado de Minas Gerais, 1932 (Boletim 8). Reeditado na *Revista do Ensino*, n. 137/139, abr./jun. 1937.

__________; CUNHA, Maria Luiza de Almeida. *Test Prime.* Belo Horizonte: Imprensa Oficial, 1932. 64 p.

__________. Algumas palavras dirigidas aos pais por intermédio dos mestres: o sono da criança. *Revista do Ensino*, Belo Horizonte, 1972.

__________. Assistência aos menores desamparados, trabalhadores de rua. *Infância excepcional*, v. 2, p. 101-107, 1934.

__________. A homogeneização das classes escolares. *Revista do Ensino*, v. 8, n. 110, p. 27-55, 1934.

__________; RESENDE, Naytres. *Ortopedia mental nas classes especiais.* Belo Horizonte: Secretaria da educação do Estado de Minas Gerais, 1934 (Boletim 14).

__________. A personalidade e o caráter da criança. *Infância Excepcional*, n. 16, dez. 1934.

__________. Determinação da idade biopsíquica da criança. *Minas Médica*, v. 3, 1935.

__________; CASTRO, Maria Angélica de. *Ideais e interesses das crianças de Belo Horizonte no intervalo de cinco anos (1929-1934).* Belo Horizonte: Secretaria da Educação do Estado de Minas Gerais 1935. (Boletim 17).

__________. Experimentação Natural como método para o estudo da personalidade e da educação do caráter. *Infância excepcional,* Belo Horizonte, v. 3, n. 20, p. 85-108, 1937.

__________; ASSUNÇÃO, Zilda. Contribution typologique à l'étude de l'ergographie. *Archives de Psychologie,* Genève, v. 26, p. 146-180, 1937.

__________. O educador em face da criança. *Revista do Ensino*, v. 13, n. 164, p. 13-22, 1939.

__________. Como avaliar na escola o desenvolvimento social dos alunos? *Educando*, v. 3, n. 17, p. 350-352, mar. 1942.

__________. Como conhecer o caráter social da criança na escola? *Educando*, v. 3, n. 18, p. 395-397, abr. 1942.

__________. Como pode a escola contribuir para a formação de atitudes democráticas. *Revista Brasileira de Estudos Pedagógicos,* Rio de Janeiro, v. 1, n. 1, p. 26-45, 1944.

__________. Dos perfis caracterológicos como elemento de educação democrática. *Revista Brasileira de Estudos Pedagógicos*, Rio de Janeiro, v. 5, n. 14, p. 245-258, ago. 1945.

ANTIPOFF, Helena. A função social da assistência às crianças excepcionais. Separata de: *Neurobiologia*, v. 9, n. 4, p. 279-285, dez. 1946.

__________. Teste de Redação. *Psyche*, n. 1, 1946.

__________. A criança bem-dotada. *Revista do Ensino*, Belo Horizonte, v. 176, 1946.

__________. As duas atitudes. *Revista Brasileira de Estudos Pedagógicos*, Rio de Janeiro, v. 11, n. 30, p. 205-224, set./out. 1947.

__________. Teste da Redação. *Revista Brasileira de Estudos Pedagógicos*, n. 34, p. 148-172, 1948.

__________. Centros de Urbanização dos meios rurais. *Boletim da Sociedade Pestalozzi do Brasil*, Rio de Janeiro, abr./jun. 1948.

__________. Recreação infantil. *Boletim da Sociedade Pestalozzi do Brasil*, Rio de Janeiro, p. 28-29, jul./ dez. 1948.

__________. Institutos de organização rural ou centros de urbanização dos meios rurais. *Boletim da Sociedade Pestalozzi do Brasil*, Rio de Janeiro, p. 1-40, abr./jun. 1948.

__________. Ensino rural. *Boletim da Escola Rural* [da] Secretaria da Educação, n. 50, 1949.

__________. Estudo da criança do meio rural. *Revista Médica do Paraná*, v. 18, n. 4, p. 282-286, jul./ago. 1949.

__________. Ensino normal e treinamento de dirigentes de escolas em zonas rurais. *Boletim da Sociedade Pestalozzi do Brasil*, Rio de Janeiro, v. 7, n. 24, p. 142-156, jul./dez. 1951.

__________. *Missão rural para a Fazenda do Rosário*. Ibirité, MG: Centro de Documentação e Pesquisa Helena Antipoff, 1952.

__________. In memoriam. *Boletim da Sociedade Pestalozzi do Brasil*, Rio de Janeiro, v. 8, n. 25, 133-135, jan./dez. 1952.

__________. Problema dos retardados mentais na escola primária e secundária. *Educação*, Distrito Federal, n. 41, p. 1-8, 1953.

__________. Os retardados mentais e seus tipos. *Revistra SENAC*, Rio de Janeiro, v. 1, n. 4, p. 40-49, nov. 1953.

__________. O problema dos egressos de estabelecimentos para a infância excepcional. In: Seminário sobre a Infância Excepcional, 3., São Paulo, 20-26 set. 1953. *Anais*... São Paulo: Sociedade Pestalozzi de São Paulo, 1954. p. 147-151.

__________. A Fazenda do Rosário como experiência social e pedagógica no meio rural. *Boletim da Sociedade Pestalozzi do Brasil*, Rio de Janeiro, v. 9, n. 26, p. 68-70, 1953-1954.

ANTIPOFF, Helena. A escola e as atividades artesanais em zonas rurais: resumo e sugestões. *Revista Brasileira de Estudos Pedagógicos*, v. 24, n. 59, p. 114-117, jul./set. 1955.

__________. O porquê do teatro de máscara na Sociedade Pestalozzi. *Boletim da Sociedade Pestalozzi do Brasil*, Rio de Janeiro, v. 10, n. 27, p. 41-42, 1955.

__________. Teatro de bonecos. *Boletim da Sociedade Pestalozzi do Brasil*, Rio de Janeiro, v. 10, n. 27, p. 39-41, 1955.

__________. Educação dos excepcionais. *Revista Brasileira de Estudos Pedagógicos*, v. 25, p. 222-227, 1956.

__________; CUNHA, Zenita. Experiência sociométrica como subsídio na seleção vocacional de candidatos ao magistério em zonas rurais. *Arquivos Brasileiros de Psicologia Aplicada,* Rio de Janeiro, v. 11, n. 2, p. 1-21, abr./jun. 1959.

__________. Teste de Redação. *Kriterion,* revista da Faculdade de Filosofia da UFMG, n. 55/56, 1961.

__________; CHAVES, Elizabeth. O Teste MM no seio da Família. *Arquivos Brasileiros de Psicologia Aplicada,* Rio de Janeiro, v. 12, n. 1, p. 9-16, jan./mar. 1960.

__________. Projeto de Granja escolar. *Mensageiro Rural*, Ibirité, v. 4, n. 23, fev. 1961.

__________. Os pequenos oleiros. *Infância excepcional*, Belo Horizonte, v. 1, n. 1, 1963.

__________. In memoriam: Gustavo de Sá Lessa. *Mensageiro Rural*, Ibirité, v. 5, n. 30, p. 1-2, jan./fev. 1963.

__________. Seleção de pessoal. *Mensageiro Rural*, Ibirité, v. 31 mar./maio 1963. Suplemento especial.

__________. Sociedade Pestalozzi de Minas Gerais. *Infância Excepcional*, v. 1, n. 1, p. 10-27, 1963.

__________. In memoriam: Emílio Mira y Lopez. *Mensageiro Rural*, Ibirité, v. 8, n. 33, p. 2, mar./jun. 1964.

__________. De lustro em lustro... os jubileus das três instituições para excepcionais. *Boletim da Sociedade Pestalozzi do Brasil*, Rio de Janeiro, v. 29, p. 7-20, 1965.

__________. *Desenvolvimento mental da Criança – Ficha de Observação para uso dos psicólogos, médicos e educadores.* 4. ed., Belo Horizonte: Sociedade Pestalozzi de Minas Gerais, 1966.

__________. Educação dos excepcionais e sua integração na comunidade rural. *Boletim da Sociedade Pestalozzi do Brasil,* Rio de Janeiro, n. 30, p. 7-19, 1966.

__________. Relatório do grupo de trabalho pró-deficiente mental. *Infância Excepcional*, Ibirité, v. 11, p. 71-134, 1968.

ANTIPOFF, Helena. O voluntariado na assistência ao excepcional. *Infância Excepcional*, Ibirité, v. 11, p. 5-13, 1968.

__________. *As mentiras nas crianças*. Rio de Janeiro: Sociedade Pestalozzi do Brasil, 1970. 12p.

__________. *O Teste MM:* manual e fichas. Rio de Janeiro: Centro Editor de Psicologia Aplicada, 1970.

__________. Não há fome sem apetite. *Arte e Educação*, Rio de Janeiro, v. 1, n. 1, p. 13, jan. 1971.

__________. Acorda. *Boletim da Sociedade Pestalozzi do Brasil*, Rio de Janeiro, v. 37, p. 81-82, jun. 1972.

__________. Vale a pena fazer teatrinho de bonecos. *Suplemento Pedagógico* [do] Minas Gerais, Belo Horizonte, v. 2, p. 7, abr. 1972. Número especial.

__________. Os direitos da criança. *Boletim da Sociedade Pestalozzi do Brasil*, Rio de Janeiro, v. 37, p. 27-29, jun. 1972.

__________. Edouard Claparède: homem e educador. *Boletim da Sociedade Pestalozzi do Brasil*, Rio de Janeiro, v. 38, p. 12-17, dez. 1972.

__________. Sem perda de tempo. *Estado de Minas*, Belo Horizonte, 26 mar. 1972. Caderno Feminino, p. 5.

__________. O problema do bem-dotado no meio rural. *Boletim da Sociedade Pestalozzi do Brasil*, Rio de Janeiro, v. 37, p. 84-95, 1972.

__________. Lares agro-artesanais. *Boletim da Sociedade Pestalozzi do Brasil*, Rio de Janeiro, v. 37, p. 65-67, jun. 1972.

__________. Planos para o futuro... *Mensageiro Rural*, Ibirité, v. 9, p. 2, dez. 1972.

__________. Edouard Claparède: psicólogo e educador. *Suplemento Pedagógico* [do] Minas Gerais, Belo Horizonte, v. 9, p. 8-9, mar. 1973.

__________. A casa do Zezinho e o porquê de seu nome. *Boletim da sociedade Pestalozzi do Brasil*, Rio de Janeiro, v. 39, p. 32-33, jul. 1973.

__________. Edouard Claparède: in memoriam. *Suplemento Pedagógico* [do] Minas Gerais, Belo Horizonte, v. 9, p. 3, mar. 1973.

__________. Escola precisa voltar à natureza. *Jornal do Brasil*, Rio de Janeiro, 1 jul. 1973. Caderno Especial, p. 5.

__________. Mensagem aos professores. *Boletim da sociedade Pestalozzi do Brasil*, Rio de Janeiro, v. 40, p. 37-38, dez. 1973.

__________. André Louis Rey. *Mensageiro Rural*, Ibirité, v. 11, n. 40, mar. 1974.

ANTIPOFF, Helena. Os heróis e o heroísmo. *Mensageiro Rural*, Ibirité, v. 11, n. 40, p. 5-6, mar. 1974.

__________. Para os meus amigos com uma pequena lembrança. *Suplemento Pedagógico* [do] Minas Gerais, Belo Horizonte, v. 5, n. 38, p. 2, fev. 1975.

__________. "Boomerang". *Boletim Claparède*, Ibirité, p. 19-21, ago. 1979. Edição especial.

__________. Como aprender a ser feliz – that is the question. *Boletim Claparède*, Ibirité, p. 2-3, ago. 1979. Edição especial.

__________. O coqueiro misterioso. *Mensageiro Rural*, Ibirité, v. 15, n. 55, p. 7, jul./set. 1979.

__________. Desenvolvimento rural. *Infância Excepcional*, Ibirité, v. 12, p. 79-83, 1979.

__________. O dia da transfiguração de Nosso Senhor. *Mensageiro Rural*, Ibirité, v. 15, n. 55, p. 8, jul./set. 1979.

__________. Totem. *Mensageiro Rural*, Ibirité, v. 15, n. 55, p. 5, jul./set. 1979.

__________. A personalidade e o caráter da criança. *Mensageiro Rural*, Ibirité, v. 15, n. 56, p. 5, out./dez. 1979.

__________. A experimentação natural: método psicológico de A. Lazurski. *Boletim Claparède*, v. 3, p.27-39, 1980. Originalmente publicado em 1927.

__________. A Fazenda do Rosário: sua experiência, sua filosofia. *Boletim Claparède*, Ibirité, v. 4, p. 12-16, ago. 1980.

__________. A Festa do Milho: 1957. *Mensageiro Rural*, Ibirité, v. 16, n. 59, p. 2, jul./set. 1980.

__________. Fundação Educacional Fazenda do Rosário. *Boletim Claparède*, Ibirité, v. 3, p. 11, mar. 1980.

__________. Orientação geral do trabalho e dos estudos da escola. *Boletim Claparède*, Ibirité, v. 4, p. 25-29, ago. 1980.

__________. Psicologia clínica. *Boletim Claparède*, Ibirité, v. 4, p. 37-43, ago. 1980.

__________. *Psicologia experimental*. Belo Horizonte: Centro de Documentação e Pesquisa Helena Antipoff, 1992 (*Coletânea das obras escolhidas de Helena Antipoff*, v. 1).

__________. *Fundamentos da educação*. Belo Horizonte: Centro de Documentação e Pesquisa Helena Antipoff, 1992 (*Coletânea das obras escolhidas de Helena Antipoff*, v. 2).

__________. *Educação do excepcional*. Belo Horizonte: Centro de Documentação e Pesquisa Helena Antipoff, 1992 (*Coletânea das obras escolhidas de Helena Antipoff*, v. 3).

__________. *Educação rural*. Belo Horizonte: Centro de Documentação e Pesquisa Helena Antipoff, 1992 (*Coletânea das obras escolhidas de Helena Antipoff*, v. 4).

__________. *A educação do bem-dotado*. Rio de Janeiro: SENAI/Centro de Documentação e Pesquisa Helena Antipoff, 1992 (*Coletânea das obras escolhidas de Helena Antipoff*, v. 5).

ENCARTE

COM

FOTOS

Helena Antipoff em Genebra
(ca. 1912)
Obs.: "ca." é a abreviatura para a expressão latina "circa", que significa "em torno de".

Pierre Bovet, Helena Antipoff e Édouard Claparède
(Genebra, ca. 1927)

Helena Antipoff em Paris
(ca. 1928)

Victor Iretsky, marido de Helena Antipoff, e o filho, Daniel Antipoff.
(França, ca. 1930)

Familiares de Helena Antipoff
(França, ca. 1935)

Helena Antipoff pouco depois de sua chegada ao Brasil, na varanda da Escola de Aperfeiçoamento de Professores de Belo Horizonte (ca. 1929)

Vista parcial do jardim da Escola de Aperfeiçoamento de Professores de Belo Horizonte (ca. 1930)

Sala de estar da Escola de Aperfeiçoamento de Professores de Belo Horizonte
(ca. 1930)

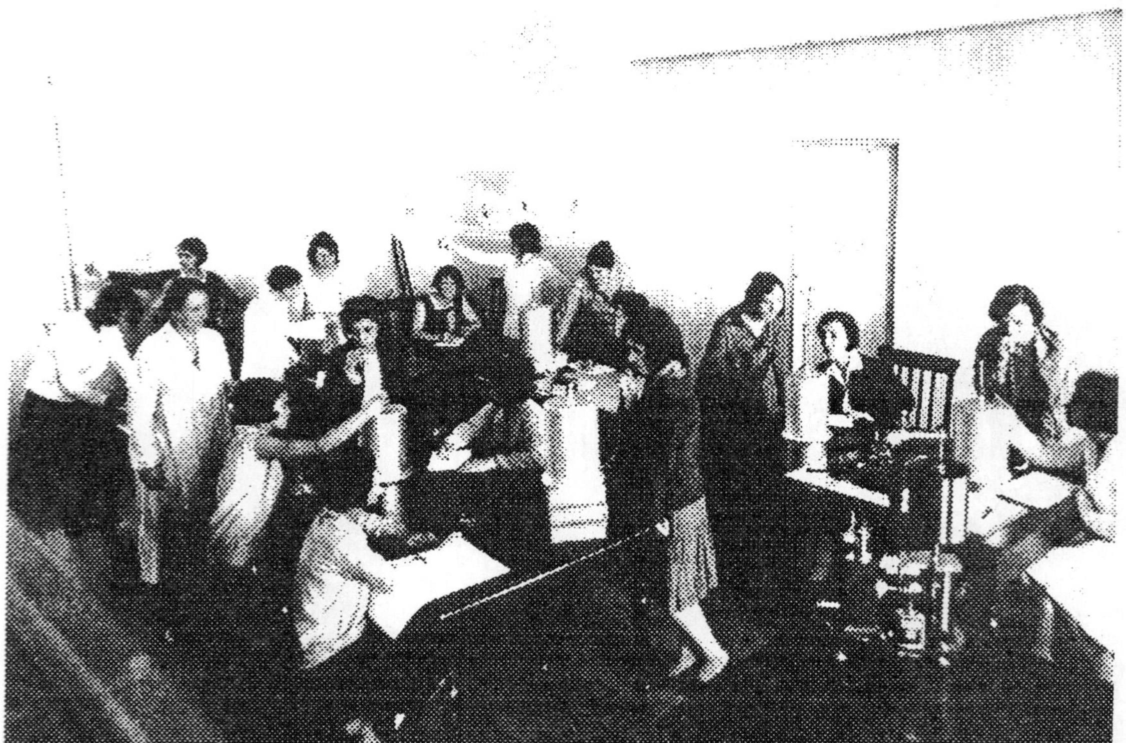

Aula de Psicologia Experimental no Laboratório de Psicologia da Escola de Aperfeiçoamento
(ca. 1930)

Aulas de Psicologia Experimental no Laboratório de Psicologia da Escola de Aperfeiçoamento
(ca. 1930)

Aula de Psicologia Experimental no Laboratório de Psicologia da Escola de Aperfeiçoamento
(ca. 1930)

A Escola de Aperfeiçoamento de Professores de Belo Horizonte: varanda.
(ca. 1930)

A Escola de Aperfeiçoamento de Professores de Belo Horizonte: refeitório, sala de conferências, recepção do Inspetor de Instrução – Prof. Mário Casassanta. (ca. 1930)

Helena Antipoff em visita a amigos em Caeté, próximo a Belo Horizonte (ca. 1930)

Édouard Claparède em Belo Horizonte, com Mário Casassanta e Lourenço Filho.
Na foto seguinte, Helena Antipoff e Lourenço Filho.
(ca. 1930)

(POSTAL DA FAZENDA DO ROSÁRIO)

Fazenda do Rosário, Ibirité, Minas Gerais. A origem do nome data da primeira visita de Helena Antipoff ao local, em outubro de 1939, mês do Rosário. Os prédios foram sendo progressivamente edificados. Na foto, vê-se: 1) Instituto Superior de Educação Rural – atual Fundação Helena Antipoff (1955); 2) Sociedade Pestalozzi de Minas Gerais, fundada em 1940; 3) Escola Estadual Sandoval Soares de Azevedo (1949); e 4) Associação Milton Campos para o Desenvolvimento e Assistência às Vocações. (ca. 1973)

Atividades na escola para crianças excepcionais, Sociedade Pestalozzi de Minas Gerais, Ibirité, MG.
(ca. 1960)

Atividades nas oficinas pedagógicas da Fazenda do Rosário: costura, marcenaria.
(ca. 1950-1960)

Atividades nas oficinas pedagógicas da Fazenda do Rosário: cestaria, música.
(ca. 1950-1960)

Atividades nas oficinas pedagógicas da Fazenda do Rosário: teatro.
(ca. 1950-1960)

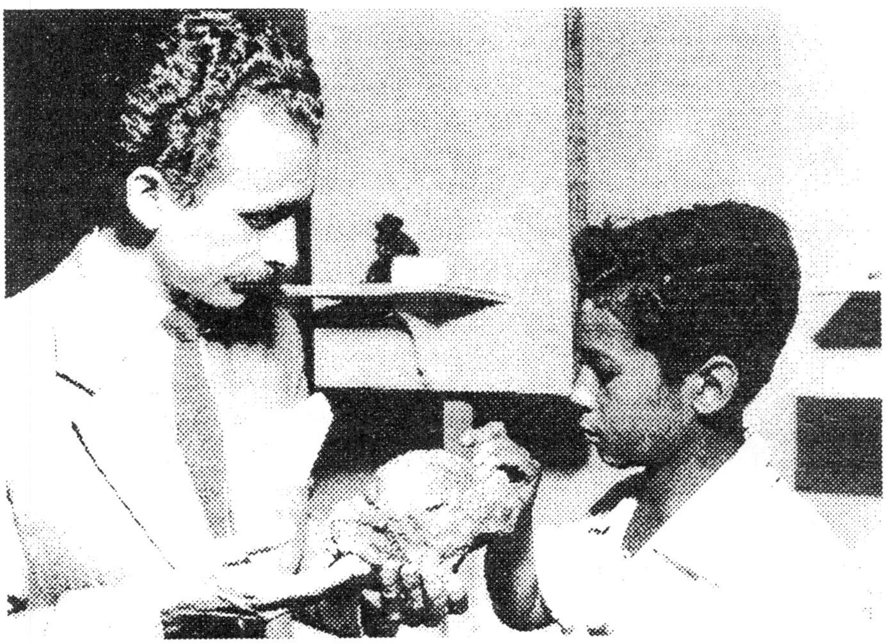

Atividade na oficina de cerâmica da Fazenda do Rosário, coordenada pelo ceramista Jeter Peixoto, discípulo de Vitalino. A pedagogia ativa de Helena Antipoff propunha que o trabalho manual e o trabalho intelectual deveriam ser integrados na escola, visando despertar a criatividade e desenvolver as habilidades, tanto físicas quanto mentais.
(Ibirité, MG, ca. 1950-1960)

Atividades na oficina de cerâmica da Fazenda do Rosário, coordenada pelo ceramista Jeter Peixoto, discípulo de Vitalino. A pedagogia ativa de Helena Antipoff propunha que o trabalho manual e o trabalho intelectual deveriam ser integrados na escola, visando despertar a criatividade e desenvolver as habilidades, tanto físicas quanto mentais.
(Ibirité, MG, ca. 1950-1960)

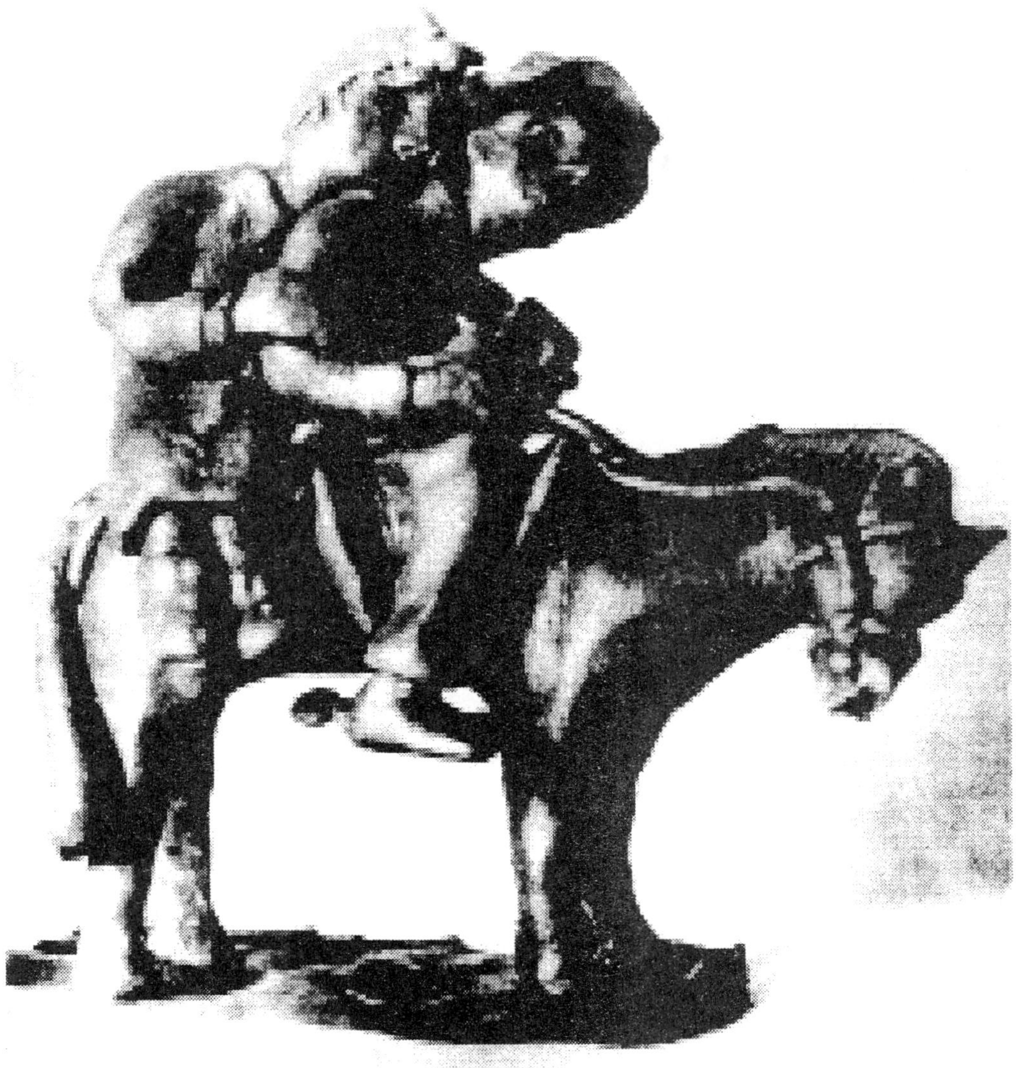

Exposição de Cerâmica da Fazenda do Rosário. A propósito, Antipoff comenta:

> "Confiança por parte do mestre. Aprovação, elogios por parte dos companheiros e visitas. Sentimento de liberdade e independência na escolha do tema e do modo de tratá-lo. São esses os característicos pedagógicos da Cerâmica da Fazenda do Rosário". (Antipoff, 1950)

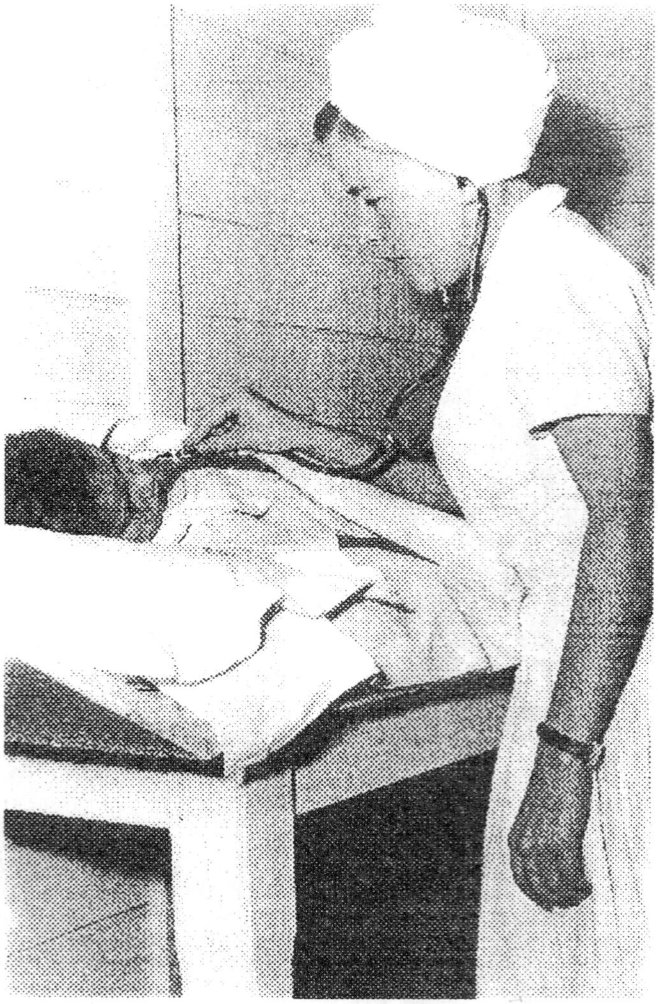

Posto médico e reeducação psicomotora na Fazenda do Rosário (ca. 1960-1970)

Helena Antipoff recebe as chaves de um trator, na Fazenda do Rosário.
(ca. 1955)

Festa do Milho na Fazenda do Rosário, comemorada anualmente em agosto para celebrar a riqueza da terra, tema constante na experiência educativa do Instituto Superior de Educação Rural.
(Ibirité, MG, ca. 1960)

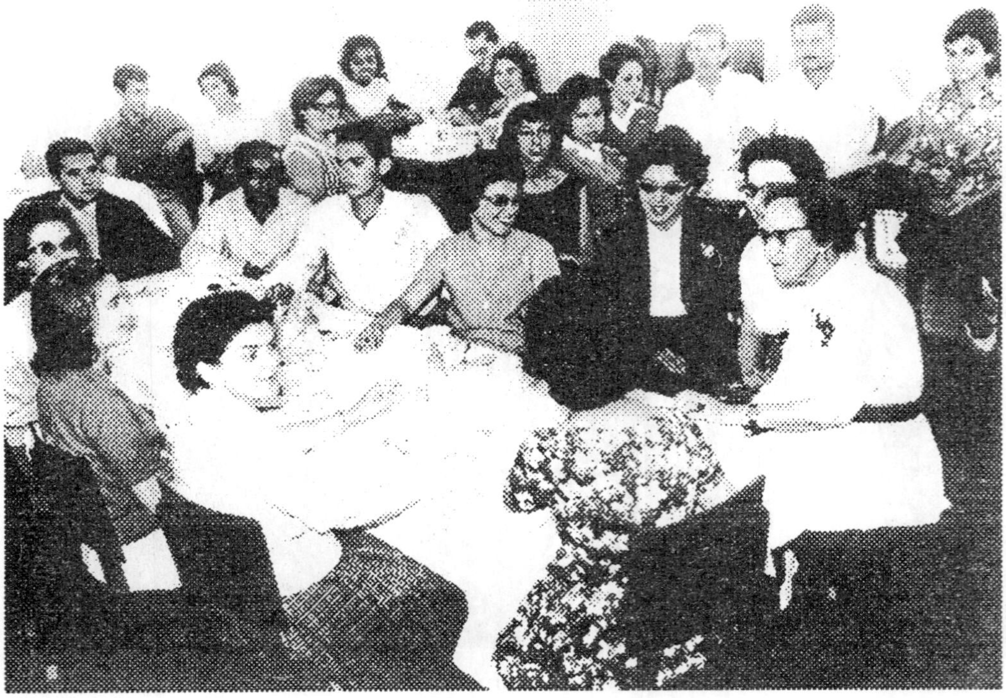

Helena Antipoff e as alunas do Instituto Superior de Educação Rural, na Fazenda do Rosário. Novamente a ênfase na associação entre trabalho manual e trabalho intelectual nas atividades educativas, visando o desenvolvimento humano harmonioso.
(Ibirité, MG, ca. 1960-1970)

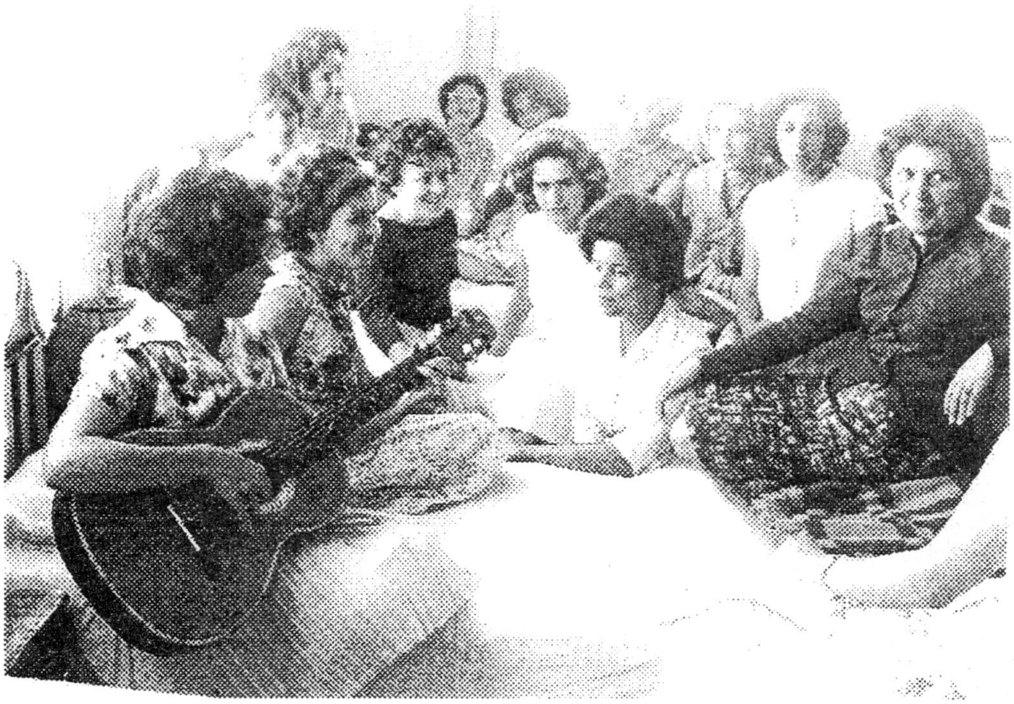

Helena Antipoff e as alunas do Instituto Superior de Educação Rural, na Fazenda do Rosário.
(Ibirité, MG, ca. 1960-1970)

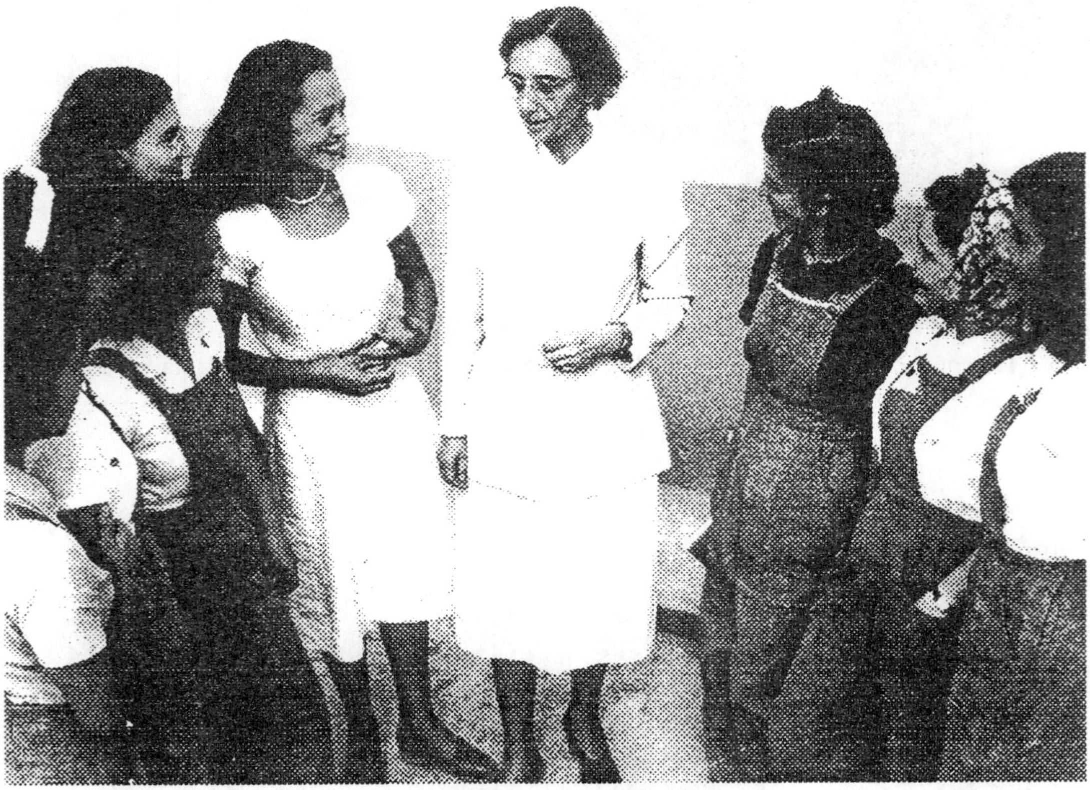

Helena Antipoff e as alunas do Instituto Superior de Educação Rural, na Fazenda do Rosário.
(Ibirité, MG, ca. 1960-1970)

Helena Antipoff próximo às crianças, na Fazenda do Rosário.
(Ibirité, MG, ca. 1970)

Helena Antipoff próximo às crianças, na Fazenda do Rosário, abaixando-se para melhor se comunicar com elas, em atitude semelhante à de Pestalozzi, inspirador da pedagogia rosariana.
(Ibirité, MG, ca. 1970)

"O que me preocupa é sobretudo a harmonia entre os homens, aquela constante afabilidade, o respeito e a confiaça mútua que devem existir entre todos aqueles que convivem, construindo o presente e o futuro."
(Helena Antipoff, ca. 1970)

NOTA: Fotografias e demais documentos pertencentes ao acervo do Centro de Documentação e Pesquisa Helena Antipoff, Belo Horizonte e Ibirité, MG.